"实用型"国际贸易课程教材

CUSTOMS CLEARANCE PRACTICE (SECOND EDITION)

海关报关实务（第二版）

倪淑如 倪 波 ◎ 主 编

报关专家几十年经验分享，点拨报关技巧
解读经典案例，引导正确报关思维
图表归纳要点，生动展示操作程序

中国海关出版社有限公司
·北京·

图书在版编目（CIP）数据

海关报关实务 / 倪淑如，倪波主编 . —2 版 . —北京：中国海关出版社有限公司，2024.1

ISBN 978-7-5175-0741-3

Ⅰ.①海… Ⅱ.①倪… ②倪… Ⅲ.①进出口贸易 – 海关手续 – 中国 – 高等学校 – 教材 Ⅳ.①F752.5

中国国家版本馆 CIP 数据核字（2024）第 018413 号

海关报关实务（第二版）

HAIGUAN BAOGUAN SHIWU（DI – ER BAN）

主　　编：	倪淑如　倪　波
副 主 编：	熊晓亮　段莞炀　谭蓉芹　孙璞钰　涂玉琪
责任编辑：	熊　芬
出版发行：	中国海关出版社有限公司
社　　址：	北京市朝阳区东四环南路甲 1 号　　邮政编码：100023
编 辑 部：	01065194242 – 7528（电话）
发 行 部：	01065194221/4238/4246（电话）
社办书店：	01065195616（电话）
	https://weidian.com/?userid=319526934（网址）
印　　刷：	北京联兴盛业印刷股份有限公司　　经　销：新华书店
开　　本：	710mm×1000mm　1/16
印　　张：	23.5　　　　　　　　　　　　　　字　数：422 千字
版　　次：	2024 年 1 月第 2 版
印　　次：	2024 年 1 月第 1 次印刷
书　　号：	ISBN 978 – 7 – 5175 – 0741 – 3
定　　价：	69.00 元

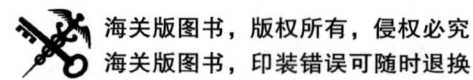

海关版图书，版权所有，侵权必究
海关版图书，印装错误可随时退换

编委会

主　　编　倪淑如　倪　波
副 主 编　熊晓亮　段莞炀　谭蓉芹　孙璞钰　涂玉琪
编委会委员　詹汉桥　唐妍君　王　翔　刘　艳　李伊曼
　　　　　　　张　贝　宋安康　刘　芸　胡化宙　段　凯
　　　　　　　刘正杨　甘　勇　邓巧云　陈　美　罗丽丝
　　　　　　　何　晖　阎　威　蔡之庆　周　敏　殷明惠
　　　　　　　鲜于赛　娄冬梅

再版前言

为深化改革开放，2018年，国务院决定将国家质量监督检验检疫总局的出入境检验检疫管理职责和队伍划入海关总署。海关总署同时在海关监管制度方面推出了一系列改革创新的举措，实现全国海关通关一体化，实行通关作业统一通过"中国国际贸易单一窗口"完成报关作业。海关监管制度方面的改革创新，促进了"新关务"发展。

借本书再版之机，除保持原书所具有的特点外，对全书的架构和知识点进行了调整，着力反映海关监管制度方面的一系列改革创新的"新关务"，增加了"我国海关关务改革""全国通关一体化改革""关检融合新关务""全国通关一体化作业"等章节。在这些新内容的编写过程中，笔者特别用心地学习了《2023中国海关报关专业教材》等相关书籍。在这里向相关书籍编写组的各位老师致以诚挚的谢意。

进出口货物报关，是国家对进出口货物贸易行政管理的重要环节。它是履行对外贸易合同、完成国际货物实际交接不可逾越的一环。报关人员的报关能力高低，不仅仅直接关系到企业的物流周期和贸易成本，同时也关系到我国海关的通关效率和监管水平。因此，建立一支既熟悉贸易政策、税务、国际贸易、国际货运、商品等各方面知识，又能掌握海关法律、行政法规和关务制度的高素质专业报关人员队伍刻不容缓。

本书是一本关于进出口货物报关的实用型教材，基本定位是力求知识结构紧扣国家对外贸易政策和海关最新管理制度。本书通俗易懂、言简意赅、深入浅出；结合实际案例，厘清有关概念、重点、难点和疑点；抓住贯穿海关监管全过程中的监管核心要素即"单""证""税""货"（进出口货物单据、进出口许可证件、进出口税费和进出口货物），以及报关技能中归类、估价、原产地、贸易管制、AEO、保税和各类进出境货物的监管特点及监管要点。

编写教材是极其严肃的工作，它既要求作者具有较高的学术水平、能力和经验，同时也要求作者具有极大的责任心和良知。笔者深知其理，也确实为此付出了艰辛的努力，但终因水平和能力有限，加之实务类教材对法规性、时效性要求较高，书中难免会存在错误和疏漏。故此笔者恳请同仁和广大读者在教学、使用和阅读中，随时给予批评和指正，并提出宝贵的意见。

倪淑如

2023 年 5 月

目 录

第一章 我国海关概述 ———————●1

第一节 我国海关的性质及任务 ………………………… 1
第二节 我国海关的管理体制与组织机构 ……………… 9
第三节 我国海关的权力 ………………………………… 13

第二章 我国海关关务改革 ———————●25

第一节 全国通关一体化改革 …………………………… 25
第二节 关检融合新关务 ………………………………… 29

第三章 报关单位及海关企业管理制度 ———————●33

第一节 报关及报关单位概述 …………………………… 33
第二节 报关单位备案管理制度 ………………………… 39
第三节 报关单位的报关行为规则 ……………………… 45
第四节 报关单位的海关法律责任 ……………………… 46
第五节 海关企业信用管理制度 ………………………… 47
第六节 海关对境内外企业资质管理 …………………… 52

第四章 我国对外贸易管制制度 ———————●60

第一节 对外贸易管制概述 ……………………………… 60

  第二节 我国对外贸易主要管制制度 ················ 67
  第三节 我国对外贸易管制主要措施 ················ 90

第五章 海关监管货物及通关程序 ——●123

  第一节 海关监管货物 ···························· 123
  第二节 全国通关一体化作业 ······················ 125
  第三节 进出境货物申报基本规范 ··················· 143

第六章 一般进出口货物通关管理 ——●149

  第一节 一般进出口货物概述 ······················ 149
  第二节 一般进出口货物通关 ······················ 151

第七章 特殊申报方式 ——●162

  第一节 海关监管货物转关申报 ···················· 162
  第二节 进出口货物集中申报 ······················ 165

第八章 保税货物通关管理 ——●168

  第一节 保税货物概述 ···························· 168
  第二节 保税制度与保税监管系统 ··················· 169
  第三节 保税加工货物通关管理 ···················· 176
  第四节 保税加工货物电子化手册通关管理 ··········· 182
  第五节 保税加工货物电子账册通关管理 ············· 200
  第六节 海关特殊监管区域管理 ···················· 208
  第七节 自由贸易试验区管理 ······················ 227
  第八节 保税监管场所管理 ························ 241
  第九节 保税物流货物监管要点比较 ················ 251

第九章 特定减免税货物通关管理 ——●255

  第一节 特定减免税货物概述 ······················ 255
  第二节 特定减免税货物通关程序 ··················· 256
  第三节 特定减免税货物管理 ······················ 264

目录

第十章　暂准进出境货物通关管理　　266

　　第一节　暂准进出境货物概述　　266
　　第二节　使用ATA单证册的暂准进出境货物
　　　　　　通关管理　　268
　　第三节　不使用ATA单证册的暂准进出境展览品
　　　　　　通关管理　　274
　　第四节　集装箱箱体的通关管理　　279
　　第五节　其他暂时进出境货物通关管理　　280

第十一章　其他海关监管货物通关管理　　284

　　第一节　过境、转运和通运货物通关管理　　284
　　第二节　无代价抵偿货物通关管理　　288
　　第三节　租赁货物通关管理　　292
　　第四节　退运、退关、放弃货物通关管理　　294
　　第五节　进出境快件通关管理　　299
　　第六节　进出境货样和广告品通关管理　　301
　　第七节　进出境修理货物通关管理　　303
　　第八节　出料加工货物通关管理　　304
　　第九节　加工贸易不作价设备通关管理　　306
　　第十节　市场采购商品通关管理　　310
　　第十一节　跨境电子商务零售商品通关管理　　312
　　第十二节　各类进出境货物税收征管及报关程序　　315

第十二章　报关操作技能　　317

　　第一节　进出口商品归类　　317
　　第二节　进出口税费的计算　　337

参考文献　　365

第一章　我国海关概述

本章知识点

本章主要介绍海关的性质及任务、海关的管理体制与组织机构，以及海关的权力等方面的基本知识，旨在使读者对我国海关有一个比较系统的了解。

第一节　我国海关的性质及任务

一、我国海关的性质

海关源于国家的建立，并随着国际交流、对外贸易的不断扩大而发展。海关是一国主权的象征，是国家权力和意志的体现，是现代社会国家管理的重要政府机构。我国海关是一个什么性质的机构呢？《中华人民共和国海关法》（简称《海关法》）给我国海关的性质下了一个准确而全面的定义："中华人民共和国海关是国家的进出关境（以下简称进出境）监督管理机关。"它从下述三个层面阐述了我国海关的性质。

（一）从国家机关建制层面看，海关是国家行政机关

我国的国家机关建制序列包括享有立法权的国家立法机关、享有司法权的国家司法机关、享有行政管理权的国家行政机关。海关是国家的机关。所谓"国家的"，指海关是国家的主权象征，代表国家而不是代表某个地方政府或者某一区域的利益行使职权。海关依照《海关法》和国家的相关法律、行政法规以及中华人民共和国参与或缔结的国际条约、协定履行相应义务，代表国家利益行使职权。可见，海关是在国家行政管理体制内的。我国最高行政管理机关——国务院设立海关总署，并由其统一管理全国海关。中国海关对内对外代表国家行使职权。从国家机关建制层面讲，海关的机构性质是国

家行政管理机关。

（二）从海关职责层面看，海关是国家进出关境监督管理机关

海关负责履行国家行政管理职能中的进出关境监督管理职能，是国家宏观管理的重要组成部分。所谓进出关境监督管理职能，是表明国家通过立法的形式，赋予海关在进出关境这一特定领域内代表国家实施监督管理的权力。也就是说，海关实施监督管理的范围是进出关境及其有关的活动。海关监督管理的对象应是所有进出关境的运输工具、货物、物品。从海关职责层面看，海关是国家的进出关境监督管理机关。

所谓关境（Customs Territory），依据《国际海关术语汇编》中的定义，是指适用同一海关法或实行同一关税制度的领域。关境也称税境或海关境界。美国《联邦法规汇编》规定："关境，指美国关税法适用的领域，但不包括任何对外贸易区。"

依据上述定义，关境与国境之间的关系一般有以下三种情况：

1. 关境等于国境。这是对未加入关税同盟，而境内又未设立自由港、自由贸易区等特定区域的国家而言的。

2. 关境大于国境。这是对结成关税同盟的国家而言的。在关税同盟的成员方之间，货物进出国境不征收关税，只对来自和运往非关税同盟成员方的货物在进出共同关境时征收关税。因而对关税同盟的每一个成员方而言，其关境大于其国境，如欧洲联盟（EU）等。

3. 关境小于国境。如在国境内设立了自由港、自由贸易区等特殊区域，因为对进出这些特殊区域的货物都不征收关税，所以对于该国而言，其关境小于国境。如美国的对外贸易区被视为"关境以外的特殊地区"，故该国的关境小于国境。又如我国，由于历史的原因，我国的关境小于国境。《海关法》及《中华人民共和国进出口税则》（以下简称《进出口税则》）不适用于我国港澳台地区，这些地区实行各自的关税制度，属于我国享有单独关境地位的单独关税区。

关境同国境一样，包括其领域内的领水、领陆和领空，是一个全方位的立体空间概念。为此，我国关境范围是除享有单独关境地位的地区以外的中华人民共和国全部领域，包括其领水、领陆和领空。

需要特别说明的是：本教材以下所称的"进出境"，除非特指，均为"进出关境"（而不是指"进出国境"）。

（三）从海关行使其职权的层面看，海关的监督管理是国家行政执法活动

海关通过法律赋予的权力，对特定范围内的社会经济活动进行监督管理，并对违法行为依法实施行政处罚，以确保这些社会经济活动按照国家的法律规范进行。海关的监督管理是国家行政执法活动。海关在"进出关境"的特殊领域内履行职责是国家宏观管理的一个重要组成部分。

海关在行使职权时的执法依据是《海关法》和其他有关法律、行政法规。海关事务属于中央立法事权，立法者是全国人民代表大会及其常务委员会。海关总署也可以依据法律、法规的授权，制定具体的可操作的规章，作为执法依据的补充。各地方人民代表大会、人民政府制定的地方法规不是海关执法的依据。《海关法》第七条规定："各地方、各部门应当支持海关依法行使职权，不得非法干预海关的执法活动。"从海关行使监督管理的执法活动性质层面看，海关的监督管理是国家行政执法活动。

二、我国海关的任务

《海关法》对我国海关的任务作了明确规定，即对进出境及与之有关的社会经济活动实施监督管理。这种监督管理职能是通过海关履行基本工作任务来实现的。《海关法》第二条规定："……海关依照本法和其他有关法律、行政法规，监管进出境的运输工具、货物、行李物品、邮递物品和其他物品（以下简称进出境运输工具、货物、物品），征收关税和其他税、费，查缉走私，并编制海关统计和办理其他海关业务。"其中，监管、征税、查缉走私、编制海关统计是海关的四项基本工作任务。

（一）监管

海关监管是指海关运用国家赋予的权力，通过一系列管理制度与监管程序，对运输工具、货物、物品等的合法进出境实施监管，也就是通过报关单位备案、审核申报单证、查验、检验检疫、放行、后续管理等对进出境进行监管，并对违规违章行为进行处理。同时，在海关对进出口活动的审查环节，还要执行或者监督执行国家对外贸易管制制度，如进出口许可制度、外汇管理制度、出入境商品检验检疫制度等，以及履行我国加入或缔结的国际条约的义务，如中国加入世界贸易组织所签订的各类贸易协定、《关于简化和协调

海关业务制度的国际公约》（以下简称《京都公约》）、《濒危野生动植物种国际贸易公约》等。海关通过审核报关单证和查验、检验检疫进出口货物，在确认单证相符、单货相符、证货相符后予以放行。除上述传统监管外，海关在对进出口货物供应链的风险控制基础上，将监管延伸到保税、减免税等货物在海关放行后的后续管理，以及对进出口货物收发货人、报关企业等的经营活动实施规范性风险评估、海关稽查等，目的是为了保证一切进出境活动符合国家政策和法律的规范，在政治、经济、文化、道德、公共安全、公共卫生等方面维护国家主权，维护国家利益。

根据监管对象的不同，海关监管分为运输工具监管、货物监管和物品监管三大监管体系，每个体系都有一套完整的监管制度、程序和操作规范。

海关监管是通过对物（运输工具、货物、物品）的监管来确认当事人的进出境活动是否符合国家法律规范和海关监管的要求。

需要指出的是：海关监管不是海关监督管理的简称，它仅是海关实现对进出境监督管理全部业务过程中的一项具体的海关作业和任务。

(二) 征税

海关征税是海关的另一项重要任务，包括征收进出口关税和进口环节海关代征税等。征税是指海关依法对准许进出口的货物、进出境物品征收关税，同时在进口环节代征进口环节增值税和消费税。海关征税的法律依据是《海关法》和《进出口税则》。

关税可以分为正税和附加税。正税，即我们通常所说的关税，是按照《进出口税则》的规定对不同种类的货物按不同的税率征收的。附加税是在正税的基础上征收的，一般也只针对进口货物征收。进口附加税包括：反倾销税、反补贴税、保障措施关税、特别关税和报复性关税等。

依据世界贸易组织货物贸易领域的国民待遇原则、《关税及贸易总协定》（GATT）第三条规定，进口货物征收关税后应享有与进口国国产货物同等待遇，应缴纳国内税（我国需征增值税、消费税）。我国为了节省管理成本、简化征税手续和严密管理，规定对进口货物、物品的国内税在海关征收关税的同时由海关代征，包括增值税、消费税。

关税是一国中央财政收入的重要来源，是宏观经济调控的重要工具，也是世界贸易组织允许各缔约方保护其境内经济的一种手段。

关税征收的主体是国家。《海关法》将征收关税的权力授予海关，由海关代表国家行使征收关税的权力。海关通过执行国家制定的关税政策，对进出口货物、进出境物品征收关税起到了以下重要作用：

1. 保护境内的工农业生产；
2. 调整国家的产业结构；
3. 组织财政收入；
4. 调节进出口贸易活动。

进口货物、物品在办理海关手续后允许在境内流通。进出口货物的收发货人、进出境物品的所有人则为进出口货物、进出境物品的纳税义务人。

（三）查缉走私

查缉走私（以下简称"缉私"）是海关依照法律赋予的权力，在海关监管区和海关附近的沿海、沿边规定的地区（以下简称"两区"）为发现、制止、打击、综合治理走私活动而进行调查和惩处的执法行为。缉私是海关的又一项重要任务，是海关完成监管和征税两项任务的保障措施。

《海关法》定义的走私是指进出境活动的当事人或者相关人员违反《海关法》及有关法律、行政法规，逃避海关监管，非法运输、携带、邮寄国家禁止或限制进出境，或依法应当征收关税和进口环节海关代征税的货物、物品进出境，逃避国家贸易管制，偷逃税款或者未经海关批准并缴纳税款，将保税货物、特定减免税货物等海关监管货物、物品，以及进境的境外运输工具在境内销售的行为。走私行为有以下表现形式。

1. 未经国务院或国务院授权的机关批准，从未设立海关的地点进出境，运输、携带国家禁止进出境、国家限制进出口或依法应当缴纳关税和进口环节税的货物、物品进出境。
2. 经过设立海关的地点，以藏匿、伪装、瞒报、伪报或者其他手法逃避海关监管，运输、携带、邮寄国家禁止进出境的物品、国家限制进出口或依法应当缴纳关税和进口环节税的货物、物品进出境。
3. 瞒报、伪报进出口货物的价格，偷逃关税。
4. 未经海关允许，且未缴纳关税和进口环节税，未交验有关许可证件，擅自在境内出售保税货物、特定减免税货物及其他海关监管货物、物品或进境的境外运输工具。

海关缉私是海关监管的延续。《海关法》第五条规定："国家实行联合缉私、统一处理、综合治理的缉私体制。海关负责组织、协调、管理查缉走私工作……"这一规定从法律上明确了海关是打击走私的主管机关。依据我国缉私体制的规定，除海关外，公安、工商、税务、烟草专卖等行政部门也有缉私的权力。但是，这些部门查获的走私案件必须按法律规定"统一处理"，也就是说，上述各有关行政部门查获的走私案件如果属于应当给予行政处罚的情况，需要移送海关依法处理；如果涉嫌犯罪，应当移送海关侦查走私犯罪的公安机构或地方公安机关，依据案件管辖分工和法定程序办理。

海关通过缉私，制止和打击一切非法进出口货物、物品的行为，维护国家进出口贸易正常秩序，保证国家关税和其他税费依法征收，维护国家主权和利益，保障改革开放和社会主义现代化建设的顺利进行，保证海关职能的全面履行。

（四）编制海关统计

编制海关统计是海关的又一项重要基本任务。我国的海关统计是对国家进出口货物的统计，是国民经济统计的组成部分，是国家制定对外经济贸易政策，进行宏观经济调控，实施海关严密、高效管理的重要依据，是研究对外贸易经济发展和调整对外经济贸易关系的重要数据信息。海关统计是以实际进出口货物作为统计和分析对象，反映了国家对外贸易方针和政策实施的实际情况。海关统计全面采用国际标准，统计方法与统计口径同各国通行的贸易统计方法是一致的，因此，我国海关统计资料具有国际可比性。

我国海关统计制度规定，凡实际进出境并且引起境内物资存量增加或者减少的货物，都要列入海关统计。主要包括：我国境内法人和其组织以一般贸易、易货贸易、加工贸易、补偿贸易、寄售代销贸易方式进出口的货物；保税区和保税仓库进出境货物；租赁期一年及以上的租赁进出口货物；边境小额贸易货物；国家间或国际组织间无偿援助、赠送的物资等。

进出境的物品超过自用合理数量的也要列入海关统计。

根据国际惯例和我国海关确定的统计范围，对于没有实际进出境或虽然有实际进出境，但没有引起境内物资存量增加或者减少的货物、物品不列入海关统计，但要根据我国对外贸易管理和海关管理的需要实施单项统计。

海关的四项基本任务是一个有机统一的整体，构成了海关任务的目标体系。监管工作通过监管进出境运输工具、货物、物品的合法进出，保证国家有关进出口政策、法律、行政法规的贯彻实施，是海关四项基本任务的基础。征税工作所需的数据是在海关监管的基础上获取的，征税与监管有着十分密切的关系。缉私工作则是监管、征税两项基本任务的延伸,对在监管、征税工作中发现的逃避监管和偷漏税款行为,必须运用法律手段予以制止和打击。编制海关统计工作是在监管、征税工作基础上完成的,它为国家宏观经济调控提供准确、及时的信息,同时对监管、征税等业务环节的工作质量起到检验评估的作用。

海关除上述监管、征税、缉私、编制海关统计四大基本职能外,在新形势下为适应发展,满足国际贸易安全的需要,新增维护贸易安全和促进便利、知识产权保护、原产地管理、贸易争端解决、反恐和防止核扩散、口岸规划管理、贸易保障和救济等职能。

此外,2018年3月17日,第十三届全国人民代表大会第一次会议表决通过国务院机构改革方案,决定将出入境检验检疫管理职责和队伍划入海关总署。这是深化党和国家机构改革的重要组成部分,是进一步优化营商环境、促进贸易便利化的重大决定,也是一项必须做好的重大的关务改革实践任务,对关务相关工作流程和技能要求产生实质性的变化。

三、我国海关的法律体系

我国海关法律的立法体系,是按照《中华人民共和国立法法》的规定确立的,由全国人民代表大会、国务院和海关总署立法构成三级立法体系。该立法体系具有相对的独立性和完整性、层次分明、相互协调、联系密切的特点。我国海关的法律体系根据制定的主体和效力的不同分为:

(一) 法律

法律是由国家最高权力机关——全国人民代表大会或其常务委员会制定,由国家主席颁布的规范性文件总称。与海关管理相关的法律主要包括:

1. 《海关法》;
2. 《中华人民共和国进出口商品检验法》;
3. 《中华人民共和国进出境动植物检疫法》;
4. 《中华人民共和国国境卫生检疫法》;
5. 《中华人民共和国食品安全法》。

(二) 行政法规

行政法规是指国务院根据《中华人民共和国宪法》(以下简称《宪法》)

和法律，为了实施《宪法》和其他相关法律，在其职责范围内将法律原则性的条文制定成具体的基本行政管理规范性文件。目前，与海关管理相关的行政法规主要有：

1. 《中华人民共和国进出口关税条例》；
2. 《中华人民共和国海关稽查条例》；
3. 《中华人民共和国知识产权海关保护条例》；
4. 《中华人民共和国海关行政处罚实施条例》；
5. 《中华人民共和国海关统计条例》；
6. 《中华人民共和国进出口货物原产地条例》；
7. 《中华人民共和国进出口商品检验法实施条例》；
8. 《中华人民共和国进出境动植物检疫法实施条例》；
9. 《中华人民共和国国境卫生检疫法实施细则》；
10. 《中华人民共和国食品安全法实施条例》等。

（三）海关规章

海关规章是海关总署根据海关行使职权、履行职责的需要，依据《中华人民共和国立法法》的规定，结合本部门的管理需要，单独或会同有关部门制定的具有可操作性、规范性的文件，其法律效力低于法律、行政法规。海关行政规章以海关总署令或与国务院相关部委联合令的形式对外公布，有关的海关规章如下：

1. 《中华人民共和国海关报关单位备案管理规定》；
2. 《中华人民共和国海关注册登记和备案企业信用管理办法》等。

（四）规范性文件

规范性文件是指海关总署及各直属海关按照规定程序制定的对管理相对人权利、义务具有普遍约束力的文件。海关总署制定的规范性文件要求管理相对人遵守或执行的，以海关总署公告形式对外发布，如《关于公布〈中华人民共和国海关注册登记和备案企业信用管理办法〉所涉及法律文书格式文本的公告》（海关总署公告2021年第86号）等。规范性文件不得设定对管理相对人的行政处罚。直属海关在限定范围内制定的关于本关区某一方面涉及管理相对人权利、义务的行政管理规范文件，应当以公告形式对外公布。

此外，我国签订或缔结的海关国际公约或海关行政互助协议虽不属于我国法律、行政法规，但属于我国海关法律渊源之一，也适用于我国海关。海关国际公约包括世界海关组织成员方缔结的多边协议，如《京都公约》等。海关行政互助协议是两国之间订立的双边协议，如我国与俄罗斯等几十个国家分别缔结的海关行政互助协议。

上述国家法律、行政法规、海关规章、规范性文件及我国签订或缔结的海关国际公约或海关行政互助协议，是我国海关行使进出境监督管理职能和执法活动中的法律依据。其中，海关规章和相关规范性文件，其法律效力等级低于法律、行政法规，是将法律、行政法规的原则制定为具操作性的行使监督管理职能和执法活动的补充。

各地方人民代表大会、政府制定的法规、规章不是我国海关执法的依据。各地方、各部门不得以此非法干预海关的执法活动。

第二节　我国海关的管理体制与组织机构

一、海关的管理体制

海关作为国家进出境的监督管理机关，为了有效地履行进出境监督管理职能，适应国家改革开放和实现社会主义现代化建设的需要，提高管理效率，维持正常的管理秩序，必须建立并完善领导体制。

《海关法》第三条规定："国务院设立海关总署，统一管理全国海关。国家在对外开放的口岸和海关监管业务集中的地点设立海关。海关的隶属关系，不受行政区划的限制。海关依法独立行使职权，向海关总署负责。"《海关法》第七条规定："各地方、各部门应当支持海关依法行使职权，不得非法干预海关的执法活动。"以上从法律上对海关垂直的管理体制做出了规定。自改革开放以来，我国各地的对外贸易以及科技文化交流与合作快速发展，特别是内陆省份的外向型经济规模不断扩大，形成了对外贸易方式的多样化格局。为支持各地对外经济贸易发展，海关组织机构不断扩大，机构的设立从改革开放前的沿海、沿边口岸深入扩大到内陆和沿江口岸海关监管业务集中的地方，体现了高度集中统一管理的垂直领导体制。这种领导体制表明海关事务属于中央立法事权，海关总署为国务院的直属机构。

海关集中统一的垂直领导体制具有事权集中、权责明确、指挥统一、便于控制的特点。海关实行垂直领导体制是维护国家整体利益的需要。一方面，海关需要执行国家的统一政策、法律和法规，但由于全国各地区开放程度和经济发展的情况不一致的客观现实，必然需要实行垂直领导体制来保障各项政令的统一。另一方面，海关是国家对涉外经济实行宏观监控的部门，其工作具有鲜明的涉外性，必须排除各种干扰，独立行使职权，才能发挥海关维护国家主权和利益的整体效能。

海关集中统一的垂直领导体制，既适应了国家改革开放和社会主义现代化建设的要求，也有利于海关自身建设与发展，从而有力地保障了海关各项监督管理职能的实施和国家有关法律、行政法规的落实。

二、海关的设关原则

随着对外开放口岸的不断增加及沿海经济特区的示范和经济辐射作用的不断扩大，我国对外贸易、科技、文化交流蓬勃发展，内陆省份的外向型经济广泛兴起。经国务院批准，许多开放城市、开放地区以及内陆省、市、区的沿江、沿边地区相继重开或者设立海关机构，为我国对外贸易经济的发展和科技文化交流活动提供了方便。

《海关法》第三条规定了我国海关的设关原则："国家在对外开放的口岸和海关监管业务集中的地点设立海关。海关的隶属关系，不受行政区划的限制。"其中，国家对外开放的口岸是指由国务院批准，允许运输工具及所载人员、货物、物品直接出入国境（或关境）的港口、机场、车站，以及允许运输工具及所载人员、货物、物品直接出入国境（或关境）的边境通道。国家规定在对外开放的口岸必须设置海关。海关监管业务集中的地点是指该地点虽然不属于国务院批准的对外开放口岸，但是，海关的一些监管业务的实施在该地点比较集中，例如，转关运输监管、保税加工货物监管、保税物流货物监管、特定减免税货物监管等。这一设关原则为海关监管从沿海、沿边口岸向内地沿江、沿边发展，进而向全关境转化奠定了基础。同时，也为海关业务制度的发展预留了空间。

海关的隶属关系不受行政区划的限制，表明海关管理体制不同于一般行政管理体制的区域划分，而是从海关监管业务出发，在国家现有的行政区域划分外设置、安排海关的上下级关系。

三、海关的组织机构

海关按照集中统一的垂直领导体制设立海关总署、直属海关和隶属海关三级事权管理行政体系。

海关总署是国务院的直属机构,在国务院的领导下统一管理全国各地的海关,是全国海关的最高领导机关。全国设立了42个直属海关,直属海关由海关总署领导,并向海关总署负责,负责管理一定区域范围内的海关业务。直属海关在海关三级事权管理中发挥着承上启下的作用。隶属海关在海关三级事权管理中处于最基层,由直属海关领导,并向直属海关负责,负责办理具体海关业务。另外,全国各海关还设有多个办事机构,办事机构不是一级海关行政组织,而是直属海关或隶属海关的派出机构,其职权和业务范围由派出单位确定并管辖。广东分署、天津特派员办事处、上海特派员办事处是海关总署的派出办事机构。

我国海关组织机构示意图见图1-1。

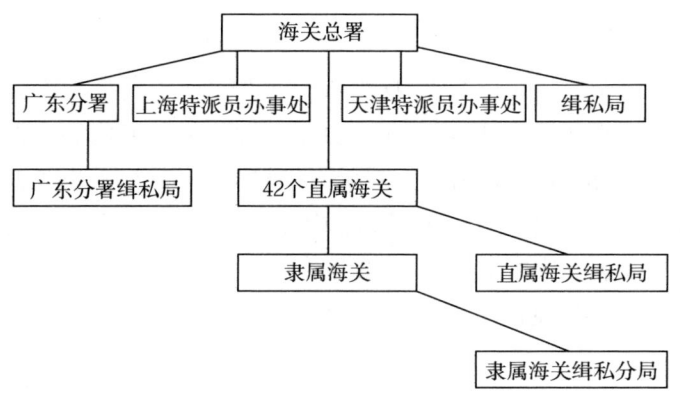

图1-1 我国海关组织机构示意图

(一) 海关总署

海关总署是全国海关系统最高的领导机构,它统一管理全国海关机构的人员编制、经费物资和海关业务。海关总署的基本任务是在国务院领导下,领导和组织全国海关,正确贯彻实施《海关法》和国家的有关政策及其他法律、行政法规、各项海关业务规章制度,积极、忠诚地依法行政,为国把关,促进和保护社会主义现代化建设。其主要职责如下:

1. 负责全国海关工作;
2. 负责组织推动口岸"大通关"建设;
3. 负责海关监管工作;

4. 负责进出口关税及其他税费征收管理；

5. 负责出入境卫生检疫、出入境动植物及其产品检验检疫；

6. 负责进出口商品法定检验；

7. 负责海关风险管理；

8. 负责国家进出口货物贸易等海关统计；

9. 负责全面打击走私综合治理工作；

10. 负责制订并组织实施海关科技发展规划，实验室建设和技术保障规划；

11. 负责海关领域国际交流与合作；

12. 垂直管理全国海关；

13. 完成党中央、国务院交办的其他任务。

（二）直属海关

直属海关是指直接由海关总署领导，负责管理一定范围内海关业务的海关。目前我国的直属海关共有42个，分布在除香港、澳门和台湾地区以外的全国31个省、自治区和直辖市。直属海关就本关区的海关事务依法独立行使职权并向海关总署负责。各级海关依法履行职权，与所在地政府及其各职能管理部门没有从属、支配关系。各级海关按照《海关法》在国家赋予的职权范围内自主地、全权地行使海关对进出境的监督管理权，不受地方政府和有关部门的干预。

（三）隶属海关

隶属海关是在直属海关领导下负责办理具体海关业务的海关。

直属海关在全国海关通关一体化改革、优化关检业务全面融合的基础上，将出入境检验检疫管理纳入隶属海关的功能化建设，整合检验检疫工作职责与内容，促进隶属海关智能化、集约化、专业化、规范化管理，形成一线海关现场关检业务融合监管。

隶属海关根据区位优势、负责实施海关进出境相关监督管理职能、办理具体海关业务的特点，按照业务布局和监管链条所处的位置进行功能定位和职责分工，划分为口岸型隶属海关、属地型隶属海关、综合型隶属海关。

（四）海关缉私警察机构

海关缉私警察机构，是海关组织架构中的一个内设职能部门。但由于其职能的重要性、业务领导的双重性及行使权力的特殊性，故在此作专门介绍。

海关缉私警察机构是专门打击走私犯罪活动的警察队伍。1998年，根据国务院的决定，在海关总署设立由海关总署、公安部联合组建的走私犯罪侦查局。为了更好地适应反走私斗争新形势的要求，充分发挥海关打击走私犯罪活动的整体效能，从2003年起，海关对部分打击走私犯罪的办案职能进行了内部调整，走私犯罪侦查局增加了行政执法职能。从2003年1月开始，各级海关走私犯罪侦查局统一更名为"缉私局"，海关总署走私犯罪侦查局更名为"海关总署缉私局"，海关总署走私犯罪侦查局广东分局更名为"海关总署广东分署缉私局"，各直属海关走私犯罪侦查分局更名为"××海关缉私局"，各隶属海关走私犯罪侦查支局更名为"××海关缉私分局"。

海关缉私部门和海关缉私工作受公安部和海关总署双重领导，以公安部领导为主，重点是加强政治领导、干部管理和队伍建设。海关缉私业务工作由海关领导负责。海关总署缉私局为海关总署内设机构，列入公安部序列局，负责拟定反走私社会综合治理政策措施并组织实施，查处走私、违规案件，侦办走私罪案件，开展缉私情报工作，组织开展打击走私国际（地区）间合作，承担世界海关组织情报联络工作。

第三节　我国海关的权力

权力是国家行政管理部门为实现其管理目标而采取的不可缺少的重要手段。海关的权力是指国家以立法的形式将"进出关境"这一特定领域的监督管理职权赋予海关，并规定了基本任务，为完成其任务，赋予海关所需要的权力。为此，《海关法》第六条中明确规定了海关可以行使的权力。同时，为保证税费的征收，《海关法》在第六十条、第六十一条和第六十二条中都作了具体的规定。

海关的权力属于公共行政职权，其行使是有一定范围和条件限制的，应接受法律的制约和人民群众的监督。这里所讲的"海关的权力"仅指海关行政权范畴，并不涉及《海关法》第四条中规定的缉私警察的权力，该条规定如下:"国家在海关总署设立专门侦查走私犯罪的公安机构,配备专职缉私警察,负责对其管辖的走私犯罪案件的侦查、拘留、执行逮捕、预审……"

海关无论其层级高低,都是代表国家行使进出境监督管理权的国家机关,依法维护国家利益,对特定范围内的社会经济活动进行监督管理。在海关执法过程中必然会遇到地方利益、企业利益、个人利益与国家宏观经济利益或社会公共利益发生冲突的情况,这时,海关必须毫不动摇地依据《海关法》及有关法律、行政法规来维护国家利益。海关的权力是国家权力的一种,为确保海关实现国家权能的作用,就必须保证海关拥有自身组织系统上的独立性和行使职权的独立性。《海关法》第三条规定:"……海关依法独立行使职权,向海关总署负责。"《海关法》第七条规定:"各地方、各部门应当支持海关依法行使职权,不得非法干预海关的执法活动。"这些法律规定不仅明确了我国海关集中统一的垂直领导体制,也表明海关行使职权时只对法律和上级海关负责,不受地方政府、其他机关、企事业单位或个人的干预。

一、海关权力的内容

根据《海关法》及有关法律、行政法规,海关的权力可归纳为以下几大类。

(一) 海关行政许可权

海关行政许可权是指海关应管理相对人的申请,依据《海关法》,通过颁发证书等形式依法赋予管理相对人从事某种活动的法律资格的权力。例如,对开展海关监管货物的仓储业务、进口食品生产企业注册以及对报关企业开展报关业务活动等进行行政许可等。

(二) 税费征收权

海关代表国家分别对下列情况向纳税义务人征收、减征、免征、追征税费。

1. 依法对进出口货物、物品征收关税及其他税、费。

2. 根据法律、行政法规及有关规定对特定的进出口货物、物品减征或免征关税。

3. 对经过海关放行后的有关进出口货物,发现少征或者漏征税款的应当自缴纳税款或者货物放行之日起1年内,向纳税义务人补征。因纳税义务人违反规定而造成的少征或者漏征,海关在3年以内可以追征。

（三）行政检查权

行政检查权是保证海关监督管理职能得以顺利履行的基本权力。其权力由 7 项具体的海关业务权力组成。具体行使时，海关须严格遵守其行使权力的范围、条件、程序的要求。

1. 检查权

海关依法有权检查进出境运输工具，检查有走私嫌疑的运输工具和有藏匿走私货物、物品的嫌疑场所，检查走私嫌疑人的身体。进行上述检查时应当按照以下规定的范围、条件、程序实施检查权：

（1）海关对进出境运输工具的检查不受海关监管区域的限制；

（2）海关对走私嫌疑人身体的检查，应在海关监管区和海关附近沿海、沿边规定的地区内进行；

（3）海关对于有走私嫌疑的运输工具和有嫌疑藏匿走私货物、物品的场所的检查，应在海关监管区和海关附近沿海、沿边规定的地区内进行，海关人员可以直接检查。在超出这个范围调查走私案件时，须经过直属海关关长或其授权的隶属海关关长批准以后才能实施检查，但不能检查公民住处。

表 1-1　我国海关行使检查权的权限要求

对象	区域	权限要求
进出境运输工具	"两区"内	海关有关部门可直接行使
	"两区"外	海关有关部门可直接行使
有走私嫌疑的运输工具	"两区"内	海关有关部门可直接行使
	"两区"外	必须经直属海关关长或者其授权的隶属海关关长批准，方可由海关有关部门行使
有藏匿走私嫌疑的货物、物品的场所	"两区"内	海关有关部门可直接行使
	"两区"外	不可对公民住所实施检查；当事人需在场，当事人未到场则必须有见证人在场；调查走私案件时，需经直属海关关长或者其授权的隶属海关关长批准，方可由海关有关部门行使
走私嫌疑人	"两区"内	海关有关部门可直接行使
	"两区"外	无授权，不能行使

2. 查验权

海关有权查验进出境货物、物品。海关查验进出境货物，认为必要时可以提取货物货样。

3. 施加封志权

根据《海关法》的规定，海关对所有未办结海关手续、处于海关监管状态下的进出境货物、物品、运输工具，有权施加封志。

封志分为纸质封和金属封。海关封志不允许随意开拆，否则要承担相应的法律责任。

4. 查阅、复制权

此项权力包括查阅进出境人员的证件，查阅、复制与进出境运输工具、货物、物品有关的合同、发票、账册、单据、记录、文件、业务函电、录音、录像制品和其他有关资料。

5. 查问权

海关有权对违反《海关法》或其他有关法律、行政法规的嫌疑人进行查问，调查其违反法律的行为。

6. 查询权

海关在调查走私案件时，经直属海关关长或其授权的隶属海关关长批准，可以查询案件涉嫌的单位和相关人员在金融机构、邮政企业的存款、汇款。

7. 稽查权

《海关法》第四十五条规定："自进出口货物放行之日起三年内或者保税货物、减免税进口货物在海关监管期限内及其后的三年内，海关可以对与进出口货物直接有关的企业、单位的会计账簿、会计凭证、报关单证以及其他有关资料和有关进出口货物实施稽查。具体办法由国务院规定。"

此处的企业、单位包括：

（1）从事对外贸易的企业、单位；

（2）从事对外加工贸易的企业；

（3）经营保税业务的企业；

（4）使用或者经营减免税进口货物的企业、单位；

（5）从事报关业务的企业；

（6）海关总署规定的从事与进出口活动直接有关的其他企业、单位。

实施稽查的同时根据《中华人民共和国海关稽查条例》规定，海关还可以行使下列职权：

（1）查阅、复制被稽查人的账簿、单证等有关资料。

（2）进入被稽查人的生产经营场所、货物存放场所，检查与进出口活动有关的生产经营情况和货物。

（3）询问被稽查人的法定代表人、主要负责人员和其他有关人员与进出口活动有关的情况和问题。

（4）经过直属海关关长或其授权的隶属海关关长批准，查询被稽查人在商业银行或者其他金融机构的存款账户。

（5）海关在进行稽查时，如果发现被稽查人有可能转移、隐匿、篡改、毁弃账簿、单证等有关资料的，经过直属海关关长或其授权的隶属海关关长批准，在不妨碍被稽查人正常的生产经营活动的前提下，可以查封、扣押其账簿、单证等有关资料以及相关电子数据存储介质。海关对有关情况经过查明或者取证以后，应当及时解除查封、扣押。

（6）海关在进行稽查时，如果发现被稽查人的进出口货物有违反《海关法》和其他法律、行政法规规定的嫌疑的，经过直属海关关长或其授权的隶属海关关长批准以后，可以查封、扣押有关进出口货物。

（四）行政强制权

法律赋予海关行政强制权是保障海关对《海关法》及相关法律、行政法规的贯彻执行，保证其行政管理职能的履行。行政强制权是对管理相对人做出的具有强制作用的行政行为，由以下 9 项具体的海关业务权力组成。

1. 检验权

海关负责对列入法定检验商品目录内的进出口商品实施法定鉴定和检验，对《中华人民共和国食品安全法》《危险化学品安全管理条例》等法律、法规规定需由海关实施检验的进出口食品接触材料、食品添加剂、危险化学品等实施检验，对政府双边协议规定需由海关检验的进出口商品实施检验等，对缺陷进口消费品、缺陷进口汽车有权做出召回处理。

2. 检疫权

（1）对来自检疫传染病流行地区的、被检疫传染病污染的、可能成为检疫传染病传播媒介或发现有公共卫生问题的进出境人员、运输工具、集装箱、行李物品、货物、邮包、尸体、骸骨等实施检疫查验；对出入境的微生物、生物制品、人体组织、血液及其制品等特殊物品以及能传播人类传染病媒介生物实施卫生检疫；对可能受污染的口岸环境、进出境货物存放场所等，采取隔离、留验、就地诊验等医学措施及消毒、除鼠、除虫等卫生措施。

对进出口食品、化妆品检验检疫，以及进出口食品生产、加工、存储、经营等单位（场所）实施日常检验检疫等。

(2) 依据法律、法规规定必须实施动植物检疫处理，以及不符合检疫要求的进出境动植物、动植物产品和其他检疫物采取强制性处理措施，包括扑杀、销毁、退回、截留、封存、禁止进出境等。

3. 扣留权

依据《海关法》的规定，海关在下列情况下可以行使扣留权。

（1）对违反《海关法》或者其他有关法律、行政法规的进出境运输工具、货物、物品以及与之有关的合同、发票、账册、单据、记录、文件、业务函电、录音、录像制品和其他资料都可以扣留。

（2）在海关监管区和海关附近沿海、沿边规定的地区，对有走私嫌疑的运输工具、货物、物品和走私犯罪嫌疑人，经过直属海关关长或其授权的隶属海关关长批准后可以扣留。对走私犯罪嫌疑人的扣留时间不得超过24小时；在特殊情况下，可以延长至48小时。

（3）在海关监管区和海关附近沿海、沿边规定的地区以外，对有证据证明有走私嫌疑的运输工具、货物、物品可以扣留。

（4）海关对查获的走私犯罪嫌疑案件，应该扣留走私犯罪嫌疑人的，应当移送海关侦查走私犯罪公安机构处理。

表1-2 我国海关行使扣留权的条件及权限要求

对象	扣留区域	条件要求	权限要求
合同发票等相关资料	"两区"内	与违反《海关法》或有关法律、法规的运输工具、货物、物品有关联的	海关有关部门可直接行使
	"两区"外		
有走私嫌疑的运输工具、货物、物品	"两区"内	违反《海关法》或有关法律、法规	经直属海关关长或者其授权的隶属海关关长批准可行使
	"两区"外	在检查时有证据证明有走私嫌疑的	海关有关部门可直接行使
走私嫌疑人	"两区"内	(1) 有走私嫌疑的；(2) 扣留时间不超过24小时，在特殊情况下可延长至48小时	经直属海关关长或者其授权的隶属海关关长批准可行使
	"两区"外	—	无授权，不能行使

4. 滞报金、滞纳金征收权

海关对超期申报货物征收滞报金，对于逾期缴纳进出口税费的纳税义务人征收滞纳金。

5. 提取货物先行变卖权

海关对下列情况可以提取货物并依法对其作变卖处理：

（1）进口货物、运输工具自申报进境之日起超过 3 个月仍未向海关申报的；

（2）进口货物收货人或其所有人声明放弃的货物；

（3）海关依法扣留的货物、物品不宜长期保存的，经过直属海关关长或其授权的隶属海关关长批准的；

（4）在规定期限以内未向海关申报的，以及误卸或溢卸的不宜长期保存的货物，海关有权按实际情况提取货物先行变卖处理。

6. 强制扣缴和变价抵缴关税权

依据《海关法》第六十条规定，进出口货物的纳税义务人、担保人自纳税规定期限届满之日起超过 3 个月仍未缴纳税款的，经直属海关关长或者其授权的隶属海关关长批准，海关可以采取下列强制措施：

（1）书面通知其开户银行或者其他金融机构从其存款中扣缴税款；

（2）将应税货物依法变卖，以变卖所得抵缴税款；

（3）扣留并依法变卖其价值相当于应纳税款的货物或者其他财产，以变卖所得抵缴税款。

7. 税收保全

税收保全是指税务机关在规定的纳税期限之前，由于纳税人的行为或者某种客观原因，致使以后的税款征收不能保证或难以保证而采取的限制纳税人处理或转移商品、货物或其他财产的措施。依据《海关法》第六十一条规定，进出口货物的纳税义务人在规定的纳税期限内有明显的转移、藏匿其应税货物以及其他财产迹象的，海关可以责令纳税义务人提供担保；纳税义务人不能提供纳税担保的，经直属海关关长或者其授权的隶属海关关长批准，海关可以采取下列税收保全措施：

（1）书面通知纳税义务人开户银行或者其他金融机构暂停支付纳税义务人相当于应纳税款的存款；

（2）扣留纳税义务人价值相当于应纳税款的货物或者其他财产。

8. 抵缴、变价抵缴罚款权

《海关法》第九十三条规定："当事人逾期不履行海关的处罚决定又不申请复议或者向人民法院提起诉讼的，作出处罚决定的海关可以将其保证金抵缴或者将其被扣留的货物、物品、运输工具依法变价抵缴，也可以申请人民法院强制执行。"

9. 其他行政强制权

该项权力主要指海关依据《海关法》及有关行政法规的规定对某些违法违规行为所做出的处罚担保和对某类进出境货物从监管需要出发所做出的税收担保。

(1) 处罚担保。根据《海关法》及有关行政法规的规定，有下列情况之一的，海关可处以处罚担保：

①对于有违法嫌疑的货物、物品、运输工具，海关无法或不便扣留的；

②有违法嫌疑，但依法不应该予以没收的货物、物品、运输工具的；

③当事人申请先予放行或解除扣留的（海关可以要求当事人或运输工具负责人提供等值担保，未提供等值担保的，海关可以扣留其等值的其他财产）；

④受海关处罚的当事人在离境以前未缴纳罚款或未缴清依法被没收的违法所得和依法被追缴的货物、物品、运输工具的等值价款的。

(2) 税收担保。根据《海关法》及有关行政法规的规定，有下列情况之一的，海关可以责令其提供税收担保：

①进出口货物的纳税义务人在规定的纳税期限内，有明显转移、藏匿其应税货物以及其他财产迹象的；

②经海关批准的暂准进出境货物和保税货物，其收发货人须缴纳相当于应纳税款的保证金或者提供其他形式的担保。

（五）行政处罚权

该项权力是指海关依据《中华人民共和国海关行政处罚实施条例》（以下简称《海关行政处罚实施条例》），对依法不追究刑事责任的走私行为和违反海关监管规定的行为以及违反法律、行政法规由海关实施行政处罚的行为，实施行政处罚。

对违法当事人处以行政处罚，包括：对走私货物、物品及违法所得处以没收；对有走私行为和违反海关监管规定行为的当事人处以罚款；对有违法行为的报关企业处以暂停或取消报关资格的处罚等。

海关行政处罚由发现违法行为的海关管辖，也可以由违法行为发生地海关管辖。2个以上海关都有管辖权的案件，由最先发现违法行为的海关管辖。

（六）其他强制处理权力

1. 佩带武器和使用武器权

海关执行缉私任务时，可以配备武器。海关工作人员佩带武器必须遵照经国务院批准，由海关总署、公安部联合制定、发布的《海关工作人员使用武器和警械的规定》。海关使用的武器包括轻型枪支、电警棍、手铐以及其他经过批准可以使用的武器和警械。海关工作人员使用武器和警械的范围应为执行缉私任务工作中，使用的对象应为走私分子和走私嫌疑人，使用的条件必须是：

（1）在不能制服被追缉逃逸的走私团体或遭遇武装掩护走私时；

（2）不能制止走私分子或者走私嫌疑人以暴力劫夺海关依法查扣的货物、物品和其他物品时；

（3）暴力抗拒检查、抢夺海关工作人员的武器警械，严重威胁海关工作人员的生命安全时。

2. 连续追缉权

进出境运输工具或者个人违抗海关监管逃逸的，海关可以连续追缉至海关监管区和海关附近沿海、沿边规定的地区以外。海关行使连续追缉权不受"两区"限制，直至将其带回处理。连续追缉权使海关对于违法行为保持高压态势，以保障进出境的正常秩序。

所谓逃逸，既包括进出境运输工具或者个人违抗海关监管自海关监管区和海关附近沿海、沿边规定地区向内（陆地）一侧的逃逸，也包括向外（海域）一侧的逃逸。总之，无论违法行为人逃逸到哪里，海关在追缉时都应保持连续追缉的状态。

3. 行政裁定权

这是指在货物实际进出口以前，对外贸易的经营者提出书面申请，海关依据法律、行政法规或者国务院授权所作的规定，由海关总署或其授权机构制定具体实施监管办法，并由海关总署统一对外公布。该行政裁定具有普遍的约束力，具有与海关规章制度同等的效力。

行政裁定主要适用于以下海关事务：

（1）进出口商品归类；

（2）进出口货物原产地的确定；

（3）禁止进出口措施和许可证件的适用。

二、海关执行有关权力应该注意的事项

前面已经介绍了海关在履行其职责时依法可行使的权力。那么，海关在执行其权力时，应该注意哪些问题呢？

(一) 海关应当及时解除扣留的情况

扣留权是海关依法对违反《海关法》或者其他法律、行政法规的进出境运输工具、货物、物品及走私嫌疑人所采取的措施。依据《海关行政处罚实施条例》第四十一条规定，有下列情况之一的，海关应当及时解除扣留：

1. 排除违法嫌疑的；
2. 扣留期限、延长期限届满的；
3. 已经履行海关行政处罚决定的；
4. 法律、行政法规规定应当解除扣留的其他情形。

(二) 海关应当及时解除税收保全的情况

税收保全是海关发现纳税义务人在规定的纳税期限内具有明显的转移、藏匿应税货物和其他财产的不正常情况，为保证国家税收的安全，在纳税义务人无法提供担保的情况下而采取的保全措施。依据《海关法》的规定，纳税义务人在规定的纳税期限内缴纳税款的，海关必须立即解除税收保全措施；采取税收保全措施不当，或者纳税义务人在规定的期限内已经缴纳税款，而海关却未立即解除税收保全措施，致使纳税义务人的合法权益受到损失的，海关应当依法承担赔偿责任。

(三) 海关执行强制扣缴税款权应该注意的情况

要严格区分未缴税款与不缴税款。海关在采取行政强制措施扣缴和变价抵扣税款时，不应以纳税义务人有不履行纳税义务的主观故意为执法依据，而只能以纳税义务人在规定的期限内没有缴纳税款的事实为执法的依据。

海关在实施强制缴纳税款措施时，对于与之相关的纳税义务人逾期未缴纳税款而产生的滞纳金将同时强制执行。滞纳金不是行政处罚金，不适用"一事不二罚"的原则。

三、海关行使权力的基本原则

海关权力是国家行政权力的组成部分。国家行政权力的设计是为实现国家行政管理总目标服务的。海关权力的运行不可偏离这个总目标，它应当起到维护国家利益、维护经济秩序、维护公共安全、实现国家权能的积极作用。为此，海关在行使权力时必须遵循一定的原则。海关权力在行使时若有任何随意性或者滥用，都必然给管理相对人的合法权益造成损害，给依法行政的法制环境带来负面影响。可见，海关权力的行使是十分严肃的问题，权力的行使必须严格遵循一定的原则。这些原则主要包括以下几点。

(一) 合法原则

合法原则是指权力的行使要合法，这是行政法的基本原则，也是依法行政的基本要求。按照行政法理论，行政权力行使的合法性应该具备以下要件：

1. 主体资格合法

行使权力的主体必须有法律授权，必须在其法定权限范围内行使权力，越过法定权限的行为无效，即越权无效。例如，涉及走私犯罪案件的侦查、拘留、执行逮捕、预审等权力，《海关法》第四条只授予国家在海关总署设立的专门侦查走私犯罪的公安机构，只有海关专司缉私的公安机构才具有执法的主体资格，其他海关人员则无此权力。又如，《海关法》规定，海关行使某项权力时应该"经直属海关关长或者其授权的隶属海关关长批准"，未经授权（即批准），海关人员不能擅自行使该项权力。

2. 以法律规范为依据

《海关法》将国家的进出境监督管理权赋予了海关。《海关法》第二条规定，海关依照该法和其他有关法律、行政法规，监管进出境的运输工具、货物、行李物品、邮递物品和其他物品，征收关税和其他税、费，查缉走私，并编制海关统计和办理其他海关业务。

3. 程序必须合法

程序是指行使权力的方法、措施、时限、等级等。程序是法律的核心，只有在程序上合法才能维护法律的公平与正义。如果在程序上出了问题，任何证据都是无效的。因此，对于执法者来说，不但要秉承实质正义的原则，还应该严格遵从程序的正义。《海关法》及有关法律、行政法规的执行都对程序做出了明确的规定。

4. 法律面前人人平等

法律面前人人平等是指一切行政违法主体都应该承担相应的法律责任。在进出境活动中，作为执法者的海关及管理相对人形成了一对法律关系。法律不认人，只认违法事实，谁违法就追究谁的法律责任。这就是"法律面前人人平等"的原则。

（二）适当原则

从进出境监管的需要和海关业务出发，海关在查验、放行、征税、减免税、行政处罚等管理环节中拥有较大的自由裁量权。这里的自由裁量权是指海关关员可以根据具体情况和自己的意志自行判断和选择，采取最为合适的方式来行使职权。这是因为法律、行政法规仅规定了一定原则和幅度，具体的实施量化实质上是受海关人员的政策水平、执法能力、职业操守的影响。为了防止自由裁量权的滥用，2001年7月1日起实施的修正后的《海关法》专门增加了第七章"执法监督"，对海关自由裁量权进行监督，其法律途径主要有行政监督（即申请行政复议）和司法监督（即提起行政诉讼）。

（三）依法独立行使原则

海关的权力是国家权力的重要组成部分，是国家权能在进出境活动管理中的具体体现。为实现国家权能目标，保障海关行使职权，《海关法》第三条明确规定了"海关依法独立行使职权，向海关总署负责"，确立了海关高度集中统一的垂直领导体制，保证了海关拥有自身组织系统上的独立性和海关依法行使其职权的独立性。同时，《海关法》第七条规定："各地方、各部门应当支持海关依法行使职权，不得非法干预海关的执法活动。"这些规定保证了海关依法独立行使职权。

（四）依法受到保障原则

海关权力是国家权力的一部分，国家权力实施必须受到保障，这样才能充分发挥国家权力的作用。为此，《海关法》第七条明确规定："各地方、各部门应当支持海关依法行使职权，不得非法干预海关的执法活动。"第十二条规定："海关依法执行职务，有关单位和个人应当如实回答询问，并予以配合，任何单位和个人不得阻挠。海关执行职务受到暴力抗拒时，执行有关任务的公安机关和人民武装警察部队应当予以协助。"这些法律规定充分表明海关执法、行使职权必须受到保障，不容有任何干扰。

第二章　我国海关关务改革

本章知识点

本章主要介绍为适应经济一体化的发展趋势，落实"一带一路"建设的目标，海关总署通过机构重组和流程再造，实行关务改革，实现全国通关一体化和实施关检融合的新关务。

第一节　全国通关一体化改革

为适应经济一体化的发展趋势，落实"一带一路"建设的目标，整合海关管理资源，实现贸易安全、便利，为企业创造一个守法、便捷、高效、统一、规范的通关环境，实现真正意义上的"全国海关一盘棋"，做到"全国是一关"，海关总署决定推进全国海关通关一体化改革，发布《关于推进全国海关通关一体化改革的公告》（海关总署公告2017年第25号），启用全国海关风险防控中心和税收征管中心，后又对具体实施运行操作做出了规定。海关总署通过机构重组和流程再造，建立风险防控、税收征管两个中心，实施货物通关"一次申报、分步处置"、改革税收征管方式、优化协同监管制度（三制度），实现全部运输方式和税则各章节商品的全覆盖。

一、两个中心建设

建立两个中心的目的是实施集约化管理，集中全国海关的监管信息资源，整合全国海关风险分析研判处置作业，形成风险防控中心侧重安全准入风险管理、税收征管中心侧重税收安全风险管理的新局面。

（一）风险防控中心

风险防控中心所要防控的安全准入风险，不是以偷逃税款为目的逃避海关监管的行为，而是主要针对毒品、文物、非法出版物、濒危动植物、洋垃圾等走私和侵权商品的跨境流动，以及暴力恐怖主义等威胁安全的行为。

风险防控中心职责包括：融合风险与情报管理工作，广泛搜集、全面整合海关内外部信息资源，统筹管理物流监控、风险布控、选择查验、现场指挥、业务协调等，开展安全准入风险分析、研判和处置，指挥现场监管，发布业务运行状况报告。

海关风险防控中心由海关总署和直属海关两级风险防控中心组成。目前全国有3个一级风险防控中心：

1. 海关总署风险防控局（上海）：负责空运货物的安全准入风险防控工作；负责空运渠道供应链企业的风险评估；负责报关单安全准入风险参数设置及后续处置；对接各税收征管中心，加载风险参数，统一下达放行前实货验估指令。

2. 海关总署风险防控局（青岛）：负责水运货物和运输工具（来往港澳小型船舶水运货物和运输工具除外）安全准入风险防控工作；负责水运渠道供应链企业的风险评估。

3. 海关总署风险防控局（黄埔）：负责全国陆运（公路、铁路运输）货物的安全准入风险防控工作；负责陆运渠道供应链企业的风险评估；负责小型船舶水运货物的安全准入风险防控工作；专项业务风险分析。

直属海关风险防控分局又称"二级风险防控中心"，分设在42个直属海关。

（二）税收征管中心

税收征管中心是全国海关通关一体化改革所建立的"两中心"之一，主要按照商品和行业分工，对涉税申报要素的准确性进行验证和处置，重点防控报关数据中涉及归类、价格、原产地等税收征管要素的税收风险，并根据审核情况对可能存在税收风险的，要求企业补充申报或下达放行后稽查指令。

根据"一次申报、分步处置"的流程，税收征管作业主要在货物放行后实施。税收征管中心前置税收风险分析，按照商品分类、加工（研发）、设置参数、指令和模型，对少量存在重大税收风险且放行后难以有效稽（核）查的，进行风险排查处置，以及对需要追补税的实施放行后进行风险排查处置。

目前全国有3个税收征管中心：

1. 海关总署税收征管局（上海）：负责机电大类（机电、仪器仪表、交通工具类等）商品，包括《税则》第八十四～八十七章、第八十九～九十二章共 8 章商品；

2. 海关总署税收征管局（广州）：负责化工大类（化工原料、高分子、能源、矿产、金属类等）商品，包括《税则》第二十五～二十九章、第三十一～四十章、第六十八～七十六章、第七十八～八十三章共 30 章商品；

3. 海关总署税收征管局（京津）：负责杂项大类（农林、食品、药品、轻工、杂项、纺织类及航空器等）商品，包括《税则》第一～二十四章、第三十章、第四十一～六十七章、第八十八章、第九十三～九十七章共 58 章商品。

二、三制度的实施

三制度，即：实施货物通关"一次申报、分步处置"管理；改革税收征管方式，企业自报自缴；实施优化协同监管制度，改造隶属海关功能。

（一）实施货物通关"一次申报、分步处置"管理

"一次申报、分步处置"是指改变海关接受申报、审单、查验、征税、放行的传统"串联"式作业流程，基于舱单提前传输，通过风险防控中心、税收征管中心对舱单和报关单进行风险甄别和业务现场处置作业环节的前推后移，在企业完成报关和税款自报自缴手续后，存在安全准入风险的主要在口岸通关现场处置，存在税收风险的主要在货物放行后处置的新型通关管理模式。

海关在"分步处置"模式下，第一步，由风险防控中心分析货物是否存在禁限管制、侵权、品名、规格、数量伪瞒报等安全准入风险，并下达布控指令，由现场查验人员实施查验。对于存在重大税收风险且放行后难以有效稽（核）查或追补税的，由税收征管中心实施货物放行前的税收征管要素风险排查处置；需要在放行前验核有关单证，留存相关单证、图像等资料的，由现场验估岗人员进行放行前处置；需要实施实货验估的，由现场查验人员根据实货验估指令实施放行前实货验估处置。货物经风险处置后符合放行条件的可予放行。第二步，由税收征管中心在货物放行后对报关单税收征管要素实施批量审核，筛选风险目标，统筹实施放行后验估、稽（核）查等作业。

（二）改革税收征管方式，企业自报自缴

传统税收征管方式是由企业在货物通关时申报商品归类、完税价格、原产地等征管要素，海关逐票审查确定后开具税款缴款书，再由企业缴纳税款。

企业自报自缴是将传统税收征管方式创新改革为由进出口企业办理海关预录入时，自行填报报关单各个项目，利用预录入系统的海关计税（费）服务工具计算应缴纳的相关税费，并对系统显示的税费计算结果进行确认，连同报关单预录入内容一并提交海关，进出口企业、单位在收到海关受理回执后，自行办理相关税费缴纳手续。同时，推进财关库银横向联网系统，实现税款划账、信息及时电子传输，保证税收及时入库；海关受理企业申报后不再开具税单进行缴款告知，而由企业缴税后自行选择在海关现场打印税单或由商业银行打印完税凭证。

改革的目标是为了保障税收安全，促进贸易便利。改革从由企及物、由物及企、物企结合的税收风险管理理念出发，以建立专业化和集约化税收征管中心为契机，实施属地纳税人管理，构建职责明晰的税收征管体制、业务运行与监督机制和税收风险防控体系，从而实现海关税收治理体系与治理能力的现代化。

（三）实施优化协同监管制度，改造隶属海关功能

原来42个直属海关自成体系，所有业务都是一个关完成。现在改变以关区为区块的监管模式，实施优化协同监管制度，改造隶属海关功能，建立若干功能型海关。

根据隶属海关的业务特点、区位优势等实际情况，按照业务布局和监管链条所处的位置，对海关系统隶属海关进行功能定位和职责分工，将其划分为口岸型、属地型、综合型海关三大类。

1. 口岸型海关

口岸型海关为处在沿海、沿边出入国境的港口、车站、国界孔道、国际机场、国际邮件互换局（交换站）、国际多式联运监管点上的海关，管辖范围限定为港口、车站、国界孔道、国际机场、国际邮件互换局（交换站）的海关监管区和海关附近沿海、沿边规定地区。口岸型海关主要负责"一次申报、分步处置"的第一步处置的执行反馈，具体职责包括运输工具检查、货物检查、货物查验和物品监管、现场验估（通关）海关监管作业场所规范管理、口岸应急事务处理等（下称"口岸通关职责"）。口岸型海关执行"两中心"下达的查验（检查）、验估等指令，并将指令执行结果反馈"两中心"。口岸型海关侧重于现场监管、正面拦截，重点承担口岸通关中的安全准入风险处置作业，进出境运输工具、货物、物品及人员的口岸检验检疫等功能和职责，

缩短通关时间，降低物流成本。

2. 属地型海关

属地型海关为处在非沿海、沿边及非国际机场、非国际邮件互换局（交换站）、非国际多式联运监管点上的海关，管辖口岸型海关管辖范围以外的区域。属地型海关主要负责"一次申报、分步处置"的第二步处置的执行反馈，具体职责包括稽（核）查、企业管理、现场验估（后续）、减免税审核等（下称"属地管理职责"）。属地型海关执行"两中心"下达的报关单修撤、退补税、验估、稽（核）查等指令，并进行指令后续处置。根据工作需要，执行直属海关范围内稽查等后续管理专项任务。属地型海关侧重于后续监管和属地企业管理，重点承接口岸通关后的税收风险处置作业，承担进口目的地检验、出口产地/组货地检验检疫及后续监管，强化企业信用管理、稽（核）查等手段运用，反馈风险信息和处置建议，将属地管理结果以风险参数、布控指令建议等方式作用于口岸通关。

3. 综合型海关

综合型海关兼有口岸型海关和属地型海关业务的海关，管辖区域包含口岸型海关和属地型海关的管辖区域。综合型海关分为偏口岸综合型海关和偏属地综合型海关。偏口岸综合型海关一般是口岸型海关兼有属地管理职责。偏属地综合型海关一般是属地型海关兼有口岸通关职责。

第二节　关检融合新关务

一、关检融合概述

关检融合是指出入境检验检疫管理机构并入海关后，其原所承担的检验检疫业务，全面科学地与海关进出境监督管理关务融合，实现"统一申报单证、统一作业系统、统一风险研判、统一指令下达、统一现场执法"的新型海关关务。关检融合的目标是以流程整合优化为主线、以风险集中统一防控为重点、以信息系统一体化为依托，理顺两支队伍合一的职责关系，优化关检职能配置，将检验检疫作业全面融入全国通关一体化整体框架和流程中，实现关检融合的新关务。

（一）报关单位报关、报检资质合并管理

依照海关总署《关于企业报关报检资质合并有关事项的公告》（海关总署

公告2018年第28号）规定，相关要求如下。

1. 将检验检疫自理报检企业备案与海关进出口货物收发货人备案，合并为海关进出口货物收发货人备案。

2. 将检验检疫代理报检企业备案与海关报关企业（包括海关特殊监管区域双重身份企业）注册登记或者报关企业分支机构备案，合并为海关报关企业注册登记和报关企业分支机构备案。

3. 将检验检疫报检人员备案与海关报关人员备案，合并为报关人员备案。

4. 自2018年4月20日起，企业在海关注册登记或备案后，将同时取得报关、报检资质。

5. 自2018年4月20日起，海关向注册登记或者备案企业同时核发"中华人民共和国海关报关单位注册登记证书"和"出入境检验检疫报检企业备案表"，相关证书或者备案表加盖海关注册备案专用章。

此外，根据海关总署《关于推进关检融合优化报关单位注册登记有关事项的公告》（海关总署公告2018年第143号）规定，自2018年10月29日起，对完成注册登记的报关单位，海关向其核发的"中华人民共和国海关报关单位注册登记证书"自动体现企业报关、报检两项资质，原"出入境检验检疫报检企业备案表""出入境检验检疫报检人员备案表"不再核发。

6. 海关对报关和报检企业管理作业系统数据库及相关功能进行整合和修改，共享相关数据。自2018年6月1日起，企业可以通过"中国国际贸易单一窗口"补录企业和报关人员注册登记或者备案相关信息：只取得报关资质的企业或者只取得报检资质的代理报检企业，在补录信息后，将同时具有报关、报检资质；只取得报检资质的自理报检企业，在补录信息后，还需要向海关提交商务部门的对外贸易经营者备案登记表（或者外商投资企业批准证书、外商投资企业设立备案回执、外商投资企业变更备案回执）复印件，才能同时取得报关、报检资质。

（二）整合申报、统一受理关检业务

按照关检业务全面融合要求，实现单证统一、代码规范、申报系统整合。

1. 关检融合整合申报

整合申报项目主要是对海关原报关单申报项目和检验检疫原报检单申报项目进行梳理，使报关、报检面向企业端整合形成"一张报关单、一套随附单证、一组参数代码、一个申报系统"。取消"入境/出境货物通关单""入境/出境货物报检单"。进口申报整合报检要素，将报关报检合并为一张报关单及一套随附单证。出口申报由信息化系统自动核对出口检验检疫电子底账数据。在进出口申报电子逻辑校验中增加检验检疫校验参数。

2. 统一受理关检业务

在保持口岸型、属地型、综合型海关的基本功能配置的基础上，将出入境检验检疫管理纳入隶属海关的功能化建设，在现场作业各岗位、各环节上整合检验检疫工作职责与内容，在综合业务机构中统一设置综合服务窗口，使得服务范围扩大到检验检疫业务。通过应用新技术业务系统实现"一口对外受理关区海关和检验检疫业务、一口对外负责海关内部事务协调、一口对外反馈办理结果"。"一口"是指全国海关通关一体化隶属海关综合业务机构统一设置综合服务窗口，即业务架构不变，保持全国通关一体化"中心—现场式"基本架构；作业流程不变，保持"一次申报、分步处置"的基本流程。

（三）将检验检疫作业融入风险防控中心和现场海关作业

将原检验检疫全国审单布控中心负责的工作并入海关总署一级风险防控中心统一实施管理。将原直属检验检疫局审单布控中心负责的工作并入海关二级风险防控中心实施管理，必要时可下达指令由现场海关综合业务部门辅助实施纸质单证审核，或由现场海关查验部门核对货、证。

（四）将检验检疫现场施检作业融入海关查验部门

将原检验检疫现场施检部门负责的检验、检疫、查验（核对货证）、鉴定、初筛鉴定、抽样送检、合格评定、检疫处理监管、拟证等工作并入现场海关查验部门实施管理。通过职责调整等步骤，逐步实现通关监管"查检合一"。

（五）通关监管领域关检业务融合

实施进出境货物、跨境电商、快件、运输工具、人员及行李物品辐射探测等海关各通关监管业务领域的"查检合一"。推进海关后续管理领域关检业务融合，整合关检后续监管管理职责和作业，调整后续监管管理运行制度，提升后续监管管理效能。

二、关检风险业务融合

基于"两中心、三制度"的框架，海关总署风险防控中心（局）在承担原有职责的基础上，实施布控指令细化，全面承接进出境运输工具安全准入风险分析和防控职责；同时，在出入境检验检疫管理职责和队伍划入海关总署后，检验检疫风险已纳入安全准入风险，实施集中统一分析、处置和整体防控，检验检疫作业已融入风险防控中心（局）和现场海关作业。

（一）口岸关检融合风险布控管理

口岸关检融合风险布控管理由海关总署风险管理司统一组织实施。海关总署设在上海、青岛、黄埔三地的风险防控局在承担原有职责的基础上，还履职出入境检验检疫管理职责，承办口岸公共卫生、进出境口岸生物及进出口食品安全领域安全风险防控标准、动态风险布控规则加工加载等工作。

（二）海关总署风险防控局（上海）

在承担原有职责基础上，承接口岸公共卫生、进境口岸生物及进口食品安全领域安全风险防控标准和动态风险布控规则加工加载等工作。

（三）海关总署风险防控局（青岛）

在承担原有职责基础上，承接出境口岸生物安全及出口食品安全领域安全风险防控标准、动态风险布控规则加工加载等工作。

（四）海关总署风险防控局（黄埔）

在承担原有职责基础上，承接开展进出口商品安全领域安全风险防控标准、动态风险布控规则加工加载等工作。

三、整合企业管理

（一）合并企业资质注册登记或备案管理

对通用资质的企业注册登记或备案进行整合；对特定资质的企业注册登记或备案，由相关业务职能管理部门依职责分别负责。

（二）统一企业信用管理

以海关现行企业信用管理制度为主，整合检验检疫对企业信用的管理要求，形成统一的制度。

第三章　报关单位及海关企业管理制度

本章知识点

本章主要介绍报关及报关单位概述、海关对报关单位备案管理制度、报关单位的报关行为规则、报关单位的海关法律责任、海关对报关单位信用管理制度、海关对境内外企业资质管理。

第一节　报关及报关单位概述

一、报关含义

《海关法》第八条规定："进出境运输工具、货物、物品，必须通过设立海关的地点进境或出境……并依照本法规定办理海关手续。"按照《海关法》的规定，报关的含义是指进出口货物收发货人、进出境运输工具的负责人、进出境物品的所有人或者他们的代理人向海关办理货物、物品或运输工具进出境手续及相关海关事务的过程。

依据上述法律规定，报关具有以下三层含义：

一是由设立海关的地点进境、出境，是运输工具、货物、物品进出境的基本原则；

二是办理规定的海关手续是进出口货物的收发货人、进出境运输工具负责人、进出境物品的所有人应该履行的法定的义务；

三是海关对进出境运输工具、货物、物品依法实施监管。

在进出境活动中，特别是在货物进出境过程中，我们还会使用"通关"这一概念，而且还需办理"报检、报验"手续，这些与"报关"又有什么关系呢？

二、通关与报关

通关与报关之间既有联系又有区别。首先，两者都是针对运输工具、货物、物品的进出境而言的。报关（Customs Declaration）是从海关管理相对人的角度出发，仅指向海关办理进出境手续及相关手续。而通关（Customs Clearance）具有两层含义：一是海关管理相对人向海关办理出入境的相关手续；二是海关对出入境运输工具、货物、物品依法进行监督管理并核准其出入境的管理。

可见，通关既包括海关行政管理相对人向海关办理有关进出境手续，也包括海关对进出境运输工具、货物、物品依法进行监督管理，审核其进出境的管理过程。也就是说，通关既包括进出境活动的当事人或其代理人履行其进出境申报的法定义务，也包括海关对进出境活动依法实施监督管理的执法活动过程。

三、报关与报检、报验

在货物进出境过程中，通常还需要办理报检、报验的手续。它们与报关不同，"报检、报验"是指向海关办理进出口商品检验、动植物检疫、卫生检疫和其他检验检疫手续。进出口商品如属于法定检验的商品需要办理报检、报验手续。2018年4月16日，海关总署发布《关于企业报关报检资质合并有关事项的公告》（海关总署公告2018年第28号），对企业报关报检资质进行了优化整合。

四、报关的分类

随着经济全球化的发展，国际贸易和国际交流活动一般都是通过运输工具、货物、物品和人员的进出境活动来实现的。海关要依法对进出境活动实施监管，根据监管对象的不同，分别制定了一整套规范的管理制度、程序与方法。也就是说，进出口货物的收发货人、进出境运输工具的负责人、进出境物品的所有人及其代理人应当按照法律的规定向海关办理进出境手续。他们是报关的行为人，而进出境运输工具、货物、物品则是报关的对象。

（一）以申报对象分类

1. 进出口货物报关

进出口货物主要包括一般进出口货物，保税货物，暂准进出境货物，特

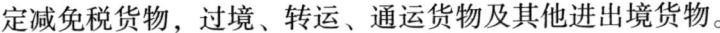

定减免税货物、过境、转运、通运货物及其他进出境货物。

2. 进出境运输工具报关

进出境运输工具是指用以运载人员、货物、物品进出境，在国际运营的各种境内或境外的船舶、车辆、航空器和驮畜等。

3. 进出境物品报关

进出境物品主要包括行李物品、邮递物品和其他物品：以进出境人员携带、托运等方式进出境的物品为行李物品；以邮递方式进出境的物品为邮递物品；其他物品主要包括享有外交特权和豁免权的外国机构或人员的公务物品、自用物品，以及通过国际快件进出境的物品等。

（二）以报关行为人分类

《海关法》第九条规定："进出口货物，除另有规定的外，可以由进出口货物收发货人自行办理报关纳税手续，也可以由进出口货物收发货人委托报关企业办理报关纳税手续……"可见，从法律上明确了进出口货物的报关可以分为自理报关和代理报关这两类。

1. 自理报关

自理报关是指由进出口货物收发货人所属的报关人员自行办理本企业进出口业务的报关纳税手续的行为。根据我国海关的规定，进出口货物收发货人自理报关前，必须依法向海关备案登记，并且取得报关资格后，才能办理本企业的报关业务。

2. 代理报关

代理报关是指报关企业接受进出口货物收发货人的委托，代理其办理报关业务的行为。依据《海关法》的规定，有权接受委托办理报关业务的企业称之为报关企业。报关企业在开展代理报关业务之前，必须依法向海关备案登记，取得报关资格后方可从事代理报关业务。

（三）以代理报关行为的法律责任承担分类

从代理报关行为的法律责任承担进行区分，代理报关可分为直接代理报关和间接代理报关两种。

1. 直接代理报关

直接代理报关是指报关企业接受委托人（即进出口货物收发货人）的委托，以委托人的名义向海关办理报关业务的行为。在直接代理报关的业务中，代理人代理报关权的取得、行使和效力，都基于委托人的委托授权。报关企业在行使报关代理权时，应当遵守海关对其委托人的各项规定，并应对委托人提供情况的真实性和合法性进行合理的审查，对于应当而且可以预防或制止的差错承担相应的法律责任。委托人（进出口货物收发货人）应对进出口货物的合法进出口承担完全的法律责任。

2. 间接代理报关

间接代理报关是指报关企业接受进出口货物收发货人的委托，以报关企业自己的名义向海关办理报关手续的法律行为。在间接代理报关的条件下，海关视同报关企业自己报关，因此，其法律行为的后果将作用于报关企业。也就是说，报关企业应当承担与进出口货物收发货人自己报关时所应当承担的相同的法律责任。

依照《中华人民共和国海关进出口货物申报管理规定》，进出口货物收发货人以自己的名义向海关申报的，报关单应当由进出口货物收发货人签名、盖章，并且随附有关单证。报关企业接受进出口货物收发货人的委托，无论是以自己的名义，还是以委托人的名义向海关申报的，都应当向海关提交由委托人签署的"代理报关委托书"，并且按照该委托书上的委托范围办理有关海关手续。

（四）以申报形式分类

1. 有纸报关

有纸报关，是指进出口货物收发货人、受委托的报关企业，按照《中华人民共和国海关进出口货物报关单填制规范》（以下简称《进出口货物报关单填制规范》）的规定填制纸质报关单，通过"中国国际贸易单一窗口"向海关报送报关单电子数据，并提交反映货物实际情况的完整的随附单证，海关验核进出口企业递交的纸质报关单及随附单证，进行审单、验放处理的传统通关作业方式。

2. 无纸报关

无纸报关，也称为电子报关，是指进出口货物收发货人、受委托的报关企业按照《进出口货物报关单填制规范》的规定，通过"中国国际贸易单一窗口"，向海关报送报关单电子数据，并且备齐上传随附单证，海关采取互联网的方式，对进出口货物申报数据进行自动处理的一种报关方式。

目前，全国海关通关业务现场已全面施行通关作业无纸化申报。

（五）以报关、通关模式分类

1. 属地申报，属地验放

"属地申报，属地验放"，是指根据海关企业信用管理的规定，收发货人为高级认证企业且报关企业为常规管理企业以上的企业在进出口货物时，可自主选择向属地海关申报，并在属地海关办理货物放行手续。常规管理企业除布控查验货物外，也可适用"属地申报，属地验放"通关模式。

2. 全国通关一体化

"全国通关一体化"，是指企业可以在全国任一海关办理报关手续，即全国报关如一关报关模式。全国通关一体化凭借全国风险防控中心、税收征管中心的建立，实施"一次申报、分步处置"管理，优化协同监管。安全准入风险主要在口岸通关现场处置，税收风险主要在货物放行后处置（已缴纳税款或提供有效担保），在开展安全准入和税收风险防控时会充分考虑企业信用。

在全国通关一体化整体框架和流程中，实现"统一申报单证、统一作业系统、统一风险研判、统一指令下达、统一现场执法"。

五、报关单位概述

为了规范海关对报关单位的备案管理，根据《海关法》第十一条规定以及其他有关法律、行政法规的规定，海关总署于2021年11月19日公布《中华人民共和国海关报关单位备案管理规定》（海关总署令第253号），自2022年1月1日起施行。同时，宣布以往关于报关单位注册登记的规章性文件一律作废。

（一）报关单位含义和特征

报关单位是指按照《中华人民共和国海关报关单位备案管理规定》在海关备案的进出口货物收发货人、报关企业。

《海关法》第十一条规定："进出口货物收发货人、报关企业办理报关手续，应当依法向海关备案。报关企业和报关人员不得非法代理他人报关。"可见，法律规定向海关办理进出境货物报关手续的单位，即报关单位具有以下3个基本特征：

1. 依法在海关备案（《海关法》规定必须向海关备案后方可向海关办理

报关业务);

2. 在中国境内（报关单位必须是中华人民共和国境内的法人、其他组织或者个人）；

3. 由进出口收发货人和报关企业两类企业构成。

因此，依法经海关备案登记是法人、其他组织或者个人成为报关单位的法定要求。

海关对于报关单位的管理是通过实施报关管理制度来实现的。报关管理制度是海关对进出口货物收发货人、报关企业的报关行为实施管理的基本制度，是实现海关有效监督的基础性管理制度，是报关单位和报关人员的行为准则，其作用在于保障海关完成各项工作任务、维护国家进出口贸易经济活动的正常秩序。

（二）进出口货物收发货人

进出口货物收发货人是指依法直接进口或出口货物的中华人民共和国关境内的法人、其他组织或者个人。

从进出境实际状况来看，进出口货物收发货人有两类：

第一类是依法向国务院对外贸易主管部门或者委托机构办理了备案登记的，具有对外贸易经营权的对外贸易经营者，如各类对外贸易公司等；

第二类是未取得对外贸易经营者的备案登记资格，不具有对外贸易经营权，但按国家有关规定需要从事非贸易性进出口活动的单位，如：

1. 境外企业、新闻机构、经贸机构、文化团体等依法在中国境内设立的长驻代表机构；

2. 少量货样进出境的单位；

3. 国家机关、学校、科研院所、红十字会、基金会等组织机构；

4. 接受捐赠、礼品、国际援助或者对外实施捐赠、国际援助的单位；

5. 其他可以从事非贸易性进出口活动的单位。

上述单位、机构在进出口货物时，海关也视其为进出口货物收发货人。

（三）报关企业

报关企业是指按照规定经海关准予备案登记，接受进出口货物收发货人的委托，以进出口货物收发货人的名义或者以报关企业的名义向海关办理代理报关业务，从事报关服务的境内法人企业。目前我国从事报关服务的报关企业主要有两类：

第一类是主营国际货物运输代理业务、兼营进出口货物代理报关业务的国际货物运输代理公司；

第二类是主营代理报关业务的报关公司或报关行。

第二节　报关单位备案管理制度

《海关法》第九条规定："进出口货物，除另有规定的外，可以由进出口货物收发货人自行办理报关纳税手续，也可以由进出口货物收发货人委托报关企业办理报关纳税手续……"无论是进出口货物收发货人自行办理报关纳税手续，还是进出口货物收发货人委托报关企业办理报关纳税手续，都要依据《海关法》第十一条规定，依法向海关备案。

因此，"依法向海关备案"是进出口货物收发货人、报关企业向海关办理报关纳税手续的前提条件，也就是说，企业应该"依法向海关备案"获得报关资格，才能向海关办理进出口货物的报关业务及相关手续。

报关单位向海关备案制度是进出口货物收发货人、报关企业取得报关资格的管理制度。其是指进出口货物收发货人、报关企业依规定按照《中华人民共和国海关报关单位备案管理规定》（海关总署令第253号）的要求，向海关提交"报关单位备案信息表"。海关受理申请备案的企业有两类：

第一类是经国家对外贸易主管部门或其委托机构办理备案，取得对外贸易经营权的进出口货物收发货人；

第二类是报关企业，主要包括报关行、报关公司和国际货物运输代理公司等。

海关一般不接受其他企业和单位的报关备案申请。

一、报关企业申请备案

报关企业是向社会提供专门化报关服务的企业。海关规定，报关企业必须在经营管理、人员素质、守法状况、组织机构、财务制度等方面符合规定。

报关企业申请备案前，应当取得市场主体资格。申请备案时，应按照"报关单位备案信息表"（见表3-1）填表说明的要求，真实、准确、完整地填报，并向海关提交。报关企业对申请备案的材料的真实性、准确性、完整性、有效性负责，并承担相应的法律责任。

表 3-1 报关单位备案信息表

统一社会信用代码			填表/打印日期		
申请类型		□备案　　□备案信息变更　　□注销			
申请报关单位类型		□进出口货物收发货人　　□报关企业　　□临时备案单位 □进出口货物收发货人分支机构　　□报关企业分支机构			
行政区划		所在地海关		统计经济区域	
中文名称					
英文名称					
住所 (主要经营场所)				邮政编码	
英文地址					
组织机构类型		市场主体类型		行业种类	
联系人		固定电话		移动电话	
电子邮箱		传真		网址	
所属单位代码			所属单位名称		
经营范围					
管理人员信息					
	姓名	证件类型	证件号码	国籍	移动电话
法定代表人 (负责人)					
财务负责人					
关务负责人					
出资者信息					
序号	出资者名称(姓名)		国籍	出资币制	出资金额
1					
2					
3					

续表

		所属报关人员信息					
序号	姓名	证件类型	证件号码	移动电话	申请办理类型		
1					□到岗	□变更	□离岗
2					□到岗	□变更	□离岗
3					□到岗	□变更	□离岗
4					□到岗	□变更	□离岗
5					□到岗	□变更	□离岗
6					□到岗	□变更	□离岗
7					□到岗	□变更	□离岗
8					□到岗	□变更	□离岗
9					□到岗	□变更	□离岗
10					□到岗	□变更	□离岗

本单位承诺对本表所填报备案信息的真实性、有效性负责并承担相应的法律责任。

(单位印章)

年　　月　　日

填表说明：

1. 统一社会信用代码：市场主体、有统一社会信用代码的其他组织机构必须填写"统一社会信用代码"，办理临时备案的单位没有统一社会信用代码的可不填写。

2. 填表/打印日期：提交纸面"报关单位备案信息表"的，应填写填表日期。

3. 申请类型：根据申请办理业务的类型勾选，每次只能选择一个选项。

4. 申请报关单位类型：根据要申请的报关单位类型勾选，每次只能勾选一个选项。

5. 行政区划：填写住所（非法人组织、个体工商户为主要经营场所或主要办事机构所在地，下同）所在行政区划代码。

6. 所在地海关：填写住所所在地海关。

7. 统计经济区域：填写住所所在地统计经济区域代码。

8. 中文名称：市场主体填写"营业执照"上的"名称"或"企业名称"，其他组织机构按实际情况填写。

9. 英文名称：填写本单位的英文名称，申请临时备案的可不填写。

10. 住所（主要经营场所）：市场主体填写"营业执照"上的"住所""企业住所"或"主要经营场所"，其他组织机构按实际情况填写。

11. 邮政编码：填写住所所在地的邮政编码。

12. 英文地址：填写住所的英文地址，申请临时备案的可不填写。

13. 组织机构类型：非市场主体根据《组织机构类型》（GB/T 20091—2006）填写2位组织机构类型及对应名称，市场主体可不填写。

14. 市场主体类型：市场主体填写"营业执照"上的"类型"或"市场主体类型"，非市场主体可不填写。

15. 行业种类：根据《国民经济行业分类》（GB/T 4754—2017）填写4位代码及对应名称。申请临时备案的可不填写。

16. 联系人：填写本单位负责海关业务的联系人姓名。

17. 固定电话：填写本单位联系人的固定电话。

18. 移动电话：填写本单位联系人的移动电话。

19. 电子邮箱：填写本单位联系人的电子邮箱。无电子邮箱的可不填写。

20. 传真：填写本单位的传真号码。无传真的可不填写。

21. 网址：填写本单位的网址。无网址的可不填写。

22. 所属单位代码：申请进出口货物收发货人分支机构、报关企业分支机构备案、变更的，应填写所属报关单位统一社会信用代码，其他可不填写。

23. 所属单位名称：申请进出口货物收发货人分支机构、报关企业分支机构备案、变更的，应填写所属报关单位名称，其他可不填写。

24. 经营范围：市场主体填写"营业执照"上的"经营范围"，其他可不填写。

25. 管理人员信息：申请进出口货物收发货人、报关企业、进出口货物收发货人分支机构、报关企业分支机构备案或变更的，应当填写法定代表人（负责人）、财务负责人、关务负责人信息，其他可不填写。其中法定代表人（负责人）信息中，法人填写法定代表人信息、合伙企业填写执行事务合伙人信息、个人独资企业填写投资人信息、个体工商户填写经营者信息、其他非法人机构填写负责人信息。

26. 姓名：填写相应管理人员的姓名。

27. 证件类型：填写相应管理人员的证件类型。证件类型包括：身份证、户口簿、护照、军官证、士兵证、港澳居民来往内地通行证、台湾同胞来往内地通行证、临时身份证、外国人居留证、警官证、其他证件。

28. 证件号码：填写相应管理人员的证件号码。

29. 国籍：填写相应管理人员的国籍。

30. 移动电话：填写相应管理人员的移动电话。

31. 出资者信息：外商投资企业、港澳台投资企业应当填写出资者信息，其他可不填写。出资者超过3名的，可另附页。

32. 出资者名称（姓名）：出资者为组织机构的，填写组织机构名称；出资者为自然人的，填写自然人姓名。

33. 国籍：填写出资者的国籍。

34. 出资币制：填写出资金额的币制。

35. 出资金额：填写出资金额。

36. 所属报关人员信息：办理报关单位备案、备案信息变更、注销时同时备案所属报关人员的到岗、变更、离职备案的，应一并填写报关人员相关信息，否则可不填写。一次填写报关人员信息超过10名的，可自行扩展表格或者另附页。姓名、证件类型、证件号码、移动电话比照管理人员信息相关填写说明填写。

37. 申请办理类型：根据报关人员实际情况填写。

38. 以上行政区划、所在地海关、统计经济区域、组织机构类型、市场主体类型、行业种类、证件类型、国籍、出资币制等信息，在通过"互联网+海关"或者"中国国际贸易单一窗口"等向海关提交电子申请时，可以通过相关系统提供的参数选择进行录入。

39. 通过市场监管部门"多证合一""注销便利化"等平台提出报关单位备案、备案信息变更、注销电子申请的，海关在收到电子申请后主动完成审核；

通过"卡介质"方式登录"互联网+海关"或者"中国国际贸易单一窗口"，为本单位向海关提交电子申请的，无须上传附件，可不提交纸质"报关单位备案信息表"，海关在收到电子申请后主动完成审核；

通过"账号登录"方式登录"互联网+海关"或者"中国国际贸易单一窗口"，向海关提交电子申请，并上传加盖单位公章的"报关单位备案信息表"扫描件或者照片的，可不再提交纸质"报关单位备案信息表"，海关在收到电子申请后主动完成审核。

通过其他方式向海关提出申请的，应向所在地海关提交加盖单位公章的"报关单位备案信息表"，具体提交方式请咨询所在地海关。

40.办理报关单位备案信息变更的，应填写变更后的信息。

二、进出口货物收发货人申请备案

进出口货物收发货人申请备案分为两种情况：第一种是具有对外贸易经营权的进出口货物收发货人申请备案；第二种是从事非贸易性的进出口活动收发货人临时申请备案。

（一）具有对外贸易经营权的进出口货物收发货人备案申请

具有对外贸易经营权的进出口货物收发货人是指依照《中华人民共和国对外贸易法》，经对外贸易主管部门或其委托机构，按法定程序办理备案登记的对外贸易经营者。

进出口货物收发货人申请备案前，应当取得市场主体资格，同时按法定程序办理备案并取得对外贸易经营者资格。申请备案时，应按照"报关单位备案信息表"填表说明的要求，真实、准确、完整地填报，并向海关提交。进出口货物收发货人要对其申请备案的材料的真实性、准确性、完整性、有效性负责，并承担相应的法律责任。

进出口货物收发货人、报关企业已办理报关单位备案的，其符合规定条件的分支机构也可以向拟设立分支机构所在地海关申请分支机构报关单位备案。但是，法律、行政法规、规章另有规定的，从其规定。

报关单位可以在中华人民共和国关境内各个口岸或者海关监管业务集中的地点办理报关业务。

（二）从事非贸易性的进出口活动收发货人临时备案申请

从事非贸易性的进出口活动收发货人，是指依照国家规定未取得对外贸易经营者的备案登记，不具有对外贸易经营权，但按国家有关规定需要从事非贸易性进出口活动的单位。

办理临时备案时，需要从事非贸易性进出口货物活动的有关单位，应当向所在地海关提交"报关单位备案信息表",并随附主体资格证明材料、非贸易性进出口活动证明材料。其应对其提交的申请备案的材料的真实性、准确性、完整性、有效性负责,并承担相应的法律责任。

三、报关单位备案有效期规定

报关企业、进出口货物收发货人经海关备案,其备案长期有效。临时备案有效期为1年,届满后可以重新申请备案。

四、海关对备案申请的审核及监督管理

海关对报关企业、进出口货物收发货人的备案申请以及从事非贸易性进出口活动人的临时备案申请,经审核,备案材料齐全,符合报关单位备案要求的,应当自受理申请之日起3个工作日内予以备案。备案信息通过"中国海关企业进出口信用信息公示平台"进行公布。报关单位要求提供纸质备案证明的,海关应提供。

海关对报关单位备案情况进行监督和实地检查,依法查阅或者要求报关单位报送有关材料。报关单位应当配合,如实提供有关情况和材料。

报关单位有下列情形之一的,海关责令其改正,拒不改正的,海关可以处1万元以下罚款:

(一)报关单位名称、市场主体类型、住所(主要经营场所)、法定代表人(负责人)、报关人员等发生变更,未按照规定向海关办理变更的;

(二)向海关提交的备案信息隐瞒真实情况、弄虚作假的;

(三)拒不配合海关监督和实地检查的。

五、报关单位备案变更

报关单位名称、市场主体类型、住所(主要经营场所)、法定代表人(负责人)、报关人员等"报关单位备案信息表"载明的信息发生变更的,报关单位应当自变更之日起30日内向所在地海关申请变更。

报关单位因迁址或者其他原因造成所在地海关发生变更的,应当向变更后的海关申请变更。

六、报关单位备案注销

报关单位有下列情况之一的,应当向所在地海关办理备案注销手续:

（一）因解散、被宣告破产或者其他法定事由终止的；
（二）被市场监督管理部门注销或者撤销登记、吊销营业执照的；
（三）进出口货物收发货人对外贸易经营者备案失效的；
（四）临时备案单位丧失主体资格的；
（五）其他依法应当注销的情形。

报关单位已在海关备案注销的，其所属分支机构应当办理备案注销手续。

报关单位备案注销前，应当办结海关有关手续。报关单位未按照有关规定办理备案注销手续的，海关发现后应当依法注销。

第三节　报关单位的报关行为规则

一、报关企业办理关务行为规则

报关企业经海关依法准予备案登记并且办理了备案登记之后，开展报关服务业务，其报关行为应当符合以下规则：

（一）报关企业应当于每年1月1日至6月30日通过企业信用信息管理系统向海关提交"企业信用信息年度报告"；

（二）报关企业应当在每年6月30日前向备案地海关提交"报关单位备案信息年度报告"；

（三）报关企业所属人员从事报关业务的，报关企业应当到海关办理备案手续，海关予以核发证明；

（四）报关企业应当对其分支机构所属的报关人员的报关行为承担相应的法律责任；

（五）报关企业向海关递交的纸质进（出）口货物报关单必须加盖本单位的报关专用章。报关专用章应当按照海关总署统一规定的要求刻制；

（六）报关企业及其在海关办理备案的分支机构可以在全国办理进出口报关业务；

（七）所属报关人员备案内容发生变更的，应当自变更事实发生之日起30日内，持变更证明文件等到注册地海关办理变更手续。

二、进出口货物收发货人办理关务行为规则

（一）进出口货物收发货人在向海关办理备案登记后，可以在中华人民共

和国关境内的各口岸或者海关监管业务集中的地点办理本单位的报关业务，但不能代理其他单位报关。

（二）进出口货物收发货人应当于每年1月1日至6月30日通过企业信用信息管理系统向海关提交"企业信用信息年度报告"。

（三）进出口货物收发货人所属的人员从事报关业务的，进出口货物收发货人应当到海关办理备案手续，海关予以核发证明。

（四）进出口货物收发货人办理报关业务时，向海关递交的纸质进（出）口货物报关单必须加盖本单位的报关专用章。报关专用章应当按照海关总署统一规定的要求刻制。进出口货物收发货人的报关专用章可以在全关境内使用。

（五）进出口货物收发货人应当通过本单位所属报关人员办理报关业务或者委托经海关准予注册登记的报关企业，由报关企业所属的报关人员代为办理报关业务。

（六）进出口货物收发货人应对其所属的报关人员（含其分支机构）的报关行为承担相应的法律责任。

（七）所属报关人员备案内容发生变更的，应当自变更事实发生之日起30日内，持变更证明文件等到注册地海关办理变更手续。

第四节　报关单位的海关法律责任

报关单位的海关法律责任是指报关单位违反海关法律规范所应承担的法律后果，并由海关及有关司法机关对其违法行为依法予以追究，实施法律制裁。《海关法》《中华人民共和国进出口商品检验法》《中华人民共和国进出境动植物检疫法》《中华人民共和国国境卫生检疫法》《中华人民共和国食品安全法》《海关行政处罚实施条例》和有关海关行政规章等都对报关单位的法律责任进行了明确规定。《中华人民共和国刑法》关于走私犯罪的规定，《中华人民共和国行政处罚法》关于行政处罚原则、程序、时效、管辖、执行等规定，也都适用于对报关单位海关法律责任的追究。

报关单位在办理报关业务时，应遵守国家有关法律、行政法规和海关的各项规定。根据《海关行政处罚实施条例》第十五条规定，进出口货物的品名、税则号列、数量、规格、价格、贸易方式、原产地、启运地、运抵地、最终目的地或者其他应当申报的项目未申报或者申报不实的，分别依照下列

规定予以处罚,有违法所得的,没收违法所得:

(一)影响海关统计准确性的,予以警告或者处 1000 元以上 1 万元以下罚款;

(二)影响海关监管秩序的,予以警告或者处 1000 元以上 3 万元以下罚款;

(三)影响国家许可证件管理的,处货物价值 5% 以上 30% 以下罚款;

(四)影响国家税款征收的,处漏缴税款 30% 以上 2 倍以下罚款;

(五)影响国家外汇、出口退税管理的,处申报价格 10% 以上 50% 以下罚款。

在代理报关业务中,因进出口货物收发货人未按照规定向报关企业提供所委托报关事项的真实情况,致使发生上述情形的,有关法律责任由委托人承担;因报关企业对委托人所提供情况的真实性未进行合理审查,或者因工作疏忽致使发生上述情形的,海关可以对报关企业处以货物价值的 10% 以下罚款,暂停从事报关业务 6 个月,情节严重的,撤销其报关注册登记。

海关准予从事有关业务的企业,违反有关规定的,由海关责令整改,可以给予警告,暂停其从事有关业务的资格,直至撤销备案登记。

报关企业非法代理他人报关或者超出其业务范围进行报关活动的,由海关责令整改,处以罚款,暂停其执业;情节严重的,撤销其报关注册登记。

未经海关注册登记从事报关业务的,由海关予以取缔,没收违法所得,并处以罚款。

进出口货物收发货人、报关企业向海关工作人员行贿的,由海关撤销其报关注册登记,并处 10 万元以下罚款;构成犯罪的,依法追究刑事责任,并不得重新注册登记为报关企业。

报关单位、报关人员违反法律法规规定,构成走私行为、违反海关监管规定行为或者其他违反《海关法》行为的,由海关依照《海关法》和《海关行政处罚实施条例》的有关规定予以处理;构成犯罪的,依法追究刑事责任。

第五节　海关企业信用管理制度

为了推进社会信用体系建设,建立企业进出口信用管理制度,保障贸易安全与便利,2021 年 9 月 13 日,海关总署公布《中华人民共和国海关注册登记和备案企业信用管理办法》（海关总署令第251号），自2021年11月1日起实施。海关根据社会信用体系建设的要求和国际合作的需要，与国家有关部门以及其他国家或者地区海关建立了合作机制，推进信息互换、监管互信、执法互助。

一、企业信用状况的认定标准

（一）高级认证企业

高级认证企业是经中国海关认证的经营者（AEO）。中国海关依法开展与其他国家或地区海关的AEO互认，并给予互认AEO企业相应通关便利。"AEO"即"Authoyized Economic Operator"的缩写，意为"经认证的经营者"。AEO制度是世界海关组织为了实现《全球贸易安全与便利标准框架》的目标，构建海关与商界之间的伙伴关系，将贸易安全与便利目标引入管理制度。世界海关组织在《全球贸易安全与便利标准框架》中将AEO定义为"以任何一种方式参与货物国际流通，并被海关认定为符合世界海关组织或相应供应链安全标准的一方，AEO包括生产商、进口商、出口商、报关行、承运商、理货人、中间商、港口、机场、货站经营者、综合经营者、仓储业经营者和分销商"。这意味着任何从事与国际贸易相关的企业，只要愿意且符合相应的国际供应链安全标准和要求，就可以被海关认证为AEO企业，海关为守法、安全的企业提供最大化的通关便利，建立合作伙伴关系，从而达到互利双赢的目的。

海关根据企业申请，按照《中华人民共和国海关注册登记和备案企业信用管理办法》规定的标准和程序将企业认证为高级认证企业的，对其实施便利的管理措施。高级认证企业的认证标准分为通用标准和单项标准。《海关高级认证企业标准》包括通用标准和针对不同企业类型和经营范围制定的单项标准，具体包括内部控制、财务状况、守法规范、贸易安全和附加标准5大类标准。

企业申请成为高级认证企业的，应当向海关提交书面申请，并按照海关要求提交相关资料。海关依据高级认证企业通用标准和相应的单项标准，对企业提交的申请和有关资料进行审查，并赴企业进行实地认证。海关应当自收到申请及相关资料之日起90日内进行认证并做出决定。特殊情形下，海关的认证时限可以延长30日。

经认证，符合高级认证企业标准的企业，海关制发高级认证企业证书；不符合高级认证企业标准的企业，海关制发未通过认证决定书。高级认证企业证书、未通过认证决定书应当送达申请人，并且自送达之日起生效。

海关可以委托社会中介机构就高级认证企业认证、复核相关问题出具专业结论。企业委托社会中介机构就高级认证企业认证、复核相关问题出具的专业结论，可以作为海关认证、复核的参考依据。

（二）失信企业

海关根据采集的信用信息，按照《中华人民共和国海关注册登记和备案企业信用管理办法》规定的标准和程序将违法违规企业认定为失信企业的，对其实施严格的管理措施。

企业有下列情形之一的，海关认证为失信企业：

1. 被海关侦查走私犯罪公安机构立案侦查并由司法机关依法追究刑事责任的；

2. 构成走私行为被海关行政处罚的；

3. 非报关企业1年内违反海关的监管规定被海关行政处罚的次数超过上年度报关单、进出境备案清单、进出境运输工具舱单等单证（以下简称"相关单证"）总票数千分之一且被海关行政处罚金额累计超过100万元的；报关企业1年内违反海关的监管规定被海关行政处罚的次数超过上年度相关单证总票数万分之五且被海关行政处罚金额累计超过30万元的；上年度相关单证票数无法计算的，1年内因违反海关的监管规定被海关行政处罚，非报关企业处罚金额累计超过100万元、报关企业处罚金额累计超过30万元的；

4. 自缴纳期限届满之日起超过3个月仍未缴纳税款的；

5. 自缴纳期限届满之日起超过6个月仍未缴纳罚款、没收的违法所得和追缴的走私货物、物品等值价款，并且超过1万元的；

6. 抗拒、阻碍海关工作人员依法执行职务，被依法处罚的；

7. 向海关工作人员行贿，被处以罚款或者被依法追究刑事责任的；

8. 法律、行政法规、海关规章规定的其他情形。

失信企业存在下列情形的，海关依照法律、行政法规等有关规定实施联合惩戒，将其列入严重失信主体名单：

1. 违反进出口食品安全管理规定、进出口化妆品监督管理规定或者走私固体废物被依法追究刑事责任的；

2. 非法进口固体废物被海关行政处罚金额超过 250 万元的。

海关对高级认证企业和失信企业之外的其他企业实施常规的管理措施。

二、海关对企业信用管理实施的措施

（一）高级认证企业适用的管理措施

1. 进出口货物平均查验率低于实施常规管理措施企业平均查验率的 20%，法律、行政法规或者海关总署有特殊规定的除外；

2. 出口货物原产地调查平均抽查比例在企业平均抽查比率的 20% 以下，法律、行政法规或者海关总署有特殊规定的除外；

3. 优先办理进出口货物通关手续及相关业务手续；

4. 优先向其他国家（地区）推荐农产品、食品等出口企业的注册；

5. 可以向海关申请免除担保；

6. 减少对企业稽查、核查频次；

7. 可以在出口货物运抵海关监管区之前向海关申报；

8. 海关为企业设立协调员；

9. AEO 互认国家或者地区海关通关便利措施；

10. 国家有关部门实施的守信联合激励措施；

11. 因不可抗力中断国际贸易恢复后优先通关；

12. 海关总署规定的其他管理措施。

（二）失信企业适用的管理措施

1. 进出口货物查验率 80% 以上；

2. 经营加工贸易业务的，全额提供担保；

3. 提高对企业稽查、核查频次；

4. 海关总署规定的其他管理措施。

（三）特殊情况下海关实施企业信用管理调整原则

1. 办理同一海关业务涉及的企业信用等级不一致，导致适用的管理措施相抵触的，海关按照较低信用等级企业适用的管理措施实施管理。

2. 高级认证企业涉嫌违反与海关管理职能相关的法律法规被刑事立

案的，海关应当暂停适用高级认证企业管理措施。高级认证企业涉嫌违反海关的监管规定被立案调查的，海关可以暂停适用高级认证企业管理措施。

3. 高级认证企业存在财务风险，或者有明显的转移、藏匿其应税货物以及其他财产迹象的，或者存在其他无法足额保障税款缴纳风险的，海关可以暂停适用向海关申请免除担保的管理措施。

4. 高级认证企业、失信企业有分立合并情形的，海关按照以下原则对企业信用状况进行确定并适用相应管理措施：

（1）企业发生分立，存续的企业承继原企业主要权利义务的，存续的企业适用原企业信用状况的认证或者认定结果，其余新设的企业不适用原企业信用状况的认证或者认定结果；

（2）企业发生分立，原企业解散的，新设企业不适用原企业信用状况的认证或者认定结果；

（3）企业发生吸收合并的，存续企业适用原企业信用状况的认证或者认定结果；

（4）企业发生新设合并的，新设企业不再适用原企业信用状况的认证或者认定结果。

（四）海关对企业信用状况的认定结果实施动态调整

海关对高级认证企业每5年复核一次。企业信用状况发生异常情况的，海关可以不定期开展复核。

经复核，不再符合高级认证企业标准的，海关应当制发未通过复核决定书，并收回高级认证企业证书。

企业有下列情形之一的，1年内不得提出高级认证企业认证申请：

1. 未通过高级认证企业认证或者复核的；
2. 放弃高级认证企业管理的；
3. 撤回高级认证企业认证申请的；
4. 高级认证企业被海关下调信用等级的；
5. 失信企业被海关上调信用等级的。

失信企业连续2年未发生认定为失信企业情形的，海关应当对失信企业做出信用修复决定。

上述规定的失信企业已被列入严重失信主体名单的，应当将其移出严重失信主体名单并通报相关部门。

法律、行政法规和党中央、国务院政策文件明确规定不可修复的，海关不予信用修复。

第六节　海关对境内外企业资质管理

我国在进出口管理中，对境内从事进出口经营活动的企业以及境外就某些部分行业及商品与我国进行经营活动的企业，实行企业资质管理。企业资质管理是指海关对企业在从事某种行业经营时应具备的资格及与资格相适应的质量要求的管理规定。海关按照境内、境外的，或与我国签有双边检疫议定书的国家（地区）的，或国际性的法规、标准的规定，对涉及部分重点进出口商品的境外供货商的企业资质管理实行注册登记制或备案制。下面从出境商品的境内企业注册登记、出口商品的境内企业备案管理、进境商品的境外企业注册登记、进口商品企业备案管理、口岸卫生许可5个方面介绍海关有关企业资质管理的规定。

一、出境商品的境内企业注册登记

（一）出境新鲜水果（含冷冻水果）果园和包装厂的注册登记

我国与输入国家或地区签订的双边协议、议定书等有明确规定，或者输入国家或地区法律法规要求对输入该国家或地区的水果果园和包装厂实施注册登记的，海关应当按照规定对输往该国家或地区的出境水果果园和包装厂实施注册登记。

我国与输入国家或地区签订的双边协议、议定书等未有明确规定，且输入国家或地区法律法规未明确要求的，出境水果果园和包装厂可以向海关申请注册登记。

（二）出境水生动物养殖场、中转场的注册登记

海关总署对出境水生动物养殖场、中转场实施注册登记制度。

申请注册登记的出境水生动物养殖场、中转场，出境食用水生动物非开放性水域养殖场、中转场，出境食用水生动物开放性水域养殖场、中转场，出境观赏用和种用水生动物养殖场、中转场应当符合海关规定的相关条件，

并向所在地直属海关申请注册登记。

(三) 出境粮食(包括稻谷、小麦、大麦、黑麦、玉米、大豆、油菜籽、薯类等)加工、仓储企业的注册登记

输入国家或地区要求我国对向其输出粮食的出境生产加工企业实施注册登记的,直属海关负责组织注册登记,并向海关总署备案。

(四) 出境种苗花卉生产经营企业的注册登记

海关对出境种苗花卉生产经营企业实施注册登记管理。从事出境种苗花卉生产经营企业,包括种植基地和加工包装厂及储存库,具备法律、法规规定条件或者符合法律、法规规定要求的,应向所在地海关申请注册登记。

对已授予行政许可的申请人,经审查认定申请人不具备法律、法规规定条件或者不符合法律、法规规定要求的,不予许可。

(五) 出境烟叶加工、仓储企业的注册登记

海关对出境烟叶加工、仓储企业实施注册登记管理。对于具备法律、法规规定条件或者符合法律、法规规定要求的出境烟叶加工企业、仓储企业以及中转、暂存场所,海关准予注册登记。

(六) 出境竹木草制品生产、加工、存放企业的注册登记

海关对出境竹木草制品(包括竹、林、藤、柳、草、芒等)生产、加工、存放企业实施注册登记管理。对于具备法律、法规规定条件或者符合法律、法规要求的出境竹木草制品生产、加工、存放企业,海关准予注册登记。

(七) 出境饲料、饲料添加剂生产、加工、存放企业的注册登记

海关对出境饲料、饲料添加剂生产、加工、存放企业实施注册登记管理。对于具备法律、法规规定条件或者符合法律、法规要求的出境饲料、饲料添加剂生产、加工、存放企业,海关准予注册登记。

(八) 出境货物木质包装除害处理标识施加企业的注册登记

海关对出境货物木质包装除害处理标识施加企业实施注册登记管理。对于具备热处理或熏蒸处理等除害设施的,符合法律、法规规定条件或者法律、法

规规定要求的出境货物木质包装除害处理标识施加企业,海关准予注册登记。

(九) 供我国港澳地区活羊中转场、活牛育肥场、活牛中转仓、活禽饲养场、活猪饲养场的注册登记

海关对供我国港澳地区活羊中转场、活牛育肥场、活牛中转仓、活禽饲养场、活猪饲养场实施注册登记管理。对于具备法律、法规规定条件或者符合法律、法规规定要求的供我国港澳地区活羊中转场、活牛育肥场、活牛中转仓、活禽饲养场、活猪饲养场,海关准予注册登记。

(十) 出境非食用动物产品生产、加工、存放企业的注册登记

海关对出境非食用动物产品生产、加工、存放企业实施注册登记管理。对于具备法律、法规规定条件或者符合法律、法规规定要求的出境非食用动物产品生产、加工、存放企业,海关准予注册登记。

(十一) 出境中药材生产企业的注册登记

输入国家或地区要求对向其输出中药材的出境中药材生产企业实施注册登记的,海关应实施注册登记。出境中药材应当符合我国与输入国家或地区签订的检疫协议、议定书、备忘录等规定,以及进境国家或地区的标准或者合同要求。出境生产企业应当达到输入国家或地区法律、法规的相关要求,并符合我国有关法律、法规规定。

二、出口商品的境内企业备案管理

(一) 出口食品生产企业备案管理

国家对出口食品生产企业实施备案管理。出口食品生产企业未依法履行备案法定义务或者经备案审查不符合要求的,其产品不予出口。

(二) 出口食品原料种植、养殖场备案管理

海关对出口食品原料种植、养殖场实施备案管理。出口食品原料种植、养殖场应当向所在地海关办理备案手续。

出口食品的原料列入目录的,应当来自向海关办理企业备案手续时企业所提示的备案目录。

(三) 出口肉类产品的出口商或代理商备案管理

海关对我国境内出口肉类产品的出口商或代理商实施备案管理,并定期公布已经备案的出口商或代理商名单。

(四) 出口肉类产品的生产企业备案管理

海关按照出口食品生产企业备案管理制度的规定,对出口肉类产品的生产企业实施备案管理。输入国家或地区对我国出口肉类产品的生产企业有注册要求,需要对外推荐注册企业的,按照海关总署的相关规定执行。

出口加工肉类产品用动物应当来自经海关备案的养殖场。存放出口肉类产品的中转冷库应当经海关备案,并接受监督管理。

(五) 出口水产产品的出口商或代理商实施备案管理

海关对我国境内出口水产产品的出口商或代理商实施备案管理,并定期公布已获准入资质的境外生产企业和已经备案的出口商、代理商名单。

(六) 出口乳品生产企业备案

海关对我国境内出口乳品生产企业实施备案管理,包括出口生乳的奶畜养殖场。

(七) 供我国港澳地区蔬菜种植基地和生产加工企业备案

海关对供港澳地区蔬菜种植基地和供港澳蔬菜生产加工企业实施备案管理,非备案基地的蔬菜不得作为供港澳食材的加工原料,另有规定的小品种蔬菜除外。

三、进境商品的境外企业注册登记

(一) 进境粮食的境外生产加工企业注册登记

海关总署对进境粮食的境外生产加工企业实施注册登记制度。境外生产加工企业应当符合输出国家或地区法律法规和标准的相关要求,并达到中国有关法律法规和强制性标准的要求。

实施注册登记管理的进境粮食境外生产加工企业,经输出国家或地区主管部门审查合格后向海关总署推荐。海关总署收到推荐材料后进行审查确认，符合要求的国家或地区的境外生产加工企业，予以注册登记。

（二）进境中药材的境外生产加工企业注册登记

海关对向中国境内输出中药材的境外生产企业实施注册登记管理，确定境外生产、加工、存放单位注册登记的中药材品种目录，并实施动态调整。

境外生产企业应当符合输出国家或地区法律法规的要求，并符合中国国家技术规范的强制性要求。

输出国家或地区主管部门在境外生产企业申请向中国注册登记时，需要对其审查，向海关总署推荐，并提交中文或中英文对照材料。

海关总署收到推荐材料并经书面审查合格后，经与输出国家或地区主管部门协商，可以派员到输出国家或地区对其监管体系进行评估，对申请注册登记的境外生产企业进行检查。

经审查符合要求的申请企业，予以注册登记。

（三）进口乳品的境外生产企业注册登记

海关对向中国出口乳品的境外生产企业实施注册登记制度。

境外生产企业应当经出口国家或地区政府主管部门批准设立，符合出口国家或地区法律法规相关要求。

境外生产企业应当熟悉并保证其向中国出口的乳品符合中国食品安全国家标准和相关要求，并能够提供中国食品安全国家标准规定项目的检测报告。境外生产企业申请注册时应当明确其拟向中国出口乳品的种类、品牌。

（四）进口食品（肉类）的境外食品生产企业注册登记

海关总署对向中国出口食品（肉类）的境外食品生产、加工、储存企业实施注册登记制度。

（五）进口饲料、饲料添加剂的境外生产企业注册登记

海关总署对允许进口的饲料、饲料添加剂的境外生产企业实施注册登记制度。

进口饲料、饲料添加剂应当来自注册登记的境外生产企业。

境外生产企业应当符合输出国家或地区法律法规和标准的相关要求，并

达到与中国有关法律法规和标准的等效要求,经输出国家或地区主管部门审查合格后向海关总署推荐。

海关总署应对推荐材料进行审查。审查不合格的,通知输出国家或地区主管部门补正。审查合格的,经与输出国家或地区主管部门协商后,海关派员到输出国家或地区对其饲料安全监管体系进行审查,并对申请注册登记的企业进行抽查,对抽查不合格的企业不予以注册登记,并将原因向输出国家或地区主管部门通报;对抽查合格的企业及未被抽查的其他推荐企业,予以注册登记。

(六)进口水生动物的境外养殖和包装企业的注册登记

海关对向中国输出水生动物的境外养殖和包装企业实施注册登记管理。

向中国输出水生动物的境外养殖和包装企业应当符合输出国家或地区法律法规,经输出国家或地区主管部门批准后向海关总署推荐。

海关总署应当对推荐材料进行审查。审查不合格的,通知输出国家或地区主管部门补正;审查合格的,海关总署可以派出专家组对申请注册登记企业进行抽查。对抽查不合格的企业不予以注册登记;对抽查符合要求的及未被抽查的其他推荐企业,结合水生动物安全卫生控制体系评估结果,决定是否给予注册登记。

(七)贸易性栽培介质的境外生产、加工、存放单位的注册登记

海关对向中国输出贸易性栽培介质的境外生产、加工、存放单位实行注册登记制度。

必要时,经输出国家或地区有关部门同意,派检疫人员赴产地进行预检、监装或者产地疫情调查。

(八)进口废物原料境外供货商、境内收货人的注册登记

基于对进口可用作原料的固体废物检验检疫的监督管理,海关对进口废物原料的境外供货商、境内收货人实行注册登记制度。

供货商、收货人在签订对外贸易合同前,应当取得注册登记。

(九)进境非食用动物产品境外生产加工企业的注册登记

对向中国输出非食用动物产品的境外生产加工企业应当符合输出国家或地区法律法规和标准的相关要求,并达到中国有关法律法规和强制性标准的要求。

实施注册登记管理的非食用动物产品境外生产加工企业，经输出国家或地区主管部门审查合格后向海关总署推荐。

海关总署收到推荐材料，并经书面审查合格后，必要时经与输出国家或地区主管部门协商，派出专家到输出国家或地区对其监管体系进行评估或者回顾性审查，对申请注册登记的境外生产加工企业进行检查。符合要求的国家或地区的境外生产加工企业，经检查合格的予以注册登记。

（十）进口棉花境外供货企业登记

进口棉花境外供货企业按照自愿原则申请登记。符合条件的境外企业可以自行或委托代理人申请登记，提交相关书面材料后，经海关审核合格的，对境外供货企业予以登记，颁发"进口棉花境外供货企业登记证书"。

四、进口商品企业备案管理

（一）进口乳品相关企业备案

向我国境内出口乳品的出口商或者代理商、进口乳品的进口商应当向海关总署备案。

（二）进口食品相关企业备案

海关对向我国境内出口食品的出口商或者代理商、进口食品的进口商实施备案管理。肉类进口商2年以上没有开展进口肉类业务的应重新备案。

（三）进口化妆品的境内收货人备案

海关对进口化妆品的境内收货人实施备案管理。

（四）进口中药材定点加工、存放企业备案

对需要进境检疫审批的进境中药材应当在检疫审批许可列明的指定企业中存放和加工。拟存放、加工进口中药材的企业应当向海关提交申请。海关受理备案申请后组织评审组完成评审工作，并出具评审报告。海关总署在网站上统一公布进口中药材存放、加工单位名单。

（五）进境肠衣定点加工、存放企业备案

进境肠衣定点加工、存放企业应事先获得出口食品生产企业备案资质，备案范围应包括肠衣产品。海关总署对进境肠衣定点加工、存放企业的资格进行审核和公布。

（六）进口毛燕定点加工企业备案

进口毛燕指定加工企业是指以进口毛燕为原料加工燕窝产品的毛燕指定加工企业。具有独立法人资格和符合相应防疫要求的企业可以作为申请人，向海关申请进口毛燕指定加工企业资质。对审核通过的企业，海关总署在网站上予以公布。

五、口岸卫生许可

海关把每个具有独立固定经营场所的国境口岸食品生产、食品销售、餐饮服务、饮用水供应、公共场所经营单位作为一个卫生许可证发证单元单位管理。上述申请卫生许可证发证单元单位应当单独向海关申请卫生许可。

海关应当对申请人提交的申请材料内容的完整性、有效性进行审查。申请材料经审查合格，确有必要的需现场审查。

对准予行政许可决定的，海关向申请人颁发卫生许可证。卫生许可证有效期4年。

第四章 我国对外贸易管制制度

本章知识点

本章主要介绍我国对外贸易管制制度——实现国际贸易目标通常采用的国际贸易政策、措施、管理方式。它是一国政府对进出口贸易活动进行指导、控制、调节的行为。

第一节 对外贸易管制概述

一、对外贸易管制的概念

对外贸易管制是指一国政府从国家的宏观经济形势和境内外政策的需要出发，在遵循国际贸易有关规则以及履行所缔结或加入的国际公约义务的基础上，为对本国的对外贸易活动实施有效的管理而制定、颁发、实施的各种贸易政策、制度或措施的总称。对外贸易管制所涉及的法律制度均属于强制性的法律范畴，体现国家意志，并以国家强制力为后盾，任何单位、个人不得随意改变。因此，对外贸易经营者或代理人在报关活动中必须严格遵守这些法律、行政法规、部门规章，并按照相应的管理要求办理进出口手续，以维护国家利益不受侵害。

一个国家对外贸易管制制度涉及工业、农业、商业、军事、科技、卫生、环保、税务、生态环境、资源保护、质量监督、外汇管理等诸多领域。目前，国际上的对外贸易管制通常有3种形式，第一种按管理目的分为进口贸易管制和出口贸易管制，第二种按管理手段分为关税措施和非关税措施，第三种是按管制对象分为货物进出口贸易管制、技术进出口贸易管制、国际服务贸易管制。我国对外贸易管制按管制对象即可分为货物进出口贸易管制、技术进出口贸易管制和国际服务贸易管制。我国的对外贸易管制制度是一种综合管理制度，主要由海关监管制度、关税制度、对外贸易经营者管理制度、进出口许可制度、进出口商品合格评定制度、货物贸易收付汇管理制度以及贸易救济制度等构成。实践证明，实行对外贸易管制对我国的经济建设和对外贸易发展都起到了极其重要的作用。

二、国际贸易通常采用的政策措施

国际贸易政策措施是一国政府围绕本国国际贸易政策原则，根据经济发展的需要，在不同时期对进出口贸易采取的具体针对性管理措施。通常采用的主要措施有以下几种。

（一）关税措施

关税措施是指以关税的经济手段来保护本国经济，调节进出口贸易。在进口方面，用制定高税率海关税则，征收进口附加税、差价税等形式，形成壁垒，增加进口商品的成本以限制进口，保护本国同类产业的发展；在出口方面，通过低税、免税等手段影响商品价格，来提高本国商品竞争力，鼓励商品的出口，促进本国优势产业的发展。

（二）非关税措施

非关税措施也称非关税壁垒，是指除关税以外影响一国国际贸易的政策措施，主要体现在用行政手段限制进口。主要形式有以下几种。

1. 进口配额制

进口配额制是指一国政府在一个时期内，对某些进口商品的数量或金额进行直接限制。在规定的时期内，凡属限额或限量内的货物允许进口，超过限额或限量的部分一律不许进口，否则征收惩罚性关税或罚款，以至没收。

2. 许可证件

进口、出口许可证是国际贸易活动中被最为广泛使用的对外贸易管制措施，这项措施是一国政府规定某些进出口商品必须申领许可证，否则一律不允许进口或出口的强制性行政行为。

3. 海关归类和估价

我国及各国海关按国际上通用的进出口商品分类体系《商品名称及编码协调制度》（以下简称《协调制度》），依照一定原则，通过立法的形式，确定进出口商品归类及估价方法。

4. 国内税

一国的国内税是不受国际贸易条约或协定的限制的，其制定与执行由中央政府或地方政府管理，为此可通过设立各种国内税影响限制商品的进口。

5. 歧视性政府采购

一国政府可通过发布政令的形式，规定政府机构在采购时必须要优先购买本国产品的做法。

6. 技术性贸易壁垒

以苛刻的技术要求、安全标准及卫生检疫规定，设立进口门槛。

（三）特殊经济区域措施

特殊经济区域是一个国家在其境内划出一定范围，在其内建造基础设施如码头、车站、铁路线、仓库、厂房等，并对进区货物实行免除关税等优惠待遇，吸引境内外企业入驻区内从事国际贸易或出口加工等经营活动。设立特殊经济区域的目的是促进国际贸易发展，繁荣本地区和邻近地区的经济。

特殊经济区域形式多样，就其功能不同有自由港或自由贸易区、保税区、出口加工区、综合保税区等几类，在后面会专门介绍，此处暂不赘述。

三、对外贸易管制的目的及特点

就对外贸易管制的目的而言，无论是发达国家还是发展中国家，尽管各国所实行的对外贸易管制措施以及管制领域的侧重点在形式上和内容上有所不同，但是其所要达到的目的都是相同的，具体如下：

一是保护本国的经济利益，发展本国经济；

二是推行本国的外交政策；

三是行使国家的职能。

为了实现上述目的，各国都要根据其不同时期的经济利益、安全和政治需要，适时调整对外贸易政策。世界范围内占主导的对外贸易政策呈交替出现的趋势，一般情况下经济发展繁荣时会采取自由贸易的政策，而经济出现问题陷入萧条时又会掀起贸易保护主义浪潮。从总体来看，对外贸易管制的基本特点主要包括以下几个方面：

一是对外贸易管制政策是一国对外政策的体现；

二是依据不同时期的经济利益、政治利益和安全的需要，会调整对外贸易管制内容；

三是对外贸易管制一般以对进口贸易的管制为重点；

四是对外贸易管制是国家管制，是政府的强制性行政管理。

四、海关与对外贸易管制的关系

对外贸易管制是一种国家管制，是一项综合制度。其管制目标的实现，需要国家相关行政管理部门之间合理分工、各尽其责、通力合作。对于任何从事对外贸易活动的境内法人、其他组织或者个人都必须无条件地遵守。国家对外贸易管制的目标是以对外贸易管制法律、法规为保障，依靠政府强有力的行政管理手段来最终实现的。

（一）海关监管是实现贸易管制的重要手段

国家贸易管制是通过国家商务主管部门及政府其他职能部门依据国家对外贸易管制政策，对对外贸易经营者的申请发放各类许可证或者下发批准文件，最终由海关依据对外贸易管制政策及对外贸易经营者提交的许可证件或者批准文件对实际进出口货物的合法性实施监督管理来实现的。从整个实施的过程来看，如果缺少了海关监管这一环节，任何对外贸易管制政策都不可能发挥其实际效力。这主要是因为负责执行对外贸易管制政策签发许可证件或者批准文件的政府各职能部门的分工和职责的不同，它们无法通晓所签发的许可证件或者批准文件与实际进出口货物是否一致。而只有海关拥有依据《海关法》所赋予的权力代表国家在口岸进行进出口监管（《海关法》第二条规定）。只有确定实际进出口货物的"单"（包括报关单在内的各类报关单据及其电子数据）、"证"（各类许可证件相关文件及其电子数据）、"货"（实际进出口货物）满足海关监管要求，也就是说要在"单单相符""单证相符""单货相符""证货相符"的情况下，海关才可放行。正是海关这种特殊的管理职能决定了海关监管是实现对外贸易管理目标的重要手段。

（二）报关是海关确认进出口货物合法性的先决条件

《海关法》第二十四条规定："进口货物的收货人、出口货物的发货人应当向海关如实申报，交验进出口许可证件和有关单证。国家限制进出口的货物，没有进出口许可证件的，不予放行，具体处理办法由国务院规定……"由此可见，进出口货物收发货人向海关如实申报进出口货物的情况、办理报关手续是其必须履行的法定义务。进出口货物收发货人或其代理人在报关环节中应首先向海关递交"单"和"证"。海关审核"单""证"通过，结合查验进出口货物后，确认"单""证""货"相符，这是海关确认货物合法进出口的必要条件。因此，报关是海关确认进出口合法性的先决条件。

五、我国对外贸易管制的法律体系

我国的对外贸易管制是由国家多个与对外贸易有关联的政府行政管理部门依据国家法律、行政法规制定的综合性管制制度。它主要包括海关监管制度、关税制度、对外贸易经营者管理制度、进出口许可制度、货物贸易收付汇管理制度以及贸易救济制度等。通过几十年的实践，我国已逐步完善了以《中华人民共和国对外贸易法》为核心的对外贸易管制的法律体系，并依照这些法律、行政法规、部门规章和我国应履行的国际公约的有关规定，自主实行对外贸易管制。

需要强调的是，由于对外贸易管制是一种国家管制，是中央政府对对外贸易强制管制的制度，其法律渊源只限于《宪法》、法律、行政法规、部门规章以及相关的国际条约，不包括地方性法规、规章等。

我国对外贸易管制的法律体系主要包括以下几个方面。

（一）法律

目前与我国对外贸易管制有关的法律主要有：

1. 《中华人民共和国对外贸易法》；
2. 《海关法》；
3. 《中华人民共和国进出口商品检验法》；
4. 《中华人民共和国进出境动植物检疫法》；
5. 《中华人民共和国国境卫生检疫法》；
6. 《中华人民共和国固体废物污染环境防治法》；
7. 《中华人民共和国药品管理法》；
8. 《中华人民共和国野生动物保护法》；
9. 《中华人民共和国文物保护法》；

10. 《中华人民共和国食品安全法》。

（二）行政法规

目前与我国对外贸易管制有关的行政法规主要有：

1. 《中华人民共和国货物进出口管理条例》；
2. 《中华人民共和国技术进出口管理条例》；
3. 《中华人民共和国濒危野生动植物进出口管理条例》；
4. 《中华人民共和国野生植物保护条例》；
5. 《中华人民共和国核出口管制条例》；
6. 《中华人民共和国核两用品及相关技术出口管制条例》；
7. 《中华人民共和国导弹及相关物项和技术出口管制条例》；
8. 《中华人民共和国监控化学品管理条例》；
9. 《中华人民共和国生物两用品及相关设备和技术出口管制条例》；
10. 《中华人民共和国军品出口管理条例》；
11. 《易制毒化学品管理条例》；
12. 《中华人民共和国进出口商品检验法实施条例》；
13. 《中华人民共和国进出境动植物检疫法实施条例》；
14. 《中华人民共和国国境卫生检疫法实施细则》；
15. 《中华人民共和国食品安全法实施条例》；
16. 《中华人民共和国外汇管理条例》；
17. 《中华人民共和国反补贴条例》；
18. 《中华人民共和国反倾销条例》；
19. 《中华人民共和国保障措施条例》；
20. 《麻醉药品和精神药品管理条例》等。

（三）部门规章

部门规章是指国务院各部委为实施国家法律及国务院行政法规，结合本部门的管理需要而制定的具体可操作性、规范性的文件，其法律效力低于法律、行政法规。目前与我国对外贸易管制有关的部门规章主要有：

1. 《货物进口许可证管理办法》；
2. 《货物出口许可证管理办法》；

3. 《货物自动进口许可管理办法》;
4. 《两用物项和技术进出口许可证管理办法》;
5. 《出口收汇核销管理办法》;
6. 《药品进口管理办法》;
7. 《放射性药品管理办法》;
8. 《进出境转基因产品检验检疫管理办法》;
9. 《中华人民共和国进出口食品安全管理办法》;
10. 《进口汽车检验管理办法》等。

(四) 国际公约、协议

国际公约是指国家与其他国际法主体间所缔结的以国际法为基础、原则,确定相互关系中的权利和义务的国际协议。它是国际法主体之间相互交往的最普遍的法律形式,虽然不属于我国国内法律的范畴,但签订生效后,就其效力而言,可为我国法律渊源之一。目前与我国对外贸易管制有关的国际公约、协议主要有:

1. 我国加入世界贸易组织所签订的有关双边、多边的各类贸易协定;
2. 《京都公约》;
3. 《濒危野生动植物种国际贸易公约》;
4. 《关于消耗臭氧层物质的蒙特利尔议定书》;
5. 关于麻醉品和精神药物的国际公约;
6. 《关于化学品国际贸易资料交换的伦敦准则》;
7. 《关于在国际贸易中对某些危险化学品和农药采用事先知情同意程序的鹿特丹公约》;
8. 《控制危险废物越境转移及其处置的巴塞尔公约》;
9. 《建立世界知识产权组织公约》;
10. 《实施卫生与植物卫生措施协定》(SPS 协定);
11. 《技术性贸易壁垒协定》(TBT 协定);
12. 《国际卫生条例(2005)》;
13. 《核安全公约》等。

第二节　我国对外贸易主要管制制度

一、货物与技术进出口许可管理制度

(一) 我国实施限制性、禁止性管理原则及其目的

货物与技术进出口管理制度是我国进出口许可管理制度的主体和核心，是国家对外贸易管制中重要的管理制度，其管理范围包括禁止进出口的货物和技术、限制进出口的货物和技术、自由进出口的技术以及自由进出口的货场中部分实行自动进口许可管理的货物。依据《中华人民共和国对外贸易法》的有关规定，国家对部分进出口货物、技术实施限制性、禁止性管理原则。其目的是：

1. 为维护国家安全、社会公共利益或者公共道德，需要限制或者禁止进口或者出口；

2. 为保护人的健康或者安全，保护动物、植物的生命或者健康，保护环境，需要限制或者禁止进口或者出口；

3. 为实施与黄金或者白银进出口有关的措施，需要限制或者禁止进口或者出口；

4. 国内供应短缺或者为有效保护可能用竭的自然资源，需要限制或者禁止出口；

5. 输往国家或者地区的市场容量有限，需要限制出口；

6. 出口经营秩序出现严重混乱，需要限制出口；

7. 为建立或者加快建立国内特定产业，需要限制进口；

8. 对任何形式的农业、牧业、渔业产品有必要限制进口；

9. 为保障国家国际金融地位和国际收支平衡，需要限制进口；

10. 依照法律、行政法规的规定，其他需要限制或者禁止进口或出口；

11. 根据我国缔结或者参加的国际条约、协定的规定，其他需要限制或者禁止进口或者出口。

(二) 禁止进口管理

我国政府明令禁止进口的货物、技术包括：列入国务院商务主管部门或由其会同国务院相关部门制定的禁止进口货物、技术目录中的货物、技术，

国家有关法律、行政法规明令禁止进口的货物、技术，以及因其他各种原因停止进口的货物、技术。对禁止进口的货物、技术，任何对外贸易经营者不得经营。由海关依据国家相关法律、行政法规对禁止进口的货物、技术实施监督管理。

1. 禁止进口货物管理

（1）列入有关禁止进口货物目录的商品

①《禁止进口货物目录（第一批）》，是我国政府从我国国情出发，为保护我国的自然生态环境和生态资源及履行我国缔结或者加入的一系列保护世界自然生态环境的国际条约和协定而制定发布的。我国禁止进口破坏臭氧层物质的四氯化碳，禁止进口属于世界濒危物种管理范畴的犀牛角、虎骨等。

②《禁止进口的旧机电产品目录》，自 2019 年 1 月 1 日起执行，废止原《禁止进口货物目录（第二批）》。依据该目录，国家对涉及生产安全（旧压力容器类）、人身安全（电器、医疗设备类）和环境保护（汽车、工程及车船机械类）的旧机电产品实施禁止进口管理。

③由原《禁止进口固体废物目录》第三、四、五批合并修订而成的《禁止进口固体废物目录》所涉及的对环境有污染的固体废物类，包括：废动植物产品，矿渣，矿灰及残渣，废药物，杂项化学品废物，废橡胶，废皮革，废特种纸，废纺织原料及制品，废玻璃，金属和金属化合物废物，废电池，废弃机电产品和设备及其未经分拣处理的零部件、拆散件、破碎件、砸碎件，废五金电器等。

④《禁止进口货物目录（第六批）》，是我国政府为了保护人的健康，保护环境安全，淘汰落后产品，履行《关于在国际贸易中对某些危险化学品和农药采用事先知情同意程序的鹿特丹公约》和《关于持久性有机污染物的斯德哥尔摩公约》而颁布的，如禁止进口长纤维青石棉（属于须淘汰的落后产品）、二噁英等。

⑤《禁止进口货物目录（第七批）》，是为保护人类生存环境，履行《关于持久性有机污染物的斯德哥尔摩公约》《关于汞的水俣公约》而颁布的，包括氯丹、灭蚁灵、含汞二氧化锰的原电池及原电池组、直管型热阴极荧光灯等。

⑥《禁止进口货物目录（第八批）》，是为了履行《关于持久性有机污染物的斯德哥尔摩公约》而颁布的，包括含西布曲明的混合药品、西布曲明及其盐、六氯丁二烯等。

⑦《禁止进口货物目录（第九批）》，是为保护人的健康和安全，保护环境而颁布的，包括十溴二苯醚、全氟辛基磺酸及其盐类和全氟辛基磺酰氟（PFOS类）、短链氯化石蜡、得克隆及其顺式异构体和反式异构体。

（2）国家有关法律法规明令禁止进口的商品

依据《中华人民共和国对外贸易法》《中华人民共和国进出境动植物检疫法》及相关法律、行政法规，国家禁止进境下列各货物：

①未列入《限制进口类固体废物目录》和《非限制进口类固体废物目录》的固体废物；

②动植物病源（包括菌种、毒种等）害虫及其他有害生物、动物尸体及土壤；

③来自动植物疫情流行的国家和地区的有关动植物及其产品和其他检疫物；

④带有违反一个中国原则内容的货物及其包装；

⑤以氯氟羟（tīng）物质为制冷剂、发泡剂的家用电器产品和以氯氟羟物质为制冷工质的家用电器用压缩机；

⑥滴滴涕；

⑦莱克多巴胺和盐酸莱克多巴胺等。

（3）其他停止进口的商品

依据海关规章停止进口或不得进口下列货物：

①以二氟二氯甲烷（CFC-12）为制冷工质的汽车及汽车空调压缩机（含汽车空调器）；

②旧服装；

③Ⅷ因子制剂等血液制品；

④氯酸钾、硝酸铵；

⑤禁止进口和销售100瓦及以上普通照明白炽灯泡。

2. 禁止进口技术管理

依据商务部公告2021年第37号，目前《中国禁止进口限制进口技术目录》所列明禁止进口的技术涉及以下5个领域技术：

（1）化学原料及化学制品制造业：农药生产技术、氰化钠生产工艺、石化工业用水处理药剂配方；

（2）非金属矿物制品业：耐火材料技术；

（3）有色金属冶炼和压延加工业：氰化法电镀黄铜连续作业线技术；

（4）汽车制造业：汽车氟利昂空调系统技术及石棉摩擦材料制品技术；

（5）电气机械及器材制造业：含铅绝缘漆技术、含卤覆铜板技术、电池制造技术、氟利昂制冷技术。

（三）禁止出口管理

我国禁止出口的货物、技术包括：列入国务院商务主管部门或由其会同国务院有关部门制定的禁止出口目录的货物、技术以及国家法律、行政法规明令禁止出口的货物、技术。任何对外贸易经营者都不得经营，由海关依据国家相关法律、行政法规对禁止出口的货物、技术实施监督管理。

1. 禁止出口货物管理

（1）列入《禁止出口货物目录》的商品

目前，我国公布的《禁止出口货物目录》共有 8 批。

① 《禁止出口货物目录（第一批）》。该目录是从我国国情出发，为保护我国自然生态环境和生态资源及履行我国所缔结或者参加的一系列保护世界自然生态环境的国际条约和协定而颁布的。例如，国家禁止出口破坏臭氧层物质的四氯化碳；禁止出口属于世界濒危物种管理范畴的犀牛角、虎骨、麝香；禁止出口有防风固沙作用的发菜和麻黄草等植物。

② 《禁止出口货物目录（第二批）》。该目录主要是为了保护我国匮乏的森林资源，防止乱砍滥伐而发布的，禁止出口木炭。

③ 《禁止出口货物目录（第三批）》。该目录是我国政府为保护人的健康，维护环境安全，淘汰落后产品，履行《关于在国际贸易中对某些危险化学和农药采用事先知情同意程序的鹿特丹公约》和《关于持久性有机污染物的斯德哥尔摩公约》而颁布的，如禁止出口长纤维青石棉（属于须淘汰的落后产品）、二噁英等。

④ 《禁止出口货物目录（第四批）》。该目录主要包括硅砂、石英砂（商品编码 250510000）及其他天然砂（商品编码 250590000）（对中国港澳台地区出口实施限制性管理）。

⑤ 《禁止出口货物目录（第五批）》。该目录主要包括未经和经化学处理的森林凋落物，包括：腐叶、腐根、树皮、树根等森林凋落物；泥炭（草炭），即沼泽（湿地）中，地上植物枯死、腐烂堆积而成的有机矿体（不论干湿）。

⑥ 《禁止出口货物目录（第六批）》。该目录是为了保护人类生存环境，

履行《关于持久性有机污染物的斯德哥尔摩公约》《关于汞的水俣公约》而颁布的,包括氯丹、灭蚁灵、含汞二氧化锰的原电池及原电池组、直管型热阴极荧光灯等。

⑦《禁止出口货物目录(第七批)》。该目录包括六氯丁二烯、三氯杀螨醇、六溴环十二烷等。

⑧《禁止出口货物目录(第八批)》。该目录包括十溴二苯醚、全氟辛基磺酸及其盐类和全氟辛基磺酰氟(PFOS类)、短链氯化石蜡、得克隆及其顺式异构体和反式异构体等。

(2)国家有关法律、行政法规明令禁止出口的商品

①未定名的或者新发现并有重要价值的野生植物;

②原料血浆;

③商业性出口的野生红豆杉及其部分产品;

④劳改产品;

⑤以氯氟烃物质为制冷剂、发泡剂的家用电器产品和以氯氟烃物质为制冷工质的家用电器用压缩机;

⑥滴滴涕;

⑦莱克多巴胺和盐酸莱克多巴胺等。

2. 禁止出口技术管理

目前列入《中国禁止出口限制出口技术目录》中禁止出口部分的技术包括:畜牧品种的繁育技术,中国特有的物种资源技术,蚕类品种繁育和蚕茧采集加工利用技术,水产品种的繁育技术,绿色植物生长调节剂制造技术,采矿工程技术,肉类加工技术,饮料生产技术,造纸技术,焰火、爆竹生产技术,中药材资源及生产技术,中药饮片炮制技术,非晶无机非金属材料生产技术,低维无机非金属材料生产技术,有色金属冶金技术,稀土的提炼、加工、利用技术,农用机械制造技术,航天器测控技术,航空器设计与制造技术,集成电路制造技术,机器人制造技术,地图制图技术,书画墨、八宝印泥制造技术,中国传统建筑技术,计算机网络技术,空间数据传输技术,卫星应用技术,大地测量技术,中医医疗技术等几十项技术。

此外,国家相关法规规定对涉及国家秘密、侵犯知识产权、丑化侮辱人格、违反一个中国原则的出口货物及包装物、文物中的珍贵文物等禁止出口。

（四）限制进出口货物、技术管理

1. 限制进口管理制度

国家对部分货物、技术实施限制进口管理，从国家政治、经济全局利益的需要出发，有限制地进口。国家实行限制进口管理的货物、技术必须按照国家有关规定取得对外贸易主管部门或者国务院有关部门的许可，并由海关根据国家有关法律、行政法规对限制进口目录中的货物、技术实施监督管理，任何对外贸易经营者在未获得相关主管部门许可之前，都不得经营限制进口目录中的货物、技术。否则，将承担由此造成的一切法律责任。

（1）限制进口货物管理

目前，我国限制进口货物管理按照其限制方式划分为进口配额许可证管理、进口关税配额管理和进口许可证件管理3种方式。

①进口配额许可证管理

进口配额许可证管理是指生态环境部、商务部、海关总署制定并调整《中国进出口受控消耗臭氧层物质名录》，由生态环境部相关部门公布年度受控消耗臭氧层物质进出口额度；经营消耗臭氧层物质进出口单位在每年10月31日前向国家消耗臭氧层物质进出口管理机构申请下一年度进出口配额；进出口单位提交的进出口消耗臭氧层物质配额申请获准的，由国家消耗臭氧层物质进出口管理机构签发受控消耗臭氧层物质进出口审批单，凭审批单向所在地省级商务主管部门申领受控消耗臭氧层物质进出口许可证。

②进口关税配额管理

进口关税配额管理是一种特殊的配额管理方式。它是指在一定时期内（通常为1年），国家对部分商品的进口规定进口总数量，并且对该商品的进口制定两种税率，即配额内税率和配额外税率。配额内税率是针对获得该商品配额份额的进口货物征收关税时适用的税率；配额外税率是针对未获得该商品配额份额而又需要进口的或者配额份额使用完了仍要进口该类商品的情况，货物进口时征收关税时适用的税率。在一般情况下，关税配额内税率优惠幅度很大，如在进口关税配额管理下的小麦的关税配额内税率与最惠国税率比较低很多。国家通过实施不同的差别税率达到限制某种商品的进口数量的目的。

进口关税配额管理就是通过行政管理手段对一些重要商品以提高关税成本为手段来实现限制进口的目的。

进口配额有全球配额和国别配额之分。

全球配额是一种世界范围内的绝对配额，对某种商品的进口规定一个总的限额，对来自任何国家或地区的商品一律适用。具体方式是一国或地区主管当局在公布的总配额之内将一定额度批给进口商，直至总配额批完为止，超过总配额就不准进口。

国别配额是在总配额内按国别或地区分配固定的配额，超过规定的配额便不准进口。对来自不同国家或地区的商品，出口商对进口规定配额的商品通常应提交原产地证明书。

③进口许可证件管理

进口许可证件管理是指在一定时期内（通常为1年），中央政府根据国内政治、工业、农业、商业、军事、科技、卫生、环境保护、资源保护等领域的实际需要，以及为履行我国加入或缔结的有关国际条约的规定，通过由国家各主管部门签发许可证件的方式来实现各类限制进口的措施。

目前，许可证件管理主要包括进口许可证、两用物项和技术进口许可证、濒危物种进口许可证、药品进口许可证、黄金及其制品进口许可证等管理许可证件。

进口许可证件管理是国家对限制进口的货物采取的一种非数量控制的办法。对某种商品的进口必须经国务院商务主管部门或者国务院有关部门在各自的职责范围内，根据国家相关法律、行政法规的规定，签发各类许可证件，并由海关依法实施监管，审核相关许可证件，查验放行。任何对外贸易经营者进口限制进口货物目录中的货物，都必须向海关交验相关许可证件；没有进口许可证件的，海关不予放行，并且经营者需承担相应的法律责任。

（2）限制进口技术管理

目前《中国禁止进口限制进口技术目录》中属于限制进口的技术依据商务部公告2021年第37号包括：农业转基因生物应用技术，果蔬保鲜技术，印染技术，硫酸生产技术，颜料生产技术，高致病病原微生物，速印机（油印机）制造技术，高能耗家用电器产品制造技术，电池生产技术，超临界发电技术，亚临界发电机组设计、制造技术，深度伪造技术，数据加密技术，印制人民币特有的防伪技术、工艺。进口经营者进口上述限制进口的技术，应当向国务院商务主管部门提出技术进口申请，有关部门对申请进行审查，符合规定的由国务院商务主管部门签发"中华人民共和国技术进口许可意向书"。进口经营者获取技术进口许可意向书后，可以对外签订技术进口合同。进口经营者签订技术进口合同后，应当向国务院商务主管部门申请技术进口许可证。经审核符合发证条件的，由国务院商务主管部门颁发"中华人民共和国技术进口许可证"。进口经营者或者其代理人向海关申报进口手续时，必须主动递交技术进口许可证，否则将承担由此而造成的一切法律责任。

其申请程序见图4–1。

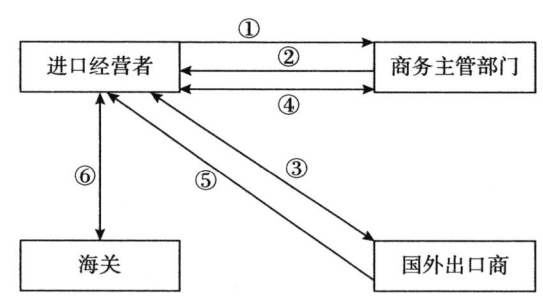

图4–1　限制进口技术进口申请程序示意图

图中①~⑥程序如下：

①进口经营者向商务主管部门提出技术进口申请；

②商务主管部门批准进口经营者并签发技术进口许可证意向书；

③进口经营者与国外出口商签订技术进口合同；

④进口经营者向商务主管部门申请并获得技术进口许可证；

⑤进口经营者从国外进口技术；

⑥进口经营者持技术进口许可证向海关办理进口通关手续并获得放行。

2. 限制出口管理制度

限制出口管理包括限制出口的货物管理和限制出口的技术管理。对于限制出口货物，根据《中华人民共和国货物进出口管理条例》的规定，对有数量限制的限制出口货物，实行配额管理；其他限制出口货物，实行许可证件管理。对于限制出口的技术，根据《中华人民共和国对外贸易法》《中华人民共和国技术进出口管理条例》等有关法律、行政法规的有关规定，实行目录管理。国家限制出口的货物、技术必须依照国家有关规定，经国务院商务主管部门或者经国务院商务主管部门会同国务院有关部门许可方可出口。

（1）限制出口货物管理

目前，我国货物限制出口按其限制形式划分为出口配额限制和出口非配额限制两种。

①出口配额限制

出口配额限制指在一定时期内，为建立公平竞争机制，增强我国商品在国际市场上的竞争力，保障我国产品在国际市场上的利益，国家对部分商品的出口数量直接加以限制的措施。我国出口配额的限制有两种管理形式，即出口配额许可证管理和出口配额招标管理。

A. 出口配额许可证管理

出口配额许可证管理是指国家对部分商品的出口，在一定时期内（通常为1年）规定数量总额，经国家配额管理部门批准，获得配额的允许出口，未获得批准的不准出口的配额管理措施。可见，出口配额许可证管理是国家通过行政管理手段对一些重要的出口商品规定数量总额限制。这种限制方式的目的是国家对某种商品的出口实现绝对的数量限制。

出口配额许可证管理是通过直接分配配额的方式，由国务院商务主管部门或者国务院有关部门，在每年规定的时间内，将下一年度的出口商品配额分配给各地方商务主管部门和中央管理的企业，再通过其分配给所管辖的提出申请的出口企业。配额分配是本着根据申请者需求，并结合其出口实绩、经营能力、生产规模、资源状况等条件，按照效益、公正、公开和公平竞争的原则进行分配的。总之，目的是将优良的资源配置给优秀的企业经营，以增强我国商品在国际市场上的竞争能力，并且获得最大的经济利益。国家配额主管部门对经申请、有资格获得配额的申请人发放各类配额证明。申请人取得配额证明后，凭配额证明到国务院商务主管部门或其授权的发证机关申领出口许可证。海关凭许可证验放。

B. 出口配额招标管理

出口配额招标管理是国家对出口配额分配的另一种方式。国家对部分商品的出口在一定时期内（通常为1年）规定数量总额，采取招标分配的原则，即经过招标获得配额的允许出口，未中标、没有获得配额的不准出口。出口配额招标管理也是国家通过行政管理手段对一些重要的出口商品规定数量总额限制。这种限制方式的目的是国家对某种商品的出口实现绝对数量限制。

国家配额主管部门对中标者发放配额证明，中标者取得配额证明后，到国务院商务主管部门或其授权发证机关凭配额证明申领出口许可证。海关凭许可证验放。

配额、许可证是对外贸易中常用的限制管理措施，可以单独使用，也可以结合使用。我国的限制出口货物管理是将这两种管理手段结合使用的。

②出口非配额限制

出口非配额限制是指国家在一定时期内根据国内政治、军事、技术、卫生、环保、资源保护等领域的需要，以及为履行我国所加入或缔结的有关国际条约的规定，经过国家各主管部门签发许可证件的方式来实现各类限制出口的措施。目前，我国非配额限制管理主要包括出口许可证、濒危物种出口许可证、两用物项和技术出口许可证、黄金及其制品等出口许可管理。

出口许可证是在我国进出口许可证管理制度中具有法律效力的，用来证明对外贸易经营者经营列入国家出口许可证管理目录中的商品合法出口的证明文件，是海关验放该类货物的主要依据。

（2）限制出口技术管理

根据《中华人民共和国对外贸易法》《中华人民共和国技术进出口管理条例》《中华人民共和国生物两用品及相关设备和技术出口管制条例》《中华人民共和国核两用品及相关技术出口管制条例》《中华人民共和国导弹及相关物项和技术出口管制条例》《中华人民共和国核出口管制条例》《禁止出口限制出口技术管理办法》等有关规定，国务院商务主管部门会同国务院有关部门，制定、调整并公布限制出口技术目录，对限制出口技术实行目录管理。对属于目录范围的限制出口技术，实行许可证管理，未经国家许可不得出口。

我国目前限制出口技术目录主要有《两用物项和技术进出口许可证管理目录》《中国禁止出口限制出口技术目录》等，涉及农、林、牧、渔、农副食品加工制造、饮料制造、纺织、造纸、化学原料及化学制品制造、医药制造、橡胶制品业、金属冶炼及压延、非金属矿物制品业、金属制品业、通用及专用设备制造、电气机械及器材制造等几十个行业领域的上百项技术。

出口属于上述目录中限制出口技术的，应当向国务院商务主管部门提出技术出口申请，国务院商务主管部门审核批准后向申请者发放各类技术出口许可证件，出口企业凭其向海关办理出口通关手续。

经营限制出口技术的经营者在向海关申报出口手续时必须主动递交相关技术出口许可证件，否则，经营者将承担为此而造成的一切法律责任。

我国海关对限制进出口货物的管理方式见图4-2。

第四章 我国对外贸易管制制度

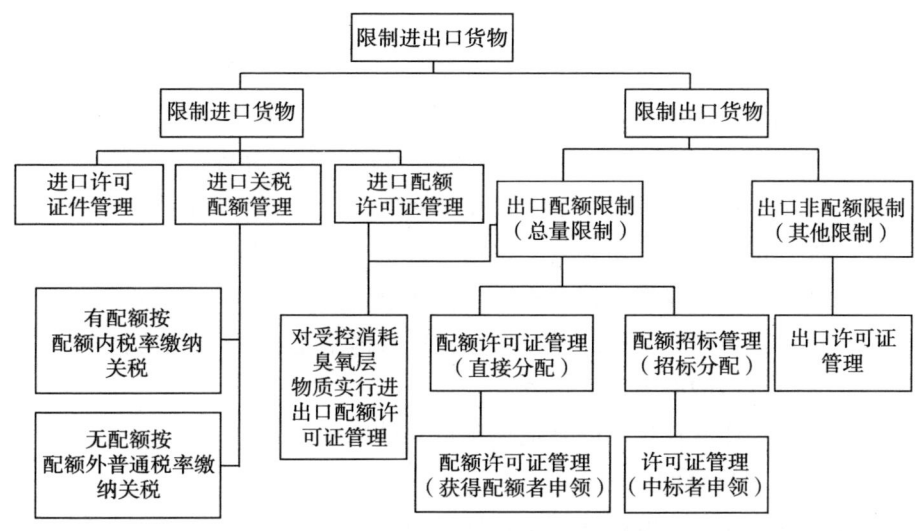

图 4-2 我国限制进出口货物管理方式示意图

(五) 自由进出口管理

自由进出口是指根据《中华人民共和国货物进出口管理条例》《中华人民共和国技术进出口管理条例》的规定，除国家实行禁止或限制进出口的货物、技术外，对于属于自由进出口范围的货物、技术，国家允许其自由进口或出口。也就是说，具备合法对外贸易经营资格的主体，都可以根据实际需要，对外签订有关货物、技术进出口合同。属于自由进出口范围的货物、技术进出口不受限制，但我国基于监测进出口情况的需要，对部分属于自由进口的货物实行自动进口许可证管理，对自由进出口技术实行技术进出口合同登记管理。

1. 货物自动进口许可证管理

货物自动进口许可证管理是指在任何情况下，主管部门对属于自动进口许可管理的货物，只要经营者按照规定提出进口申请，一律予以批准的进口许可制度。这种进口许可实质上是一种在自动进口许可管理的货物进口之前对其进行自动登记的许可制度，是一种程序许可。只要经营者履行了申请程序，就应该获准许可。前述限制进出口的许可证管理属授权许可，与货物自动许可证管理有着实质性的不同。货物自动进口许可证管理通常是出于国家对这类货物的统计和监管的需要而实行的，其属于我国进出口许可证管理中的重要组成部分，也是目前世界各国普遍采用的一种进口管理方式。

进口属于实行自动进口许可管理的货物,进口经营者应当在办理海关报关手续之前向国务院商务主管部门或者国务院有关经济管理部门提交自动进口许可申请,凭相关部门发放的自动进口许可证向海关办理报关手续。

以下列方式进口自动许可货物的可以免领自动进口许可证:

（1）加工贸易项下进口并复出口的（原油、成品油除外）；

（2）外商投资企业作为投资进口或者在投资额内生产自用的；

（3）货样广告品、实验品进口,每批次价值不超过5000元的；

（4）暂时进口的海关监管货物；

（5）国家法律法规规定的其他免领自动进口许可证的。

2. 技术进出口合同登记管理

进出口属于自由进出口的技术,应由技术进出口的经营者向国务院商务主管部门或者其委托的机构办理技术进出口合同备案登记。国务院商务主管部门或者其委托的机构应当自收到技术进出口的经营者报告的规定的备案登记文件之日起的3个工作日内对技术进出口合同进行登记,并颁发技术进出口合同登记证,申请人凭技术进出口合同登记证办理外汇、银行、税务、海关等相关手续。

二、对外贸易经营者资格管理制度

对外贸易经营者管理制度是我国对外贸易管制制度之一,主要由对外贸易经营权管理制度和进出口经营范围管理制度组成。

（一）对外贸易经营权管理制度

对外贸易经营权就是通常所说的进出口权,是对外贸易经营者从事对外贸易的资格,即根据规定赋予企业从事对外贸易活动、自行对外签订合同、进口或出口各类国家允许进出口的货物和技术并实际履行合同的权利。取得对外贸易经营权是经营者从事对外贸易活动的前提,只有获得对外贸易经营资格,经营者开展对外贸易的经营行为才会得到法律的保护。

目前,我国对对外贸易经营者的管理,实行备案登记制,也就是法人、其他组织或个人在从事对外贸易经营之前,必须按照国家的有关规定,依照法定程序在国务院商务主管部门备案登记,取得对外贸易经营资格以后,才可以在国家允许的范围内从事对外贸易经营活动。

目前我国有下列类型的对外贸易经营者：
1. 隶属于商务部和各省、自治区、直辖市的专业外贸公司；
2. 自营进出口的生产企业，包括外商投资及各类内资生产企业；
3. 对外经营科技产品的科研院所和大专院校；
4. 从事国际承包工程和劳务合作的国际合作公司等。

（二）进出口经营范围管理制度

进出口经营范围是指国家允许对外贸易经营者从事进出口经营活动的具体商品类别和服务项目，具体体现在国家允许对外贸易经营者从事经营活动的内容和方式。经国家批准，取得对外贸易经营权的境内法人、其他组织或个人必须按照国家所规定的经营范围从事进出口经营活动，对外贸易经营者可以接受他人的委托，在国家规定的经营范围内从事对外贸易代理业务。

1. 各类型经营者对外贸易的经营范围

（1）隶属于国家商务部和各省、自治区、直辖市的专业外贸公司主要经营有关国计民生的大宗商品和在国际市场上垄断性、竞争性较强的以及履行政府间双边贸易协定的商品，并负责在其批准的经营范围内代理国内其他企业进行进出口业务。

（2）自营进出口的生产企业（包括外商投资企业及各类内资生产型企业）仅限于进口本企业生产所需的技术、设备、零部件和原材料、辅助材料，出口本企业自产的产品。

（3）对外经营科技产品的科研院所和大专院校仅限于进口本院所科研和生产所需的技术设备、零部件和原材料、辅助材料，出口本院所研制开发的技术和自产的科技产品。

（4）政府商务主管部门根据从事国际工程承包和劳务合作的国际合作公司等的合作项目的需要对其进出口经营范围进行单独审批。

2. 国营贸易

国营贸易是指由特定企业或其他组织代表国家所从事的部分商品的进出口贸易。其经营的主要商品是重要的农产品和部分重要的工业品。

《中华人民共和国对外贸易法》规定为了加强对关系国计民生的重要进出口商品的宏观管理，国家可以对部分货物的进出口实行国营贸易管理。

实行国营贸易管理的进出口货物目录和经授权经营企业目录，由国务院商务主管部门会同国务院有关经济管理部门制定、调整并予以公布。实行国营贸易管制的货物的进出口业务，只能由授权的国营企业经营；但是因市场需要，国家为适应逐步开放的形势，允许部分数量的国营贸易管理的货物的进出口业务由非授权企业经营。

我国实行的国营贸易符合我国与世界贸易组织签订的《中华人民共和国加入WTO议定书》中所作的承诺的规定。国营贸易企业应当每半年向国务院商务主管部门提供国营贸易管理的货物的购买价格、销售价格等有关信息。未经批准擅自进出口实行国营贸易管理的货物，海关不予放行。

目前属于实行进口国营贸易管理的货物主要包括小麦、玉米、大米、食糖、烟草、原油、成品油、化肥、棉花。进口上述货物需要取得国营贸易经营资格或非国营贸易允许量，再申领自动进口许可证。

目前属于实行出口国营贸易管理的货物主要包括玉米、大米、钨及钨制品、锑及锑制品、煤炭、原油、成品油、棉花、白银。出口上述货物需要取得国营贸易经营资格或非国营贸易允许量，再申领出口许可证。

三、进出口商品合格评定制度

进出口商品合格评定制度是指海关依据我国有关法律和行政法规，以及我国政府所缔结或者参加的国际条约、协定，对出入境货物、物品及其包装物、交通运输工具、运输设备和出入境人员实施检验检疫监督管理的法律依据和行政手段的总和。其国家主管部门是中华人民共和国海关总署。

海关对列入《必须实施检验的进出口商品目录》（简称《法检目录》）的进出口商品，以及法律、行政法规规定须经海关检验检疫的其他进出口商品实施检验检疫。进出口货物收发货人或者其代理人应当向海关报关，海关验关后放行。

（一）进出口商品合格评定制度的范围

进出口商品合格评定制度是我国贸易管制的重要组成部分。随着我国与世界经济的不断融合，被世界各国普遍运用的进出口商品合格评定制度在众多国际公认标准的依托下成为我国对外贸易管制综合管理制度的一项重要制度。我国进出口商品合格评定制度实行目录管理，即海关总署根据对外贸易需要，制定、调整并公布《法检目录》。《法检目录》所列的商品称为法定检验商品，是国家规定实施强制检验的进出境商品。

实行入境检验检疫管理的货物主要包括5类：

1. 列入《法检目录》的进境货物;
2. 进口可用作原料的固体废物;
3. 进口旧机电产品;
4. 进口捐赠的医疗器械;
5. 其他未列入《法检目录》的国家有关法律和行政法规规定实施检验检疫的入境货物及特殊物品等。

实行出境检验检疫管理的货物主要包括3类:
1. 列入《法检目录》的出境货物;
2. 对外经济技术援助物资及人道主人紧急救灾援助物资;
3. 其他未列入《法检目录》的国家有关法律和行政法规规定实施检验检疫的出境货物及特殊物品等。

对关系国计民生、价值较高、技术复杂或涉及环境及卫生、疫情标准的重要进出口商品,收货人应当在对外贸易合同中约定,在出口国包装前进行预检验、监造或监装,以及到货后进行最终检验和索赔的条款。

(二) 进出口商品合格评定制度的组成

我国进出口商品合格评定制度内容包括进出口商品检验制度、进出境动植物检疫制度、进出境食品安全检验制度、国境卫生监督制度。

1. 进出口商品检验制度

进出口商品检验制度是根据《中华人民共和国进出口商品检验法》及其实施条例的规定,由海关对进出口商品进行品质、数量等的检验和监督管理的制度。

海关实施进出口商品检验的内容包括商品的质量、规格、数量、重量、包装,以及是否符合安全、卫生要求。目前,我国商品检验的种类分为:法定检验、合同检验、公证鉴定和委托检验。

商品检验制度的目的是保证进出口商品的质量,维护对外贸易有关各方的合法权益,促进对外经济贸易关系的顺利发展。

2. 进出境动植物检疫制度

进出境动植物检疫制度是根据《中华人民共和国进出境动植物检疫法》及其实施条例的规定,由海关对进出境动植物、动植物产品的生产、加工、存放过程实行动植物检疫的进出境监督管理制度。

海关实施动植物检疫监督管理的方式有实行注册登记、疫情调查、检测和防疫指导等。其内容主要包括进境检疫、出境检疫、过境检疫、进出境携带和邮寄物检疫以及出入境运输工具检疫等。

我国实行进出境检验检疫制度的目的是防止动植物传染病、寄生虫病，植物危险性病、虫、杂草，以及其他有害生物传入、传出国境，保护农、林、牧、渔业生产和人体健康，促进对外经济贸易的发展。

3. 进出境食品安全检验制度

进出境食品安全检验制度是指海关根据《中华人民共和国食品安全法》及其实施条例、《中华人民共和国进出口商品检验法》及其他卫生法律、法规和国家标准，对进口食品、食品添加剂及食品相关产品是否符合我国食品安全国家标准实施的检验，对出口食品、食品添加剂及食品相关产品是否符合进口国（地区）的标准或者合同要求实施监督抽检的口岸监督管理制度。

我国实施进出境食品安全检验制度的目的是保证食品安全，保障公众身体健康和生命安全。其监督职能主要包括对进口食品安全检验、对境外食品安全情事监督预警、对出口食品安全抽验，以及评估和审查向我国出口食品的国家（地区）出口安全管理体系和食品安全状况等。

4. 国境卫生监督制度

国境卫生监督制度是指由海关根据《中华人民共和国国境卫生检疫法》及其实施细则以及其他卫生法律、法规和卫生标准，在进出口口岸对出入境的交通工具、货物、运输容器以及口岸辖区的公共场所、环境、生活设施、生产设备所进行的卫生检查、鉴定、评价和采样检验的制度。

我国实行国境卫生监督制度的目的是防止传染病由国外传入或者由国内传出，实施国境卫生检疫，保护人体健康。其监督职能主要包括进出境检疫、国境传染病检测、进出境卫生监督等。

四、货物贸易外汇管理制度

（一）货物贸易外汇管理概述

对外贸易经营者在对外贸易经营活动中，应当依照国家有关规定结汇、用汇。对进出口货物收付汇管理是我国实施外汇管理的主要内容，也是我国外汇管理制度的主要组成部分。随着我国对外贸易的发展、外汇储备的增加，对世界经济的引领作用越来越明显，为进一步改进货物贸易外汇服务和管理，我国货物贸易外汇管理制度从原来的为防止出口企业在对外贸易过程中将外汇截留境外，防止进口企业汇出外汇而实际不进口货物的偷、逃汇行为的发生而采取的外汇核销形式，即通过"出口收汇核销单"和"贸易进口付汇核销单"的方式实施现场逐票核销管理，改变为由国家外汇管理局通过货物贸易外汇检测系统，定期比对、评估企业货物流与资金流总体匹配情况。对企业外汇收支的交易背景的非现场总量进行核查管理。

（二）国家外汇管理局对货物外汇的主要监管方式

1. 企业名录登记管理

企业依据《中华人民共和国对外贸易法》的规定取得对外贸易经营权后，应当持有关材料到国家外汇管理局办理名录登记手续，然后才能在金融机构办理贸易外汇收支业务。国家外汇管理局将登记备案的企业统一向金融机构发布名录，金融机构不得为不在名录内的企业办理外汇收支业务。国家外汇管理局可根据企业的外汇收支业务状况及其合规情况注销企业名录。

2. 分类管理

2012年8月1日起我国实施全国货物贸易外汇管理制度改革。其主要方式是国家外汇管理局通过货物贸易外汇检测系统，全面采集企业货物进出口和外汇收支逐笔数据，定期比对、评估、分析企业货物流与资金流总体匹配情况，根据企业贸易外汇收支的真实性、合规性与货物进出口的一致性，将企业分为A、B、C三类实施货物贸易外汇分类管理，以便利合规企业贸易外汇收支；对存在异常的企业进行重点监测，必要时实施现场核查。

A类企业属于货物流与资金流总体匹配合规企业。对于A类企业进口付汇单证便利简化，企业可凭报关单、合同或发票等任何一种能够证明交易真实性的单证在银行直接办理付汇，对于出口收汇无须联网核查，在银行办理收付汇手续。

B、C类这两类企业属于货物流与资金流总体匹配存在异常的企业，需要重点监测，必要时实施现场核查。对其贸易外汇收支单证审核、业务类型、结算方式等方面实施严格监管。

B类企业贸易外汇收支由银行实施电子数据核查。

C类企业贸易外汇收支须经国家外汇管理局逐笔登记后办理。

国家外汇管理局根据企业在分类监管期内遵守外汇管理规定的情况，对企业类别进行动态调整。

3. 银行实施电子数据核查

为了防止不真实贸易利用进出口货物收付汇这个合法渠道危害我国金融安全，为完善企业对外贸易出口收汇和结汇管理，加强出口贸易与收汇结汇的真实性及一致性的核查，根据《中华人民共和国外汇管理条例》，国家外汇管理局会同商务部、海关总署联合制定了《出口收结汇联网核查办法》。具体的运作方法是核查系统依据海关提供的企业出口货物报关单有关数据和外汇管理部门提供的企业出口预收款数据，结合企业贸易类别及行业特点等，确定企业与出口对应的可收汇额，但企业出口收汇应当先进入银行直接以企业名义开立出口收汇待核查账户。对 B 类企业贸易外汇收支由银行实施电子数据核查。需要结汇或者划出外汇，企业应当如实填写"出口收汇说明"，连同中国电子口岸操作员 IC 卡，一并提交银行办理。银行应当凭企业及自身操作员 IC 卡登录核查系统，对企业出口收汇进入联网核查以后，在企业相应的出口可汇额内办理结汇或划出资金的手续，同时在核查系统中核减其对应出口的可汇额。

4. 现场核查

国家外汇管理局可对企业非现场核查中发现的异常或可疑的贸易外汇收支业务实施现场核查，也可对金融机构办理贸易外汇业务的合规性与报送信息的及时性、完整性和准确性实施现场核查。国家外汇管理局实施现场核查时，被核查单位应当配合，如实说明情况，并提供有关文件、资料，不得拒绝、阻碍和隐瞒。

我国自 2012 年 8 月 1 日起在全国实施货物贸易外汇管理制度改革。在国际贸易项下对国际收支不予限制，出口收入可按规定调回境内或存放境外。从事对外贸易的企业的外汇收支应当具有真实、合法的交易背景，与货物进出口应当一致。企业应当根据贸易方式、结算方式及资金来源或流向，凭进出口报关单外汇核销专用联等相关单证在金融机构办理贸易外汇收支。海关出口报关单外汇核销专用联可在海关放行进出口货物后向海关申请领取。金融机构应当对企业提交的交易单证的真实性及外汇收支的一致性进行合理审查。

取消逐笔核销管理制度，企业贸易收付汇后，无须办理核销手续。取消出口收汇核销单，企业办理出口报关时和办理出口退税时不再提交核销单。

五、出口退税管理制度

出口退税是货物出口以后，把货物在境内生产、流通环节产生的流转税

（在这里主要指增值税及部分商品所涉及的消费税）全部或部分退还给企业，使得货物以不含税价格参与国际市场竞争，这种做法是世界上鼓励出口的通常贯行做法。出口退税在国家出口政策中发挥着重要作用，是我国宏观经济调控的重要工具，对于企业而言有着重要作用，及时足额退税将直接影响企业的出口成本和生产经营。退税和纳税是分不开的，退税的前提一定是前端生产、流通环节已经足额纳税，而且退税额不会超过前端纳税额。另外，出口退税还有一个重要的税收杠杆调节作用。例如，"两高一资"（即高耗能、高污染和资源性）类国家不鼓励出口的货物的退税率一般较低甚至为零。

出口退税必须具备以下4个条件：

一是必须是增值税、消费税征收范围内的货物；

二是必须是出口报关离境的货物；

三是必须是财务上作销售处理的货物（例如，赠送样品是财务上不作销售处理的货物，不符合退税条件）；

四是必须是已收汇的货物。

六、贸易救济措施

反倾销、反补贴和保障措施等均为世界各国所采用的贸易救济措施。2001年年底，我国正式成为世界贸易组织成员，世界贸易组织有关规定允许成员方在进口产品倾销、补贴和过激增长等给其境内产业造成损害的情况下，使用反倾销、反补贴和保障措施手段来保护境内产业不受损害。

为了充分利用世界贸易组织规则，维护境内市场上的境内外商品的自由贸易和公平竞争秩序，依据世界贸易组织《反倾销协议》《补贴与反补贴措施协议》《保障措施协议》，以及《中华人民共和国对外贸易法》的有关规定，我国制定、颁布了《中华人民共和国反倾销条例》《中华人民共和国反补贴条例》《中华人民共和国保障措施条例》。

（一）反倾销措施

反倾销措施包括临时反倾销措施和最终反倾销措施两种。

1. 临时反倾销措施

临时反倾销措施是指进口方主管机构经过调查，初步认定被指控产品存在倾销并对进口国境内同类产业造成了损害，据此可以依据世界贸易组织所规定的程序进行调查，在全部调查结束之前，采取临时性的反倾销措施，以防止调查期间境内产业继续受到损害。

临时反倾销措施有两种形式：一种是征收临时反倾销税；另一种是要求进口商提供保证金、保函或其他形式的担保。

征收临时反倾销税由商务部提出建议，由国务院关税税则委员会根据其建议做出决定，由商务部予以公告，由海关总署自公告规定实施之日起执行。

临时反倾销措施实施的时间应当尽可能短暂，在一般情况下，不得超过4个月；在特殊情况下，可以延长到9个月。

2. 最终反倾销措施

最终反倾销措施是指在全部调查结束后，如果具有充分的证据证明被调查的产品存在倾销，境内生产同类产品的产业受到损害，且倾销与损害之间存在因果关系，最终裁决确定倾销成立，则进口方主管机构可以采取最终反倾销措施，征收反倾销税。

反倾销税是指在正常关税之外，对倾销产品征收的一种附加税，其税额不得超过所裁定的倾销幅度，还应当符合公共利益。

征收反倾销税由商务部提出建议，由国务院关税税则委员会依据其建议做出决定，再由商务部予以公告，由海关自公告规定的实施之日起执行。

由此可见，实施反倾销措施的基本条件必须同时具备3个基本要件：倾销、损害、倾销与损害之间存在因果关系。

（二）反补贴措施

反补贴措施是指进口方主管机构应境内相关产业的申请，对受出口国政府或其他优惠财政资助、补贴的进口产品进行反补贴调查，并采取征收反补贴税的方式，抵消进口产品所享受的补贴，恢复公平竞争，保护受到损害的境内产业。反补贴与反倾销的措施相同，也分为临时反补贴措施和最终反补贴措施两种。

1. 临时反补贴措施

初裁决定确定补贴成立，并对境内相关产业造成了严重损害或严重威胁，为了防止损害继续扩大，可以采取临时反补贴措施。临时反补贴措施可以征收临时反补贴税和要求进口商提供保金或者保证函作为担保。

采用临时反补贴措施，由商务部提出建议，由国务院关税税则委员会根据提议做出决定，再由商务部予以公告，由海关自公告规定的实施之日起执行。

临时反补贴措施实施的期限，自临时反补贴措施决定公告规定实施之日起不超过4个月。

2. 最终反补贴措施

在磋商没有取得效果的情况下，最终裁决补贴成立并对境内产业造成损害的，可以征收反补贴税。征收反补贴税应当符合公共利益。

征收反补贴税由商务部提出建议，由国务院关税税则委员会根据提议做出决定，再由商务部予以公告，由海关自公告规定的实施之日起执行。

实施反补贴税必须同时具备3个基本条件：存在补贴、产业损害、补贴与产业损害之间存在因果关系。

（三）保障措施

保障措施是针对公平贸易情况下某项产品进口数量的急剧增加对境内生产同类产品造成损害或严重损害威胁而采取的措施。实施保障措施必须满足3个条件：

一是某项产品的进口数量激增；

二是进口数量激增是由于可预见的情况和成员方履行世界贸易组织义务的结果（即公平贸易情况下的结果）；

三是进口数量激增对境内生产同类产品或直接竞争产品的产业造成了严重损害或严重威胁。

我国保障措施分为临时保障措施和最终保障措施两种。

1. 临时保障措施

临时保障措施是指有明确证据表明进口产品数量增加对境内产业造成难以补救的损害的紧急情况下，与世界贸易组织成员之间不经过磋商而做出初裁决定，并采取的临时性保障措施。临时性保障措施的实施期限不得超过200天，并且此期限计入保障措施总期限。

临时保障措施采取提高关税的形式，如果随后的调查不能证实进口数量激增对境内有关产业已经造成损害或损害威胁，已经征收的临时性关税应当退还。

2. 最终保障措施

最终保障措施可以使用提高关税、数量限制等形式。但保障措施应当仅限于防止、补救严重损害，并且便于在必要的范围内调整境内产业。

最终保障措施的实施期限一般不超过4年，在此基础上如果继续采取保障措施，必须同时满足以下 4 个条件：

一是对于防止或者补救严重损害仍有必要；

二是有证据表明相关境内产业正在进行调整；

三是已经履行了有关对外通知、磋商的义务；

四是延长后的措施不得严于延长前的措施。

保障措施全部实施期限（包括临时保障措施期限）不得超过 10 年。

（四）反倾销、反补贴和保障措施的区别

1. 适用的对象不同

反倾销与反补贴措施主要针对的是不公平贸易或不公平竞争，采用价格歧视的贸易行为；而保障措施主要是针对在公平贸易条件下，某项进口产品数量激增的情况。

2. 实施的具体条件不同

对于实施反倾销的条件是客观上的确存在低价倾销，并且对进口国造成了实质性的损害，同时，倾销与损害之间存在着因果关系。

对于实施反补贴的条件是进口产品因为得到了出口国政府的经济性补贴或财政性支持，具有价格上的竞争优势，导致进口国的同类产品及其生产行业受到了损害，而且事实证明的确存在这样或那样的损害。

对于实施保障措施的条件是某种进口产品的数量激增，极大地挤占了进口国的境内同类产品的市场份额，并且对进口国的相关行业的发展造成了不良影响。

七、不可靠实体清单制度

为维护国家主权，保护中国企业、其他组织或者个人的合法权益，根据《中华人民共和国对外贸易法》《中华人民共和国国家安全法》等有关法律，国家建立不可靠实体清单制度，即对列入不可靠实体清单相关外国实体（包括外国企业、其他组织或者个人）的国际经贸及相关活动采取相应禁止或限制措施。

（一）列入不可靠清单的范围

1. 危害中国国家主权、安全、发展利益的外国实体。
2. 违反正常的市场交易原则，中断与中国企业、其他组织或者个人的正

常交易,或者对中国企业、其他组织或者个人采取歧视性措施,严重损害中国企业、其他组织或者个人合法权益的外国实体。

(二) 不可靠清单制度实施原则

坚持独立自主的对外政策,坚持互相尊重主权、互不干涉内政、平等互利等国际关系基本准则,反对单边主义和保护主义,坚决维护国家核心利益,维护多边贸易体制,推动建设开放型世界经济。

(三) 处理措施

1. 限制或者禁止其从事与中国有关的进出口活动。
2. 限制或者禁止其在中国境内投资。
3. 限制或者禁止其相关人员、交通运输工具等入境。
4. 限制或者取消其相关人员在中国境内工作许可、停留或者居留。
5. 根据情节轻重给予相应数额的罚款。
6. 其他必要的措施。

对于将有关外国实体列入不可靠实体清单的公告中明确有关外国实体改正期限的,在期限内不对其采取上述处理措施;有关外国实体逾期不改正其行为的,对其采取处理措施。

八、口岸核生化监测制度

口岸核生化监测制度是指海关为保护国家安全,履行国家赋予海关的法定职责,防范放射性物质、生物有害因子、化学有害因子非法出入境,维护国际贸易供应链安全,及时防范、发现和控制口岸核辐射、生物、化学涉恐事件,保障国门安全,保护人民健康,对出入境人员、运输工具、货物、行李物品、邮递物品、快件和其他物品开展的可能携带放射性物质、生物有害因子、化学有害因子的监测、检测、排查、初步处置等工作。海关核辐射监测工作整体流程包括口岸监测、复查确认、后续处置、信息报告与追踪等。

《国际卫生条例(2005)》经世界卫生大会(WHA)55.16号决议规定:核生化引起的健康危害属于公共卫生问题,并要求各成员方加强监测能力、信息共享和技术合作。同时《中华人民共和国反恐怖主义法》第四十条规定:"海关、出入境边防检查机关发现恐怖活动嫌疑人员或者涉嫌恐怖活动物品的,应当依法扣留,并立即移送公安机关或者国家安全机关……"《中华人民共和国放射性污染防治法》第五十八条规定:"向中华人民共和国境内输入放射性废物和被放射性污染的物品,或者经中华人民共和国境内转移放射性废物和被放射性污染的物品的,由海关责令退运该放射性废物和被放射性污染的物品,并处五十万元以上一百万元以下罚款;构成犯罪的,依法追究刑事责任。"《放射性同位素与射线装置安全和防护条例》第十八条规定:"……海关验凭放射性同位素进口许可证办理有关进口手续……"《放射性物品运输安全管理条例》规定:"在邮寄进境物品中发现放射性物品的,由海关依照法律、行政法规的规定处理。"

对确认的放射性超标物质,符合《放射性物品安全运输规程》(GB 11806—2019)且能提供合法运输及进出口证明文件的核材料、放射源,经严密铅防护(中子放射源用水或石蜡封存)可予以登记放行。对未能提供合法运输及进出口证明文件的放射性超标物质,或申报内容与海关检测结果不一致的,或查获放射性废物和被放射性污染的,应立即终止通关,并采取相应处置措施。对于现场排查,结果判定能排除生物、化学涉恐事件的,或能提供有关部门准许进口证明等合法手续包装完整的生物、化学制剂,转入海关一般作业流程。经结果判定对不能排除核生化涉恐事件的,海关按照规定开展初步处置,并立即报告公安(反恐)部门开展进一步排查处置。

第三节 我国对外贸易管制主要措施

一、进出口许可证

进口、出口许可证是国家批准允许对外贸易经营者进口或者出口国家限制性管理的货物或技术的证明文件,是我国对外贸易管制方面最基本、最重要的官方文件之一。对于对外贸易经营者具有很强的法律约束力。《海关法》第二十四条规定:"进口货物的收货人、出口货物的发货人应当向海关如实申报,交验进出口许可证件和有关单证。国家限制进出口的货物,没有进出口许可证件的,不予放行,具体处理办法由国务院规定……"许可证是海关在进出境环节上监管和验放货物的重要依据。

(一)进出口许可证管理

进出口许可证管理是我国进出口许可管理制度的核心内容,也是国家限制进出口的一种最重要的管理形式。根据《中华人民共和国对外贸易法》《中华人民共和国货物进出口管理条例》的有关规定，国务院商务主管部门或由其会同国务院有关部门制定并调整进出口许可证管理目录，以签发进出口许可证的形式对目录中所列的进出口商品实行行政许可管理。

进出口许可证管理属于国家限制进出口管理的范畴。商务部是全国进出口许可证的归口管理部门，由其负责制定进出口许可证管理办法及规章制度，监督、检查进出口许可证管理办法的执行情况，处罚违规行为，并会同海关总署制定、调整和发布年度进口许可证管理货物目录及出口许可证管理货物目录。

我国实行许可证三级分类申领签发制度。商务部统一管理、指导全国各发证机构的进出口许可证签发工作。商务部配额许可证事务局、商务部驻各地特派员办事处和商务部授权的地方主管部门发证机构〔以下简称"地方发证机构"，包括各省、自治区、直辖市、计划单列市，以及商务部授权的其他省会城市的商务厅（局）、外经贸委（厅、局）〕为进出口许可证的发证机构，负责在其授权的范围内签发"中华人民共和国进口许可证"（以下简称"进口许可证"）和"中华人民共和国出口许可证"（以下简称"出口许可证"）。

（二）进出口许可证管理范围

1. 进口许可证管理范围

依据商务部、海关总署于2023年12月29日公布的《进口许可证管理货物目录（2024年）》（商务部公告2023年第64号），我国实施进口许可证管理的货物有重点旧机电产品和消耗臭氧层物质两类，其中对重点旧机电产品实行进口许可证管理，对消耗臭氧层物质实行进（出）口配额许可证管理。

（1）重点旧机电产品范围及检验检疫处置

①重点旧机电产品范围

重点旧机电产品包括化工设备类、金属冶炼设备类、工程机械类、起重运输设备、造纸设备类、电力电气设备类、食品加工及包装设备、农业机械类、印刷机械类、纺织机械类、船舶类、硒鼓、X射线管13大类涉旧产品。

②检验检疫处置

查验发现属于《进口旧机电产品检验监管措施清单》管理措施表1范围的国家规定禁止进口的旧机电产品按照海关相关规定作退运处置及移交海关

缉私部门处理。

查验发现属于《进口旧机电产品检验监管措施清单》管理措施表 2 范围的涉及人身健康安全、卫生、环境保护的旧机电设备（产品），属应实行装运前检验商品范围而未实施装运前检验的，按照海关相关规定作退运处置及移交海关缉私部门处理。

查验发现属于《进口旧机电产品检验监管措施清单》管理措施表 1 范围的国家特别许可范围旧机电产品的，属应实行装运前检验商品范围而未实施装运前检验的，按照海关相关规定作退运处置及移交海关缉私部门处理。

重点旧机电产品进口许可证由商务部配额许可证事务局负责签发。

（2）消耗臭氧层物质

消耗臭氧层物质包括甲基氯仿、三氯氟甲烷（CFC-11）、二氯二氟甲烷（CFC-12）等商品，涉及 76 个商品编码。

我国为履行《关于消耗臭氧层物质的蒙特利尔议定书》及其修正案，加强对消耗臭氧层物质进出口管理，对列入《中国进出口受控消耗臭氧层物质名录》的消耗臭氧层物质实行进出口配额许可证管理，由国家消耗臭氧层物质进出口管理机构审批申请获准后，签发消耗臭氧层物质进出口审批单，进出口单位持审批单向省级商务主管部门申领进出口许可证。在京中央企业向国务院商务主管部门授权发证机构申请领取消耗臭氧层物质进出口许可证。

消耗臭氧层物质进出口审批单实行"一单一批"制管理。审批单有效期为 90 天，不得超期或者跨年度使用。

海关特殊监管区域、保税监管场所与境外进出消耗臭氧层物质的，进出口单位应当按规定申请领取进出口审批单、进出口许可证；海关特殊监管区域、保税监管场所与境内其他区域进出的，或者上述海关特殊监管区域、保税监管场所之间进出的，不需要申请领取进出口审批单、进出口许可证。

通过捐赠、货样广告品、退运等方式将列入《中国进出口受控消耗臭氧层物质名录》的消耗臭氧层物质运入、运出中华人民共和国关境，其他法律法规另有规定的，从其规定。

2. 出口许可证管理范围

我国实行出口许可证管理的商品分别实行出口配额许可证、出口配额招标和出口许可证管理。依据商务部、海关总署于 2023 年 12 月 29 日公布的《出口许可证管理货物目录（2024 年）》（商务部公告 2023 年第 65 号），实施范围如下。

(1) 实行出口配额许可证管理的商品

出口活牛（限供我国港澳地区）、活猪（限供我国港澳地区）、活鸡（限供我国香港地区）、小麦、玉米、大米、小麦粉、玉米粉、大米粉、药料用人工种植麻黄草、煤炭、原油、成品油（不含润滑油、润滑脂、润滑油基础油）、锯材、棉花的，凭配额证明文件申领出口许可证。

(2) 实行出口配额招标的商品

出口甘草及甘草制品、蔺草及蔺草制品的，凭配额招标中标文件申领出口许可证。

(3) 实行出口许可证管理的商品

出口活牛（供我国港澳地区以外市场）、活猪（供我国港澳地区以外市场）、活鸡（供我国香港地区以外市场）、牛肉、猪肉、鸡肉、天然砂（含标准砂）、矾土、磷矿石、镁砂、滑石块（粉）、萤石（氟石）、稀土、锡及锡制品、钨及钨制品、钼及钼制品、锑及锑制品、焦炭、成品油（润滑油、润滑脂、润滑油基础油）、石蜡、部分金属及制品、硫酸二钠、碳化硅、消耗臭氧层物质、柠檬酸、白银、铂金（以加工贸易方式出口）、铟及铟制品、摩托车（含全地形车）及其发动机和车架、汽车（包括成套散件）及其底盘的，需按规定申请并取得出口许可证。

其中，消耗臭氧层物质的货样广告品需申请取得出口许可证；以一般贸易、加工贸易、边境贸易和捐赠贸易方式出口汽车、摩托车产品的，需按规定的条件申请取得出口许可证；以工程承包方式出口汽车、摩托车产品的，凭中标文件等材料申领出口许可证；以一般贸易、加工贸易、边境贸易和捐赠、工程承包贸易方式出口非原产于中国的汽车、摩托车产品的，凭进口海关单据和货物出口合同申领出口许可证。

（三）边境小额贸易出口许可证管理

凡是出口招标的货物，如消耗臭氧层物质、汽车（包括成套散件）及其底盘、摩托车（含全地形车）及其发动机和车架，应与其他贸易方式相同，按上述程序向商务部授权发证机构办理出口许可证。

凡是出口列入《边境小额贸易出口许可证管理货物目录》的货物，应事先获得商务部下达的边境小额贸易出口配额，凭此向商务部授权的边境省、自治区商务主管部门发证机构申领出口许可证。

边境小额贸易企业出口除上述货物以外的其余列入《出口许可证管理货

物目录》的货物，一律免领出口许可证。

（四）进出口许可证报关规范

1. 进出口经营者应如实、规范向海关申报，在固定栏目规范填报进出口许可证电子证书编号。

2. 进口许可证的有效期限为1年，当年有效。特殊情况需要跨年度使用时，有效期最长不得超过次年3月31日，逾期自行失效。

3. 出口许可证的有效期最长不得超过6个月，且有效期截止时间不得超过当年12月31日（商务部可视具体情况调整某些货物出口许可证的有效期限）。出口许可证应当在有效期以内使用，逾期自行失效。

4. 进出口许可证一经签发，不得擅自更改证面内容。如需更改，经营者应当在许可证有效期以内提出更改申请，并将许可证交回原发证机构，重新换发许可证。

5. 进出口许可证实行"一证一关"制管理（指一份进出口许可证只能在一个海关报关，下同）。一般情况下，进出口许可证为"一批一证"制（指一份进出口许可证在有效期内只限一次报关使用，下同）。如果需要"非一批一证"制（指一份进出口许可证在有效期内可多次报关使用，下同），由海关在许可证背面"海关验放签注栏"内逐批签注核减进出口数量。为实施出口许可证联网核销，对于不属于"一批一证"制的货物，出口许可证签发时应在备注栏内填注"非一批一证"。在有效期内使用最多不超过12次，在12次报关后，出口许可证即使尚存余额，海关也停止接受报关。

6. 对实行"一批一证"制进出口许可证管理的大宗、散装货物，以出口为例，其溢装数量在货物总量3%以内的原油、成品油予以免证，其他货物的溢装数量在货物总量5%以内予以免证；对实行"非一批一证"制进出口许可证管理的大宗、散装货物，在每批货物出口时按其实际出口数量进行许可证证面数量核扣。在最后一批货物出口时，应在该许可证实际剩余数量溢装上限即5%（原油、成品油为3%）以内计算免证数额。

7. 实行"非一批一证"制管理的包括外商投资企业出口货物，加工贸易方式出口货物，补偿贸易项下出口货物，小麦、玉米、大米、小麦粉、玉米粉、大米粉、活牛、活猪、活鸡、牛肉、猪肉、鸡肉、原油、成品油、煤炭、汽车（包括成套散件）及其底盘、摩托车（含全地形车）及其发动机和车架等商品。

8. 国家对部分出口货物实行指定出口报关口岸管理。出口此类货物，须向指定发证机构申领出口许可证，并在指定口岸报关出口；指定发证机构须按指定的口岸签发出口许可证。

（1）出口甘草及甘草制品实行指定口岸报关出口管理。甘草出口指定报关口岸为天津海关、上海海关、大连海关。甘草制品的出口指定报关口岸为天津海关、上海海关。

（2）天然砂（对我国港澳台地区）实行指定口岸报关出口管理。指定企业所在省（自治区、直辖市）的海关为出口报关口岸。

（3）镁砂、稀土、锑及锑制品等货物实行指定口岸报关出口管理。

填制报关单时，"进口许可证"监管代码为"1"，"出口许可证"监管代码为"4"，"出口许可证（加工贸易）"监管代码为"X"，"出口许可证（边境小额贸易）"监管代码为"Y"。

二、自由进口许可管理

国家出于检测和统计进口货物情况的需要，对部分自由进口的货物实行自动进口许可证管理。凡列于《自动进口许可管理货物目录》的货物进口，经营者都应该按程序向商务部配额许可证事务局、商务部驻各地的特派员办事处和各省、自治区、直辖市、计划单列市的商务主管部门以及地方机电产品进出口机构负责自动进口许可货物管理和自动进口许可证的签发机构申领"中华人民共和国自动进口许可证"（以下简称"自动进口许可证"）。自动进口许可证管理是一种在任何情况下对进口经营人申请一律予以批准，具有自动登记性质的许可，或者称之为程序许可管理。

对于自由进出口技术实行合同备案登记证管理。

（一）自动进口许可证管理

1. 自动进口许可证管理商品范围

依据商务部、海关总署于2023年12月10日发布的《自动进口许可管理货物目录（2024年）》（商务部公告2023年第62号），我国实施自动进口许可证管理的商品目录共计45类商品。

（1）商务部实施自动进口许可的货物：牛肉，猪肉，羊肉，鲜奶，奶粉，木薯，大麦，高粱，大豆，油菜籽，食糖，玉米酒糟，豆粕，烟草，原油，成品油，化肥，二醋酸纤维丝束，烟草机械，移动通信产品，卫星、广播、电视设备及关键部件、部分汽车产品、部分飞机、部分船舶，共24类商品。

（2）受商务部委托的省级地方商务主管部门或地方、部门机电办实施自动进口许可的货物：肉鸡、植物油、煤、铁矿石、铜精矿、部分成品油、四氯乙烯、部分化肥、聚氯乙烯、氯丁橡胶、钢材、工程机械、印刷机械、纺织机械、金属冶炼及加工设备、金属加工机床、电气设备、部分汽车产品、部分飞机、部分船舶、医疗设备，共21类商品。

2. 免予交验自动进口许可证的情形

进口列入《自动进口许可管理货物目录》的商品，在办理报关手续时须向海关提交自动进口许可证，但属于下列情形的可免予交验：

（1）加工贸易项下进口并复出口的（原油、成品油除外）；

（2）外商投资企业作为投资进口或者投资额内生产自用的（旧机电产品除外）；

（3）货样广告、实验品进口，每批次价值不超过5000元的；

（4）暂时进口的海关监管货物；

（5）国家法律、法规规定其他免领自动进口许可证的。

自2018年10月15日起，在全国范围内对属于自动进口许可管理的货物许可证件申领和通关作业实行无纸化。进口单位申请属于自动进口许可管理的货物许可证件的，可自行选择有纸作业或者无纸化作业方式。选择无纸化作业方式的进口单位，应按规定向商务部或者商务部委托的机构申领"自动进口许可证"电子证书，并以通关作业无纸化方式向海关办理报关验放手续。以通关作业无纸化方式向海关办理报关验放手续的进口单位，可免予提交"自动进口许可证"纸质证书。

3. 自动进口许可证报关规范

（1）自动进口许可证的有效期为6个月，且仅限在公历年度以内有效。

（2）自动进口许可证项下的货物原则上实行"一批一证"制管理，对部分货物也可以实行"非一批一证"制管理。对实行"非一批一证"制管理的，在有效期内可以分批次地累计报关使用，但不得超过6次。每次报关时，海关在"自动进口许可证"原件"海关验放签注栏"内批注后留存复印件；最后一次使用后，海关留存正本。同一进口合同项下，收货人可以申请并领取多份"自动进口许可证"。

目前对实行自动进口许可证管理的货物（原油、燃料油除外），实施自动进口许可证通关作业无纸化，每份进口货物报关单仅适用一份自动进口许可证。企业申请电子自动进口许可证后,根据海关规定采用无纸化方式向海关申报,免予交验纸质自动进口许可证。海关将通过自动进口许可证联网核查方式验核电子自动进口许可证,不再进行纸面签注。

(3) 对实行"一批一证"制自动进口许可证管理的大宗、散装货物,其溢装数量在货物总量3%以内的原油、成品油、化肥、钢材4种大宗散装货物予以免证,其他货物的溢装数量在货物总量5%以内的予以免证。

(4) 对实行"非一批一证"制自动进口许可证管理的大宗、散装货物,在每批货物进口时,按实际进口数量核扣自动进口许可证额度数量;最后一批货物进口时,应按自动进口许可证实际剩余数量的允许溢装上限以内计算免证数量,即原油、成品油、化肥、钢材的溢装数量按其最后一批货物进口时自动进口许可证的证面剩余数量3%以内计算免证数额。其他货物的溢装数量按其最后一批货物进口时自动进口许可证的证面剩余数量5%以内计算免证数额。

(5) 商务主管部门发证机构与各海关实施自动进口许可证联网核查,海关验核商务主管部门签发的自动进口许可证纸面证书和电子证书数据,接受企业报关。

(二) 技术进出口合同登记管理

根据《中华人民共和国技术进出口管理条例》《技术进出口合同登记管理办法》,对自由进出口技术实行合同登记管理。进出口属于自由进出口技术的,经营人应当向商务主管部门或其委托的机构办理合同备案登记。国家对自由进出口技术合同实行网上在线登记管理。商务主管部门在收到技术进(出)口登记申请书、技术进(出)口合同副本和签约方法律地位的证明文件后履行登记手续,在3个工作日内对合同登记内容进行核对,并向申请人颁发"技术进口合同登记证"或"技术出口合同登记证"。

商务主管部门对技术进出口合同进行登记,颁发技术进出口合同登记证,申请人凭技术进出口合同登记证,办理外汇、银行、税务、海关等相关手续。

技术进出口合同包括专利权转让合同、专利申请权转让合同、专利实施许可合同、技术秘密许可合同、技术服务合同和含有技术进出口的其他合同。

填制报关单时,"自动进口许可证"监管证件代码为"7","自动进口许可证(机电产品)"监管证件代码为"O","自动进口许可证(加工贸易)"

监管证件代码为"V"。

三、进口关税配额管理

进口关税配额管理属于国家相对数量限制进口管理,它实行关税配额证管理。对外贸易经营者经国家批准,取得关税配额证后进口关税配额管理的商品时,海关按照关税配额内税率征收进口关税。如果配额使用完了或无配额进口关税配额管理的商品时,海关则要按照配额外税率征收进口关税。

进口关税配额管理的主管部门为商务部、国家发展和改革委员会(简称"国家发改委")。通过所有贸易方式进口配额范围内的商品均列入进口关税配额管理范围。

(一)实施关税配额管理的农产品

依据国务院关税税则委员会发布的《2024年关税调整方案》,国家实施关税配额管理的农产品有小麦、玉米、稻谷和大米、棉花、食糖、羊毛、毛条。海关凭进口单位提交的"农产品进口关税配额证"按配额内税率征税并验放货物。

1. 农产品关税配额管理主管部门

农产品进口关税配额为全球关税配额,其国家主管部门为商务部和国家发改委。

(1)商务部负责食糖、羊毛、毛条等农产品下一年度进口关税配额总量及信息发布。其授权机构负责受理本地区内的配额申请。

(2)国家发改委负责小麦、玉米、大米、棉花等农产品下一年度进口关税配额总量及信息发布。其授权机构负责受理本地区内的配额申请。

2. 配额的分配与申领

(1)除羊毛、毛条进口关税配额实行先来先领的分配方式外,其他农产品进口关税配额的申请期为每年10月15日—10月30日。商务部、国家发改委分别于申请期前1个月在《国际商报》《中国经济导报》,以及在商务部、国家发改委的网站上公布每种农产品下一年度进口关税配额总量、关税配额申请条件、关税配额农产品税则号列和适用的税率。

(2)食糖、羊毛、毛条由商务部公布并由商务部的授权机构负责受理本地区内的申请;小麦、玉米、大米、棉花由国家发改委公布并由国家发改委的授权机构负责受理本地区内的申请。

（3）农产品进口关税配额的分配原则是依据最终用户申请的数量和以往的进口实绩、生产能力及相关商业标准或者凭合同先来先领进行分配。分配的最小数量以每种农产品商业上可行的装运量来确定。

（4）农产品关税配额在每年1月1日之前由商务部、国家发改委在各自分工的范围内通过各自授权机构向最终用户发放加盖其农产品进口关税配额专用章的"农产品进口关税配额证"。

3. "农产品进口关税配额证"报关规范

（1）企业通过一般贸易、加工贸易、易货贸易、边境小额贸易、援助、捐赠等贸易方式进口实施关税配额管理的农产品均列入关税配额管理范围。海关凭商务部、国家发改委各自授权机构向最终用户发放的并加盖商务部农产品进口关税配额证专用章或国家发改委农产品进口关税配额证专用章的农产品进口关税配额证办理验放手续。其中以加工贸易方式进口上述农产品的企业，应提交在"贸易方式"栏目中注明"加工贸易"的进口关税配额证办理通关手续。

（2）"农产品进口关税配额证"实行"一证多批"制管理，最迟不得超过当年12月31日。即最终用户可分多批进口的，在有效期内，凭"农产品进口关税配额证"可多次办理通关手续，直至海关核注栏填满为止。若于当年12月31日前从始发出运，需次年到货的，关税配额持有者需于12月31日前持装船单证及有效的"农产品进口关税配额证"到商务部委托机构申请延期，延期"农产品进口关税配额证"的有效期最迟不超过次年2月底。

（3）农产品进口关税配额证证面内容不得更改。如需更改，应该到发证部门去换发新证。

（4）通过所有贸易方式进口上述农产品时，均要列入关税配额管理。海关凭商务部、国家发改委各自授权的机构发放的并加盖各自农产品关税配额证专用章的农产品关税配额证办理验放手续。

（5）由境外进入保税仓库、保税区、出口加工区等海关特殊监管区域、保税监管场所的上述农产品，无须提交"农产品进口关税配额证"，海关按照现行规定验放并实施监管。

（6）从保税仓库、保税区、出口加工区等海关特殊监管区域、保税监管场所出库或出区进入境内区外，属于上述进口的关税配额农产品的，应向海关验交相关"农产品进口关税配额证"，办理进口报关手续。

（二）实施关税配额管理的工业品

2024 年，国家实施关税配额管理的工业品有尿素、磷酸氢二铵、复合肥等农用化肥。海关凭进口单位提交的"化肥进口关税配额证明"，按配额内税率征税并验放货物。

1. 工业品关税配额管理主管部门

化肥进口关税配额为全球配额，商务部负责全国化肥配额的管理工作。商务部的化肥进口关税配额管理机构负责管辖范围内的化肥进口关税配额的发放、统计、咨询和其他授权工作。

2. 配额的分配与申领

（1）商务部在化肥进口关税配额总量内，根据国民经济综合平衡及资源合理配置的要求，对化肥进口关税配额进行分配。

（2）凡在中华人民共和国市场监管行政管理部门登记注册的企业，在其经营范围内均可向所在地区的授权机构申请化肥进口关税配额。

（3）商务部于每年 9 月 15 日—10 月 14 日公布下一年度的关税配额的数量，申请单位应在 10 月 15 日—10 月 30 日向商务部提出化肥关税配额的申请。

（4）商务部根据各地生产和市场需要并参考申请单位以往的进口实绩、生产能力、经营规模、销售状况及以往配额是否得到充分的使用、新的经营者的申请情况等因素，于每年的 12 月 31 日之前将化肥关税配额分配到进口用户。

海关凭进口单位提交的"化肥进口关税配额证明"按配额内税率征税，并验放货物。"化肥进口关税配额证明"实行"一批一证"制管理，需要延期或证面栏内容需要变更的，一律重新办理，旧证同时撤销。

填制报关单时，"关税配额证明"监管证件代码为"t"（对于一定数量的关税配额外报关进口棉花按"暂定优惠关税"征收进口关税），"关税配额外优惠关税税率进口棉花配额证"监管证件代码为"e"，"国别关税配额证明"监管证件代码为"q"（如进口原产于新西兰并享受协定税率的羊毛或毛条）。

四、再生资源进口管理

我国自 2021 年 1 月 1 日起，全面禁止以任何方式进口固体废物，即禁止境外固体废物进境,在我国境内倾倒、堆存、处置。同时,生态环境部停止受理和审批限制进口类可用作原料的固体废物进口许可证的申请。

在我国全面禁止进口固体废物的同时,为充分、合理地利用再生资源,推动再生金属产业高质量发展,2021年五部委(生态环境部、国家发改委、海关总署、商务部、工业和信息化部)联合发布公告,明确规定了再生黄铜原料、再生铜原料、再生铸造铝合金原料和再生钢铁原料的国家标准,即《再生黄铜原料》(GB/T 38470—2019)、《再生铜原料》(GB/T 38471—2019)、《再生铸造铝合金原料》(GB/T 38472—2019)、《再生钢铁原料》(GB/T 39733—2020)。符合上述国家标准规定的再生黄铜原料、再生铜原料、再生铸造铝合金原料和再生钢铁原料,不属于固体废物,可自由进口。

2021年,海关总署为落实五部委联合公告实施有效监管,采取了针对性措施,将上述再生类金属商品编码进行了细化规定,将再生黄铜原料、再生铜原料、再生铸造铝合金原料的海关商品编码分别细化为7404000020、7404000030和7602000020,将再生钢铁原料的海关商品编码细化为7204100010、7204210010、7204290010、7204410010、7204490030,以区别于其他属于固体废物类的金属废料。

对不符合《再生黄铜原料》(GB/T 38470—2019)、《再生铜原料》(GB/T 38471—2019)、《再生铸造铝合金原料》(GB/T 38472—2019)、《再生钢铁原料》(GB/T 39733—2020)国家标准规定的,一律禁止进口。

五、野生动植物种进出口管理

野生动植物种是人类的宝贵自然财富,挽救珍稀濒危动植物种,保护、发展和合理利用野生动植物资源,对维护自然生态平衡,保护人类的生存环境,开展科学研究,发展经济、文化、教育、医疗、卫生等事业,都有着极其重要的意义。为此,我国颁布了《中华人民共和国森林法》《中华人民共和国野生动物保护法》《中华人民共和国野生植物保护条例》等相关法律、法规,并且公布我国动植物种主要保护目录。同时我国也是《濒危野生动植物种国际贸易公约》的成员方。因此,我国濒危物种进出口管理范围包括《濒危野生动植物种国际贸易公约》成员方应履行保护义务的物种以及为保护我国珍稀物种而自主保护的物种两个方面的内容。我国依法对上述物种进出口实施管理。

（一）濒危物种进出口管理主管部门

我国濒危物种进出口管理，由国家林业和草原局所属中华人民共和国濒危物种进出口管理办公室（以下简称"濒危物种进出口管理办公室"）实行野生动植物进出口证书管理。濒危物种进出口管理办公室会同国家有关部门根据《中华人民共和国森林法》《中华人民共和国野生动物保护法》《中华人民共和国野生植物保护条例》《濒危野生动植物种国际贸易公约》等法律、行政法规和国际公约的相关规定，制定、调整并公布《进出口野生动植物种商品目录》。该目录包括我国自主保护的物种和《濒危野生动植物种国际贸易公约》成员方应该履行保护义务的物种。凡是进出口列入《进出口野生动植物种商品目录》中的有关商品，必须由濒危物种进出口管理办公室以签发"濒危野生动植物种国际贸易公约允许进出口证明书"（以下简称"公约证明"）、"中华人民共和国濒危物种进出口管理办公室野生动植物允许进出口证明书"（以下简称"非公约证明"）或"非《进出口野生动植物种商品目录》物种证明"（以下简称"物种证明"）的形式，对该目录列明的依法受到保护的珍贵、濒危野生动植物及其产品实施进出口限制管理。

经营者进出口列入《进出口野生动植物种商品目录》中的野生动植物或其产品，必须按照有关法律、行政法规的程序进行申请和审批，并在进出口报关前取得濒危物种进出口管理办公室或者其授权机构签发的"公约证明""非公约证明"或"物种证明"后向海关办理进出口通关手续。

境外与保税区、出口加工区、保税物流园区、保税港区等海关特殊监管区域和保税物流中心、保税仓库等海关保税监管场所之间进出口野生动植物种及其产品的，申请人应当向海关交验允许进出口证明书或者物种证明。

境内与保税区、出口加工区、保税物流园区、保税港区等海关特殊监管区域和保税物流中心、保税仓库等海关保税监管场所之间进出口野生动植物及其产品的，申请人无须办理允许进出口证明书或者物种证明。

《濒危野生动植物种国际贸易公约》附录所列野生动植物及其产品需要过境、转运、通运的不需要申请核发"公约证明"。

（二）"公约证明"管理范围及报关规范

"公约证明"是我国进出口许可证管理制度中具有法律效力，用来证明对外贸易经营者经营列入《进出口野生动植物种商品目录》中属于《濒危野生动植物种国际贸易公约》的成员方应该履行保护义务的物种合法进出口的证明文件，是海关验放该类货物的重要依据。

1. 管理范围

对列入《进出口野生动植物种商品目录》中属于《濒危野生动植物种国际贸易公约》成员方应该履行保护义务的物种，无论以任何方式进出口，都必须事先申领"公约证明"。

2. 报关规范

（1）向海关申报进出口列入《进出口野生动植物种商品目录》中属于《濒危野生动植物种国际贸易公约》成员方应该履行保护义务的物种，报关单位应主动向海关提交有效的"公约证明"及其他有关单据。采用无纸报关的，应在固定栏目规范填报相应证明的电子证书编号。

（2）向海关申报进出口列入《进出口野生动植物种商品目录》中属于《濒危野生动植物种国际贸易公约》成员方应该履行保护义务的物种需要过境、转运、通运的，不需要申请核发"公约证明"。

（3）"公约证明"实行"一批一证"制管理，有效期不得超过180天，按证明书载明的进出口口岸办理报关手续。

（三）"非公约证明"管理范围及报关规范

"非公约证明"是我国进出口许可证管理制度中具有法律效力，用来证明对外贸易经营者经营列入《进出口野生动植物种商品目录》中属于我国自主规定重点保护的野生动植物及其产品，包括含野生动植物成分的药品、食品，不论以何种方式进出口，均需事先申领"非公约证明"。它是合法进出口的证明文件，是海关验放该类货物的重要依据。

1. 管理范围

对列于《进出口野生动植物种商品目录》中属于我国自主规定重点保护的野生动植物及其产品，不论以何种方式进出口，都必须事先申领"非公约证明"。

2. 报关规范

（1）向海关申报进出口列入《进出口野生动植物种商品目录》中属于我国自主规定保护的野生动植物及其产品，报关单位应主动向海关提交有效的"非公约证明"及其他有关单证。采用无纸报关的，应在固定栏目规范填报相应证明的电子证书编号。

(2)"非公约证明"实行"一批一证"制管理。有效期不得超过180天，按证明书载明的进出口口岸办理报关手续。

（四）"物种证明"适用范围及报关规范

由于濒危物种进出口管理的动植物种很多，其认定工作的专业性很强，为使濒危动植物种进出口监管工作高效、严密、准确，海关总署和濒危物种进出口管理办公室共同商定启用"物种证明"，由濒危物种进出口管理办公室指定机构进行认定并出具"物种证明"，进出口经营者报关时凭以办理报关手续。

1. 适用范围

对于进出口列入《进出口野生动植物种商品目录》中适用"公约证明""非公约证明"管理的《濒危野生动植物种国际贸易公约》附录及国家重点保护野生动植物以外的其他列入该目录的野生动植物及相关货或物品和含野生动植物成分的纺织品，均须事先申领"物种证明"。

"物种证明"的适用范围一般包括：

（1）进出口属于《濒危野生动植物种国际贸易公约》规定免管或者豁免的野生动植物及其产品；

（2）出口人工培植的非《濒危野生动植物种国际贸易公约》附录所列，但与国家重点保护的野生动植物同名的野生植物及其产品；

（3）进口或再出口非《濒危野生动植物种国际贸易公约》附录所列，但与国家重点保护的野生动植物同名的野生动植物及其产品；

（4）进出口属于未拆分出非濒危物种且带有监管条件的海关商品编码管理的非《濒危野生动植物种国际贸易公约》附录所列、非国家重点保护的野生动植物同名的野生动植物及其产品。

对申报进出口的野生动植物及其产品符合《进出口野生动植物种商品目录》所列的海关商品编码描述和含义的，凡不属于允许进出口证书管理范畴的，不论所涉及的物种或者监管条件是否纳入《濒危野生动植物种国际贸易公约》动植物附表或者商品归类注释表，各办事处应当依法核验"物种证明"，海关验核"物种证明"办理报关手续。

2. 报关规范

（1）"物种证明"由濒危物种进出口管理办公室统一按确定的格式制作，不得转让或倒卖，证面不得涂改或伪造。采用无纸报关的，应在固定栏目规范填报相应证明的电子证书编号。

（2）"物种证明"分为一次使用和多次使用两种。

一次使用的"物种证明"有效期自签发之日起不得超过 180 天。

多次使用的"物种证明"只适用于同一物种、同一货物类型、在同一报关口岸多次进出口的野生动植物。多次使用的"物种证明"有效期不得超过 360 天，截至发证当年 12 月 31 日。持证者须于次年 1 月 31 日以前将上一年度使用多次"物种证明"进出口有关野生动植物标本的情况汇总上报发证机关。

（3）进出口企业必须按照"物种证明"规定的口岸、方式、时限、物种数量和货物类型等进出口野生动植物。对于超越"物种证明"中任何一项许可范围的申报行为，海关均不予受理。

（4）海关对经营进出口列入《进出口野生动植物种商品目录》的商品以及含野生动植物成分的纺织品是否为濒危野生动植物种提出质疑的，经营者应按海关的要求向濒危物种进出口管理办公室或其办事处申领"物种证明"。属于"公约证明"或"非公约证明"管理范围的，应该申领"公约证明"或"非公约证明"。经营者未能出具有关证明书或"物种证明"的，海关不予办理有关手续。

填制报关单时，"濒危物种允许出口证明书"监管证件代码为"E"，"濒危物种允许进口证明书"监管证件代码为"F"。

六、进出口药品管理

药品，是个特殊的商品，它被用来治病救人，但如果使用不当，却能够损害健康、危及人的生命。因此，对进出口药品实施监督管理尤为重要。为了加强对药品的监督管理，保证药品质量，保障人体用药安全，维护人民身体健康和用药的合法权益，国家依照《中华人民共和国药品管理法》、有关国际条约以及国家其他法规，设立了专门的行政管理机构，并制定了严格的管理措施，对进出口药品实施监督管理。

（一）进出口药品管理主管部门

进出口药品管理是对药品和药材的进出口管理，它是我国进出口许可管理制度的重要组成部分，属于国家限制进出口管理范畴。国家药品监督管理局是进出口药品管理主管部门，依照《中华人民共和国药品管理法》、国际有关特殊用途药品的国际公约以及国家其他法规对药品、药材的进出口，会同国务院商务主管部门、海关总署制定并实施了以下严密的管理措施。

1. 对进出口药品实行分类和目录管理

进出口药品从管理角度分为进出口麻醉药品、进出口精神药品、进出口兴奋剂以及进出口药品4类。目前，我国公布的药品进出口管理目录有：《精神药品品种目录》《麻醉药品品种目录》《兴奋剂目录》《进口药品目录》《生物制品目录》。国家以签发许可证件的形式对进出口药品、药材实施管制。

2. 进口药品必须经国家批准的口岸进口

截至2023年5月，国家规定药品进口必须经由国务院批准的允许药品进口的口岸进口。目前，允许进口药品的口岸城市有北京、天津、上海、大连、青岛、济南、成都、武汉、长沙、重庆、厦门、南京、杭州、宁波、福州、广州、深圳、珠海、海口、西安、南宁、苏州、郑州、沈阳、无锡、长春、中山。首次在中国境内销售的精神、麻醉药品，进口口岸限定为北京、上海、广州3个城市的口岸。

（二）进出口药品准许证件管理范围及报关规范

1. 精神药品进出口准许证管理范围及报关规范

对于精神药品进出口实行"精神药品进出口准许证"管理，它是我国进出口精神药品管理批件。国家药品监督管理局依据《中华人民共和国药品管理法》、国务院《麻醉药品和精神药品管理条例》以及有关国际条约，对进出口直接作用中枢神经系统，使之兴奋或抑制，连续使用能够产生依赖性的药品，制定和调整《精神药品品种目录》，并以签发"精神药品进口准许证"或"精神药品出口准许证"的形式对《精神药品品种目录》中的药品实行进出口限制管理。

精神药品进出口准许证是我国进出口许可证管制制度中具有法律效力，用来证明对外贸易经营者经营《精神药品品种目录》管理的药品合法进出口的证明文件，是海关验放该类货物的重要依据。

《精神药品品种目录》中的药品在进出口时，货物的所有人或其合法代理人在办理进出口报关手续前，均须取得国家药品监督管理局合法的精神药品进出口准许证，并凭此向海关办理报关手续，海关凭此办理验放手续。

（1）管理范围

进出口列入《精神药品品种目录》的药品，包括精神药品标准品及对照品，如咖啡因、去氧麻黄碱、复方甘草片等。

对于列入《精神药品品种目录》的药品，可能存在盐、酯、醚，虽未列入目录，但仍属于精神药品的管制范围。

任何单位，以任何贸易方式进出口列入上述范围的药品，不论用于何种用途，都必须申领精神药品进出口准许证。

（2）报关规范

向海关申报进出口精神药品管理范围内的药品，报关单位应主动向海关提交有效的精神药品进出口准许证及有关单据。采用无纸报关的，应在固定栏目规范填报相应证明的电子证书编号。

精神药品的进出口准许证仅限在该证注明的口岸海关使用，并实行"一批一证"制管理，证面内容不得自行更改。如需更改，应到国家药品监督管理局办理换证手续。

填制报关单时，"精神药品进出口准许证"监管证件代码为"I"。

2. 麻醉药品进出口准许证管理范围及报关规范

对麻醉药品进出口实行麻醉药品进出口准许证管理，它是我国进出口麻醉药品管理批件。国家药品监督管理局依据《中华人民共和国药品管理法》和国务院《麻醉药品和精神药品管理条例》以及有关国际条约，对进出口连续使用后易使身体产生依赖性、能成瘾癖的药品，制定和调整《麻醉药品品种目录》，并以签发"麻醉药品进口准许证"或"麻醉药品出口准许证"的形式，对该目录所列药品实行进出口限制管理。

麻醉药品进出口准许证是我国进出口许可制度中具有法律效力，用来证明对外贸易经营者经营列入《麻醉药品品种目录》管理的药品合法进出口的证明文件，是海关验放该类货物的重要依据。

《麻醉药品品种目录》所列药品进出口时，货物所有人或其合法代理人在办理进出口报关手续前都必须取得国家药品监督管理局合法的麻醉药品进出口准许证，凭此向海关办理报关手续。海关凭上述单证办理验放手续。

（1）管理范围

进出口列入《麻醉药品品种目录》的麻醉药品包括鸦片、可卡因、大麻、海洛因及合成麻醉药物类及其他易成瘾癖的药品、药用原植物及其制剂。

对于列入《麻醉药品品种目录》的麻醉药品可能存在的盐、酯、醚虽未列入该目录，但仍属于麻醉药品管制范围。

任何单位以任何贸易方式进出口列入上述范围的药品，不论用于何种用途，都必须事先申领麻醉药品进出口准许证。

（2）报关规范

向海关申报进出口麻醉药品管理范围内的药品，报关单位应主动向海关提交有效的麻醉药品进出口准许证及其他有关单据。采用无纸报关的，应在固定栏目规范填报相应证明的电子证书编号。

麻醉药品进出口准许证仅限在该证注明的口岸海关使用，实行"一批一证"制管理。

麻醉药品进出口准许证证面内容不得自行更改，如需更改，应到国家药品监督管理局办理换证手续。

填制报关单时，麻醉药品进出口准许证监管证件代码为"W"。

3. 兴奋剂进出口准许证管理范围及报关规范

为了配合我国参加各类国际体育比赛和国际体育交流活动，发展我国体育事业，防止体育运动中使用兴奋剂，保护体育运动参加者的身心健康，净化体育竞赛环境，维护体育竞赛的公平性，根据《中华人民共和国体育法》和其他有关法律，我国制定并颁布了《反兴奋剂条例》。依据该条例及有关法律、行政法规的规定，国家体育总局会同商务部、国家卫生健康委员会、海关总署、国家药品监督管理局制定并颁布了兴奋剂目录。

（1）管理范围

列入《2023年兴奋剂目录》的药品，包括蛋白同化制剂品种、肽类激素品种、麻醉药品品种、刺激剂（含精神药品）品种、药品类易制毒化学品品种、医疗用毒性药品品种、其他品种共七类。

（2）报关规范

①列入兴奋剂目录的精神药品、麻醉药品、易制毒化学品、医疗用毒性药品，进出口单位应按照规定申领相关许可证件，向海关办理通关验放手续。对兴奋剂目录中的"其他品种"，海关目前暂不按兴奋剂实行管理。

②对兴奋剂目录中的蛋白同化制剂、肽类激素，根据《蛋白同化制剂和肽类激素进出口管理办法》的相关规定，国家对进出口蛋白同化制剂和肽类激素分别实行药品"进口准许证"和"出口准许证"管理。具体规定如下：

A. 进出口蛋白同化制剂、肽类激素，进出口单位应当事先向国家药品监督管理局申领药品"进口准许证"或"出口准许证"。

B. 进出口单位在办理报关手续时，应多提交一联报关单，并向海关申请签退该联报关单。海关凭药品"进口准许证"或"出口准许证"验放货物后,在该联报关单上加盖"验讫章"后退回进出口单位,进出口单位应当在海关验放货物后 1 个月内,将药品"进口准许证"或"出口准许证"第一联、"海关签章的报关单"退回发证机关。

C. 药品"进口准许证"的有效期限为 1 年。"出口准许证"的有效期限不超过 3 个月(且仅限当年有效,不跨年度)。

D. 药品"进口准许证"和"出口准许证"实行"一证一关"制管理,在有效期内一次性使用,证面内容不得更改,因故延期进出口的,可以持原进出口准许证办理一次延期换证手续。

E. 个人因医疗要携带或邮寄进出境自用合理数量范围内的蛋白同化制剂或肽类激素药品,凭医疗机构处方予以验放,无法出具处方或超出处方剂量的均不准进出境。

F. 以加工贸易方式进出口蛋白同化制剂或肽类激素的,海关凭药品"进口准许证"或"出口准许证"办理验放手续并实施监管。

G. 从境内区外进入保税区、出口加工区及其他海关特殊监管区域和保税监管场所的蛋白同化制剂、肽类激素,应当办理药品"出口准许证";从保税区、出口加工区及其他海关特殊监管区域和保税监管场所进入境内区外的蛋白同化制剂、肽类激素,应当办理药品"进口准许证"。

保税区、出口加工区及其他海关特殊监管区域和保税监管场所与境外进出,以及海关特殊监管区域和保税监管场所之间进出蛋白同化制剂、肽类激素,免予办理药品"进口准许证"或"出口准许证",由海关实施监管。

填制报关单时,药品进/出口准许证(蛋白同化制剂、肽类激素)监管证件代码为"L"。

4. 一般药品进口通关单管理范围及报关规范

国家对一般药品进口的管理实行目录管理。国家药品监督管理局根据《中华人民共和国药品管理法》《中华人民共和国药品管理法实施条例》制定和调整《进口药品目录》《生物制品目录》,进口药品由国家药品监督管理局确定的药品检验所实施检验,并签发进口药品通关单,对列入管理目录的药品实行监督限制管理。

进口药品通关单是我国进出口许可证制度中具有法律效力,用来证明对外贸易经营者经营列入管理目录的商品合法进口的证明文件,是海关验放该类货物的重要依据。

（1）管理范围

①进口列入《进口药品目录》的药品指用于预防、治疗、诊断人的疾病，有目的地调节人的生理机能并规定有适应症、用法、用量的物质，包括中药材、中药饮品、中成药、化学原料药及其制剂、抗生素、生化药品、血清疫苗、血液制品等；

②进口列入《生物制品目录》的商品包括疫苗类、血液制品类及血源筛查用诊断试剂等；

③首次在我国境内销售的药品；

④进口暂未列入管理目录的原料药品的单位，必须遵守《药品进口管理办法》中的各项有关规定，主动到口岸药品检验所报验；

⑤进口两用物项许可证管理的易制毒化学品，且属《易制毒化学品管理条例》第一类（可用于制毒的主要原料）中的药品，还应提交药品监督管理部门出具的进口药品通关单。

（2）报关规范

①向海关申报进口列入管理目录中的药品，报关单位应当主动向海关提交有效的进口药品通关单以及其他有关单据。采用无纸报关的，应在固定栏目规范填报相应证明的电子证书编号。

②进口药品通关单仅限该单注明的口岸海关使用，并实行"一批一证"制管理。证面内容不得更改。

③任何单位以任何贸易方式进口列入管理目录的药品，不论用于何种用途，都必须事先申领进口药品通关单。

④从境外进入保税仓库、保税区、出口加工区的药品，免予办理进口备案和口岸检验等进口手续。从保税仓库、出口监管仓库、保税区、出口加工区出库或出区进入境内的药品，海关验核进口药品通关单，并按规定办理通关手续。

（3）特殊规定

①涉及我国人类遗传资源的国际合作项目中人类遗传资源材料的出口、出境，凭人类遗传资源管理办公室核发的出口、出境证明办理出口报关手续。

②人体血液、组织器官进口时，应当办理入境检验检疫手续。

③军队机构办理人体血液、组织器官进口报关手续的，凭军队卫生主管部门出具的相关进口批件办理进口报关手续。

目前，对于一般出口药品，国家目前暂无特殊的管理要求。

填制报关单时，"进口药品通关单"监管证件代码为"Q"。

七、两用物项和技术进出口管理及报关规范

两用物项是指军民两用的物项。其既可用于民生服务，同时又存在用于大规模杀伤性武器及其运载工具的风险。对于两用物项和技术进出口，为维护国家安全和社会公共利益，履行我国参加或缔结的国际条约、协议中应承担的义务，国家限制两用物项和技术进出口。对两用物项和技术实行进出口许可证管理。商务部是全国两用物项和技术进出口许可证的归口管理部门，负责制定两用物项和技术进出口许可证管理办法及规章制度，监督、检查两用物项和技术进出口许可证管理办法执行情况，处罚违规行为。

（一）两用物项和技术进出口管理

两用物项和技术是指我国在缔结或者参加的国际条约、协定中应该承担义务的基础上，针对管制的物项及技术而制定的相关行政法规，如《中华人民共和国核出口管制条例》《中华人民共和国核两用品及相关技术出口管制条例》《中华人民共和国导弹及相关物项和技术出口管制条例》《中华人民共和国生物两用品及相关设备和技术出口管制条例》《中华人民共和国监控化学品管理条例》《易制毒化学品管理条例》《有关化学品及相关设备和技术出口管制办法》等，所规定的相关物项和技术。

为对上述物项和技术的进出口实施管制，商务部和海关总署依据上述法规联合颁布了《两用物项和技术进出口许可证管理办法》，并发布了《两用物项和技术进出口许可证管理目录》，对列入该管理目录的物项和技术的进出口，统一实行两用物项和技术进出口许可证管理。商务部指导全国各发证机构的两用物项和技术进出口许可证的发放工作。商务部配额许可证事务局和受商务部委托的各个省级商务厅主管部门为两用物项和技术进出口许可证发证机构。两用物项和技术在进出口之前，进出口经营者应当事先向相关行政主管部门提出申请，获得相关行政主管部门的许可批准文件后，凭批文到所在地发证机构申领两用物项和技术进出口许可证。

（二）两用物项和技术进出口许可证管理范围及审批、申领程序

1. 两用物项和技术进出口许可证管理范围

商务部、海关总署于2023年12月29日发布的2024年度《两用物项和技术进出口许可证管理目录》，分为《两用物项和技术进口许可证管理目录》和

《两用物项和技术出口许可证管理目录》。

（1）两用物项和技术进口许可证管理的商品包括 4 类：

①监控化学品管理条例名录所列物项（74 种）；

②易制毒化学品（54 种）；

③放射性同位素（10 种）；

④商用密码进口许可清单（4 种）。

（2）两用物项和技术出口许可证管理的商品包括 12 类：

①核出口管制清单所列物项和技术（159 种）；

②核两用品及相关技术出口管制清单所列物项和技术（196 种）；

③生物两用品及相关设备和技术出口管制清单所列物项和技术（144 种）；

④监控化学品管理条例名录所列物项（74 种）；

⑤有关化学品及相关设备和技术出口管制清单所列物项和技术（38 种）；

⑥导弹及相关物项和技术出口管制清单所列物项和技术（186 种）；

⑦向全球出口易制毒化学品（54 种）；

⑧向缅甸、老挝、阿富汗等特定国家（地区）出口易制毒化学品（17 种）；

⑨部分两用物项和技术（13 种）；

⑩特殊两用物项和技术（27 种）；

⑪商用密码出口管制清单（11 种）；

⑫临时管制无人机（1 种）。

如果出口经营者拟出口的物项和技术存在被用于大规模杀伤性武器及其运载工具等风险的，无论该物项和技术是否列入上述管理目录，都应该办理两用物项和技术出口许可证。出口经营者在出口过程中如果发现拟出口的物项和技术存在被用于大规模杀伤性武器及其运载工具风险的，应及时向国务院相关行政主管部门报告并积极配合采取措施终止合同的执行。

2. 审批、申领程序

进出口属于两用物项和技术进出口许可证管理的物项和技术，进出口经营者在进出口前应获取相关行政主管部门许可批准文件，凭批准文件到所在地发证机构申领两用物项和技术进出口许可证（在京的中央管理企业向商务部配额许可证事务局申领），其中：

（1）核、核两用品、生物两用品、有关化学品、导弹相关物项、易制毒化学品和计算机的物项和技术进出口的行政许可批准文件由商务部审批，签发"两用物项和技术进口或出口批复单"。其中核材料的出口凭国防科技工业局审批签发批准文件。外商投资企业进出口易制毒化学品由商务部审批，签发"商务部外商投资企业易制毒化学品进口批复单"或"商务部外商投资企业易制毒化学品出口批复单"后，可申领两用物项和技术进口或出口许可证。

（2）监控化学品的进出口由国家履行禁止化学武器公约工作领导小组办公室审批，签发"监控化学品进口或出口批准单"。监控化学品进出口经营者凭批准单向商务部配额许可证事务局申领两用物项和技术进口或出口许可证。

（3）进口放射性同位素须按《放射性同位素与射线装置安全和防护条例》和《两用物项和技术进出口许可证管理办法》的有关规定，报请生态环境部审批后向商务部配额许可证事务局申领两用物项和技术进口许可证。

两用物项和技术进出口许可证实行网上申领。申领两用物项和技术进出口许可证时，除应提交上述批准文件外，还应提交进出口经营者公函原件、进出口经营者领证人员的身份证明，以及网上报送的两用物项和技术进出口许可证申领表。发证机构收到相关行政主管部门的批准文件（含电子文本数据）和相关材料并核对无误后，应在3个工作日内签发两用物项和技术进口或出口许可证。

（三）报关规范

1. 对以任何方式进口或出口，以及过境、转运、通运列入《两用物项和技术进出口许可证管理目录》的商品，两用物项和技术的进出口经营者应当主动向海关出具有效的两用物项和技术进出口许可证。进出口经营者未向海关出具两用物项和技术进出口许可证而产生的相关法律责任，由其自行承担。

2. 两用物项和技术从境外与海关特殊监管区域、保税监管场所之间进出的，应向海关交验两用物项和技术进出口许可证；两用物项和技术在境内区外与海关特殊监管区域、保税监管场所之间进出的，或者上述海关特殊监管区域、保税监管场所之间进出的，经营者无须办理两用物项和技术进出口许可证。

3. 海关有权对进出口经营者进出口的货物是否属于两用物项和技术提出质疑，进出口经营者应按规定向相关行政主管部门申请进口或出口许可，或者向国家商务主管部门申请办理不属于管制范围的相关证明。省级商务主管部门受理其申请，提出处理意见后报商务部审定。对进出口经营者未能出具两用物项和技术进口或出口许可证或者商务部相关证明的,海关不予办理相关手续。

4. 两用物项和技术进出口许可证实行"非一批一证"制和"一证一关"制管理。进出口经营者应如实、规范向海关申报,在固定栏目规范填报相应证明的电子证书编号。

5. 两用物项和技术进出口许可证的有效期限一般不超过1年。跨年度使用时,在有效期内只能使用到次年的3月31日;逾期,发证机构将根据原许可证的有效期限换发许可证。

6. 两用物项和技术进出口许可证仅限申领许可证的进出口经营者使用,不得买卖、转让、涂改和伪造。两用物项和技术进出口许可证应在批准的有效期内使用,逾期自动失效,海关不予验放。

7. 两用物项和技术进出口许可证一经签发,任何单位和个人不得更改证面内容。如需对证面内容进行更改,进出口经营者应当在许可证的有效期内向相关行政主管部门重新申请进出口审批文件,并凭原许可证和新的批准文件向发证机构申领两用物项和技术进出口许可证。

8. 目录列明的物项和技术,不论该物项和技术是否在管理目录中列明海关商品编码,均应依法办理两用物项和技术进出口许可证。两用物项和技术进出口许可证实行联网核查管理,纸质许可证与许可证电子数据同时作为海关监管依据。

9. 两用物项和技术进口许可证证面的进口商和收货人应分别与海关进口货物报关单上的经营单位、收货单位相一致。两用物项和技术出口许可证证面的出口商和发货人应分别与海关出口货物报关单上的经营单位、发货单位相一致。

10. 麻黄碱类易制毒化学品的出口限定在北京、天津、上海、深圳口岸报关并于同口岸离境。其他海关一律不予受理此类产品的出口报关业务。

填制报关单时,"两用物项和技术进口许可证"监管证件代码为"2","两用物项和技术出口许可证"监管证件代码为"3","两用物项和技术出口许可证(定向)"监管证件代码为"G"。

八、其他货物进出口管理

(一)黄金及其制品的进出口管理

黄金及其制品的进出口管理是指中国人民银行依据《中华人民共和国金

银管理条例》等有关规定，对进出口黄金及其制品实施监督管理的行政行为。在这里的黄金是指未锻造金，黄金制品是指半制成金和金制成品等。

1. 黄金及其制品的进出口管理范围

黄金及其制品的进出口管理属于我国进出口许可管理中限制进出口管理的范畴，其主管部门为中国人民银行。中国人民银行、海关总署联合发布《黄金及黄金制品进出口管理商品目录》。进出口列入《黄金及黄金制品进出口管理商品目录》的货物，主要包括氰化金、氰化金钾等［包括氰化亚金（I）钾（含金68.3%）、氰化亚金（III）钾（含金57%）］、其他金化合物（不论是否已有化学定义）、非货币用金粉、非货币用未锻金、非货币用半制成金、货币用未锻造金（包括镀铂金）、金的废碎料、镶嵌钻石的黄金首饰及其零件（不论是否包、镀其他贵金属）、镶嵌濒危物种制品的金首饰及其零件（不论是否包、镀其他贵金属）、其他黄金首饰及其零件（不论是否包、镀其他贵金属）、黄金表壳（按重量计含金量80%以上）、黄金表带（按重量计含金量80%以上）等。

黄金及其制品的进出口由中国人民银行或其授权的中国人民银行分支机构签发黄金及其制品进出口准许证办理进出口报关手续，海关凭以办理验放手续。

黄金及其制品进出口准许证是我国进出口许可管理制度中具有法律效力，用来证明对外贸易经营者经营黄金及其制品合法的进出口证明文件，是海关验放该类货物的重要依据。

2. 报关规范

（1）进出口列入《黄金及黄金制品进出口管理商品目录》的黄金及制品进口或出口通关时，应当向海关提交中国人民银行及其分支机构签发的黄金及其制品进出口准许证。

（2）以一般贸易、加工贸易转内销及境内购置黄金原料以加工贸易出口黄金制品的，海关特殊监管区域、保税监管场所与境内区外进出口的，个人、法人或者其他组织因公益事业捐赠进口黄金及黄金制品的，应办理黄金及其制品进出口准许证，凭此办理海关手续。采用无纸报关的，应在固定栏目规范填报黄金及其制品进出口准许证的电子证书编号。

（3）通过加工贸易方式进出口的，海关特殊监管区域、保税监管场所与境外进出口的，海关特殊监管区域、保税监管场所之间进出的，以维修、退运、暂时进出境方式进出境的黄金及其制品免予办理黄金及其制品进出口准许证。

填制报关单时,"黄金及其制品进出口准许证"监管证件代码为"J"。

(二) 有毒化学品进出口管理

有毒化学品是指进入环境后,通过环境积蓄、生物累积、生物转化或化学反应等方式损害健康和环境或者通过接触对人体具有严重危害和具有潜在危险的化学品。

为了保护人体健康和生态环境,加强有毒化学品进出口的环境管理,国家根据《关于化学品国际贸易资料交换的伦敦准则》,制定并发布《中国严格限制的有毒化学品名录》,对进出口有毒化学品进行监督管理。

生态环境部是有毒化学品进出口管理的主管行政部门,负责审批有毒化学品进出口的申请。对符合规定的申请,进出口单位应向生态环境部申请办理"有毒化学品进(出)口环境管理登记证"和"有毒化学品进(出)口环境管理放行通知单"。

"有毒化学品进(出)口环境管理放行通知单"是我国进出口许可管理制度中具有法律效力,用来证明对外贸易经营者经营列入《中国严格限制的有毒化学品名录》的化学品合法进出口的证明文件,是海关验放该类货物的重要依据。采用无纸报关的,应在固定栏目规范填报"有毒化学品进(出)口环境管理放行通知单"的电子证书编号。

进出口单位向海关申报进出口有毒化学品时应主动提交"有毒化学品进(出)口环境管理放行通知单",进出口数量以"有毒化学品进(出)口环境管理放行通知单"所列数量为限,不允许溢装。一份报关单对应一份通知单。

填制报关单时,"有毒化学品进(出)口环境管理放行通知单"监管证件代码为"X"。

(三) 农药进出口管理

我国对进出口农药实行目录管理,国家主管行政部门是农业农村部。农业农村部会同海关总署,依据《中华人民共和国农药管理条例》和《关于在国际贸易中对某些危险化学品和农药采用事先知情同意程序的鹿特丹公约》,制定《中华人民共和国进出口农药管理名录》(以下简称《农药管理名录》)。进出口列入《农药管理名录》的农药,应事先向农业农村部农药检定所申领农药进出口通知单,凭此向海关办理进出口报关手续。

农药进出口通知单是我国进出口许可管理制度中具有法律效力,用来证明对外贸易经营者经营列入《农药管理名录》所列农药合法进出口的证明文件，是海关验放该类货物的重要依据。农业农村部与海关总署对农药进出口通知单实施联网核查，农业农村部将通知单电子数据通过中国电子口岸实时发送给海关总署，海关根据电子数据验核纸质通知单现场办理通关手续，并将通知单核销情况反馈给农业农村部。

农药进出口通知单实行"一批一证"制管理，进出口一批农药产品，办理一份通知单，对应一份海关进出口货物报关单。通知单一式两联，第一联由进出口单位交海关办理通关手续，由海关留存，与报关单一并归档；第二联由农业农村部留存。采用无纸报关的，应在固定栏目规范填报农药进出口通知单的电子证书编号。农药进出口通知单一经签发，任何单位和个人不能修改证明内容；如需变更证明内容，应在有效期内将原证明交回农业农村部农药检定所，并申请重新办理农药进出口通知单。

填制报关单时，"农药进出口通知单"监管证件代码为"S"。

(四) 兽药进口管理

我国对兽药进口实行目录管理。由农业农村部会同海关总署制定、调整并公布《进口兽药管理目录》。兽药进口单位进口列入《进口兽药管理目录》中的兽药，应向进口口岸所在地的省级人民政府兽医行政管理部门办理进口兽药通关单，凭此向海关办理报关手续。进口兽药通关单实行"一单一关"制管理，在30日有效期内只能一次性使用。采用无纸报关的，应在固定栏目规范填报进口兽药通关单的电子证书编号。

进口料件或者加工制成品属于兽药且无法出口的，应当按照规定办理进口兽药通关单，海关凭进口兽药通关单办理内销手续。从保税区、出口加工区及其他海关特殊监管区域和保税监管场所进入境内区外的兽药，应当按照规定办理进口兽药通关单。

以暂时进口方式进口的不在中国境内销售的兽药，暂时进口期满后全部复运出境的，以及从境外进入保税区、出口加工区及其他海关特殊监管区域和保税监管场所的兽药及海关特殊监管区域、保税监管场所之间进出的兽药，免予办理进口兽药通关单，由海关按照有关规定实施监管。

兽药进口单位进口暂未列入《进口兽药管理目录》中的兽药时，应如实申报，主动向海关出具进口兽药通关单；对进口同时列入《进口药品目录》中的兽药，海关免予验核进口药品通关单；对进口的兽药，因企业申报不实或伪报用途所产生的后果，应由该企业承担相应的法律责任。

填制报关单时，"进口兽药通关单"监管证件代码为"R"。

（五）美术品进出口管理

1. 主管部门及管理

我国对美术品进出口实施监督管理。美术品进出口属于国家限制进出口范畴，文化和旅游部是美术品进出口经营活动的主管部门，海关负责对美术品进出境环节进行监管。

美术品进出口管理是我国进出口许可管理制度的重要组成部分。文化和旅游部委托美术品进出口口岸所在地省、自治区、直辖市文化行政部门负责本辖区美术品的进出口经营活动审批，文化和旅游部对各省、自治区、直辖市文化行政部门的审批行为进行监督、指导，并依法承担审批行为的法律责任。

美术品进出口单位应当在美术品进出口前，向美术品进出口口岸所在地省、自治区、直辖市文化行政部门申领进出口批准文件，凭此向海关办理通关手续。

我国对美术品进出口实行专营，经营美术品进出口的企业必须在商务部门备案登记，取得进出口资质。美术品进出口单位应当在美术品进出口前，向美术品进出口口岸所在地省、自治区、直辖市文化行政部门申请，并报送以下材料：

（1）美术品进出口单位的企业法人营业执照、对外贸易经营者备案登记表；

（2）进出口美术品的来源、目的地、用途；

（3）艺术创作者名单、美术品图录和介绍；

（4）审批部门要求提供的其他材料。

文化行政部门应当自受理申请之日起 15 内做出决定。批准的，发给批准文件，批准文件中应附美术品详细清单。申请单位持批准文件向海关办理通关手续。不批准的，文化行政部门书面通知申请人并说明理由。

2. 管理范围

纳入我国进出口管理的美术品是指艺术创作者以线条、色彩或其他方式，经艺术创作者以原创方式创作的具有审美意义的造型艺术品，包括绘画、书法、雕塑、摄影等作品，以及艺术创作者许可并签名的，数量在 200 件以内的复制品。

批量临摹的作品、工业化批量生产的美术品、手工艺品、工艺美术品、

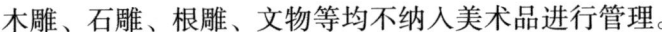

木雕、石雕、根雕、文物等均不纳入美术品进行管理。

3. 含有以下内容的美术品禁止进出境

（1）违反《宪法》确定的基本原则的；

（2）危害国家统一、主权和领土完整的；

（3）泄露国家秘密，危害国家安全或者损害国家荣誉和利益的；

（4）煽动民族仇恨、民族歧视、破坏民族团结，或者侵害民族风俗习惯的；

（5）宣扬或者传播邪教迷信的，扰乱社会秩序，破坏社会稳定的；

（6）宣扬或者传播淫秽、色情、赌博、暴力、恐怖或者教唆犯罪的；

（7）侮辱或者诽谤他人，侵害他人合法权益的；

（8）蓄意篡改历史，严重歪曲历史的；

（9）危害社会公德或者有损民族优秀文化传统的；

（10）我国法律、行政法规和国家规定禁止的其他内容的。

4. 报关规范

（1）向海关申报进出口管理范围内的美术品，报关单位应主动向海关提交有效的进出口批准文件及其他有关单据。

（2）美术品进出口单位向海关提交的批准文件不得擅自更改。如需更改，应当及时将变更事项向审批部门申报，经审批部门确认后方可变更。

（3）不得伪造、涂改、出租、出借、出售或者以其他任何形式转让文化行政部门批准的文件。

（4）同一批已经批准进口或出口的美术品复出口或复进口，进出口单位可持原批准文件正本到原进口或出口口岸海关办理相关手续，文化行政部门不再重复审批。上述复出口或复进口的美术品与原批准内容不符，进出口单位应当到文化行政部门重新办理审批手续。

（5）用作研究、教学参考、馆藏、公益性展览等非经营性用途的美术品进出境应当委托美术品进出口单位办理进出口手续。

（六）水产品捕捞进口管理

1. 概述

我国是大西洋金枪鱼养护国际委员会、印度洋金枪鱼委员会和南极海洋生物资源养护委员会的成员方。为遏制非法捕捞活动和有效养护有关资源，上述国际组织政府间的渔业管理组织成员机构已对水产品实施合法捕捞证明制度。根据该合法捕捞证明制度的规定，国际组织成员进口部分水产品时有义务验核船旗国政府主管机构签署的合法捕捞证明，对没有合法捕捞证明的水产品应视为非法捕捞产品，各成员方不得进口。

我国政府为有效履行上述合法捕捞证明制度的相关义务，树立我国负责的渔业国际形象，农业农村部会同海关总署对部分水产品捕捞进口实施进口限制管理，并调整公布了《实施合法捕捞证明的水产品清单》。对进口列入《实施合法捕捞证明的水产品清单》的水产品（包括进境样品，暂时进口、加工贸易进口及进入海关特殊监管区域和海关保税监管场所等的产品），进口单位应向农业农村部申领"合法捕捞产品通关证明"。

2. "合法捕捞产品通关证明"管理

申请"合法捕捞产品通关证明"时，应提交由船旗国政府主管机构签发的合法捕捞证明原件。如在船旗国以外的国家或地区加工的上述清单所列的产品进入我国，申请单位应提交由船旗国政府主管机构签发的合法捕捞产品副本和加工国或地区授权机构签发的再出口证明原件。

为有效防范和打击非法捕鱼活动，加强对合法捕捞产品的进口监管，提高通关效率，农业农村部、海关总署对"合法捕捞产品通关证明"实行联网核查。农业农村部不再签发纸质版"合法捕捞产品通关证明"，有关单位向农业农村部申领"合法捕捞产品通关证明"办结后，农业农村部实时将"合法捕捞产品通关证明"电子数据传输至海关，并由农业农村部授权的中国远洋渔业协会通知申请单位，海关凭电子数据接受企业报关。

填制报关单时，"合法捕捞产品通关证明"监管证件代码为"U"。

（七）民用爆炸物品进出口管理

为加强对民用爆炸物品进出口管理，维护国家经济秩序，保障社会公共安全，根据《民用爆炸物品安全管理条例》，国家对民用爆炸物品实施进出口限制管理。

1. 主管部门

工业和信息化部是民用爆炸物品的主管部门，负责民用爆炸物品进出口的审批；公安机关负责民用爆炸物品境内运输安全监督管理；海关负责民用爆炸物品进出口环节的监管。

对用于非军事目的，列入我国《民用爆炸物品品名表》的各类工业炸药及其制品、工业雷管、工业索类火工品、民用爆炸器材等民用爆炸物品进出口前,进出口企业应当向工业和信息化部申领"民用爆炸物品进/出口审批单"。在取得"民用爆炸物品进/出口审批单"后,进出口企业应当在 3 个工作日内将获批民用爆炸物品的品种、数量等信息向收货地或者出境口岸所在地县级人民政府公安机关备案,并同时向所在地省级民用爆炸物品行业主管部门备案,再依法取得公安机关核发的"民用爆炸物品运输许可证"后,方可运输民用爆炸物品。

2. 报关规范

企业进出口民用爆炸物品的,进出口企业应当向海关提交两份"民用爆炸物品进/出口审批单",海关签注实际进出口的商品数量后,由海关和企业分别留存。

(1)"民用爆炸物品进/出口审批单"实行"一批一单"和"一单一关"制管理。采用无纸报关的,应在固定栏目规范填报"民用爆炸物品进/出口审批单"的电子证书编号。

(2)进出口企业申请退运民用爆炸物品的,应当向工业和信息化部办理进/出口审批手续。申请退运时需提交申请文件、退运保函、原"民用爆炸物品进/出口审批单"及相应报关单。工业和信息化部审核通过后核发"民用爆炸物品进/出口审批单",其中"申请进/出口用途及理由"标明"退运货物"。退运报关时,海关对退运货物进行审核验放。

(3)海关对进出口物品是否属于民用爆炸物品提出质疑的,由进出口企业将物品样品送交具有民用爆炸物品检测资质的机构鉴定,对检测机构确认是民用爆炸物品的,需在鉴定报告中说明送检物品的成分、性质等内容,并按照《民用爆炸物品品名表》对送检物品进行判定和商品归类。海关依据鉴定结论实施进出口监管。

(4)民用爆炸物品在海关特殊监管区域或者保税监管场所与境外之间进出的,应当向海关提交有效的"民用爆炸物品进/出口审批单";民用爆炸物品在海关特殊监管区域或者保税监管场所与境内之间进出的,或者海关特殊监管区域或者保税监管场所之间进出的,无须办理"民用爆炸物品进/出口审批单"。

(八)进出口商品合格评定管理

我国进出口商品合格评定管理范围包括《法检目录》所列的商品、国家其他法律、行政法规规定实施检验检疫的进出境货物及特殊物品等。

海关总署公告 2018 年第 50 号《海关总署关于全面取消〈入/出境货物通

关单〉有关事项的公告》规定如下。

1. 涉及法定检验检疫要求的进口商品申报时，在报关单随附单证栏中不再填写原通关单代码和编号。企业可以通过"中国国际贸易单一窗口"（包括通过"互联网＋海关"接入"中国国际贸易单一窗口"）报关报检合一界面向海关一次申报。如需使用"中国国际贸易单一窗口"单独报关、报检界面或者报关报检企业客户端申报的，企业应当在报关单随附单证栏中填写报检电子回执上的检验检疫编号，并填写代码"A"。

2. 涉及法定检验检疫要求的出口商品申报时，企业不需在报关单随附单证栏中填写原通关单代码和编号，应当填写报检电子回执上的企业报检电子底账数据号，并填写代码"B"。

3. 对于特殊情况下，仍需检验检疫纸质证明文件的，按以下方式处理。

（1）对入境动植物及其产品，在运输途中需提供运递证明的，出具纸质"入境货物调离通知单"。

（2）对出口集中申报等特殊货物，或者因计算机、系统等故障问题，根据需要出具纸质"出境货物检验检疫工作联系单"。

4. 海关统一发送一次放行指令，海关监管作业场所经营单位凭海关放行指令为企业办理货物提离手续。

随着互联网技术的不断发展与普及应用，2018年通关无纸化已全面进入实质运作，海关总署与许可证件发放主管部门的电子数据实现联网，实现进出口许可证、两用物项和技术进出口许可证、固体废物进口许可证、有毒化学品进出口环境管理放行通知单、农药进出口通知单、自动进口许可证、密码产品和含有密码技术设备进口许可证、民用爆炸物品进/出口审批单、进口药品通关单、药品进出口准许证、精神药物进出口准许证、麻醉药物进出口准许证、进口广播电影电视节目带（片）提取单、赴境外加工光盘进口备案证明、音像制品（成品）进口批准单、古生物化石出境批件、野生动植物进出口证书、进口兽药通关单、人民币调运证明、黄金及黄金制品进出口准许证等电子数据联网，为进出口许可证从申领、发证、验证到核查、核销实现通关无纸化作业创造了基础条件。

第五章 海关监管货物及通关程序

本章知识点

本章介绍海关监管货物、全国通关一体化作业、进出境货物申报基本规范等内容。

第一节 海关监管货物

一、海关监管货物的含义

依据《海关法》第二十三条规定:"进口货物自进境起到办结海关手续止,出口货物自向海关申报起到出境止,过境、转运和通运货物自进境起到出境止,应当接受海关监管。"上述是对海关监管货物从法律意义上的时间、范围的划分。

海关监管货物是指属于进出口货物收发货人或其合法的代理人还没有按照海关指定的监管制度和程序办结所有的海关手续的货物,海关还没有放行、结关的进出境货物。具体而言,进出口货物收发货人或其合法的代理人未交验相关的进出口许可证件,未缴纳相应的各项进出口税费,未履行完其法定义务。因而,海关监管货物未经海关许可,不得开拆、提取、交付、发运、调换、改装、抵押、质押、留置、转让、更换标记、移作他用或者进行其他处置。

二、海关监管货物的分类

根据进出境货物的性质、贸易方式、目的的不同,海关监管货物可以分为7大类,分别适用于不同的监管制度,海关对不同的进出境货物在通关环节上实施不同的监管制度、操作程序。进出口货物收发货人或其合法的代理人,应向海关办理与之相应的海关手续。

1. 一般进出口货物

一般进出口货物包括一般进口货物和一般出口货物。

一般进口货物是指办结海关手续后，进入境内生产、消费流通领域，海关不再实施监管的进口货物。

一般出口货物是指办结海关手续后，进入境外生产、消费流通领域，海关不再实施监管的出口货物。

2. 保税货物

保税货物是指经海关批准，未办理纳税手续进境，在境内储存或加工、装配后复运出境的货物。保税货物又分为保税加工货物和保税物流货物两大类。

3. 特定减免税货物

特定减免税货物是指海关依法准予免税进口的用于特定地区、特定企业、特定用途的货物。

4. 暂准进出境货物

暂准进出境货物包括暂准进境货物和暂准出境货物。

暂准进境货物是指经海关批准担保进境，在境内使用后原状复运出境的货物。

暂准出境货物是指经海关批准担保出境，在境外使用后原状复运进境的货物。

5. 过境货物、转运货物、通运货物

它们是指启运于境外，通过我国境内运往第三国（地区）的货物。

过境货物是指货物从境外启运进入我国关境，并经我国陆路运输出境，运往第三国（地区）的货物。例如，某批货物从越南用火车运到我国广西的凭祥，再从凭祥把货物运到内蒙古的满洲里口岸出境，运到第三国俄罗斯。

转运货物是指货物从境外启运进入我国境内，在设有海关的地点换装另外的运输工具，不通过境内陆路运到境外的货物。例如，某批货物从美国西海岸海运到上海，再在上海换装上另一艘船舶运往地中海某国。

通运货物是指以船舶或航空器装载货物从境外启运，经我国设立海关的地点而不换装运输工具，继续由原运输工具运往境外其他国家（地区）的货物。运输工具需中途靠港或降落，其装载的未到达目的国（地区）的货物不卸下，由原运输工具完成靠、降作业后继续运输出境。例如，某批货物从韩国的首尔通过某航班运往莫斯科，经北京国际机场停留后仍由该航班原运输

工具继续运往莫斯科。

6. 其他尚未办结海关手续的进出境货物

这些货物主要包括出料加工货物、进出境修理货物、退运货物、无代价抵偿货物等。

7. 超期未申报货物

对超过规定期限未向海关申报的货物，海关可依法提取变卖。

海关依法对上述货物实施监督管理，并按照各类监管货物的不同要求，分别实施相应的海关监管制度，按照相应的报关程序办理海关手续。

第二节 全国通关一体化作业

一、通关一体化作业流程概述

海关规定，海关监管货物、物品应依法向海关如实申报，即通常所说的报关，就是由进出口货物收发货人或其代理人在货物实际进出境时，向海关办理申报、配合查验、缴纳税费等手续，使货物、物品满足海关进出境监管的要求。

海关全国通关一体化改革是以"两中心、三制度"为整体核心架构，将全国检验检疫作业风险管理全面纳入海关安全准入风险系统，实施集中统一研判、处置和整体防控；将检验检疫作业融入风险防控中心和现场海关作业。进而使进出境通关业务的范围和方式产生了重要变化；实现"一次申报、分步处置"，通过风险防控中心、税收征管中心对舱单和报关单进行风险甄别和业务现场处置的新型通关管理模式。

"一次申报、分步处置"中的"分步处置"是对传输、申报舱单和报关单进行风险甄别所做出的。"分步处置"第一步是由风险防控中心分析进出境货物是否存在违反国家禁限管制要求、侵权，以及品名规格、数量伪报瞒报等安全准入风险，并下达查验指令，由口岸海关通关监管岗位实施查验。如果货物通过安全准入风险排查，企业自报自缴税款或提供有效担保后即可予以放行。如果对于存在重大税收风险且货物放行后难以有效实施海关稽查或追补税款的货物，由税收征管中心预设放行前验估指令，交由风险防控中心统筹下达指令，实施放行前验估。若验估中无法当场做出结论的，需通过取样、留像等手段存证后放行货物。"分步处置"第二步则是税收征管中心在货物放行后对报关单税收征管要素实施批量审核，筛选风险目标，统筹实施放行后验估、稽（核）查等作业。

可见，海关全国通关一体化制度第一步处置是在口岸海关解决货物"能不能放"的问题，而对于报关单位而言，则是货物申报前要解决"能不能报"或"怎样报"的问题。报关单位还需要做好作业流程之外的关务事项，如商品归类处理，原产地确定，收发货人或相关生产商、贸易商国内备案，特定减免税证明申领等相关海关手续。第二步处置则可以理解为在更大的管理环境空间中，由更专业的管理力量解决"缴多少税"的问题，而对于报关单位则是解决因货物涉税滞留口岸的问题。海关全国通关一体化改革，通过实施"一次申报、分步处置"，将业务现场处置作业环节前推后移，加快了货物通关速度，为实现贸易安全、简化通关手续迈出了坚实的一步。

二、通关一体化作业流程

（一）"一次申报、分步处置"通关作业流程

1. 舱单安全准入风险处置

进出境运输工具舱单是反映进出境运输工具所载货物、物品及旅客信息的载体，一般包括原始舱单、预配舱单和装（乘）载舱单。进出境运输工具载有货物、物品的，舱单内容应当包括总提（运）单及其项下的分提（运）单信息。舱单电子数据传输人（包括进出境运输工具负责人、无船承运业务经营人、货运代理企业、船舶代理企业、邮政企业，以及快件经营人等）应当按照海关备案的范围在规定时限向海关传输舱单电子数据。海关舱单管理系统对舱单实施逻辑监控和审核。对不符合舱单填制规范的，退回舱单传输人予以修改；对通过逻辑监控和审核的，海关进行风险甄别，海关风险防控中心根据预先设定的各类参数、甄别条件，对筛选出的舱单进行分析，自动或人工下达布控查验、货物禁卸等指令。

舱单一般分为以下 3 类。

（1）原始舱单，是指舱单传输人向海关传输的反映进境运输工具载有货物、物品或者乘载旅客信息的舱单。舱单传输人应在进境货物、物品运抵目的港之前向海关传输原始舱单主要数据。海关接受原始舱单主要数据传输后，收货人、受委托代理的报关企业方可向海关办理进口货物、物品的申报手续。

进境运输工具载有旅客的，舱单传输人应在规定时限内向海关传输原始

舱单电子数据。

（2）预配舱单，是指出境运输工具预计所载运的货物、物品的舱单。舱单传输人应当在办理货物、物品申报出口手续以前向海关传输预配舱单的主要数据。

出口货物、物品运抵海关监管场所时，其经营人应以电子数据方式向海关提交货物运抵海关监管场所的报告，海关即可办理货物、物品的查验、放行手续。

以集装箱运输货物、物品的，出口货物的发货人应当在货物、物品装箱以前向海关传输装箱清单电子数据。

海关接受预配舱单主要数据后，舱单传输人还应当在规定的时限内向海关传输预配舱单其他数据。

出境运输工具预计载有旅客的，舱单传输人应当在出境旅客开始办理登机（或车、船）手续前向海关传输预配舱单电子数据。

（3）装（乘）载舱单，是指反映出境运输工具实际装载货物、物品或者载有旅客信息的舱单。

舱单传输人应当在运输工具开始装载货物、物品前向海关传输装载舱单电子数据。

舱单传输人应当在旅客办理登机（或车、船）手续后，运输工具开始上客以前向海关传输乘载舱单电子数据。

运输工具的负责人应在货物、物品装载完毕或旅客全部登机（或车、船）后，向海关提交结关申请。经海关办结手续后，出境运输工具方可离港。

已经传输的舱单电子数据需要变更的，舱单传输人可以在原始舱单和预配舱单规定的传输时限以前直接予以变更，但是货物、物品所有人已向海关办理货物、物品申报手续的除外。

舱单传输人（进出境运输工具负责人、无船承运业务经营人、货运代理企业、船舶代理企业、邮政企业及快件经营人等舱单电子数据传输义务人）按照规定向海关传输舱单及相关电子数据，海关舱单管理系统对舱单实施逻辑监控和审核，对不符合舱单填制规范的退回舱单传输人予以修改，对通过逻辑监控和审核的，海关进行风险甄别。

对涉及安全准入等需进行拦截处置的进境货物（含公路口岸承运货物的运输工具，下同），海关在其抵达进境口岸后实施前置预防性检疫处理（含检疫处理监管）、前置辐射探测、先期机检等顺势及非侵入的探测和处置。

海关对舱单货物进行安全准入审查、处置后，进出口货物收发货人可正常向海关申报报关数据。

2. 企业报关报税

（1）进出口货物申报

当事人按海关要求填制报关单，将报关单数据通过申报系统进行录入，并以电子数据形式随附必要的报关单据，形成正式申报的电子数据报关单。已在海关办理汇总征税总担保备案的企业，可在自主申报时选择"汇总征税"模式，录入总担保备案编号，一份报关单对应一个总担保备案编号。发送电子数据前，当事人应核查所申报的内容是否真实、规范、准确，交验的各种单据是否正确、齐全、有效，申报内容应做到单单相符（报关单内容与各种单证信息应相互一致）、单证相符（报关单内容与各种证件信息应相互一致）。

当事人应保证电子化单证信息的真实性和有效性，上传单证扫描件格式应符合海关要求，并按规定保存相关纸质单证。海关监管过程中按照风险布控、签注作业等要求需要验核纸质单证的，当事人应当补充提交相关纸质单证。

（2）"自报自缴"作业

"自报自缴"是指进出口企业、单位自主向海关申报报关单及随附单证、税费电子数据，并自行缴纳税费的行为。企业在中国电子口岸录入端选择通关作业无纸化方式向海关录入申报数据、上传随附单证进行申报。

3. 电子审核

系统对报关单及随附单证电子数据进行规范性、逻辑性审核，对舱单、许可证件、电子备案信息等进行审核，对于符合条件的，海关接受申报，向企业发送接受申报回执；对于不符合条件的，系统自动退单，发送退单回执，企业需重新办理有关申报手续。

（1）重新申报

海关不接受申报并退回电子数据报关单，当事人按规定修改后重新申报。

海关已接受申报的报关单电子数据，人工审核确认需要退回修改的，当事人应当在10日内完成修改并重新发送报关单电子数据，申报日期仍为海关接受原报关单电子数据的日期；超过10日的，原报关单无效，当事人应当另行向海关申报，申报日期为海关再次接受申报的日期。

（2）补充申报

当事人主动向海关进行补充申报的，应在向海关申报电子数据报关单时，一并通过系统向海关申报电子数据补充申报单。

海关对进出口货物的申报价格、商品归类、原产地等内容的完整性、真实性和准确性有疑问时，可通过系统发送电子指令通知当事人向海关申报电子数据补充申报单。当事人应当在收到电子指令之日起 5 个工作日内，通过系统向海关申报电子数据补充申报单。补充申报的申报单包括"海关进出口货物价格补充申报单""海关进出口货物商品归类补充申报单""海关进出口货物原产地补充申报单"等申报单证。

未在规定时限内完成补充申报的，海关按照有关规定确定货物的完税价格、商品编码和原产地。海关对已放行货物的完税价格、商品编码、原产地等内容进行进一步核实时，制发"补充申报通知书"通知当事人。

（3）海关要求对报关单进行修改或者撤销

海关通过预录入系统向当事人发起报关单修改或者撤销确认，当事人应在 5 日内向海关确认"同意办理"或者"不同意办理"的意见。当事人应向海关提交相关材料的，原则上通过预录入系统以电子方式上传，文件格式标准参照《通关作业无纸化报关单证电子扫描或转换文件格式标准》。

当事人通过预录入系统办理报关单修改或者撤销手续的，视同已向海关提交"进出口货物报关单修改/撤销表"或"进出口货物报关单修改/撤销确认书"。

对海关直接撤销的电子数据报关单，撤销后重新申报的报关单应按照原报关单适用的税率和汇率对进出口货物计征税款。

对于撤销后需重新申报的报关单，企业应在重新申报的报关单标记唛码及备注栏内填报"撤销重报"字样和原报关单编号。电子数据补充申报单及进出境备案清单的修改、撤销等比照报关单的有关管理规定办理。对于由清单归并生成的报关单，其由清单生成的内容需要修改的，应先修改清单，确保清单与报关单的一致性。

4. 企业缴税

（1）对应税报关单，企业收到海关接受申报回执后，办理税款相关手续：选择缴纳税款的，自行向银行缴纳；预先向海关提供税款担保并备案的，可以选择提供担保，海关按照规定办理担保核扣手续，系统自动扣减与应缴税款等额的担保额度；若余额不足，系统自动退单。

（2）放行后将集中支付税款。有纸申报企业应在货物放行之日起 10 日内递交纸质报关单证，至当月月底不足 10 日的，应在当月月底前递交。所有应税企业应于每月第 5 个工作日结束前完成上月应纳税款的汇总电子支付，申报地海关在企业缴纳税款后的下一个工作日完成税款缴款书的打印工作。

（3）汇总征税作业系统可实现担保额度的智能化管理，根据企业税款缴纳情况循环使用，税款缴库后，企业担保额度自动恢复。

（4）预先向海关提供税款担保并备案的，可以选择提供担保，海关按照规定办理担保核扣手续。

自报自缴税单在纸质税款缴款书上注明"自报自缴"字样，属于缴税凭证，不具有海关行政决定属性。放行前经人工审核计税的，纸质税款缴款书上不注明"自报自缴"字样。

（5）未及时缴税情形处置。企业未按规定缴纳税款的，海关径行打印纸质的海关税款缴款书，交付或通知企业履行纳税义务。企业在纸质税单规定期限内仍未缴税的，海关办理保证金转税手续或通知担保机构履行担保纳税义务。企业出现欠税风险的，进出口地直属海关暂停企业适用汇总征税；风险解除后，经注册地直属海关确认，恢复企业适用汇总征税。

（6）企业利用预录入系统的海关计税（费）服务工具计算应缴纳的相关税费，并对系统显示的税费计算结果进行确认，连同报关单及随附单证预录入内容一并提交海关。进出口企业、单位需在当日对税费进行确认，不予确认的，可重新申报。

5. 报关单风险甄别与处置

（1）对海关已接受申报的报关单，风险防控部门根据预先加载的风险判别规则、风险参数，运用系统进行风险甄别。对需要进行报关单修改或撤销、退补税、联系企业补充提交税款担保等事务性辅助操作，以及办理许可证人工核扣等必要手续的，系统将其转入申报地海关。申报地海关按照作业指令要求，下达修改或撤销报关单、退补税、稽（核）查指令等。

（2）涉及卫生疫情、动植物疫情等口岸检疫风险，以及按规定必须在口岸实施检验的口岸检验风险等，由口岸海关完成现场处置。必须在属地海关监管作业场所进行处置的进口目的地检验风险，由属地海关在"分步处置"第一步中完成现场处置。

（3）可以在属地海关监管作业场所之外进行处置的进口目的地检验风险，以及检验检疫后续监管风险，由属地海关在"分步处置"第二步中完成现场处置。

（4）除上述情形以外的其他报关单，海关在完成安全准入审核和税收风险综合甄别并做相关业务处置后，按规定办理货物放行或其他手续。

（5）对有纸（含无纸转有纸）报关单，申报地海关凭企业递交海关的纸质报关单证受理，参照操作要求完成相应处置。

（6）报关单修改和撤销。有以下情形之一的，当事人可以向原接受申报的海关办理报关单修改或者撤销手续，并提交修改/撤销表和相关材料，海关另有规定的除外：

①出口货物放行后，原申报货物退关、变更运输工具的，应当提交退关、变更运输工具证明材料；

②进出口货物发生溢短装，或者由于不可抗力造成灭失、短损等，导致原申报数据与实际货物不符的，应当提交相关机构出具的证明材料；

③由于办理退补税、海关事务担保等其他海关手续而需要修改或者撤销报关单数据的，应当提交签注海关意见的相关材料；

④采用暂时价格成交，实际结算时按商品检验品质认定或者国际市场实际价格付款方式需要修改申报内容的，应当提交全面反映贸易实际状况的发票、合同、提单、装箱单等单证，并如实提供与货物买卖有关的支付凭证及证明申报价格的其他商业单证、书面资料和电子数据；

⑤已申报的进口货物办理直接退运手续，需要修改或者撤销原进口货物报关单的，应当提交进口货物直接退运表或责令进口货物直接退运通知书；

⑥由于计算机、网络系统等技术原因导致电子数据申报错误的，应当提交相关运行管理方出具的说明材料。

由于报关人员操作或者书写失误造成申报内容需要修改或者撤销的，当事人应当向海关提交修改/撤销表和可以证明进出口货物实际情况的合同、发票、装箱单、提运单或者载货清单等相关单证、证明文书、详细情况说明，以及其他证明材料。

海关未发现当事人存在涉嫌逃避海关监管行为的，可以修改或者撤销报关单。不予修改或者撤销的，海关应当及时通知当事人，并且说明理由。

当事人申请办理报关单修改和撤销业务且符合海关规定情形的，可通过中国电子口岸预录入系统"修撤单办理/确认"功能向海关办理报关单修改或者撤销手续，并以电子方式上传相关材料的电子数据。海关办理后通过预录入系统将办理情况反馈当事人。

6. 查验作业

(1) 现场查验

现场查验是指在口岸内实施的外勤查验作业,包括:单货、货证核对;卫生检疫、动植物检疫、商品检验;抽样送检;现场即决式鉴定(含现场实验室初筛鉴定);H986过机检查;现场技术整改,合格评定、拟证。

(2) 查验分流

需查验(包括检验、检疫、核对货证、鉴定、初筛鉴定、抽样送检、合格评定、检疫处理监管)的货物,原则上应在口岸海关监管区实施。因特殊情况货物不宜在口岸海关监管区实施查验,需在口岸外进行到厂监管、口岸外场所隔离检疫、指定场所存放加工监管、进口目的地检验、出口产地/组货地检验检疫、技术整改(不具备现场整改条件的)、初筛鉴定的,除法律法规有专门要求外,不涉及安全准入风险的进境货物,经收货人申请,属地海关结合企业信用状况予以核批,可办理转场查验手续。对于需跨关区转场及需将货物调离海关监管区外实施查验的,在安全准入风险可控的情况下,海关根据企业信用状况采取承运海关监管货物车辆运输、施加封志等措施,保障物流安全。有专门查验要求的,应在符合要求的场地实施。

不得进行查验分流货物的范围包括:指定进口口岸的药品、整车及成套零配件;固体废物;商业封志破损、封志号有误等理货异常的货物;不具备施封条件的大宗散货;口岸拆箱货物;货物由一个或多个集装箱(厢式货车)装载,且其中至少一个集装箱装载了多票货物。不得进行查验分流货物确有需要分流的,应报海关总署同意后办理。

(3) 重点进出口货物检验检疫查验与处置

①涉及放射性货物的辐射探测现场查验与处置

对能提供合法运输及进出口证明文件的核及其他放射性物质,予以放行。

对不能提供合法运输及进出口证明文件的核及其他放射性物质,或申报内容与海关检测结果不一致的,或查获放射性废物和被放射性污染的,海关应立即终止该批货物、物品通关,按涉嫌违法违规进行处置。

如出现中子报警、发现存在核材料及其他放射性物质非法进出境嫌疑、查获放射性废物和放射性污染物,如果排除涉恐事件,按照海关总署和生态环境部有关规定,由生态环境部门协助进行相关处置。

如无法排除涉恐事件,或者获取相关的核辐射恐怖袭击信息或有证据表明恐怖分子将实施核辐射恐怖袭击的,应立即报地方公安(反恐)部门,同时启动相应的涉恐预案，由事发地海关调派应急处置人员协助处置。

②进出境一般货物卫生检疫与处置

对检疫查验或卫生处理合格的货物，准予入出境。对卫生状况不符合要求且无法通过卫生处理进行整改的货物，实施退运或销毁。

③进境动植物及其产品现场检疫与处置

被风控系统命中的货物需实施现场检疫查验，主要包括核对单证、核查货证和抽样送实验室检测等内容。

A. 现场检疫结果处置。对现场检疫查验合格的，出具"入境货物检验检疫证明"。对检疫不合格，有有效处理方法或可监管加工的，出具"检验处理通知书"。

检疫处理是指海关对违规入境或经检疫不合格的进出境动植物及其产品和其他检疫物，采取的除害、扑杀、销毁、不准入出境或过境等强制性措施。海关通过单证审核、现场查验、实验室检测结果，根据动物疫病和植物疫情情况，以及我国检疫法律法规、我国与输出国（地区）签订的双边协议和贸易合同条款中的检疫要求，参考国际标准和国家标准，做出是否进行检疫处理的决定。需要实施检疫处理的，出具"检疫处理通知单"。

B. 进境货物调离处置。对抽样送实验室检测的，在检疫和转基因检测鉴定结果未出来之前货物不得调离。植物繁殖材料经入境口岸海关实施现场检疫，进入隔离检疫圃实施隔离检疫时，入境口岸海关凭指定隔离检疫圃所在地海关出具的隔离检疫圃资质证明办理调离手续。需要调离入境口岸所在地直属海关辖区外进行隔离检疫的，入境口岸海关凭隔离检疫所在地直属海关出具的同意调入函予以调离。

C. 进境货物其他处置。安全卫生结果未出来之前实行产品差异化管理，一般对部分自境外生产企业（或国家或地区）后续进口产品一定批次实施扣检，超标产品采取召回、退货或销毁处理。

④入境特殊物品现场检疫查验与处置

对特殊物品的外包装、内容物色泽、是否来自疫区、有无医学媒介生物项目进行检查，与审批单列明的内容进行相符性检查。

需进一步检验的入境特殊物品，如现场达不到储存条件要求，口岸海关向申报单位索取保函后，准许临时运至具有保存条件的地点封存，检验合格后出具合格证明，并允许启用；检测不合格的，作退运或销毁处理。

对用于移植的人体组织、器官，在医学安全证明齐全的情况下，可先予以放行，同时要求携带人补办审批手续。

⑤进口食品检验检疫与处置

经检验检疫合格的，由海关出具入境货物检验检疫证明，予以放行，准予销售、使用。

涉及安全、健康、环境保护项目不合格的，由海关责令当事人退运或者销毁。

其他项目不合格的，可在海关监督下实施技术处理，经重新评定合格的，方可销售或者使用。技术处理后仍不合格的，海关可责令其退运或者销毁。

⑥进口旧机电产品检验查验与处置

A. 现场查验

口岸查验。对报关资料进行逐批核查，必要时，对进口旧机电产品与报关单证的申报资料是否相符进行现场核查。

目的地检验。对逐批实施现场检验以外的其他进口旧机电产品，由货物目的地海关按照国家技术规范的强制性要求，进行一致性核查、安全项目检验、卫生环保保护项目检验等合格评定。

B. 查验结果处置

查验发现属于《进口旧机电产品检验监管措施清单》管理措施表1范围的国家规定禁止进口的旧机电产品的，按照海关相关规定作退运处置及移交海关缉私部门处理。

查验发现属于《进口旧机电产品检验监管措施清单》管理措施表2范围的涉及人身健康安全、卫生、环境保护的旧机电设备（产品），属应实行装运前检验商品范围而未实施装运前检验的，按照海关相关规定作退运处置及移交海关缉私部门处理。

查验发现属于《进口旧机电产品检验监管措施清单》管理措施表1范围的国家特别许可范围的旧机电产品的，属应实行装运前检验商品范围而未实施装运前检验的，按照海关相关规定作退运处置及移交海关缉私部门处理。

⑦进口汽车检验查验与处置

现场海关进行车辆唯一性、特征参数、发动机舱、汽车安全装置、一般项目检验、安全环保等一般项目检测；同时，按国家有关进口汽车管理规定，实施尾气排放、制动性能、灯光等安全环保项目等检测。对进口汽车的安全环保性能检测，可根据需要采信经考核符合条件的第三方检测机构的检测结果，并报海关总署备案。

经检验合格的进口汽车，由口岸海关一车一单签发"进口证明书""进口机动车辆随车检验单"，凭以向车辆管理机关申领行车牌证。

⑧进口棉花、铁矿检验查验与处置

海关对进口棉花实行依企业申请实施抽样检测，必要时，海关可实施监督检验。

棉花进口收货人或代理人需海关出具棉花品质证书的，向海关提出申请，海关在对进口棉花实施现场检验检疫合格后实施现场抽样、实验室检测，出具品质证书；不需要海关出具棉花品质证书的，海关在对进口棉花实施现场检验检疫合格后直接放行。

对进口铁矿实行依企业申请实施抽样品质检验，必要时，海关实施监督检验，开展有毒有害元素含量监测。

铁矿进口当事人需海关出具进口铁矿品质证书的，向海关提出申请，海关对进口铁矿实施现场检验检疫合格后实施现场抽样、实验室检测，出具品质证书；不需要海关出具进口铁矿品质证书的，海关在对进口铁矿实施现场检验检疫合格后直接放行。"现场检验检疫"包括现场放射性检测、外来夹杂物检疫处理、疑似或掺杂固体废物排查。

⑨进口玩具检验查验与处置

海关对进口玩具核查产品标签标识及使用说明是否正确完好，型号规格、颜色、数重量等是否货证相符，货物是否完好无损。如该产品属于国家强制性产品认证（简称"CCC认证"）范围，检查该产品是否按规定施加了CCC标识，并验证其真伪及有效性，以及单证对应的CCC资料是否完整一致。

⑩民用商品进境验证、检验查验与处置

海关对列入《强制性产品认证目录》（CCC入境验证）的产品进行入境验证，核对货证是否相符。验证不合格的，依照相关法律法规予以处理。

海关对国家强制实施的能效（能源效率）标识产品进行入境验证，实施现场查验、抽样、实验室技术检测。经验证属合格产品的，放行货物，准予市场销售、使用；经验证属不合格产品的，不予放行货物。

进口扣式无汞碱性锌锰的原电池及原电池组（商品编码8506101110）、镍镉蓄电池（商品编码8507300000）等22个商品编码的电池产品，收货人在申报时按照自愿原则声明进口商品符合中国相关法律法规和技术规范的强制性要求，并向海关提交电子版或纸质"企业质量安全自我声明"，海关实施合格评定时，重点现场验核货物规格型号与声明内容的一致性，对涉及我国强制性产品认证的商品同时验核货证一致性,必要时实施抽样送检。收货人未提交"企业质量安全自我声明"的,海关仍采用现行的检验监管方式。

⑪入出境集装箱检疫查验与处置

对被海关风险控制系统抽中的入出境集装箱,应进行现场检疫查验,包括放射性监测、箱体表面及箱体内的检疫查验,并根据需要实施卫生处理。

A. 放射性监测报警处置

对放射性超标报警集装箱按规范进行检测、排查和处置。

B. 发现病媒生物处置

逐箱进行卫生除害处理,病媒生物样本送实验室进行种属鉴定及病原体检测。

C. 传染病污染处置

逐箱进行卫生除害处理。

D. 发现其他不合格处置

对发现国家禁止入境的其他物品,对发现物作销毁处理并对发现部位作除害处理;难以做销毁处理的,连同集装箱作退回处理。

(4)海关化验

海关化验是指海关对进出口货物的属性、成分、含量、结构、品质、规格等进行检测分析,并根据《进出口税则》《进出口税则商品及品目注释》《中华人民共和国进出口税则本国子目注释》等有关规定做出鉴定结论的活动。海关化验为商品归类、原产地确定、审价、案件查处等海关业务提供技术支持和执法依据。

①海关提取货物样品

对取样有特定要求的,当事人应给予专业技术协助。当事人应当按照海关要求及时提供样品的相关单证和技术资料,并对其真实性和有效性负责。

②样品鉴定结论

除特殊情况外,海关化验中心和委托化验机构自收到送验样品之日起 15 日内出具鉴定结论,化验鉴定书通过海关门户网站对外公布。

海关化验中心和委托化验机构的鉴定结论是海关执法的依据。其他化验机构做出的化验结果和鉴定结论与海关化验鉴定书不一致的,以海关化验结果和鉴定结论为准。

③当事人申请复验

当事人对鉴定结论有异议的,可以自鉴定结论公布之日起 15 日内向送验海关提出复验申请,并说明理由。海关化验中心自收到复验申请之日起 15 日内对送验样品重新化验,出具"中华人民共和国海关进出口货物鉴定书(复验)"。

当事人、送验海关对同一样品只能提出一次复验申请。

(5)配合海关查验

①一般查验现场协助

海关查验货物时,进出口货物当事人应当到场配合查验,负责按照海关要求搬移货物,开拆包装,以及重新封装货物;预先了解和熟悉所申报货物的情况,如实回答查验人员的询问及提供必要的资料;海关取样时,在"海关进出口货物化验取样记录单"上签字确认,并协助海关提取货样,收取海关出具的取样清单;查验结束后,认真阅读查验人员填写的"海关货物查验记录单",并对开箱的具体情况、货物残损情况及造成残损的原因等情况、查验结论签名确认;当事人经批准提取货样后,在海关开具的取样记录和取样清单上签字确认。

因进出口货物所具有的特殊属性,货物容易因开启、搬运不当等原因导致损毁,需要海关查验人员在查验过程中予以特别注意的,当事人应当在海关实施查验前申明。

②复查复验现场协助

实施复查复验时,海关可根据需要通知当事人到场协助。当事人未到场或到场后拒绝履行其义务的,海关可径行复查复验。径行复查复验时,存放货物、物品的海关监管场所经营人、运输工具负责人应当到场协助,并在复查复验记录上签名确认。

③复查复验结果处置

复查复验结果与原查验结果不一致的,应由在场的当事人、运输工具负责人在复查复验记录单上签名确认。相关人员拒不签名的,海关在复查复验记录单中注明情况,并由所在监管场所的经营人或其他见证人签名确认。

7. 货物提离与放行

(1)进口货物分段实施准入监管,包括以下内容:

①货物准予提离。

进口货物属于下列情形之一的,凭海关通知准予提离进境地口岸海关监管区:

A. 无海关检查要求的。

B. 仅有海关口岸检查要求且已完成口岸检查的。其中，进境地口岸海关监管区内不具备检查条件的，收货人可向海关申请在监管区外具备检查条件的特定场所或场地实施转场检查。

C. 仅有海关目的地检查要求的。

D. 既有海关口岸检查又有目的地检查要求，已完成口岸检查，或经进口货物收货人或其代理人（以下简称"收货人"）申请在进境地口岸合并实施且已完成相关检查的。

②货物准予销售或使用。

进口货物准予提离后，由企业自行运输和存放，凭海关放行通知准予销售或使用。其中，属于下列情形的，需办结海关相关手续方可放行：

A. 有海关目的地检查要求的，海关已完成检查；

B. 属于监管证件管理的，海关已核销相关监管证件；

C. 需进行合格评定的，海关已完成合格评定程序。

③其他有关事项。

收货人销售或使用进口货物依法应当办理其他手续的，按照相关规定办理。

（2）报关单符合所有放行条件后，系统自动完成放行操作。

报关单对应的查验处理结果为"改单放行"的，系统自动放行相关报关单。对不涉证且不涉税，仅涉及查验后改单放行的报关单，允许在海关放行后修改报关单数据，具体报关单修改作业要求按相关规定办理。

现场海关应定期对自动放行操做出现异常的报关单进行处置、核实、确认符合放行条件的，实施人工放行操作。

（3）海关完成报关单放行后，向相应海关监管作业场所经营企业发送货物电子放行信息。

（4）现场海关按规定完成证单、证书签发作业。

（二）"两步申报"通关作业流程

1. 第一步：概要申报

基本流程：概要申报—风险甄别排查处置—监管证件比对—通关现场作业—允许货物提离—货物提离。

（1）概要申报

企业向海关申报的进口货物不属于禁限管制且不属于依法需检验或检疫

的，申报9个项目，并确认涉及物流的2个项目；应缴纳税款的须选择符合要求的担保备案编号；属于禁限管制的需增加申报2个项目；依法需检验或检疫的需增加申报5个项目。

系统对申报要素进行规范性、逻辑性检查，对舱单、监管证件、担保等进行校验，符合条件的，海关接受申报；不符合条件的，系统自动退单。

加工贸易和海关特殊监管区域内企业及保税监管场所的货物开展"两步申报"时，第一步概要申报环节不使用保税核注清单。

（2）风险甄别排查处置

海关对安全准入风险进行甄别，下达货物查验指令并由现场海关实施查验，或下达单证作业指令并由现场海关实施单证作业。被重大税收风险参数命中的报关单，由海关总署税收征管局进行税收风险排查处置。

（3）监管证件比对

涉及监管证件且实现联网核查的，系统自动进行电子数据比对。

（4）通关现场作业

①现场单证作业。申报地海关根据指令要求进行单证作业，进行人工审核；无单证作业指令的，系统自动审核。

②货物查验与处置。口岸海关按照指令要求对货物进行查验。完成查验且无异常的，人工审核通过；查验异常的按异常处置流程处置。

（5）允许货物提离

对审核通过的报关单，允许货物提离。

①无布控放行。货物未被布控命中，且满足口岸放行条件的，企业货物准予提离，可以销售或使用（涉证或未完成合格评定的除外），并于规定日期之前完成完整申报。

②合规放行。货物被口岸监管区内检查布控命中，检查结果正常，且满足口岸放行条件的，企业货物准予提离，可以销售或使用（涉证或未完成合格评定的除外），并于规定日期之前完成完整申报。

③附条件提离。布控指令要求为检验或检疫目的取样送实验室检测且指令类型为"口岸检查"的进口货物，除"附条件提离商品禁限清单"外，均可以实施附条件提离。

准予企业先行提离的货物，实验室反馈检验检测结果合格后，方可销售或使用，并于规定日期之前完成完整申报。

④转场检查。对满足口岸放行条件的，海关向卡口发送"转场检查"指

令，企业将货物提离后运至卡口外场地等待海关实施检查。

转场检查后的放行，参照"合规放行"的有关程序实施；若属于"可实施附条件提离监管清单"范围的，参照"附条件提离"的有关程序实施。

⑤转目的地检查。货物被目的地检查布控命中，或同时被口岸检查布控命中但已完成口岸检查，且满足口岸放行条件的，准予企业提离货物并运至目的地等待海关检查，在目的地海关完成相关检查前，不得销售或使用。

（6）货物提离

略。

2. 第二步：完整申报

基本流程：完整申报—风险排查处置—监管证件比对—计征税费—通关现场作业—报关单放行。

（1）完整申报

完整申报是针对概要申报报关单的补充申报。企业自运输工具申报进境之日起 14 日内完成完整申报，向接受概要申报的海关补充申报报关单完整信息及随附单证电子数据。系统对完整申报信息进行规范性、逻辑性检查，不符合条件的，系统自动退单；符合条件的，海关接受完整申报。

加工贸易和海关特殊监管区域内企业及保税监管场所的货物开展"两步申报"时，第二步完整申报环节报关单按原有模式，由保税核注清单生成。

（2）风险排查处置

对完整申报的报关单，海关总署税收征管局、风险防控部门开展税收等风险甄别和排查处置，下达单证验核指令或稽（核）查指令。

如概要申报时选择不需要缴纳税款，完整申报时经确认为需要缴纳税款的，企业应当按照进出口货物报关单撤销的相关规定办理。

（3）监管证件比对

涉及监管证件且实现联网核查的，系统自动进行电子数据比对核查、核扣。

（4）计征税费

企业利用预录入系统的海关计税（费）服务工具计算应缴纳的相关税费，并对系统显示的税费计算结果进行确认，在收到海关通关系统发送的回执后，自行办理相关税费缴纳手续。

税款缴库后，企业担保额度自动恢复。

（5）通关现场作业

申报地海关验估岗根据税收征管局指令进行单证验核，留存有关单证、图像等资料，进行人工审核；申报地海关综合业务岗根据指令要求进行单证作业，进行人工审核；无单证审核要求的，系统自动审核。

（6）报关单放行

对系统自动审核通过或经人工审核通过的完整申报报关单，系统自动完成放行。

三、后续监管

一般进出口货物通关中的后续监管是指进出口货物单证放行或现场放行后，根据海关规定，对进出口货物及其进口企业、出口企业在规定期限内的持续检查、监管。

（一）稽（核）查作业

进出口货物放行或报关单放行后，风险防控部门对经甄别需通过稽（核）查指令予以处置的事项，下达稽（核）查指令。海关总署税收征管局根据职责对放行后报关单实施研判处置。属地海关稽（核）查部门根据海关总署税收征管局、风险防控部门稽（核）查指令开展作业。

（二）隔离检疫

隔离检疫是指将海关放行的进境动植物限定在指定的隔离场圃内，不少于限定的时间饲养或种植，在饲养或种植期间进行检疫、观察、检测和处理的强制性措施。

1. 隔离期限

（1）进境动物

进境种用大中动物隔离期为 45 天。进口其他进境动物应该在指定的动物隔离检疫场所隔离检疫，隔离检疫期为 30 天。

（2）进境植物

隔离检疫期限按照海关、农业农村、林业与草原部门签发的检疫审批单明确的隔离检疫期限执行。一般为 1 年生植物繁殖材料至少隔离一个生长周期，多年生植物繁殖材料一般隔离 2~3 年。因特殊原因，在规定时间内未得出检疫结果的可适当延长隔离种植期。

2. 隔离检疫监管

隔离检疫圃定期向所在地海关报告隔离检疫情况，接受检疫监管。如发现疫情，须立即报告所在地海关，并采取有效防疫措施。隔离检疫期间，未经海关同意，不得擅自将正在进行隔离检疫的植物繁殖材料调离、处理或移作他用。

3. 隔离检疫结果报告

隔离检疫圃所在地海关根据口岸检疫查验结果、隔离检疫结果做出结果评定并出具报告。

4. 隔离期间检疫处置

隔离检疫期间发现检疫性有害生物的，立即采取必要控制措施进行处置，防止疫情扩散。发现检疫性有害生物、限定的非检疫性有害生物超过有关规定且无有效处理方法的，销毁全部植物繁殖材料；可进行有效处理的，按照相关规定处理。

（三）指定生产加工存放场所检疫监督

根据产品风险等级程度，海关对风险较高的进境动植物产品，实施指定生产、加工、存放企业（场所）管理。海关对相关企业（场所）按程序考核合格后予以注册登记或备案。

（四）检疫追踪

对进境种用大中动物、动物遗传物质、种子种苗等的流向实施检疫追踪制度。

（五）销售记录制度

进口食品的进口商应当建立食品进口和销售记录制度，主管海关应当对本辖区内进口商的进口和销售记录进行检查。

（六）溯源管理制度

建立生产、出口、消费全链条的农产品、食品质量安全追溯体系。

（七）召回制度

进口存在安全隐患的、可能或者已经对人体健康和生命安全造成损害的食品、化妆品、汽车、玩具、CCC 认证的民用商品的收货人应当主动召回，并立即向所在地海关报告。收货人应当向社会公布有关信息，通知销售者停止销售，告知消费者停止使用，做好召回记录。收货人不主动召回的，主管海关可以责令其召回。必要时，由海关总署责令其召回。

（八）风险预警

对境内外发生食品安全事件或者疫病疫情可能影响到进出口食品安全的，或者在进出口食品中发现严重食品安全问题的，海关总署应当及时进行风险预警。

四、其他通关辅助事项

（一）状态查询

在进出口报关单结关后，当事人可以通过"互联网＋海关"一体化网上办事平台"我要查"或"中国国际贸易单一窗口""查询统计"子系统中相关功能，查询海关总署向国家税务总局传输海关出口报关单数据和进口增值税专用缴款书状态信息。

（二）外汇核销

企业办理货物贸易外汇收付业务，按规定须提交纸质报关单的，可通过中国电子口岸自行以普通 A4 纸打印报关单并加盖企业公章。

（三）原产地证书自行打印

企业可以自行打印海关审核通过的版式化原产地证书。当事人通过"中国国际贸易单一窗口"或"互联网＋海关"一体化网上办事平台，上传原产地证书企业声明栏所需的电子签章和申办员电子签名后，自行打印海关审核通过的版式化原产地证书。

第三节　进出境货物申报基本规范

申报是指进出口货物收发货人、受委托的报关企业，依照《海关法》《中华人民共和国海关进出口货物申报管理规定》等法律、行政法规和规章的要求,在规定的期限、地点,采用电子数据报关单或纸质报关单的形式,向海关报告实际进出口货物情况,并且接受海关审核的行为。申报是办理进出口货物进出境通关手续的第一个环节,是整个进出境通关环节的基础,也是报关工作顺利进行的关键。无论适用于何种海关监管制度的海关监管货物,在实际进出境时,都必须按照规定履行申报义务,并对申报内容的真实性、准确性、完整性和规范性承担相应的法律责任。在此,将与申报相关的规定介绍给大家,这些规定对于所有海关监管货物在向海关办理进出境申报手续时都是适用的。

一、申报地点

海关通关作业一体化作业全面启动,进出口企业可以在任一海关申报。也就是说企业根据实际需要自主选择在货物进出口岸报关、企业属地报关或其他海关报关,除必须进行转关的进出口货物外均可选择通关一体化方式申报。

(一)口岸海关报关方式

口岸海关报关即申报企业向货物实际进出境地海关办理报关手续,如货物涉及查验,由货物进出境地海关实施查验。

(二)属地海关报关方式

属地海关报关即申报企业向企业主管地海关办理报关手续,货物在口岸海关实际进出境。如货物涉及查验,由货物实际进出境的口岸海关实施查验。

(三)其他海关报关方式

采用此种报关方式的进出口企业较少,适用于有特殊需求的进出口企业。如货物涉及查验,由货物实际进出境的口岸海关实施查验。

二、申报期限

进口货物的申报期限为自装载货物的运输工具申报进境之日起 14 日内(从运输工具申报进境之日的第 2 天开始计算,下同)。进口货物自装载货物运输工具申报进境之日起超过 3 个月仍未向海关申报的,由海关提取并依法变卖。对属于不宜长期保存的货物,海关可以根据实际情况提前处理。

出口货物的申报期限为货物运抵海关监管区后,装货的 24 小时以前。

进口转关运输货物的收货人、受委托的报关企业应当自运输工具申报进境之日起 14 日内,向进境地海关办理转关手续,有关货物应当自运抵指运地之日起 14 日内向指运地海关申报。

经电缆、管道、输送带或其他特殊运输方式输送进出口的货物,经海关同意,进出口货物收发货人或其代理人可以按照海关规定,定期向海关申报。

三、申报日期

申报日期是指进出口货物收发货人或其代理人的申报数据被海关接受的日期。以电子数据报关单方式申报或以纸质报关单方式申报,海关接受申报数据的日期即为申报的日期。

申报数据被海关接受之日起,其申报的数据就产生法律效力,也就是进出口货物收发货人或其代理人应当向海关承担如实申报、如期申报等法律责任。因此,海关接受申报数据的日期非常重要。然而,申报方式的不同导致确定申报日期的形式也不一样,以下以电子数据报关单举例。

如果先采用电子数据报关单申报,后又提交纸质报关单,或仅以电子数据报关单方式申报的,申报日期为海关计算机系统接受申报数据时记录的日期。

如果电子数据报关单经过海关计算机审核后被退回来,应视为海关不接受申报。进出口货物收发货人或其代理人应当按照要求修改后重新申报,申报日期为海关接受重新申报的日期。

如果海关已经接受申报的报关单,电子数据送人工审核后需要对部分内容进行修改的,进出口货物收发货人或其代理人应当在 10 日内完成修改并且重新发送报关单电子数据,而申报日期仍为海关原接受申报的日期;超过 10 日的原报关单无效,进出口货物收发货人或其代理人应当另行向海关申报,申报日期为海关再次接受申报的日期。

如果以纸质报关单申报,后补报电子数据,或者只提供纸质报关单申报的,海关工作人员在报关单上登记处理的日期,即为海关接受申报的日期。

四、报关单

报关单是指报关人员按照海关规定的规范要求填制的申报单证。它包括进出口货物报关单或具有进出口货物报关单性质的单证,比如,海关特殊监管区域的进出境备案清单、进出口货物集中申报清单、ATA(暂准进口)单证册、过境货物报关单、进出境快件报关单等。一般来说，无论适用于任何海关监管制度的海关监管货物，在进出口时都必须通过报关单向海关报告进出境货物的实际情况。

五、申报形式

申报形式包括电子数据报关单和纸质报关单两种形式。电子数据报关单是指报关单位按照《进出口货物报关单填制规范》的规定，通过中国电子口岸或其他合法申报平台录入报关单电子数据，向海关通关管理系统发送的报关单电子数据。纸质报关单是指报关单位按照《进出口货物报关单填制规范》的规定，通过中国电子口岸或其他合法申报平台打印海关接受电子数据申报的纸质报关单。《海关法》规定，电子数据报关单和纸质报关单具有同等的法律效力。

六、滞报金

进口货物的收货人未按规定的期限向海关申报，产生滞报的，由海关按规定征收的滞报金。

（一）滞报期的确定

滞报金的征收，以自运输工具申报进境之日起第 15 日为起始日，以海关接受申报之日为截止日。

进口货物的滞报金按日计征，起始日和截止日均计入滞报期间。若滞报金计征起始日遇有休息日或法定节假日的，顺延至休息日或法定节假日的第一个工作日。遇国务院临时调休至工作日的，海关应按照调整情况确定滞报金起始日。

（二）几种特殊情况的起始日、截止日的确定

1. 进口货物的收货人向海关传送电子数据报关单后，未在规定的期限内或核准的期限内提交纸质报关单的，海关予以撤销电子数据报关单处理。进口货物的收货人因此重新向海关申报由此产生滞报的，滞报金的征收以自运输工具申报进境之日起第 15 日为起始日，以海关重新接受申报之日为截止日。

2. 进口货物的收货人申报并经海关依法审核，必须撤销原电子数据报关单，因重新申报而产生滞报的，滞报金的征收以撤销原电子数据报关单之日起第 15 日为起始日，以海关重新接受申报之日为截止日。

3. 进口货物因收货人自运输工具申报进境之日起超过3个月未向海关申报，货物被海关依法提取作变卖处理后，收货人向海关申请发还余款的，滞报金的征收以自运输工具申报进境之日起第15日为起始日，以该3个月期限的最后一日为截止日。

4. 滞报金计征起始日如果遇到国家法定的节假日或公共休息日，则顺延至其后的第1个工作日。例如，假设我国某企业某批进口货物的载货船舶是在某年的9月17日申报进境的，而该货物的收货人在该年的9月份却没有向海关申报。按常规，滞报金应该从该年10月2日起算。但因我国10月1日~10月7日通常为国庆节长假，因此，滞报金的起始日应该从该年10月8日起算。

（三）滞报金减免

根据海关规定，因下述情况之一产生的滞报，进口货物的收货人可以向海关申请减免滞报金，海关可予减免滞报金：

1. 因国家贸易管理规定调整，导致进口货物产生滞报的；
2. 属于政府间或国际组织援助和捐赠救灾或公益物资等其他特殊货物的；
3. 因不可抗力等特殊情况产生滞报的；
4. 因海关及相关司法执法部门原因导致进口货物产生滞报的；
5. 其他特殊情况经海关批准的。

对符合减免滞报金规定的进口货物，当事人应于收到海关签发的滞报金缴款通知书之日起30个工作日内，以书面形式（加盖单位公章）向申报地海关提出减免滞报金申请，并随附有关书面证明材料，经海关审核后办理滞报金减免核批手续。

（四）滞报金的计征

1. 滞报金的日计征额为进口货物完税价格的0.5‰。
2. 以人民币"元"为计征单位，不足1元的部分免予计收。
3. 滞报金的起征点为人民币50元。
4. 滞报金的计算公式为：

   滞报金额 = 进口货物完税价格 × 0.5‰ × 滞报金期间（滞报天数）

七、提前申报

经海关批准，进出口货物收发货人或其代理人可以在取得提（运）单或载货清单（舱单）数据后，向海关提前申报。

提前申报进口货物应于装载货物进境运输工具启运后、运抵海关监管场所前向海关申报。提前申报的进口货物因故未到或者所到货物与提前申报内容不一致的，当事人需向海关提交说明材料。

提前申报出口货物，需经直属海关批准，且海关作业场所（场地）能够实现运抵报告电子数据联网传输，当事人应于货物抵海关监管场所前3日内向海关申报。实行出口货物提前申报办理通关手续的监管要求为：提前申报出口货物必须在报关后3日内全部运抵海关监管作业场所（场地），未按期运抵的，一律直接撤销报关单；办理出口货物提前申报的企业必须为一般信用及以上的企业；出口提前申报的转关货物必须在报关单电子数据申报之日起5日内运抵启运地海关监管作业场所（场地），办理转关和验放手续，超过期限的，启运地海关一律直接撤销报关单；对采取边运边装船的海运大宗散装货物，经海关船边实际验核，必须在申报后3日内装载完毕，超期未装载完毕的，除直属海关批准外，一律直接撤销报关单。所有提前申报出口货物，必须在货物运抵海关监管区并在海关收到运抵报告电子数据后，才能办理货物的查验、放行手续。

进出口货物许可证件在海关接受申报之日应当有效。货物提前申报之后，实际进出境之前国家贸易管制政策发生调整的，适用货物实际进出境之日的贸易管制政策。对进出口货物许可证件有效期的确认，以海关接受申报日期为准。

第六章 一般进出口货物通关管理

本章知识点

本章主要介绍一般进出口货物概述和一般进出口货物通关内容。

第一节 一般进出口货物概述

一、一般进出口货物的含义

一般进出口货物是指在进出口环节缴纳了应征的进出口税费，限制管制的货物提交了合法的许可证件，办结了所有海关规定的手续，履行了全部的法定义务，海关放行后不再进行监管，可以直接进入生产和消费流通领域的进出口货物。它是海关对一般进口货物和一般出口货物分类管理的合称，适用于海关一般进出口货物监管制度的监管货物。

在报关实践中，经常会发生将一般进出口货物等同于一般贸易货物的情况，在这里有必要重点提示一下，一般进出口货物和一般贸易货物是两个完全不同的概念。一般贸易货物是指单边输入关境或单边输出关境的以进出口贸易方式交易的货物，是企业进出口贸易成交的货物。一般进出口货物属于海关一般进出口监管制度下监管的货物，而一般贸易货物属于按一般国际贸易方式成交并履约的货物。以一般贸易方式成交的货物，不一定完全都适用海关的一般进出口监管制度。例如，某外资企业用一般贸易的方式从境外进口了一辆本公司办公使用的汽车。这在贸易方式上属于一般贸易货物，但从海关监管的角度却不是一般进口货物，应属于特定减免货物，适用特定减免货物监管制度。原因如下：

一是按照我国的相关政策，对这种性质的进口车辆海关免征进口税；

二是海关对这辆车进口通关放行后，并没有结关，它在境内使用的全过程都要始终受到海关的监管，而不能在中途擅自改变该车的用途或者进行转卖。

只有在进出境时适用于海关一般进出口货物监管制度的一般贸易货物，按照一般进出口货物监管制度的要求办理海关手续，这时才属于一般进出口货物。如果一般贸易方式成交的货物，进出境时享受特定减免税的优惠政策，则应按照"特定减免税"监管制度要求办理海关手续，这时就是特定减免税货物；经海关批准保税，应按照保税监管制度要求办理海关手续，这时就是保税货物。也就是说，我们不能简单地以贸易方式判定其属于何种海关监管货物。

二、一般进出口货物的特征

一般进出口货物进出境后属于应征税货物，应该照章纳税；属于国家限制进出口的货物，应交验进出口许可证件。一般进出口货物，海关放行后不再监管，其前提是必须办结海关规定的手续。从这一点出发，一般进出口货物主要具有以下特点。

（一）在进出境时，应税货物应缴纳进出口税费

一般进出口货物的收发货人应当按照《海关法》和其他有关法律、行政法规的规定，在货物进出境时，向海关缴纳应当缴纳的税费。

（二）在进出口时，应证货物应提交相关的进出口许可证件

货物进出口受国家法律、行政法规的管制。属于国家限制管理的需要申领进出口许可证件，进出口货物收发货人或其代理人还应当向海关提交相关的进出口许可证件。

（三）海关放行即办结海关手续

海关审核了相关的进出口许可证件、对货物进行了实际查验（或做出了不予查验的决定）、征收了全额税费后，按规定签章放行。这时，进出口货物收发货人或其代理人才能办理提取进口货物或装运出口货物的手续。

三、一般进出口货物的范围

海关监管货物从监管角度出发，可以分为两大类：一类是货物进境、出境以后，不再复运出境、复运进境的货物，我们称之为实际进出境货物；另一类货物是进境、出境后按海关的规定复运出境、复运进境的货物，我们称之为非实际进出境货物。

一般进出口货物包括的范围很广,按上述分类,一般进出口货物的范围应包括除特定减免税货物以外的所有实际进出口货物(特定减免税货物进境后虽不复运出境,但海关放行后在监管期内要接受海关的监管)。具体包括以下货物:

(一)一般贸易进口货物;

(二)一般贸易出口货物;

(三)转为实际进口的保税货物;

(四)转为实际进口或出口的暂准进出境货物;

(五)易货贸易、补偿贸易的进出口货物;

(六)不批准保税的寄售代销贸易货物;

(七)承包工程实际进出口货物;

(八)外国驻华商业机构进出口陈列用的样品;

(九)外国旅游者小批量订货出口的商品;

(十)随展品进境的小卖品;

(十一)免费提供的进口货物,如外商在经贸活动中赠送的进口货物,外商在经贸活动中免费提供的试车材料,我国境外的企业、机构向境内单位赠送的进口货物。

第二节 一般进出口货物通关

一般进出口货物是指按照海关基本的管理制度实施监管的进出口货物。其通关监管重点在于进出境阶段。在这个阶段,海关设置了审单、查验、征税、放行4个作业环节。进出口货物收发货人或其委托的代理人应根据海关规定的时间、地点、方式完成进出口申报、配合查验与检验检疫、缴纳税费、提取或装运货物。

一般进出口货物的通关由以下步骤组成。

一、进出口申报

(一)准备进出口申报单证

申报单证可以分为报关单和随附单证两大类。其中,随附单证包括基本单证和特殊单证。

报关单是由报关员按照海关规定的格式填制的申报单,是指进出口货物报关单或者带有进出口报关单性质的单证,如特殊监管区域进出境备案清单、进出口货物集中申报清单、ATA 单证册、过境货物报关单、进出境快件报关单等。一般而言,任何进出口货物的申报都必须有报关单。

基本单证是指进出口货物的货运单据和商业单据,主要有进出口合同、进口提货单据(如提单等)、出口装货单据、商业发票、装箱单等。一般而言,任何进出口货物的申报都必须有基本单证。

特殊单证主要有进出口许可证件、原产地证明书等。对于保税货物,申报应有加工贸易手册(包括电子账册、电子化手册)。对于特定减免税货物,应有征免税证明。对于其他进出境货物,比如退运货物、原进出口货物的报关单、租赁货物的租赁合同等,都应该作为特殊单证向海关提交。一般而言,特殊单证就是向海关表明适用何种监管制度的证明文件。

进出口货物收发货人或其代理人向海关提供基本单证、特殊单证,报关员应该对这些单证的真实性、有效性、完整性履行合理的审查义务,并在此基础上按照《进出口货物报关单填制规范》填制报关单。

确定申报单证是否准备好,必须符合以下 3 条标准:

1. 基本单证、特殊单证都必须齐全、有效、合法;
2. 填制的报关单必须真实、准确、完整;
3. 报关单与随附单证的数据必须一致。

(二) 申报前看货取样

进口货物的收货人在向海关申报前,为了确定货物的品名、规格、型号等,可以向海关申请提出查看货物或者提取货样的书面申请。海关审核同意,派员到场监管。这项规定可以防止因境外发货人发错货而造成误报,从而提高申报的质量。

如果涉及动植物及其产品和其他须依法提供检疫证明的货物,需提取货样的,应当按照国家的有关法律、法规和规定,事先取得海关批准的证明。提取货样后,到场监管的海关工作人员与进口货物的收货人在海关开具的记录和取样清单上签字确认。

(三) 申报

进出口货物收发货人或其代理人一般采用电子数据报关单申报后提交纸

质报关单及随附单证的申报方式。

电子数据报关单申报后进入安全准入风险中心系统对电子数据报关单及随附单证电子数据进行规范性、逻辑性审核。审核结果分为：

1. 不接受申报

未通过规范性、逻辑性审核的，系统自动退单，通过申报录入系统向企业发送退单回执，报关人员按照回执提示信息，在系统中修改原申报电子数据后重新办理申报手续。

2. 接受申报

通过规范性、逻辑性审核的，海关接受申报并通过申报录入系统向企业发送"报关单已受理/通关无纸化审结"回执。电子数据报关单，被接受申报后，涉及税费的，申报企业即可进入缴税环节，进行相应操作；不涉及税费的、未被安全准入风险中心系统参数及指令捕中的，报关单将自动进入放行程序。

（四）修改申报内容或撤销申报

报关单是进出口货物的收发货人或其代理人就进出口货物的真实情况向海关所作的报告，报关单数据一经海关接受，即产生法律上的确定力和约束力，海关应该根据报关单上的内容进行审核，并结合查验（需要查验的情况下）确认单货是否相符，进出口货物收发货人或其代理人必须对其提交给海关的报关单内容的合法性、准确性负责。报关单数据海关接受后，一般不可以修改或撤销。确实有正当理由，由进出口货物收发货人或其代理人向海关提出申请，经海关同意后，方可按规定办理修改和撤销报关单的手续。

1. 进出口货物收发货人或其代理人确有如下正当理由的

（1）由于申报人操作或书写失误，造成所申报的报关单内容有误，并且未发现有走私、违规或者其他违法嫌疑的。

（2）出口货物放行后，由于装运配载等原因造成申报货物部分或全部退关、变更运输工具的。

（3）进出口货物在装载运输、储存过程中因溢短装、不可抗力的灭失、短损等原因造成申报数据与实际货物不符的。

（4）根据贸易惯例先行采用暂时价格成交，而实际结算时按商品检验品质认定或按国际市场实际价格付款的方式，需要修改申报内容的。

（5）由于计算机网络系统等方面的原因导致电子数据申报错误的。

（6）其他特殊情况经海关核准同意的。

进出口货物收发货人或其代理人有上述理由申请修改或撤销进出口货物报关单的，应当向海关提交"进出口货物报关单修改/撤销申请表"，并提交可以证明实际情况及上述理由的合同、发票、装箱单等相关单证。如果因为修改或撤销进出口货物报关单，导致需要变更、补充进出口许可证的，进出口货物收发货人或其代理人还应当向海关提交相应的进出口许可证件。

需要指出的是如果海关已经决定布控检查的，以及涉案的进出口货物的报关单，在办结之前不得修改或者撤销。

2. 海关发现报关单需要进行修改或者撤销的

海关发现进出口货物报关单需要进行修改或者撤销，但进出口货物收发货人或其代理人未提出申请的，海关应当通知进出口货物收发货人或其代理人。海关在进出口货物收发货人或其代理人填写了"进出口货物报关单修改/撤销确认书"后，对进出口货物报关单修改或者撤销的内容进行确认后，对进出口货物报关单进行修改或者撤销。如果因为修改或撤销进出口货物报关单，导致需要变更、补充进出口许可证的，进出口货物收发货人或其代理人还应当向海关提交相应的进出口许可证件。

进出口货物收发货人或者其代理人符合《中华人民共和国海关进出口货物报关单修改和撤销管理办法》规定情形的，可通过中国电子口岸预录入系统"修撤单办理/确认"功能向海关办理进出口货物报关单修改和撤销手续。进出口货物收发货人或者其代理人应在预录入系统录入报关单修改和撤销相关事项并提交相关材料的电子数据。海关办理后通过预录入系统将办理情况反馈给进出口货物收发货人或者其代理人，同时其当事人可通过预录入系统查询已提交的修改或者撤销手续的办理状况。

二、配合海关查验

查验作业环节分为前置作业、（现场）查验作业、处置作业，分别承担安全准入拦截、实货验核、查验后处理等工作。

进出口报关单申报后，经系统风险甄别，部分报关单会被系统参数捕中并分流至查验环节进行处置，海关需要通过实地查看货物便于确定商品的归类、价格、原产地，实施卫生检疫、动植物检疫、食品检验和商品检验等，对进出口货物进行查验。对可能存在禁限管制、侵权、品名规格及数量伪报瞒报风险或根据情报线索发现存在走私违规嫌疑的进出口货物依法进行实际核查。

为规范海关对进出口货物的查验，我国海关制定了《中华人民共和国海关进出口货物查验管理办法》。海关决定对进出口货物进行查验的，应由两名以上海关查验人员共同实施。

（一）查验地点与时间

通常情况下，查验应在海关监管区内，在海关正常工作时间实施。

因查验的货物对环境条件有特殊要求，比如温度、静电、粉尘等自然因素，需要海关在监管区外查验的，经报关单位书面申请，海关可以派查验人员到海关监管区外实施查验。

因口岸进出口业务繁忙，或者因危险、鲜活、易腐、易烂、易失效、易变质、不宜长期保存的货物，以及其他特殊情况需要紧急验放的货物，经报关单位申请，海关可以在正常工作时间以外特事特办，优先实施查验。

（二）查验方式

查验方式是服务于查验目的的，海关在实施查验时，可以彻底查验，也可以抽查。彻底查验是指对一票货物逐件开拆包装，验核货物的实际情况；抽查是指按照一定比例，有选择地对一票货物中的部分货物验核实际状况。

查验按照方式，可以划分为人工查验和设备查验。为满足海关监管的需要，海关还可以对已经查验过的货物进行复验，或在进出口货物收发货人或其代理人不在场的情况下径行查验。

1. 人工查验

人工查验方式使用得最多，包括对货物的外形查验和开箱查验。外形查验就是对被查货物的外部特征，如货物的包装、运输标志和外观等状况进行验核。开箱查验是对被查验货物从集装箱、货柜车厢等箱体中取出并拆除外包装后，对货物的实际状况进行查验。

2. 设备查验

设备查验是指海关借用专用的仪器设备，以技术设备手段，对货物的实际状况进行验核。

3. 复验

有下列情形之一的，海关可以复验：

（1）经初次查验，没有查明货物的真实属性，需要对已查货物的某些性状作进一步确认的；

（2）货物涉嫌走私、违规等需要重新查验的；

（3）进出口货物收发货人对海关查验的结论有异议，提出复验要求并经海关同意的；

（4）其他海关认为有必要的情形。

根据规定，已经参加过查验的查验人员，不得参加对同一票货物的复验。

4. 径行查验

有下列情形之一的，海关可以径行查验：

（1）进出口货物有违法嫌疑的；

（2）经海关通知查验，进出口货物收发货人或其代理人届时却没有到场的。

海关径行查验货物时，存放货物的海关监管场所的经营人或运输工作的负责人应当到场协助，并需在查验记录上签名确认。

另外，海关在查验业务环节中限制自由裁量权的使用，保证公平、公正、公开、透明，目前正推行"查谁""谁查"的双机制查验方式，即查验货物前通过计算机随机抽查出"查谁"和"谁查"。

（三）配合查验

海关查验货物时，报关单位的所属报关人员应当到场配合海关查验。这是报关人员业务范围内的工作职责。此外，报关人员还应当做好如下工作：

1. 按照海关要求搬移货物、开拆包装以及重新封装货物；

2. 预先了解和熟悉所申报货物的情况，如实回答查验人员的询问及提供必要的资料；

3. 协助海关提取需要做进一步检验、化验或鉴定的货样，收取海关出具的取样清单；

4. 查验结束后，认真阅读查验人员填写的"海关进出境货物查验记录单"，并注意以下情况的记录是否符合实际：

（1）开箱的具体情况；

（2）货物残损情况及造成残损的原因；

（3）提取货样的情况；

（4）查验结论。

查验记录准确、清楚的，配合查验的报关人员应当立即签名确认。配合查验的报关人员如果不签名，海关查验人员在查验记录中予以注明，并由货物所在监管场所的经营人员签名证明。

（四）被查验货物损坏的赔偿

在海关查验的过程中，由于海关查验人员的责任，造成被查验货物损坏的，进出口货物收发货人或其代理人可以要求海关给予赔偿。海关赔偿的范围仅限于在实施查验的过程中，由于查验人员的责任造成被查验货物损坏的直接经济损失。直接经济损失的金额根据被损坏货物及其部件的受损程度来确定，或者根据其修理费来确定。

对于某些具有特殊属性，容易因开启、搬运不当等原因导致损坏，需要海关查验人员在查验过程中特别注意的货物，报关单位配合查验的报关人员应当在海关实施查验之前予以申明。

报关单位配合查验的报关人员在海关查验时，对货物是否受到损坏未提出异议，而事后又发现货物有损坏的，海关对此不负责赔偿。

以下情况不属于海关的赔偿范围：

1. 进出口货物收发货人或其代理人搬移、开拆、封装货物或保管不善造成的损失；

2. 易腐、易失效货物在海关正常工作程序所需的时间内（含扣留或代管期间）所发生的变质和失效；

3. 海关正常查验时产生的不可避免的磨损；

4. 在海关查验之前已经发生的损坏和海关查验之后发生的损坏；

5. 由于不可抗拒的原因造成的货物损失。

申请海关赔偿的程序如下：

1. 对被查验货物损坏的认定。以进出口货物收发货人或其代理人与海关查验人员签字的"海关查验货物、物品损坏报告书"为认定的依据。

2. 对被查验货物损坏的赔偿。进出口货物收发货人或其代理人自收到"海关损坏货物、物品赔偿通知单"之日起3个月内，向海关领取赔偿。逾期则无权再要求海关赔偿。

（五）海关查验回避制度

海关查验实行回避制度。查验人员执行查验任务时，有下列情形之一的，应当回避：

1. 涉及本人利害关系的；

2. 涉及与本人有夫妻关系、直系血亲关系、三代以内旁系血亲关系及姻亲关系的亲属人员的利害关系的；

3. 其他可能影响公正执行公务的。

查验人员有应当回避情形的，本人应当申请回避，利害关系人有权申请查验人员回避，其他人员可以向海关提供查验人员需要回避的情况。

海关根据查验人员本人或者利害关系人的申请，经审查后做出是否回避的决定，也可以不经申请直接做出回避决定。

三、缴纳海关税费

《海关法》第二十九条规定："除海关特准的外，进出口货物在收发货人缴清税款或者提供担保后，由海关签印放行。"

进出口货物收发货人或其代理人将报关单及随附单证提交给货物所在地海关，海关对进出口货物报关单进行审核，对需要查验的货物实施查验，然后核对计算机系统计算的税费，开具税款缴款书和收费票据。进出口货物收发货人或其代理人应当自海关填发税款专用缴款书之日起 15 日内，持缴款书或收费票据向指定银行办理税费缴付手续。逾期海关按日加收滞纳税款的千分之零点五的滞纳金。缴纳税款后，报关人员应当即时将盖有证明银行已收讫税款的业务印章的税款缴款书送交海关验核，并申请海关办理货物的放行手续。

申报时企业选择由企业自报、自缴税款的，企业办理海关预录入时，自行填报报关单各项目，利用预录入系统的海关计税（费）服务工具计算应缴纳的相关税费，并对系统显示的税费计算结果进行确认，连同报关单预录入内容一并提交海关。进出口企业、单位在收到海关受理回执后，自行办理相关税费缴纳手续。

四、提取或装运货物

（一）海关进出境现场放行和货物结关

进出口货物海关现场放行是指海关结束对进出口货物的现场监管，允许货物按照规定程序提取进境或装运出境的工作环节。

海关进出境现场放行一般由海关在进口货物提货凭证或者在出口货物装

货凭证上加盖海关放行章，进出口货物收发货人或其代理人签收后，凭此提取进口货物或将出口货物装上运输工具离境。

对实行"无纸通关"申报方式的海关，海关做出现场放行决定时，通过计算机将海关放行决定的信息同时发送给进出口货物收发货人或其代理人和海关监管货物场所经营人。进出口货物收发货人或其代理人从计算机上自行打印海关放行凭证，凭此提取进口货物或将出口货物装上运输工具离境。

对于不同监管制度下的进出口货物，海关进出境现场放行具有不同的含义。对于一般进出口货物，海关进出境现场放行表明进出口货物收发货人或其代理人已经按规定的报关程序办完所有的海关手续。因此，海关进出境现场放行就等于结关。对于保税货物、特定减免税货物、暂准进出境货物或部分其他进出境货物，海关进出境现场放行，仅表明海关允许上述进出口货物收发货人或其代理人将货物运离进出境现场，并不表明已经办完所有的海关手续，相反，这些货物仍然要在一定期限内接受海关的监管。所以，该类货物的海关进出境现场放行并不等于结关。

（二）提取货物或装运货物

进口货物的收货人或其代理人签收海关加盖的放行章戳记的进口提货凭证，凭此到货物进境地的港区、机场、车站、邮局等地的海关监管仓库办理提取进口货物的手续。

出口货物的发货人或其代理人签收海关加盖了放行章戳记的出口装货凭证，凭此到货物启运地的港区、机场、车站、邮局等地的海关监管仓库办理将货物装上运输工具离境的手续。

（三）申请签发报关单证明联

进出口货物收发货人或其代理人办结相关海关手续后，需海关签发进出口货物报关单证明联的，根据海关总署公告2019年第62号的规定，海关不再签发有关进出口货物报关单证明联，企业可以通过"互联网+海关"一体化网上办事平台，查询海关总署向国家税务总局传输出口报关单数据和进口增值税专用缴款书状况信息。

在这里我们将进出境阶段报关人员、海关各自要做的工作内容归纳于表6-1中。

表6-1 进出境阶段报关人员、海关工作内容情况表

工作环节		报关人员工作内容	海关工作内容
1	申报	(1) 填写进出口货物报关单； (2) 交验进出口许可证件； (3) 随附装箱单、发票等单证向海关申报	(1) 对报关单进行编号登记，并批注接受日期； (2) 查阅报关单证是否齐全、正确、有效； (3) 审核报关单内容； (4) 复审
2	查验	(1) 到货物现场配合海关查验货物； (2) 查验时负责搬移、开拆包装并重新封装货物； (3) 如实回答查验人员的询问，提供必要的资料； (4) 协助海关提取货样，收取货样清单； (5) 认真阅读查验记录，依据情形查明确认	(1) 进行实际核查，确定单货、证货是否相符； (2) 依据情形实施复验，径行开验； (3) 提取货样进一步检验、化验或鉴定； (4) 应收货人申请，到监管区外验货并收取规定费用
3	征税	(1) 在规定的时间内持缴款书或收费票据向指定银行办理缴纳税费手续； (2) 或者对实行中国电子口岸网上缴税、付费的海关，在网上向指定银行进行电子支付税费	(1) 审查确定完税价格； (2) 分类估价，核算CIF价值，依关税税率计征，依法审核减免税； (3) 开具税款缴款书和收费票据
4	放行	(1) 领取放行单、出口收汇核销单及进出口货物报关单证明联等应归还的单证； (2) 到海关监管仓库提取进口货物； (3) 到出口货物运载现场办理出口货物装上运输工具离境的手续	(1) 审核关税、增值税、消费税及规费是否缴讫； (2) 审核应附单证是否核销； (3) 经办人在报关单及提（运）单上加盖放行章并签发报关单证明联； (4) 审核保税、特定减免税、暂准进出境等货物，做好后续监管工作

下面我们通过图6-1了解报关业务一般工作流程，初学者可熟悉报关业务的一般流程，以便更快地进入报关角色学好后面的内容。不转关的货物的报关业务一般工作流程为步骤1~步骤8，转关货物的报关业务一般工作流程为步骤1~步骤5、步骤9~步骤11。

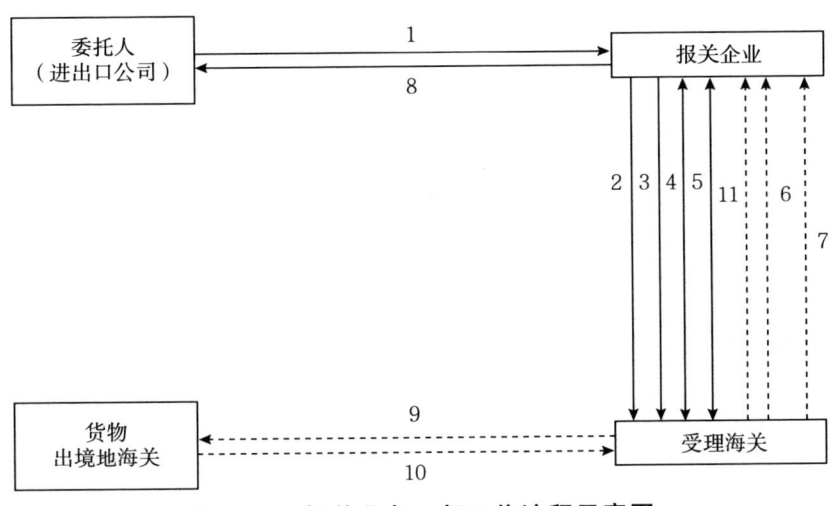

图 6-1　报关业务一般工作流程示意图

1. 委托人（进出口公司）准备报关单据，并向报关企业办理授权代理报关委托手续；

2. 报关企业审核、缮制、复审报关单据，并向受理海关进行电子申报；

3. 报关企业打印正式的纸质报关单据，并在签章以后向受理海关（货物所在地海关）提交纸质报关单据；

4. 受理海关查验进出口货物，并在单货相符时，由委托人或报关企业缴纳海关税费；

5. 海关放行进出口货物；

6. 受理海关对进口提货单据加盖海关进口放行章；

7. 受理海关向报关企业签发经过海关签章的进口货物报关单证明联；

8. 报关企业向委托人递交退还经过海关签章的进出口报关单据；

9. 受理海关向货物出境地海关传送转关电子数据；

10. 货物出境且经核实以后，货物出境地海关向受理海关（启运地海关）发送转关核销电子数据回执，货物实际离境后，再向启运地海关反馈核销清洁载货清单（电子）；

11. 受理海关向报关企业签发经过海关签章的出口货物报关单核销证明联和退税证明联以及出口收汇核销单。

第七章　特殊申报方式

本章知识点

本章介绍的特殊申报方式是指经海关批准的海关监管货物转关申报以及进出口货物集中申报。

第一节　海关监管货物转关申报

一、转关概述

"转关"是指进口货物由进境地入境后,在海关监管下从一个海关运至另一个海关办理进口验放手续的行为;或者出口货物在启运地海关办理验放手续后,在监管下转运至出境地由出境地海关监管出境的行为;或者海关监管货物由境内一个设关地点转运到境内另一个设关地点的行为。

(一) 转关形式

转关有以下 3 种形式:

1. 进口货物经进境地海关批准,转关运至设有海关的指运地办理海关手续;

2. 出口货物经海关批准从启运地转关运至出境地海关监管出境;

3. 已经办理了入境手续,但尚未办结海关手续的海关监管货物,从境内一个设关地点运往境内另一个设关地点报关。

(二) 转关条件

转关是方便进出口货物收发货人办理申报手续的一种形式,但是,申请转关必须符合以下条件:

1. 转关的指运地和启运地必须都设有海关;

2. 转关的指运地和启运地应当设有经海关批准的监管场所；

3. 转关承运人在海关注册登记的承运车辆应当符合海关监管要求，并承诺按海关对转关路线、范围和途中运输时间所作的限定，将货物运往指定的场所。

转关并不是所有的进出口货物都适用的申报方式。

（三）申请转关条件

海关总署已全面收紧转关业务操作。目前，邮件、快件、暂时进出口货物（含 ATA 单证册项下货物）、过境货物、中欧班列载运货物、市场采购方式出口货物、跨境电子商务零售进出口商品、免税品，以及外交、常驻机构和人员公用、自用物品，其收发货人可按照海关要求正常申请办理转关手续。

1. 多式联运货物以及具有全程提（运）单需要在境内换装运输工具的进出口货物，其收发货人可以向海关申请办理多式联运手续，有关手续按照联程转关模式办理。

2. 符合要求的进口固体废物，经海关批准后，其收货人方可申请办理转关手续。

3. 不宜在口岸海关查验的货物，其收发货人可申请办理转关手续。

二、转关方式

转关通常可以分为以下 3 种方式。

（一）提前报关转关

提前报关转关又分为进口提前报关转关和出口提前报关转关两种。

1. 进口提前报关转关是指进口货物先在指运地海关申报，再到进境地海关办理进口转关手续。

2. 出口提前报关转关是指出口货物在未运抵启运地海关监管场所之前，先向启运地海关申报出口；待货物运抵（限 5 日以内）海关监管场所后，再办理出口转关手续。

（二）直接转关

直接转关又分为进口直接转关和出口直接转关两种。

1. 进口直接转关是指进口货物在进境地海关办理转关手续，待货物运抵指运地后，再向指运地海关办理申报进口手续的转关。

2. 出口直接转关是指出口货物在运抵启运地海关监管场所并申报出口后，向启运地海关办理出口转关手续，再到出境地海关办理出境手续的转关。

（三）中转转关

中转转关又分为进口中转转关和出口中转转关两种。

1. 进口中转转关是指持全程提（运）单，需要换装境内运输工具的进口中转货物，由该进口货物的收货人或其代理人先向指运地海关办理进口申报手续，再由境内承运人或其代理人批量向进境地海关办理转关手续的转关。

2. 出口中转转关是指持全程提（运）单，需要换装境内运输工具的出口中转货物，由该出口货物的发货人或其代理人先向启运地海关办理出口申报手续，再由境内承运人或其代理人按出境运输工具分列舱单向启运地海关批量办理转关手续，并到出境地海关办理出境手续的转关。

三、转关期限

进出口货物收发货人或其代理人向海关申请转关手续，应当在规定的期限以内办理。

（一）直转方式转关的期限

直转方式转关的进口货物应当自运输工具申报进境之日起 14 日内向进境地海关办理转关手续。货物在运抵指运地之日起 14 日内，向指运地海关办理报关手续，逾期按规定征收滞报金。在进境地办理转关手续逾期的，以自载运进口货物运输工具申报进境之日起第 15 日为征收滞报金的起始日；在指运地申报逾期的，以自货物运抵指运地之日起第 15 日为征收滞报金的起始日。

（二）提前报关方式转关的期限

1. 进口转关货物

进口转关货物应在电子数据申报之日起 5 日内向进境地海关办理转关手续。超过规定期限到进境地海关办理转关手续的，指运地海关将撤销其提前报关的电子数据。

2. 出口转关货物

出口转关货物应在电子数据申报之日起 5 日内将出口货物运抵启运地海

关监管场所，并向启运地海关办理转关和验放手续。超过规定期限，启运地海关将撤销其提前报关的电子数据。

第二节　进出口货物集中申报

一、集中申报概述

集中申报是指经海关备案，进出口货物收发货人在同一口岸多批次进出口规定范围内的货物，可以先以集中申报清单申报货物进出口后，在规定的期限内以报关单集中办理海关手续的特殊申报方式。

申请采用集中申报方式的货物以及申请集中申报方式的企业，都必须符合海关规定的范围和要求，才能向海关申请集中申报。

（一）适用集中申报方式的货物

1. 图书、报纸、期刊类出版物等时效性较强的货物。
2. 危险品或者鲜活、易腐、易失效等不宜长期保存的货物。
3. 公路口岸进出境保税货物。

（二）不适用集中申报方式的货物

1. 涉嫌走私、违规，正在被海关立案调查的收发货人的进出口货物。
2. 因进出口侵犯知识产权的货物，被海关依法给予行政处罚的收发货人的进出口货物。
3. 失信企业管理类别的收发货人的进出口货物。
4. 相关海关事务担保失效的，不适用集中申报方式的。

（三）关于备案的管理规定

符合规定范围要求的进出口货物收发货人可以向海关办理集中申报的备案手续。

备案的管理规定如下：

1. 收发货人应当在货物所在地海关办理集中申报备案手续。
2. 加工贸易企业应当在主管海关办理集中申报备案手续。
3. 收发货人申请办理集中备案手续的，应当向海关提交"使用集中申报通关方式备案表"。

4. 收发货人申请办理集中申报备案手续的，应当提供符合海关要求的担保，担保有效期最短不得少于 3 个月。

5. 备案有效期按照收发货人提交的担保有效期限核定。在有效期内，收发货人可以适用集中申报的通关方式。

（四）关于备案变更、延期和终止的规定

1. 申请适用集中申报通关方式的货物、担保情况等发生变更时，收发货人应当向备案地海关书面申请变更。

2. 备案有效期届满，仍需要继续适用集中申报通关方式办理通关手续的，收发货人应当在有效期届满 10 日之前，向原备案地海关书面申请延期。

3. 收发货人在备案有效期届满之前未申请延期的，有效期届满之后，海关将终止其备案表的效力。

二、集中申报的程序

经海关获准集中申报备案的进出口货物收发货人可以委托常规管理信用企业及以上信用类别的报关企业办理集中申报的有关手续。其申报的程序为：电子数据申报—交验纸质集中申报清单—报关单集中申报。

（一）电子数据申报

1. 进口申报

适用集中申报的进口货物收货人或其代理人，在载运进口货物的运输工具申报进境之日起 14 日内，应根据货运单据填制"中华人民共和国海关进口货物集中申报清单"，按清单格式录入电子数据并向海关申报。

2. 出口申报

适用集中申报的出口货物发货人或其代理人在出口货物运抵海关监管场所后，装货的 24 小时之前，应根据货运单据填制"中华人民共和国海关出口货物集中申报清单"，按清单格式录入电子数据并向海关申报。

海关审核集中申报清单电子数据，对保税货物核对加工贸易手册或（电子）账册数据；对于一般贸易核对集中申报备案数据。经审核，海关发现集中申报清单电子数据与集中申报备案数据不一致的，应当予以退单。

凡经海关退单处理的，收发货人应以报关单的方式向海关申报。

（二）交验纸质集中申报清单

进出口货物收发货人或其代理人应当自海关审核集中申报清单电子数据之日起 3 日内，持纸质集中申报清单及随附单证到货物所在地海关办理交单验放手续。属于许可证件管理的，收发货人还应当提交相应的许可证件，海关在相应的许可证件上批注并留存复印件。

收发货人未在规定期限内办理相关海关手续的，海关删除集中申报电子数据。收发货人应当重新向海关申报，重新申报日期超过运输工具申报进境之日起 14 天的，海关不接受集中申报清单。收发货人应当以报关单的方式申报。

（三）报关单集中申报

进出口货物收发货人或其代理人应当对上一个月内已集中申报的数据进行归并，填制进出口货物报关单。一般货物应在次月 10 日之前，保税加工货物在次月月底之前，到海关办理集中申报手续。

1. 关于报关单填制的要求

（1）集中申报清单归并为同一份报关单的，各清单中的进出境口岸、经营单位、境内收发货人、贸易方式（监管方式）、启运国（地区）、运输方式等栏目，以及使用的税率、汇率必须一致。

（2）各清单中规定项目不一致的，收发货人应当分别归并为不同的报关单进行申报；确实不能归并的，应当填制单独的报关单进行申报。

（3）对各清单归并为同一份报关单时，各清单中载明的商品项在商品编码、商品名称、规格型号、单位、原产国（地区）、单价、币制均一致的情况下，可以进行数量和总价的合并。

2. 办理相关手续

（1）收发货人对集中申报清单的货物，以报关单集中申报办理海关手续时，应当按照海关规定对涉税的货物办理税款缴纳手续，对涉及许可证件管理的，应当提交海关批注过的相应许可证件。

对适用集中申报通关方式的货物，海关按照接受清单申报之日实施的税率和汇率计征税费。

（2）收发货人办结集中申报手续后，海关按集中申报进出口货物报关单签发报关单证明联，以便收发货人办理进出口收付汇核销、退税手续。

进出口日期以海关接受集中申报时报关单上申报的日期为准。

第八章 保税货物通关管理

本章知识点

本章主要介绍保税货物、保税制度与保税监管系统、保税加工货物通关管理、保税加工货物电子化手册通关管理、保税加工货物电子账册通关管理、海关特殊监管区域管理、自由贸易试验区管理保税监管场所管理以及保税物流货物监管要点比较等内容。

第一节 保税货物概述

根据《海关法》对保税货物的定义,保税货物可以分为"保税加工货物"和"保税物流货物"两大类。

一、保税加工货物

保税加工货物是指专为加工、装配出口产品而从境外进口,且经海关批准保税进境的原材料、零部件、元器件、包装物料、辅助材料(以下简称"进口料件")。

保税加工货物包括以下货物:

一是经海关批准准予保税的来料加工进口料件以及用保税进口料件生产的半成品或成品;

二是经海关批准准予保税的进料加工进口料件以及用保税进口料件生产的半成品或成品;

三是经海关批准准予保税的外商投资企业为履行产品出口合同进口的料件以及用保税进口料件生产的半成品或成品;

四是上述方式经海关批准的进口料件在保税加工生产过程中所产生的副产品、残次品、边角余料和剩余料件。

二、保税物流货物

保税物流货物是指经海关批准，未办理纳税手续进境，在境内储存后复运出境的货物。

保税物流货物包括以下货物：

一是国际转口贸易的货物。商品由生产国经过第三国交易进入消费国的贸易方式，对于第三国而言，就是国际转口贸易。例如，我国既不是商品的生产国，也不是商品的消费国，生产国和消费国之间没有直接贸易合同，通过我国国际转口贸易商进行交易。如果货物实际进入我国关境，即从生产国运入我国，在我国境内储存后再运往消费国，那么，这种货物就是进境暂时存放后复运出境的货物。从海关监管制度来看，这类货物属于保税物流货物。

二是供应给国际运输工具的货物。国际运输工具包括国际运输船舶、航空器所需要的燃料、物料、备件等，经海关批准存入保税仓库中，需要时供应给国际运输工具，再由国际运输工具用于国际航线，此时货物视同复运出境。这些货物从海关监管制度来看，也属于保税物流货物。

三是专用于维修境外商品的零配件。这种零配件（不包括进口耐用消费品维修用零配件）如果用于海关认定保修期内的维修可以享受免税，如果用于保修期外的维修则要征税。在进口时经海关批准进入保税仓库未办理纳税手续。等到维修使用时，再按实际情况办理进口纳税或免税手续。

四是经海关批准进入海关保税监管场所或特殊监管区域的保税货物及其他未办结海关手续的进境货物。

第二节 保税制度与保税监管系统

一、保税制度

（一）保税制度概述

保税制度是指经海关批准暂缓办理纳税手续的进境货物在海关监管下储存、加工、装配后复运出境的海关监管制度。也就是说，保税制度是海关对保税货物进境、储存、加工、装配、复运出境全过程实施监管的海关作业制度。

多年来，我国海关对保税货物的监管已经形成一套完整、科学的制度，极大地推动了加工贸易业务的发展。目前，保税制度已经成为中国海关的一项主要的监管制度。从海关保税监管要求来看，保税制度包括以下几项具体内容。

1. 保税审批（备案）制度

这项制度包括保税仓库、出口监管仓库、保税物流中心等海关监管场所的审批制度以及特殊监管区域保税备案制度等。

加工贸易、保税物流、保税服务经营企业以保税方式进口货物前，需向所在地主管海关办理设立手册、账册和货物备案手续。海关依据国家有关法律、法规和政策，对企业提交的申请材料进行审核，决定是否核准予以保税。这是货物以保税方式进口的前提，也是海关实施全过程保税监管的开始。

2. 保税通关制度

这项制度包括保税货物进口通关制度、保税货物出口通关制度、加工贸易深加工结转通关制度、保税监管场所保税货物进出境通关制度，以及特殊监管区域保税货物进出区通关制度和进出境通关制度等。

3. 保税核销制度

这项制度包括保税仓库、出口监管仓库、保税物流中心等海关监管场所保税货物的核销制度，加工贸易保税货物核销制度，以及海关特殊监管区域保税货物的核销制度等。

海关对加工贸易手册、账册按合同周期或定期核销，据此验证企业对保税货物管理是否符合海关监管要求，这是保税监管后期管理的核心。

4. 内销征税制度

保税货物经营企业，因故将保税货物转内销，海关依法对内销保税货物征收进口关税和进口环节增值税、消费税。内销保税货物完税价格由海关审定。海关规定应征收缓税利息的，经营企业应按规定缴纳缓税利息。对内销保税货物，涉及进口贸易管制的经营企业应按规定提交进口许可证件。

5. 风险监控制度

海关保税货物监管风险监控制度是指海关以保税业务监控分析系统、风险管理平台，以及执法评估、执法监督等信息化系统为依托，对经营企业资信状况和内部经营情况、保税货物经营信息及经营方式等风险要素，进行定量或定性风险识别、区分和分析，评估、确认海关保税监管风险管理目标，实施管控的措施和方法。

（二）保税制度的特点

海关根据国家法律、行政法规及海关规章，对保税货物实施上述诸项制

第八章 保税货物通关管理

度的监管。从全程来看，保税制度具有如下特点。

1. 依法审批

无论是保税加工货物还是保税物流货物，都必须经过法定程序审批。

（1）商务审批

对于保税加工货物的加工贸易业务，必须经过商务主管部门审批，才能进入海关合同备案程序。笔者将其称为商务审批，它包括以下两项审批业务。

①商务主管部门审批加工贸易合同

加工贸易经营企业在向海关办理加工贸易合同备案手续或申请设立电子化手册之前，先要到商务主管部门办理加工贸易合同审批手续，凭商务主管部门出具的"加工贸易业务批准证书"和"加工贸易企业经营情况和生产能力证明"两个文件及商务主管部门审批同意的加工贸易合同到海关办理合同备案。

②商务主管部门审批加工贸易企业经营范围

加工贸易经营企业在向海关申请联网监管和建立电子账册或电子化手册之前，应先到商务主管部门办理加工贸易经营范围审批，由商务主管部门对加工贸易企业与海关联网监管的申请做出前置审批，凭商务主管部门出具的"经营范围批准证书"和"加工贸易企业经营情况和生产能力证明"到海关申请联网监管，并建立电子账册或电子化手册。

（2）设立审批

对于保税物流货物，必须存放在经过法定程序审批设立的保税监管场所或者特殊监管区域。其中，保税仓库、出口监管仓库、保税物流中心的设立要经过海关审批，并核发批准证书。保税物流园区、保税区、保税港区的设立需经过国务院批准，并经海关验收合格才能进行保税运行。

2. 批准保税

（1）备案保税

对于加工贸易的进口料件，经海关批准才能保税进口。海关批准保税是通过受理加工贸易合同备案来实现的。凡是海关准予备案的加工贸易料件，进口时可以暂缓办理纳税手续进境，即保税进口，俗称备案保税。

海关受理加工贸易料件备案时需根据以下原则。

①合法经营

合法经营是指申请保税的料件和保税申请人（即经营企业）本身不属于国家禁止的范围，并且获得有关主管部门的许可，具有合法进出口的凭证。

②复运出境

复运出境是指申请保税的货物流向明确，进境加工、装配后最终流向表明复运出境，而且申请保税的单证能够证明进出基本平衡。

③可以监管

可以监管是指申请保税的货物无论在进出口环节，还是在境内加工、装配环节，海关都可以监管。不会因为某种不合理因素造成监管失控。

(2) 准入保税

保税物流货物是通过批准进入保税监管场所或特殊监管区域来实现保税的。为此，海关对于保税物流货物的监管是通过对保税监管场所和特殊监管区域的监管来实现的。海关依法监管这些场所或者区域，对符合规定的存放范围的货物准许进入这些场所或区域，对于不符合规定的存放范围的货物不准进入，俗称准入保税。

3. 纳税暂缓

(1) 保税加工货物

对于保税加工货物，国家规定专为加工出口产品而进口的料件，按实际加工复出口成品所耗用进口料件的数量准予免缴进口关税和进口环节增值税、消费税。这里的免税，是指通过加工用在出口成品上的进口料件可以免税。海关在料件进口的时候是无法确定用于出口成品上的进口料件的实际数量的。那么，海关只能先准予保税，即纳税暂缓，等到产品实际复运出口并最终确定使用在出口成品上的进口料件的实际数量后，再确定征税或者免税的范围。对于用于出口成品上的进口料件予以免征税，而对于没有用于出口的那一部分进口料件照章征税，由经营企业办理纳税手续。

在上述纳税暂缓的运作中，有以下两个问题必须解决。

①保税加工贸易货物因故经批准内销处理。

按规定，这种情况除需办理一般进口手续并征收进口关税和进口环节代征税外，还要征收缓税利息。边角料和海关特殊监管区域的保税加工货物经批准内销处理的不征收缓税利息。缓税利息由海关按中国人民银行活期存款利率决定缓税利息率按日征收。

缓税利息的计算公式如下：

应征缓税利息＝应征税额×计息期限（天数）×（缓税年利息率÷360）

②加工贸易料件进境时未办理纳税手续进境。

此情况适用海关事务担保。对于加工贸易进口料件，其具体担保手续按国家加工贸易银行保证金台账制度执行。(加工贸易银行保证金台账制度见本章第三节中的"保税加工货物担保管理")

(2) 保税物流货物

保税制度规定,凡是经海关批准进入保税物流监管场所或特殊监管区域的保税物流货物,在进境时都可以暂不办理进口纳税手续,等到运离保税监管场所或特殊监管区域时再根据实际流向办理纳税手续,或免税或征税。需要说明的是,保税物流货物在运离海关监管场所或特殊监管区域时,不需要同时征收缓税利息。

4. 监管延伸

对保税货物(无论是保税加工货物还是保税物流货物)的监管,都需要在监管地点、监管时间上进行延伸,因为在进境地口岸海关监管现场是不可能完成"在境内储存、加工、装配后复运出境"的。为此,其监管需要延伸才能满足"在境内储存、加工、装配后复运出境"的要求。

(1) 保税加工货物

从地点上说,保税加工货物需要从进境地海关监管现场运至进行加工、装配的地方。加工、装配的场所都是海关延伸监管的场所。

从时间上说,保税加工的料件在进境地海关放行提取并不是海关保税监管的结束,而是监管的继续,也就是说海关一直要监管到加工、装配后复运出境或者办结正式的进口手续最终核销结关为止。

为保障保税加工货物延伸监管的安全,海关依据不同监管模式,设定了准予保税的期限和申请核销的期限,实施法定期限管理。

(2) 保税物流货物

保税物流货物同样需要从进境地海关监管现场(已经办结海关出口手续尚未离境的货物从出口申报地海关现场),延伸到保税监管场所或者特殊监管区域。同样,海关依据不同的监管场所或者特殊监管区域设定了监管期限。

(三) 核销结关

对一般进出口货物的放行结关,是在进出口货物收发货人或其代理人申报后,由海关审单、查验、征税、放行,然后提取或装运货物。海关放行是该类货物监管制度结关的标志。

对保税货物的进出口报关,海关虽然也加盖放行章,也执行放行程序,但是保税货物的这种放行只是整个监管过程的一个环节,保税货物只有核销后才能结关。核销是保税货物监管的最后一道程序，也是保税监管制度区别于一般进出口货物通关制度的一个重要特点。

1. 保税加工货物

保税加工货物经过海关核销后才能结关。保税加工货物的核销是一项非常复杂的工作。因为保税加工的料件进境后，经过加工、装配改变了原进口料件的形态，复出口的商品不再是原进口商品。这样，向海关报核，海关不仅要确认进出数量是否平衡，而且还要确认成品是否是用进口料件生产的。正确处理报核中发生的数量不平衡问题，是企业报核必须解决的。

2. 保税物流货物

保税物流货物同样需要办结海关手续才能结关。对于保税物流货物，在储存期内应按规定的时间向海关报核，这是海关延伸监管的需要。保税物流货物每一批货物运离保税监管场所或者特殊监管区域后，都必须根据货物的实际流向向海关办结海关手续，我们称之为运离结关。这里的运离是结关的条件，运离的含义是指保税物流货物离开了海关监管场所或者特殊监管区域后，不再运回上述场所或区域。因此，保税物流货物不包括外发加工和暂准出区维修、测试、展示等需要继续监管的货物。

综上所述，保税货物的监管制度不同于一般进出口货物监管制度，其区别主要表现在监管方式上。我们知道，海关对进出境货物的监管核心要点，一般来说有两个方面：一是"税"，二是"证"。"税"是指海关对进出境货物依法代表国家征收进出口税费。"证"是指海关对国家贸易管制的进出口货物要审核进出口许可证件或有关行政管理部门批准文件的规定。由于保税货物具有复运出境的特点，对于"税"，海关执行纳税暂缓管理；对于"证"，海关执行加工贸易进口料件"免于提交"管理。为此，在保税货物监管制度的设计上有别于一般进出口货物的放行管理，有别于特定减免税货物的时效管理，也有别于暂准进出境货物的担保管理，而保税货物是具有时效管理和担保管理综合性质的核销管理，为实现核销管理，在监管方式上现行采用"加工贸易登记手册"、加工贸易联网监管以及监管场所或特殊区域的监管方式。

二、保税监管系统

金关工程（二期）是经国务院批准立项的国家重大电子政务工程，保税监管系统是其中的应用系统。金关工程（二期）保税监管系统是海关对保税业务实施管理的新一代作业平台,其包括8个子系统:保税物流管理系统、海关特殊监管区域管理分系统、加工贸易手册管理分系统、加工贸易账册管理分系统、保税综合管理分系统、保税流转管理分系统、保税业务监控分析系统、自由贸易试验区海关管理系统。

该系统的主要特点为:

(一) 构建全国统一、分层级管理系统和应用平台

金关工程(二期)保税监管系统统一了保税监管系统和监管模式,建立了标准统一、功能综合、数据连通、分层管理、配置灵活、监管高效的保税监管信息化管理平台,同时兼顾支持个性化、差异化管理需求,适应了保税业务转型升级的发展需要。

(二) 改革保税货物通关模式,创新底账核注方式

创设保税核注清单。开展保税业务的企业使用金关工程(二期)保税底账办理保税货物进出口、结转、流转等手续时,须先向海关申报保税核注清单。保税核注清单与报关单有以下联系与区别:保税核注清单填报的内容是企业向海关申报的基于企业内部管理精细化程度要求的料号级商品项;报关单用于通关,由保税核注清单的料号级数据经过归并汇总的项号级商品加工贸易货物余料结转、加工贸易货物销毁、不作价设备结转,以及海关特殊监管区域、保税监管场所间或与区(场所)外企业间进出货物的,可以仅通过保税核注清单实现报关,不再申报报关单。

(三) 支持"料号级备案、项号级通关、料号级核销"监管模式

金关工程(二期)系统电子账册可以根据企业管理的精细化程度和海关监管需要,选择按照料号级管理或者项号级管理的精细化程度建立电子账册,同时取消原H2000电子账册系统有形的归并关系对应表,企业在通关过程申报的核注清单按照"归并规则"自动归并为报关单。

(四) 实现区域和场所的统一管理和信息共享

全国统一版海关特殊监管区域和保税监管场所信息化系统,能够实现区域、场所保税货物流转的审批、物流、通关和底账核注数据的互联互通和对碰,方便跨区监管货物流动,提高保税货物流动效率。

(五) 健全保税货物底账管理体系，支持开展新型业务

保税业务全面实现保税底账管理，统一账册结构，实现料号级管理和规范化申报。

第三节 保税加工货物通关管理

保税加工货物通常也被称为加工贸易保税货物，但这样就很容易把加工贸易货物与加工贸易保税货物混为一谈，其实，这两者是监管性质完全不同的货物。加工贸易货物是经营企业通过加工贸易这种方式，从境外进口的原材料、零部件、元器件、包装物料、辅助材料进境后，在境内加工、装配成成品运往境外的贸易，俗称"两头在外"的贸易，通常以来料加工或进料加工的方式进口上述加工贸易的货物。而只有上述加工贸易的货物经海关批准准予保税进口才能够称为"保税加工货物"，笔者将其简称为"保税进口料件"。

加工贸易有两种常用的进口料件的形式：

一是来料加工，是指由境外企业提供料件，经营企业不需要付汇进口，按照境外企业的要求进行加工或装配，只收取加工费，制成品由境外企业负责销售的经营行为；

二是进料加工，是指企业用外汇进口境外的料件，在境内制成成品后再出口外销到境外的经营行为。

需要强调的是，加工贸易货物看上去似乎已经具备保税条件复运出境，那么，是不是海关就应该批准准予保税进口呢？不一定。如果该企业的经营不符合海关规定的保税条件，其加工贸易合同项下的进口货物也不可能得到海关的批准。总之，加工贸易货物不完全等同于保税加工货物，按照《海关法》的规定，对于加工贸易项下不属于实行保税监管的，采取先征后退的方式管理，即进口时全额征收进口税，出口后凭实际出口成品所含进口料件的数量退还已征的进口税，从监管的角度看，这属于保税监管制度下的一种特殊形式。

一、保税加工货物的特征

依据《海关法》以及相关行政法规、规章的规定，保税加工货物具有以下特征：

一是加工贸易货物进口必须事先经海关设立电子化手册或电子账册。

二是料件进口暂缓缴纳进口关税及进口环节海关代征税；成品出口时除另有规定外，无须缴纳出口关税。

三是料件进口时，除国家另有规定外，免予交验进口许可证件；成品出口时，凡属出口许可证件管理的，必须交验出口许可证件。

四是进出境海关现场放行并未结关，海关须实施延伸监管，一般须复运出境实行核销结关管理。

二、保税加工货物的管理

（一）保税加工货物监管模式

我国海关对保税加工货物的现行监管模式有以下两种。

1. 特殊区域监管模式

特殊区域监管模式，即物理围网式，是指经国家批准，在关境内划出一块地方，让企业在其中专门从事保税加工业务，由海关对这个区域实行封闭式监管。例如，珠海园区、保税区、保税港区、综合保税区等区域内从事保税加工业务的企业都属此类。

2. 非特殊区域监管模式

非特殊区域监管模式，即非物理围网式，由海关对加工贸易企业采用计算机联网监管设立电子化手册或建立电子账册。电子化手册管理，主要是对加工贸易合同内容备案，记录进口料件及出口成品的实际情况。海关以加工贸易合同为监管单元，企业最终凭加工贸易合同办理核销结关手续。建立电子账册联网监管的方式，主要是应用计算机手段实现海关对加工贸易企业的联网监管，以加工贸易企业整体为监管单元。建立电子账册备案，可以实现进出口核销全部通过计算机进行的目的。

（二）准予保税的期限

准予保税的期限是指经海关批准保税后，在境内加工、装配复运出境的时间限制。保税加工货物从海关批准准予保税进境到核销结关，海关不同监管方式对其有着不同的监管期限要求。

一是电子化手册管理的保税加工货物的保税加工期限，原则上不超过1年；经批准可以延长，延长的最长期限原则上也是1年。在具体执行中，根据合同期限，加工期限和其他情况可以有所变化。

二是电子账册管理的保税进口料件的保税期限，从企业的电子账册记录第一批料件进口之日起到该电子账册被撤销为止。

三是出口加工区等特殊区域监管模式下的保税加工的期限，原则上是从加工贸易料件进区到加工贸易成品出区办结海关手续为止。

（三）申请核销的期限

申请核销的期限是指加工贸易经营人向海关申请核销的最后日期。具体依据不同的监管方式规定如下：

一是电子化手册管理的保税加工货物报核期限是在电子化手册有效期到期或最后一批成品出口后30天内；

二是电子账册管理的保税加工货物报核期限，一般以180天为一个报核周期，首次报核是从海关批准电子账册建立之日起算满180天后30天内报核，以后则从上一次的报核日起算满180天后的30天内报核；

三是出口加工区经营保税加工业务的企业，每180天（即6个月）向海关申报一次保税加工货物进境、出境的实际情况；

四是珠海园区内经营保税加工业务的企业，自开展有关业务之日起，每年向海关办理报核手续一次。

（四）保税加工货物担保管理

保税加工货物料件进境时未办理纳税手续，海关监管制度要求未办理纳税手续进境的适用海关事务担保。对于保税加工货物，海关事务担保目前有两种担保管理方式。

1. 加工贸易银行保证金台账制度

加工贸易银行保证金台账制度是指按照海关事务担保的原则，根据加工贸易货物通关管理的不同需要，由海关确认对某加工贸易合同的管理要求，银行根据海关核准的加工贸易备案进口料件金额建立台账的制度。加工贸易银行保证金台账制度是充分发挥海关、银行等部门的监督作用，堵塞加工贸易管理上的漏洞的重要措施。该制度通过银行保证金台账这一手段，把海关的备案和核销管理与银行的台账管理紧密地结合在一起，健全、完善了我国税收保全机制。该制度的实施主要针对非特殊监管区域的监管模式，即非物理围网式的加工贸易企业。

加工贸易银行保证金台账制度建立在对不同地区的加工贸易企业管理和对加工的商品分类管理的基础上，通过风险分析，根据加工贸易企业的不同信用风险类别，实现对加工贸易的有效风险监管。

（1）加工贸易业务按地区划分管理

加工贸易业务管理按地区划分为东部地区和中西部地区。东部地区包含7省3市，即辽宁省、河北省、山东省、江苏省、浙江省、福建省、广东省、北京市、天津市和上海市。中西部地区是指东部地区以外的其他地区。

（2）加工贸易商品分类管理

根据国家产业政策的要求，优化加工贸易结构，国家制定了加工贸易分类管理商品目录，将加工贸易商品分为禁止类、限制类、允许类。

关于加工贸易禁止类商品，目前公布的加工贸易禁止类商品目录共有1700余个10位数商品编码的商品，禁止类商品主要包括以下5个方面：

一是国家明令禁止进出口的商品；

二是为种植、养殖而进口的商品；

三是可能引起高能耗、高污染的商品；

四是低附加值、低技术含量的商品；

五是其他列名的加工贸易禁止类商品。

对列入加工贸易禁止类进口商品目录的，规定凡用于深加工结转转入或从具有保税加工功能的海关特殊监管区域内企业经过实质性加工后进入区外的商品，不按加工贸易禁止类进口商品管理。凡用于深加工结转转出或进入具有保税加工功能的海关特殊监管区域内企业加工生产的商品，不按加工贸易禁止类出口商品管理，这些商品未经实质性加工不能直接出境。

以上加工贸易深加工结转方式转出、转入的商品属于限制类的，按允许类商品管理。

（3）加工贸易企业信用分类管理

海关根据企业的资信状况对加工贸易企业实行高级认证企业、常规管理企业和失信企业3个类别的管理。

除禁止类商品外，海关根据商品类别和企业信用类别采取不同的保证金台账管理措施。

（4）加工贸易银行台账制度的实施内容

①任何企业都不得开展禁止类商品的加工贸易。

②不管是东部地区或者中西部地区，适用失信企业管理的企业开展加工贸易的，进口限制类或者允许类商品都要设立银行台账，并按全部进口料件应征税款金额100%收取保证金，实行"实转"管理。

③东部地区适用常规管理企业开展加工贸易的，进口限制类或者允许类商品，均需设立银行台账。进口限制类商品，按进口限制类商品应征税款金额的50%收取保证金，实行"半实转"管理。进口允许类商品不收取保证金，实行"空转"管理。

④中西部地区适用常规管理企业，企业开展加工贸易进口限制类或者允许类商品，均需设立银行台账，但不收取保证金，实行"空转"管理。

⑤适用高级认证企业，不管在东部地区或者中西部地区开展加工贸易进口允许类商品，不设立银行台账，实行"不转"管理。进口限制类商品，需要设立银行台账，但不收取保证金，实行"空转"管理。

⑥适用高级认证企业、常规管理企业的加工贸易，不论在东部地区或者中西部地区进口料件（不管是限制类还是允许类商品），金额在1万美元及以下的，可以不设立银行台账，实行"不转"管理。

⑦适用高级认证企业、常规管理企业的加工贸易，进口金额在5000美元及以下的，78种客户提供的服装辅料（指列明的拉链、纽扣、鞋扣、扣襻、搭扣、揿扣、垫肩、胶带、花边、滚条等），均不需要设立银行台账，实行"不转"管理。

⑧东部地区适用常规管理企业从事限制类商品加工贸易，其台账保证金的计算公式：

A. 进口料件属于限制类商品或进口料件、出口成品均属限制类商品的。

台账保证金 = （进口限制类料件的关税 + 进口限制类料件的增值税）×50%

B. 出口成品属于限制类商品的。

台账保证金 = 进口料件备案总值 × （限制类成品备案总值 ÷ 全部出口成品备案总值）×22% ×50%

⑨适用失信企业管理的企业从事加工贸易台账，其保证金计算公式：

台账保证金 = （进口全部料件的进口关税 + 进口全部料件的进口增值税）×100%

⑩海关特殊监管区域（即出口加工区、珠海园区、保税区、保税港区、综合保税区等）内从事加工贸易的企业，无论是进口限制类或者允许类商品，均不需设立银行台账，实行"不转"管理。

表 8-1　加工贸易银行保证金台账分类管理情况表

银行台账分类管理内容	禁止类商品		限制类商品		允许类商品		1万美元及以下的零星料件进口	5000美元及以下的78种客户提供的服装辅料的进口
	东部地区	中西部地区	东部地区	中西部地区	东部地区	中西部地区		
高级认证企业	不准开展禁止类商品加工贸易		空转		不转		不转	不转（不领手册）
常规管理企业			半实转	空转	空转		不转	不转（不领手册）
失信企业			实转		实转		实转	实转
特殊监管区域企业	不转							

注：1. 表中的"不转"表示"不设银行台账"；"空转"表示需要设立银行台账，但不需付保证金；"半实转"表示需要设立银行台账，并需要交付应纳税款50%的保证金；"实转"表示需要设立银行台账，并需要交付应纳税款100%的保证金。

2. 表中"78种客户提供的服装辅料"是指列明的拉链、纽扣、鞋扣、扣襻、搭扣、揿扣、垫肩、胶带、花边、滚条等一般合同中订明由境外厂商提供的辅料。

2. 风险担保金管理制度

风险担保金管理制度是海关事务担保的原则制度，是指在对加工贸易货物通关管理中，依据《中华人民共和国海关加工贸易货物监管办法》第二章"加工贸易货物手册设立"第十三条规定，海关应当在有相关情形的经营企业提供相当于进口料件应缴税款金额的保证金或者银行、非银行金融机构保函后办理加工贸易手册设立手续的制度。

依据《中华人民共和国海关加工贸易货物监管办法》的规定，经营企业有下列情形之一的，海关应当在经营企业提供相当于进口料件应缴税款金额的保证金或者银行、非银行金融机构保函后办理手册设立手续：

（1）涉嫌走私，已经被海关立案侦查，案件尚未审结的；

（2）由于管理混乱被海关要求整改，在整改期内的。

经营企业有下列情形之一的，海关可以要求经营企业在办理加工贸易手册设立手续时提供相当于进口料件应缴税款金额的保证金或者银行、非银行金融机构保函：

（1）租赁厂房或者设备的；

（2）首次开展加工贸易业务的；

(3) 加工贸易手册延期两次（含两次）以上的；
(4) 办理异地加工贸易手续的；
(5) 涉嫌违规，已经被海关立案调查，案件尚未审结的。

第四节 保税加工货物电子化手册通关管理

电子化手册是以加工贸易合同为管理单元，在手册设立、通关、核销等环节采用"电子化手册＋自动核算"取代纸质手册，并实现"电子申报、网上备案、无纸通关、无纸报核"，是我国海关对保税加工货物的一种监管模式。企业凭电子化手册，通过"中国国际贸易单一窗口"申报加工贸易货物进出境、深加工结转、外发加工、保税货物内销、核销等电子数据。系统对电子化手册数据进行自动对碰、自动审核、自动放行、自动核扣。

手册编号由12位阿拉伯数字和大写英文字母组成。第1位为英文字母，其中B表示来料加工、C表示进料加工、D表示不作价设备；第2～5位表示海关关区代码；第6位表示年份；第7位表示经营单位企业性质，其中1表示国有企业、2表示中外合作经营企业、3表示中外合资企业、4表示外商独资企业；第8位中的5表示电子化手册、2表示纸质手册；第9～12位是手册顺序号。

电子化手册通关程序：前期阶段，设立电子化手册；进出境阶段，保税加工货物进出口报关；后续阶段，保税加工贸易合同核销。

一、设立电子化手册

电子化手册设立，是指企业凭加工贸易合同，向所在地主管海关办理电子化手册，海关对申报内容予以审核后建立电子化手册的过程。

（一）手册设立或变更的基本程序

企业通过金关工程（二期）加工贸易管理系统直接发送手册设立或变更数据，上传加工贸易合同或协议，以及海关按规定需要收取的其他单证和资料。海关按规定对企业申报的手册设立或变更数据进行审核并反馈，相关处置完成后，系统生成或变更电子化手册。

（二）手册设立需申报单证和资料

首次办理的企业，登录"加工贸易企业经营状况及生产能力信息系统",自主填报相关信息表并对信息真实性做出承诺。信息表有效期为自填报或更新之日起1年,到期后或相关信息发生变化,企业应及时更新信息表。

1. 办理加工贸易货物的手册设立手续时,企业应向海关如实申报贸易方式、单耗、进出口岸,以及进口料件和出口成品的商品名称、商品编码、规格型号、价格、原产地等情况,并且提交下列单证:经营企业对外签订的合同;经营企业委托加工的,应提交经营企业与加工企业签订的委托加工合同;海关认为需要提交的其他证明文件和材料。

2. 申报保税进口消耗性物料时,企业应当在"加工贸易企业经营状况及生产能力信息系统"上填报。企业在办理手(账)册设立(变更)手续时,应当向主管海关提交"加工贸易项下进口消耗性物料申报表"。根据海关监管需要,企业还应补充相关材料:消耗性物料的属性和用途说明;消耗性物料在加工过程中的化学反应或物理变化原理、化学反应式、耗用量,以及与成品的匹配关系等书面材料;海关认为需要提交的其他证明文件和材料。

企业应在手(账)册设立(变更)环节向海关申报消耗性物料时,在"商品名称"栏的首字节起注明"【消】",在"单耗/净耗"栏目内如实申报耗用量。消耗性物料应当与其他保税料件分项申报。

3. 加工贸易项下出口应税商品申报时,如系全部使用进口料件加工的成品,不征收出口关税;部分使用进口料件加工的成品,按海关核定的比率征收出口关税。企业应在设立(变更)手册时,向海关如实申报出口成品中使用的国产料件占全部料件的价值比例,并申报国产料件的品种、规格、型号、数量、价值。

计算公式:

出口关税 = 出口货物完税价格 × 出口成品中使用的国产料件占全部料件价值比例

其中:

出口成品中使用的国产料件占全部料件价值比例 = 物化在成品中国产料件价值 ÷ (物化在成品中国产料件价值 + 保税料件价值)

4. 涉及相关进出口许可证件管理的,除易制毒化学品、监控化学品、消耗臭氧层物资、原油、成品油等规定商品外,均可以免予交验进口许可证件。所称"免予交验进口许可证件",并不包括涉及公共道德、公共卫生、公共安全所实施的进出口管制证件。

（三）与设立手册相关的规定

1. 加工贸易合同项下，海关准予备案的料件，包括为履行产品出口合同而进口直接用于加工出口产品而在生产过程中消耗掉的数量合理的触媒剂、催化剂、磨料、燃料，全额保税。

海关不予备案的料件以及试车材料未列名的消耗性物料等不予保税，进口时按照一般进口货物照章征税。

2. 进口金额在1万美元及以下的高级认证企业、常规管理企业的加工贸易，可以不设台账，因此，也不必向银行交付保证金。

3. 适用高级认证企业、常规管理企业的加工贸易，其进口金额在5000美元及以下的78种客户提供的服装辅料（拉链、纽扣、鞋扣、扣襻、搭扣、摁扣、垫肩、胶袋、花边、滚条等）免建立手册，但必须凭出口合同向主管海关备案。海关在备案出口合同上签章并编号。

4. 加工贸易禁止类商品海关不准予备案。

5. 进口消耗臭氧层物资、易制毒化学品、监控化学品，在备案时需要提供进出口许可证或两用物项和技术进出口许可证复印件。

6. 进出口音像制品、印刷品、地图产品及附地图的产品，进口工业再生废料等，在备案时需要提供有关主管部门签发的许可证件或批准文件。

7. 加工贸易手册进口关税配额农产品（小麦、玉米、稻谷和大米、棉花、食糖、羊毛、毛条）的时期限不超过6个月（食糖不超过3个月）。上述商品设立手册时须提交省级商务部门审批的"加工贸易业务批准证"。

8. 在设立加工贸易手册时涉及以下商品的，需提交省级商务部门审批的"加工贸易业务批准证"：

（1）料件：聚酯切片、棉花、食糖、羊毛、植物油、原油、成品油、甘草及甘草制品、冻鸡、生皮。

（2）成品：白银、锌、石蜡、成品油、汽车、卫星电视接收设施。

（四）不得办理手册设立手续的情形

依据《中华人民共和国海关加工贸易货物监管办法》，加工贸易企业有下列情形之一的，不得办理手册设立手续：

1. 进口料件或者出口成品属于国家禁止进出口的；
2. 加工产品属于国家禁止在我国境内加工生产的；

3. 进口料件不宜实行保税监管的;

4. 经营企业或者加工企业属于国家规定不允许开展加工贸易的;

5. 经营企业未在规定期限内向海关报核已到期的加工贸易手册,又重新申报设立手册的。

经营企业办理加工贸易货物的手册设立,申报内容、提交单证与事实不符的,海关按照下列规定处理:

1. 货物尚未进口的,海关注销其手册。

2. 货物已进口的,责令企业将货物退运出境。经营企业也可以向海关申请提供相当于进口料件应缴税款金额的保证金或者银行、非银行金融机构保函,并且继续履行合同。

(五) 加工贸易电子化手册变更

加工贸易电子化手册变更是指经营企业因原备案品名、规格、金额、数量、加工期限、单耗、准予商品编码等发生变化,以及电子化手册有效期需要延长,向主管海关申请备案变更手续,可分为新增变更、修改变更和删除变更3种。加工贸易电子化手册设立内容发生变更的,经营企业应当在加工贸易手册有效期内办理变更手续。

为了简化变更手续,对对外贸易性质不变、商品品种不变,合同变更金额小于1万美元(含1万美元)和合同延长期不超过3个月的合同,企业可以直接到海关和银行办理变更手续,不需要再经过商务主管部门重新审批。

企业存在下列情形之一的,海关不予变更:

1. 未在规定期限内向海关办理变更手续的;

2. 经营企业申请变更的理由与实际情况不符的;

3. 经营企业申请变更单耗的成品已全部出口完毕的;

4. 经营企业或者加工企业申请变更的事项涉嫌走私、违规,已被海关立案调查、侦查,且案件未审结的。

(六) 与合同备案、设立电子化手册相关的事宜

1. 商品归类

商品归类是指加工贸易企业首先需要确定所有备案保税料件、成品应按照《协调制度》中的商品归类原则、方法进行预归类,其预归类信息包括货号、商品编码、商品名称、计量单位、是否为主料等。

2. 商品归并关系

加工贸易企业对货物（料件、成品）的管理要满足企业生产成品工艺要求的需要，因而对企业内部货物的管理要精细，而海关是从加工贸易监管效率出发对加工贸易货物进行重点监管或一般监管，因此，建立电子化手册（账册）时，联网企业应根据监管的需要，按照商品的中文品名、海关编码、价格、计量单位、贸易管制等条件，将联网企业内部系统管理的商品（即"料号级商品"）与电子化手册（账册）备案的商品（即"项号级商品"），按照上述监管原则进行归并或者拆分，使之建立起"一对多"或"多对一"的稳定对应关系。

3. 异地加工贸易

异地加工是指在一直属海关关区内加工贸易经营企业将进口料件委托给另一直属海关关区内加工生产企业进行加工，成品回收后再组织出口的加工贸易业务。

国家规定开展加工贸易业务，应当由经营企业到加工企业的所在地主管海关办理加工贸易合同备案手续。经营企业和加工企业可能是同一企业，也可能不是同一企业。

经营企业是指负责对外签订加工贸易进出口合同的各类进出口企业以及经批准获得来料加工经营许可的对外加工、装配服务公司。

加工企业是指接受经营企业委托，负责对进口料件加工或装配且具有法人资格的生产企业，以及由经营企业设立的虽不具有法人资格，但实行相对独立核算并已经办理营业执照的工厂。

（1）开展异地加工贸易的基本规定

①加工贸易经营企业与加工生产企业开展异地加工贸易，双方须遵守国家对加工贸易管理的有关规定，加工贸易经营企业不得将保税进口料件转卖给加工生产企业，双方须签订符合《海关法》规定的委托加工合同。

②开展异地加工贸易，加工贸易经营企业应在加工生产企业所在地设立台账，向加工生产企业所在地主管海关办理合同备案手续。

③海关对开展异地加工贸易经营企业和加工生产企业实行分类管理。如果两者的管理类别不同，按其中较低类别适用监管措施。如果实行保证金台账的，应由经营企业缴纳保证金。

（2）异地加工贸易合同备案的步骤

①加工贸易经营企业凭所在地商务主管部门核发的"加工贸易业务批准

证书"和加工生产企业所在地县级以上商务主管部门出具的"加工贸易加工企业经营状况和生产能力证明",填制"异地加工贸易申请表",向加工贸易经营企业所在地主管海关提出异地加工贸易申请,经海关审核后领取加工贸易经营企业所在地主管海关的关封。

"关封"是指有海关编号的,用于海关内部联系、交接有关单证所使用的印有"海关关封"字样的海关专用信封文件,不可以被私自拆开。"关封"已经逐步改为海关之间传送的电子信息。

②加工贸易经营企业持关封和合同备案所需要的单证到加工生产企业所在地主管海关办理合同备案手续。

4. 加工贸易外发加工

加工贸易外发加工是指加工贸易经营企业因受自身生产条件限制经海关批准并办理有关手续,将部分工序委托给承揽企业对加工贸易货物进行加工,在规定的期限内将加工后的产品运回本企业,最终复运出口的行为。

外发加工的成品、剩余料件,以及生产过程中产生的边角料、残次品、副产品等加工贸易货物,经加工贸易经营企业所在地主管海关批准,可以不运回本企业。

加工贸易经营企业申请外发加工业务应当向海关提交下列单证:

(1) 加工贸易经营企业签章的"加工贸易货物外发加工申请表";

(2) 加工贸易经营企业与承揽企业签订的加工合同或者协议;

(3) 承揽企业的营业执照复印件;

(4) 加工贸易经营企业签章的"承揽企业经营状况和生产能力证明";

(5) 海关需要收取的其他单证和材料。

加工贸易经营企业申请开展外发加工业务,应当如实填写"加工贸易货物外发加工申请审批表"及"加工贸易外发加工货物外发清单",经海关审核批准后方可进行外发加工。

外发加工业务中,加工贸易经营企业和承揽企业需共同接受海关监管,因此,加工贸易经营企业应该要求承揽企业严格遵守海关监管制度和相关规定。

5. 加工贸易单耗管理及申报

加工贸易单耗申报是指加工贸易企业在备案时,在货物出口、深加工结转、内销及报核前填写"中华人民共和国海关加工贸易单耗申请表"并向海关如实申报加工贸易单耗的行为。单耗管理是海关加工贸易监管体系中的核心内容之一。

海关通过"加工贸易手册设立→中期核查→核销核查"的监管机制监控企业加工贸易货物的动态情况,可以说单耗管理贯穿海关加工贸易监管的全过程。

(1) 单耗

单耗是指加工贸易企业在正常的加工条件下,加工单位成品所耗用的料件数量。单耗包括净耗和工艺损耗。

净耗是指加工后,料件通过物理变化或者化学反应存在或者转化到单位成品中的量。

工艺损耗是指因加工工艺的原因,料件在正常加工过程中除净耗外所必需的耗用,但不能存在或者转化到成品中的量,它包括有形损耗和无形损耗。

工艺损耗率是指工艺损耗占所耗用料件的百分比。

上述几个概念之间的关系,可以用以下公式表示:

$$单耗 = \frac{净耗}{(1-工艺损耗率)}$$

单耗申报的具体内容包括以下3点:

①加工贸易项下料件和成品的商品名称、商品编码、计量单位、规格型号和品质;

②加工贸易项下的成品单耗;

③加工贸易同一料件有保税和非保税料件的,企业应当申报非保税料件的比例、商品名称、计量单位、规格型号和品质。

以下6种情况不能列入工艺损耗范围:

①因突发停电、停水、停气,或者其他人为原因造成保税料件、半成品、成品的损耗;

②因丢失、破损等原因造成保税料件、半成品、成品的损耗;

③因不可抗力造成保税料件、半成品、成品灭失、损毁或者短少的损耗;

④因进口保税料件和出口成品的品质、规格不符合合同要求,造成用料量增加的损耗;

⑤因工艺性配料所用的非保税料件所产生的损耗;

⑥加工过程中消耗性材料的损耗。

(2) 单耗标准

单耗标准是由海关总署和国家发改委组织,相关部门、行业协会负责起草制定,由专家委员会审定通过后公布执行的加工贸易单耗管理准则。

单耗标准一般为通用或者重复使用的加工贸易单位成品耗料量。单耗标准设定最高上限值，其中出口应税成品单耗标准增设最低下限值。

单耗标准适用于海关特殊监管区域、保税监管场所以外的加工贸易企业，海关特殊监管区域、保税监管场所内的加工贸易企业不适用单耗标准管理。

海关特殊监管区域、保税监管场所以外的加工贸易企业应当在单耗标准内向海关进行单耗备案或者单耗申报。海关特殊监管区域、保税监管场所以外的加工贸易企业申报的单耗在单耗标准内的，海关按照申报的单耗对保税料件进行核销；申报的单耗超出单耗标准的，海关按照单耗标准设定最高上限值或者最低下限值对保税料件进行核销。

6. 加工贸易串料申请

经营企业因加工出口产品急需，申请在本企业内部进行料件串换的，需要提交书面申请并符合下列条件：

（1）保税进口料件之间、保税进口料件与征税进口料件之间的串换，必须符合"同品种、同规格、同数量"的条件；

（2）保税进口料件和国产料件（不含深加工结转料件）之间的串换，必须符合"同品种、同规格、同数量、关税税率为零，且商品不涉及进出口许可证管理"的条件。

经海关批准的保税进口料件和征税进口料件之间及保税进口料件和国产料件之间发生串换，串换下来的同等数量的保税进口料件由企业自行处置。

二、进出口报关

电子化手册管理下的保税加工贸易货物报关，适用进出境阶段的报关程序。电子化手册管理下的保税加工贸易货物报关包括保税加工货物进口料件和出口成品的报关、深加工结转货物的报关和其他保税加工货物的报关。

保税加工货物报关由加工贸易经营单位或其代理人向海关申报。

（一）保税加工货物进口料件和出口成品的报关

企业通过金关工程（二期）加工贸易管理系统办理加工贸易进口料件和出口成品。向海关申报保税核注清单及报关单办理进口料件和出口成品的进出口报关手续，必须凭电子化手册编号或持其他准予合同备案的凭证报关。其报关程序与一般进出口货物比较，其中申报、配合查验、提取货物或装运货物3个环节与一般进出口货物基本一致，不同之处在于保税加工货物进料件报关中的缴纳税费是暂缓纳税，即保税。除此之外，在具体申报及执行监管制度方面，还存在以下区别。

1. 保税加工货物进出口申报数据必须与加工贸易合同备案数据完全一致

保税加工货物进出境报关，是发生在加工贸易企业在保税加工货物进出口前已经向主管海关办理了备案的情况下进行的。海关计算机系统中已经生成该企业保税加工货物的电子底账，并将有关电子数据通过网络传输到相关的口岸海关，也就是说，主管海关与口岸海关形成了一条完整、无缝对接的信息链。因此，企业在口岸海关报关时提供的有关单证内容必须与电子底账数据相一致，也就是说，报关数据必须与合同备案数据完全一致。具体到某一种商品的报关，其商品编码、品名、规格、计量单位、数量、币制等与备案数据无论是在字面上，还是在计算机格式上，都必须完全一致。如果某一方面不一致，就通过不了审单的逻辑系统。为此，申报时首先必须做到报关数据的准确输入。

2. 保税加工货物进出境报关时许可证件管理和税收征管要求与一般进出口货物的报关要求也有所区别

（1）关于进出口许可证件的管理

①进口料件，除易制毒化学品、控制化学品、消耗臭氧层物质、原油、成品油等个别规定商品外，均可以免予交验进口许可证件。需要说明的是，所谓"免予交验进口许可证件"，并不包括涉及国家公共道德、公共卫生、公共安全所实施的进出口管制证件。

②出口成品，属于国家规定应交验出口许可证件的，在出口报关时必须交验出口许可证件。

（2）关于进出口税收的管理

①准予保税的加工贸易料件，进口时暂缓纳税。

②加工贸易项下的出口应税商品，如全部使用进口料件加工生产的产（成）品，不征收出口关税。

③加工贸易项下的出口应税商品，如部分使用进口料件、部分使用国产料件加工生产的产（成）品，则按海关备案核定的比例征收出口关税。

具体的计算公式如下：

出口关税 = 出口货物的完税价格 × 出口关税税率 ×
　　　　　出口产（成）品使用国产料件占全部料件的价值比例

其中，出口货物的完税价格由海关根据《中华人民共和国海关审定进出口货物完税价格办法》（以下简称《审价办法》）的规定审核确定。

④加工贸易出口某些特殊商品按照规定应征收出口关税的，如加工贸易出口的"未锻铝"，无论其是否全部使用进口料件生产，一律按一般贸易出口货物计价计征出口关税。

（二）深加工结转货物的报关

企业通过金关工程（二期）加工贸易管理系统办理"加工贸易深加工结转"，向海关申报保税核注清单及报关单，办理加工贸易深加工结转报关手续。

1. 深加工结转

加工贸易深加工结转是指加工贸易企业将保税进口料件加工的产品转至某一加工贸易企业，进一步加工后复出口的经营活动。我们知道，一件提供给市场消费或使用的终端产（成）品，一般都需要经过两个或两个以上的加工生产行业加工。深加工结转就是在这种实际状况下展开的，是由原来单一行业对进口料件的加工到多个行业的深加工。这意味着对进口料件的加工生产链延长，从而提高了复出产（成）品的附加值，同时也使参与深加工的相关企业获得了相应的经济效益，使加工贸易合同双方赢得极大的经济成果，使我国加工资源得到充分利用。因此，深加工结转的贸易方式也得到了国家政策的支持，如前面加工贸易银行保证金台账制度中的如下规定：

（1）列入加工贸易禁止类商品目录的，凡用于深加工结转转入，或经具有保税加工功能的海关特殊监管区域内企业进行实质性加工后进入区外的商品，不按加工贸易禁止类进口管理；

（2）列入加工贸易禁止类出口商品目录的，凡用于深加工结转转出或转入，供具有保税加工功能的海关特殊监管区域内企业加工生产的商品，不按加工贸易禁止类出口商品管理；

（3）以深加工结转方式转出、转入的商品属于限制类的，按允许类商品管理。

2. 深加工结转货物的报关程序

深加工结转货物报关的程序分为计划备案、收发货登记和结转报关3个环节。

（1）计划备案

开展加工贸易深加工结转转入、转出企业应当向各自主管海关提交保税加工货物"深加工结转申请表",申请结转计划备案。具体操作如图 8-1 所示。

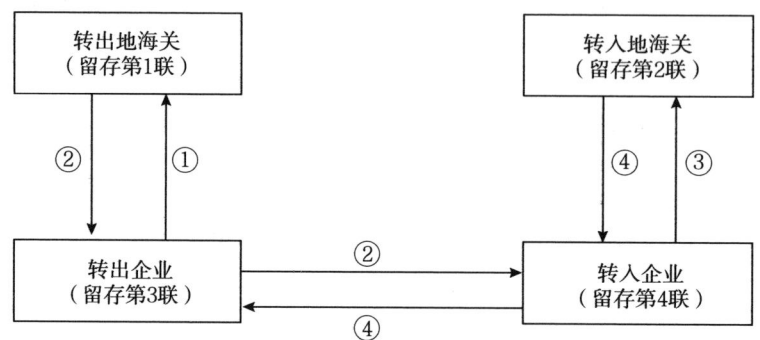

图 8-1 深加工结转申请表流转示意图

①转出企业在"深加工结转申请表"(1式4联)中,填写本企业的转出计划并签章,凭申请表向转出地海关备案。

②转出地海关备案后,留存申请表第1联,其余3联退还转出企业,并交转入企业。

③转入企业自转出地海关备案之日起,20日内持申请表其余3联,填制本企业的相关内容后,向转入地海关办理备案手续并签章。如若转入企业在20日内未递交申请表或者虽向海关递交,但因申请表内容不符合海关规定而未获准的,该份申请表作废,转出、转入企业应当重新填报和办理备案手续。

④转入地海关审核后,将申请表第2联留存、第3联交转出企业、第4联交转入企业,凭以办理结转收发货登记及报关手续。

(2)收发货登记

转出、转入企业办理结转计划备案手续后,应当按照经两地海关核准后的申请表进行实际收发货。

转出、转入企业的每批次收发货都应当在保税货物实际结转情况登记表上进行如实登记,并加盖企业结转专用名章。

结转货物若有退货的,转入、转出企业应当将实际退货情况在登记表中进行登记,同时注明"退货"字样,并各自加盖企业结转专用名章。

(3)结转报关

转出、转入企业实际收发货后,应当按照以下规定办理结转货物的报关手续。

①转出、转入企业分别在转出地、转入地海关办理结转货物报关手续。

转出、转入企业可以凭一份申请表分批或者集中办理报关手续。

转出企业每批实际发货后 90 天内办结该批货物的报关手续，转入企业每批实际收货后 90 天内办结该批货物的报关手续。

②转入企业凭申请表、登记表等单证向转入地海关办理结转进口报关手续，并在结转进口报关后的第 2 个工作日内将报关情况通知转出企业。

③转出企业自接到转入企业通知之日起 10 日内凭申请表、登记表等单证向转出地海关办理结转出口报关手续。

④结转进口、出口报关单的申报价格，应为结转货物的实际成交价格。

⑤一份结转进口报关单对应一份结转出口报关单，两份报关单之间对应的申报序号、商品编码、数量、价格和手册编号等应当一致。

⑥结转货物分批报关的，企业应当同时提供申请表、登记表的原件及复印件。

3. 海关深加工结转管理的规范和要求

（1）加工贸易经营企业进口加工贸易货物，可以从境外或者海关特殊监管区域、保税监管场所进口，也可以通过深加工结转方式转入；加工贸易经营企业出口加工贸易货物，可以向境外或者海关特殊监管区域、保税监管场所出口，也可以通过深加工结转方式转出。

（2）加工贸易企业开展深加工结转的，转入企业、转出企业应当向各自的主管海关通过填制"深加工结转申报表"向海关申报，办理实际收发货及报关手续。

加工贸易企业有下列情形之一的，不得办理深加工结转手续：

①不符合海关监管要求，被海关责令限期整改，在整改期内的；

②有逾期未报核手册的；

③由于涉嫌走私已经被海关立案调查，尚未结案的。

（3）企业在办理深加工结转业务时，有未按照有关规定进行收发货申报情形的，在补办有关手续前，海关不再受理新的"深加工结转申报表"，并可以根据实际情况暂停已办理"深加工结转申报表"的使用。

（4）深加工结转报关单因故需要修改或者撤销的，企业应按照报关单修改、撤销的规定办理；但对已放行的深加工结转报关单，不得修改，只能撤销。

（5）转出、转入企业违反有关规定的，海关依照《海关法》及《海关行政处罚实施条例》的规定处理；构成犯罪的，依法追究其刑事责任。

(三) 其他保税加工货物的报关

其他保税加工货物是指履行加工贸易合同过程中产生的剩余料件、边角料、残次品、副产品和受灾保税货物。

剩余料件是指加工贸易企业在从事加工复出口业务过程中剩余的可以继续用于加工制成品的加工贸易进口料件。

边角料是指加工贸易企业在从事加工复出口业务过程中，在海关核定的单耗标准内的加工过程中产生的无法再用于加工该合同项下的出口制成品的数量合理的废、碎料及下脚料。

残次品是指加工贸易企业在从事加工复出口业务过程中，产生的有严重缺陷、达不到出口合同标准、无法复出口的制成品（包括完成品和未完成品）。

副产品是指加工贸易企业在从事加工复出口业务过程中，加工生产出口合同规定的制成品（主产品）过程中，同时产生的且出口合同未规定应当复出口的一个或一个以上的其他产品。

受灾保税货物是指加工贸易企业在从事加工出口业务过程中，因不可抗力原因或其他经海关审核认可的正当理由造成损毁、灭失、短少等导致无法复出口的保税进口料件和加工制成品。

上述剩余料件、边角料、残次品、副产品和受灾保税货物均属于加工贸易合同备案准予保税的进口料件的一部分。企业必须在加工贸易手册有效期内，按照海关规定的处理方式，即内销、结转、退运、放弃、销毁等方式，处理完毕。除销毁方式外，其他处理方式都必须填制报关单报关。有关报关单是企业向海关办理报核的必要单证。

1. 内销报关

企业通过金关工程（二期）加工贸易管理系统办理加工贸易货物内销业务时，直接通过保税核注清单生成内销征税报关单，申报内销征税手续，不再向海关申报"加工货物内销征税联系单"。

保税加工货物转内销应经商务主管部门审批，加工贸易企业凭"加工贸易保税进口料件内销批准证"向主管海关办理内销料件正式进口报关手续、缴纳进口税和缓税利息，属于进口许可证件管理的企业还应按规定向海关补交进口许可证件。商务主管部门为了简化审批手续，申请内销的剩余料件，如果金额占该加工贸易合同项下实际进口料件总金额3%及以下且总值在人民币1万元及以下的,免予审批,免予交验许可证件。

保税加工货物批准内销、征税应按以下规定执行。

(1) 关于征税的数量确定

剩余料件和边角料内销,直接按申报数量计征进口税;制成品和残次品,根据单耗关系折算耗用掉的保税进口料件数量计征进口税;副产品内销,按申报时实际状态的数量计征进口税。

(2) 征税时关于完税价格的确定

①进料加工的进口料件或者其制成品(包括残次品)内销时,以料件的原进口成交价格为基础确定完税价格。料件原进口成交价格不能确定的,以接受内销申报同时或者大约同时进口的与料件相同或者类似的货物的进口成交价格为基础,确定完税价格。

②来料加工的进口料件或者其制成品(包括残次品)内销时,以接受内销申报同时或者大约同时进口的与料件相同或类似的货物的进口成交价格为基础,确定完税价格。

③加工企业内销加工过程中产生的副产品或者边角料,以其内销价格作为完税价格。

(3) 征税时关于税率的确定

经批准的转内销征税,适用海关接受申报办理纳税手续之日起实施的税率。如内销商品属于关税配额管理,而在办理纳税手续时没有配额证的,应当按该商品配额外适用的税率缴纳进口税。

(4) 关于征税的缓税利息

保税加工货物(包括加工贸易保税料件或者制成品以及剩余料件、残次品、副产品和受灾货物)经批准内销,凡依法需要征收税款的,除征收税款外,还应加征缓税利息。边角料不征缓税利息。

缓税利息计息期限的起始日为内销商品所对应的加工贸易合同项下首批料件进口之日,终止日期为海关填发税款缴款书之日。缓税利息的利率按海关总署定期确定的银行活期存款利率计征。

2. 结转报关

加工贸易企业通过金关工程(二期)加工贸易管理系统办理加工贸易余料结转,应在规定时间内向海关申报保税核注清单,办理余料结转手续,实行企业余料结转一次申报。海关对加工贸易余料结转业务不再进行事前审核。

加工贸易企业可以向海关申请将剩余料件结转至另一个加工贸易合同生产出口，但必须符合在同一经营单位、同一加工厂、同样的进口料件和同一加工贸易方式的情况下结转。

加工贸易企业申请办理剩余料件结转时应向海关提供以下单证：

（1）企业申请剩余料件结转的书面材料；

（2）企业拟结转剩余料件的清单；

（3）海关按规定需要收取的其他单证和材料。

海关依法对企业结转申请予以审核，对符合规定的做出准予结转剩余料件的决定。如果同意加工贸易经营单位申请将剩余料件结转到同一直属关区内的另一加工厂，主管海关在收取与结转料件保税税款等值的风险担保金后，可予同意（银行台账实转金额不低于结转货物应纳税款的免收）。

加工贸易企业因合同变更、外商毁约等原因无法履行原出口合同，申请将原进口保税料件尚未加工的剩余料件结转给另一个加工贸易合同项下加工复出口的，海关比照上述剩余料件结转的办法办理报关手续。

3. 退运报关

加工贸易企业因故申请将剩余料件、边角料、残次品等保税加工货物退运出境的，应凭"加工贸易登记手册"等有关单证，向口岸海关办理出口报关手续，留存有关报关单准备核销。

4. 放弃报关

企业因故无法内销或退运而申请将剩余料件、边角料、残次品、副产品等保税加工货物交海关处理，应当提交书面申请。经海关核定有使用价值的，按照《海关法》规定变卖处理。

有下列情形之一的，海关将做出不予放弃的决定：

（1）申请放弃的货物属于国家禁止或限制进口的废物的；

（2）申请放弃的货物属于对环境造成污染的；

（3）法律、行政法规、规章规定不予放弃的其他情形。

对上述海关不予放弃的货物，海关告知企业按规定将有关货物退运、征税、内销，在海关或有关主管部门监督下予以销毁或者进行其他妥善处理。

对符合规定的，海关将做出准予放弃决定，开具加工贸易企业放弃加工贸易货物交接单。企业凭以在规定的时间内将放弃货物运至指定仓库，并办理货物的报关手续，留存有关报关单证准备核销。

主管海关凭接受放弃货物的盖有部门签章的加工贸易企业放弃加工贸易

货物交接单以及其他有关单证核销企业的放弃货物。

5. 销毁

被海关做出不予结转或不予放弃决定的加工贸易货物，以及涉及知识产权等原因，企业要求销毁的加工贸易货物，企业可以向海关提出销毁申请。经海关核实，同意销毁的，由企业按规定销毁。必要时，海关可以派员监督销毁。货物销毁后，企业应当收取有关部门出具的销毁证明材料，准备报核。

6. 受灾保税加工货物的报关

对于受灾保税加工货物，加工贸易企业应在灾后7日内向主管海关书面报告，并提出证明材料。海关可视情况派员核查，并获取下列证据：

（1）商务主管部门对受灾保税加工货物出具的证明材料；

（2）有关部门对受灾保税加工货物出具的证明材料；

（3）保险公司出具的保险赔款通知书或检验检疫部门出具的检验检疫证明文件。

主管海关将依据以下事实情况对受灾保税加工货物进行审定后，关于税费、许可证件等按相应规定管理。

（1）因不可抗力造成保税加工货物受灾而灭失或者已完全失去使用价值而无法利用的，可由海关审定并予以免税。

（2）因不可抗力造成保税加工货物受灾，需要做销毁处理的，同其他保税加工货物的销毁处理一样。

（3）因不可抗力造成保税加工货物受灾，货物虽然失去原使用价值，但还可以再利用的，经海关审定，按海关审定的受灾保税货物价格，按对应的进口料件适用的税率缴纳进口税和缓税利息。若其对应进口料件属于实行关税配额管理的，按关税配额税率计征税款。

（4）对非不可抗力造成保税加工货物受灾的，经海关审定，海关按原进口货物成交价格审定完税价格，照章征税。若其属于关税配额管理的，无关税配额证的，海关按关税配额外适用的税率计征税款。

（5）因不可抗力造成受灾保税货物对应的原进口料件内销征税，如属进口许可证件管理的，可免予交验进口许可证件。

（6）对非不可抗力造成受灾保税货物对应的原进口料件内销征税，如属进口许可证件管理的，应当交验进口许可证件。

三、加工贸易报核（核销）

海关对加工贸易合同项下的保税货物的结关，是指经审核通过加工贸易企业报核予以结案。可见，加工贸易报核和加工贸易核销是分别由加工贸易经营企业和主管海关针对加工贸易合同项下的货物结关而实施的监管作业流程。

加工贸易报核是指加工贸易经营企业在加工贸易合同履行完毕或终止合同并按规定对未出口的货物进行处理后，提供规定的单证。按照规定的期限和规定的程序，由加工贸易企业向加工贸易主管海关申请报核，由海关依法审查、核查。

加工贸易核销是指加工贸易经营企业加工复出口并对未出口的货物办妥有关海关手续后，凭规定单证向海关申请报核解除监管，经海关审查、核查属实，且符合相关法律、行政法规的规定，予以解除监管核销、结案的行政许可行为。

加工贸易保税货物须经海关核销才能结关。加工贸易合同核销是一项非常复杂的工作，它要求加工贸易经营企业必须在规定的期限内持报核的单证，按规定的程序向主管海关履行报核行为。现将有关规定分述如下。

（一）报核期限

加工贸易经营企业应当在规定的期限内将进口料件加工复出口并自电子化手册项下最后一批成品出口之日起，或者电子化手册到期之日起30日内向海关报核。

加工贸易经营企业对外签订的合同因故提前终止的，应当自合同终止之日起30日内向海关报核。

（二）加工贸易手册报核

经营企业通过金关工程（二期）加工贸易管理系统报核加工贸易进口料件、出口成品、单耗及剩余料件、边角料、残次品等相关数据信息。

加工贸易手册涉及以下情形的，需提交相关单证资料：

1. 加工贸易货物因侵犯知识产权被没收、销毁的，应提交有关行政执法部门出具的没收或者销毁证明；

2. 因走私被海关或法院没收加工贸易货物的，应提交有关行政处罚决定书、判决书等相关证明材料；

3. 经海关核定准予加工贸易货物销毁处置的，应提交处置单位出具的接收单据、销毁处置证明，以及销毁处置后的相关数据信息；

4. 因不可抗力造成保税货物受灾，应提交保险公司出具的保险赔款通知书或其他有效证明文件；

5. 因特殊加工生产需要导致工艺损耗较高的，需提交相关资料或情况说明。

（三）接受报核与海关处置

对企业申报资料和内容不符合规定或监管要求的，海关按规定退单。

对企业报核数据与海关底账出现差异的，海关按规定要求企业查找原因，并提交解释说明材料。

对经核定的剩余料件，海关按规定要求企业在核销期限内办结余料结转、内销征税、退运或放弃等手续。

（四）加工贸易手册核销结案

海关自受理企业报核之日起 20 个工作日内核销完毕，特殊情况下，由直属海关关长批准或者由其授权隶属海关关长批准延长 10 个工作日。

对于未开设台账的加工贸易手册，经核销准予结案的海关向经营单位签发"核销结案通知书"，核销情况正常且开设台账的，由海关签发"银行保证金台账核销联系单"，企业凭以到银行核销台账。其中，"实转"的台账，企业从银行领回保证金和应得的利息或者核销保函，并领取"银行保证金台账核销通知单"，凭以向海关领取"核销结案通知书"。

（五）几种特殊情况的报核

1. 遗失进出口货物报关单的报核

企业如果遗失进出口货物报关单，可以凭报关单复印件，向原报关地海关申请加盖海关印章后报核。

2. 无须申领登记手册的 5000 美元及以下的 78 种列名服装辅料的合同的报核

企业可直接持进出口货物报关单、合同、核销核算表报核。报核的出口货物报关单应当是注明备案编号的一般贸易出口货物报关单。

3. 撤销合同的报核

加工贸易合同备案后，因故提前终止执行未发生进出口而申请撤销的，应报商务主管部门审批。企业凭审批件和手册报核。

4. 有违规走私行为的加工贸易合同的报核

加工贸易企业因走私行为被海关缉私部门或者法院没收加工贸易保税货物的，海关凭相关证明材料，如行政处罚决定书、行政复议决定书、判决书、裁决书等办理核销手续。

5. "三检"部门抽检保税货物的核销

"三检"是指商品检验、卫生检疫和动植物检疫。"三检"部门根据法律、法规对加工贸易保税料件或成品进行合理数量的抽样检查，并出具凭证的，海关凭此证核销。

合理数量是指"三检"部门根据法律、法规规定的标准抽取样品的数量。

"三检"部门抽检加工贸易保税货物时，应事先将抽检范围、数量、标准等情况向当地海关备案，对于抽检数量明显超出合理数量范围并无正当理由的，海关应将有关情况报海关总署。

第五节 保税加工货物电子账册通关管理

一、电子账册概述

（一）联网监管的含义

电子账册管理是海关以加工贸易企业的整体加工贸易业务为单元对保税加工货物实施监管的一种模式。海关为联网企业建立电子底账，联网企业只设立一个电子账册。

海关对加工贸易企业实施联网监管。联网监管即实施联网监管的加工贸易企业（简称"联网企业"）通过数据交换平台或者其他计算机网络的方式，向海关报送能够满足海关监管要求的物流、生产、经营等数据，海关对这些数据进行核对、核算，并结合对实物的核查的一种加工贸易海关监管方式。

海关运用现代计算机手段将企业的加工贸易进口料件、成品出口通关管理和加工贸易的备案审批、中期查核、后期核销结案整合为一体，企业则通过计算机网络向海关办理备案、变更、报核、进出口货物申报等有关手续，总之，一切监管都通过计算机网络进行。所以，这种监管方式也被称为"电子围网监管"。

(二) 建立电子账册的条件和步骤

1. **条件**

电子账册这种监管方式不但满足了海关对加工贸易高效严密的监管要求，同时也极大地促进了加工贸易企业的物流、生产经营管理，为加工贸易企业向更高层次提升奠定了坚实的基础，深受加工贸易企业的欢迎。但是，不是所有的加工贸易企业都适用这种监管方式，适用的企业必须同时具备以下条件：

（1）在中国境内具有独立法人资格，并具备加工贸易经营资格，在海关注册，属于加工贸易生产型企业；

（2）企业管理机制、内容机制完备，内部 ERP 管理系统对采购、生产、库存、销售、单证的管理符合海关保税监管要求；

（3）能按照海关监管要求提供真实、准确、完整、具有被核查功能的数据。

2. **步骤**

（1）建立商品归并关系

加工贸易企业申请建立电子账册监管，海关从业务监管技术层面上要求企业必须建立经海关确认的联网监管企业加工贸易货物归并关系（即商品归并关系）。商品归并关系是指海关与联网企业根据监管的需要，按照商品的中文品名、海关编码、价格、贸易管制等条件，将联网企业内部系统管理的商品（称之为"料号级商品"）与电子账册备案的商品（称之为"项号级商品"），按照一定原则进行归并或者拆分，使之建立起"一对多"或"多对一"的稳定的对应关系。

联网企业管理的料号级商品必须同时满足以下条件，才可以归入同一个电子账册联网监管的项号级商品：

①10 位数海关编码相同的；

②商品名称相同的；

③申报计量单位相同的；

④规格、型号不同但单价相差不大的。

商品归并关系没有确立是不可能建立电子账册的，所以，联网监管的实现，依靠商品归并关系的确立。为准确地确立商品归并关系，海关要求申请加工贸易联网监管企业在建立电子账册之前，必须由商务主管部门对申请联网监管企业的加工贸易经营范围进行前置审批，并取得商务主管部门出具的

"经营范围批准证书"和"加工贸易企业经营状况和生产能力证明"，因为加工贸易企业的经营范围经法定程序审批确定，就意味着该加工贸易企业开展加工贸易业务所需的进口料件、出口成品的范围限定在法定经营范围之内。那么，该加工贸易企业的商品归并关系是在这个法定的经营范围基础层面上建立起来的。为此，申请联网监管的企业必须在建立商品归并关系前，按程序办理联网监管申请、审批以及加工贸易业务的申请、审批。

（2）联网监管的申请和审批

联网监管的申请和审批是指加工贸易企业向所在地海关提出书面申请，并提供以下规定的申请材料：

①企业内部管理系统简介及内部管理情况说明；

②企业上年度财务审计报告；

③企业加工贸易联网监管申报表；

④海关与企业加工贸易联网监管合作备忘录；

⑤海关需要的其他单证。

电子账册是海关以企业为单元，为联网企业建立的电子底账。实施电子账册的联网企业原则上只设立一个电子账册。海关应根据联网企业的生产情况和海关的监管需要确定核销周期，按照周期对电子账册管理联网企业进行核销管理。

（3）建立电子账册

联网企业凭商务主管部门签发的"联网监管企业加工贸易业务批准证"，向所在地主管海关申请办理经营范围电子账册（IT账册）设立手续，审核通过后再办理便捷通关电子账册（E账册）设立手续。

海关以商务主管部门批准的加工贸易经营范围和企业年生产能力等为依据，建立电子账册。

电子账册包括加工贸易经营范围电子账册和便捷通关电子账册。而经营范围电子账册不能用于直接报关，它是用于对直接报关的便捷通关电子账册的检查和控制。也就是说，如果用于直接报关的便捷通关电子账册向海关申报的进口料件、出口成品等进出口商品的范围超出了商务主管部门审定的经营范围，经营范围电子账册就会对便捷通关电子账册起控制作用，使其限定在商务主管部门审定的经营范围之中。便捷通关电子账册用于加工贸易的备案、进出口商品通关和核销。主管海关根据联网企业的加工贸易生产能力设定电子账册最大周转金额，并对部分高风险或需要重点监管的料件设定最大数量。也就是说，联网企业电子账册进口料件的金额、数量加上电子账册剩余料件的金额、数量，不得超过海关设定的最大周转金额和最大周转数量。海关按照联网企业生产能力进行周转量的控制。

电子账册编码为12位。经营范围电子账册的第1位、第2位为标记代码"IT"，故经营范围电子账册也称为"IT账册"。便捷通关电子账册的第1位标记为"E"，因此，便捷通关电子账册也称为"E账册"。

二、报关程序

电子账册模式下联网企业的保税加工贸易货物报关程序与电子化手册模式一样，分为备案进出口报关和定期核销。

（一）备案

联网企业在进口料件出口成品前，按规定需向海关办理经营范围电子账册和便捷通关电子账册备案。

1. 经营范围电子账册备案

联网企业凭商务主管部门的批准证通过网络向海关办理经营范围电子账册备案手续，其备案内容包括以下几点：

（1）经营单位名称及代码；

（2）加工单位名称及代码；

（3）批准证件编号；

（4）加工生产能力；

（5）加工贸易进口料件和成品（商品编码前4位数）。

联网企业在收到海关的备案信息后应将商务主管部门的纸质批准证交海关存档。

2. 便捷通关电子账册备案

企业通过金关工程（二期）加工贸易管理系统办理加工贸易账册设立（变更）。由企业根据自身管理实际，在满足海关规范申报和有关监管要求的前提下，自主向海关申报有关商品信息。企业内部管理商品与电子底账之间不是一一对应的，归并关系由企业自行留存备查，不再向海关申报归并关系。便捷通关电子账册的备案内容包括以下几点：

（1）企业基本情况表（包括经营单位名称及代码、加工企业名称及代码、批准证件编号、经营范围电子账册编号、加工生产能力等）；

(2) 料件、成品表（包括归并后的料件、成品名称、成品规格、商品编码、备案计量单位、币制、征免方式等）；

(3) 单耗关系（包括出口成品所对应料件的净耗、损耗率等）。

其他部分可同时申请备案，也可以分段申请备案，但料件必须在相关料件进口前备案；成品和单耗关系最迟在相关成品出口前备案。

3. 备案变更

(1) 经营范围电子账册变更

联网企业经营范围、加工能力等发生变更时，联网企业必须先获得商务主管部门批准，才可通过网络向海关申请变更，海关予以审核通过，并收取商务主管部门出具的"联网监管企业加工贸易业务批准证变更证明"等相关书面材料后存档。

(2) 便捷通关电子账册变更

便捷通关电子账册的最大周转金额、报核期限等需要变更时，联网企业应向海关提交申请，海关批准后直接变更。便捷通关电子账册的基本情况表中的内容、料件、成品发生变化的，包括料件、成品品种、单耗关系的增加等，只要未超出经营范围和加工能力的，联网企业不必报经商务主管部门审批，可通过网络直接向海关申请变更，由海关予以审核通过。

（二）进出口报关

电子账册管理下联网企业的保税加工货物报关与电子化手册管理一样，适用进出口报关阶段的程序，包括进出境货物报关、保税加工货物深加工结转报关和其他保税加工货物报关。

1. 进出境货物报关

进出境货物报关就是进口料件、出口成品的报关，其有关许可证管理和税收管理的规定与电子化手册管理下的保税加工货物进出境报关要求一样。

(1) 报关清单的生成

使用便捷通关电子账册办理报关手续，联网企业需要以进口料件或出口成品办理报关手续。联网企业应先根据实际进出口情况，从企业管理系统导出料号级商品数据，生成归并前的报关清单，通过网络发送到中国电子口岸。对于报关清单，应按照加工贸易合同填报监管方式、进口报关清单，填制的进口总金额不得超过电子账册最大周转金额的剩余值。其余项的填制参照报关单的填制规范。

（2）报关单的生成

联网企业进出口保税加工货物，应使用企业内部的计算机，从企业内部系统导出原始数据，形成此次进出口保税加工货物报关清单，通过金关工程（二期）加工贸易管理系统将企业的报关清单数据根据海关确认的商品归并关系及原则进行归并或拆分。生成报关单后企业使用 E 账册向海关申报。

（3）关于报关单修改、撤销的规定

不涉及报关清单的报关单内容可直接进行修改，涉及报关清单的报关单内容的修改必须先修改报关清单，再重新进行归并。

报关单经海关审核通过后，一律不得修改，必须进行撤销重报。

报关单放行前修改内容不涉及报关单表体内容的，企业经海关同意，可直接修改报关单；涉及报关单表体内容的，必须撤销报关单重新申报。

（4）报关单填制要求

这里所讲的报关单填制要求是指向海关申报进口料件、出口成品等内容时，保税加工货物联网监管模式提出的要求。具体内容如下。

①联网企业申报的进口料件和出口成品的数据应与联网企业备案的进口料件和出口成品数据一致。

②联网企业应按实际进出口的货号（料件号和成品号）填报报关单，并按照加工贸易货物的实际性质填报监管方式。

③进口报关单中进口料件的总金额不得超过电子账册最大周转金额的剩余值；如电子账册对某项料件的进口数量进行限制，那么，报关单上该项商品的申报数量就不得超过其最大周转量的剩余量。

2. 保税加工货物深加工结转报关

电子账册管理模式下联网企业的深加工结转的报关与电子化手册管理下的保税加工货物深加工结转报关一样，参照电子化手册的有关内容，这里不再赘述。

3. 其他保税加工货物报关

联网企业以内销、结转、退运、放弃、销毁等方式处理保税进口料件、成品、副产品、残次品、边角料和受灾货物的报关手续，参照纸质手册管理的相关规定，这里不再赘述。

后续缴纳税款时，缓税利息计息日为电子账册上期核销之日（未核销过的为便捷通关电子账册记录首次进口料件之日）的次日至海关开具税款缴纳证之日。

(三) 电子账册核销

1. 电子账册核销原则性规定

海关对电子账册实行阶段性核销,核销周期不超过1年。海关完成电子账册核销的时限为下一个核销日期前,但最长不得超过180天。企业应当在海关确定的核销期结束之日起30天内完成报核。根据企业盘点实际库存数与电子底账核算数据比对结果,海关做以下处理:

(1) 企业实际库存量多于电子底账核算结果的,海关会按照实际库存量调整电子底账的当期结余数量;

(2) 企业实际库存量少于电子底账核算结果的,企业能提供正当理由的,海关对短缺部分责令联网企业申请内销处理(按内销要求办理报关手续并补交进口税);

(3) 企业实际库存量少于电子底账核算结果的,企业不能提供正当理由的,海关对短缺部分将按规定移交海关缉私部门处理。

海关核销的基本原则和目的是监控企业在核销期内所进口的各项保税加工料件的使用、流转、损耗的情况,确认是否符合以下平衡关系:

进口保税料件数(含深加工结转进口)= 出口成品折料数
(含深加工结转出口)+ 内销料件数 + 内销成品折料数 + 剩余料件数 +
损耗数 − 退运成品折料数(复运出口成品有退运的)

2. 企业向海关报核

企业向金关工程(二期)加工贸易管理系统发送正式报核数据,并提交以下单证:

(1) 电子账册核销周期内保税料件汇总表,保税成品汇总表(料号级商品数据可以附光盘),盘点及差异处理情况申报表,边角料、副产品、残次品、受灾保税货物处理情况申报表,"进、出、存"金额统计表,电子账册核销平衡表(平衡表中理论结余为负时应附说明);

(2) 盘点报告(在结合核销的情况下)、企业自核说明;

(3) 海关按规定需要收取的其他单证和材料。

3. 海关处理正式报核数据

对企业报核数据有误的,予以退单,要求企业重新报核。

料件短少(即理论结余数大于实际结余数)的,要求企业做出情况说明。如果补税报关单列入本次核销周期,以实际结余为准,人工调整本期结余数量；如果补税报关单列入下一次核销周期，则以"实际结余+补税数量"为准，人工调整本期结余数量。

企业料件盈余（即理论结余数小于实际结余数）的，要求企业做出情况说明，并以实际结余为准，人工调整本期结余数量。

4. 核销结案

海关确认企业电子账册核销情况符合海关核销规定，单证齐全有效的，予以核销结案。

三、保税加工货物两种管理方式的比较

保税加工货物两种管理方式要点比较如表8-2所示。

表8-2　保税加工货物两种管理方式要点比较

项目	电子化手册管理方式	电子账册管理方式	备注
商务审批	（1）办理加工贸易合同审批 （2）办理加工贸易经营范围审批手续	（1）办理加工贸易经营范围审批手续 （2）办理加工贸易合同审批	加工贸易业务必须经商务主管部门审批
备案保税	（1）按常规合同备案 （2）分段式备案（合同备案和通关备案）	（1）经营范围电子账册备案 （2）便捷通关电子账册备案	保税加工货物报关都有备案程序
监管单元	仍以加工贸易合同为单元进行监管	以加工贸易企业整个加工贸易业务为单元进行监管	纸质手册与电子化手册监管单元相同
建立商品归并关系	电子化手册商品归并原则与便捷通关电子账册商品归并原则一致	电子账册是在商品归并关系确立的基础上建立的	联网监管必须确立商品归并关系
进出口货物报关	（1）按进出口实际情况导出料号级商品数据生成报关清单报送中国电子口岸 （2）电子口岸按照归并原则生成报关单，均由系统调出 （3）申报数据与备案数据应一致	（1）按进出口实际情况导出料号级商品数据生成报关清单报送中国电子口岸 （2）中国电子口岸按照归并原则生成报关单发送回企业 （3）申报数据与备案数据应一致	（1）保税加工货物进出口申报数据必须与备案数据一致 （2）电子化手册需通过中小企业模式联网申报系统调出报关单信息
核销期限	手册有效期截止或最后一批成品出口后30天内	一般规定180天为一个报核周期。首次从电子账册建立之日起180天后的30天内	纸质手册与电子化手册核销期限一样

第六节　海关特殊监管区域管理

海关特殊监管区域是经国务院批准，设立在中华人民共和国境内，以保税为基本功能，针对货物实施视同"境内关外"进出口税收政策，由海关实行封闭监管的区域。国务院先后批准设立了保税区、出口加工区、保税物流园区、跨境工业区、保税港区、综合保税区6类海关特殊监管区域。以下仅介绍除保税港区以外的5类。

一、保税区

（一）保税区概述

保税区是指经国务院批准，在中华人民共和国国境内设立的由海关进行监管的特殊区域。保税区除同出口加工区一样能开展出口加工外，还能开展国际转口贸易、商品展示、仓储运输等。

保税区与境内其他地区之间设置符合海关监管要求的隔离设施，对进出保税区的货物、运输工具、个人携带物品实施监管，除安全保卫人员外，其他人员不得在保税区内居住。国家禁止进出口的货物、物品不得进出保税区。

国家明令禁止进出口的货物和列入加工贸易禁止类商品目录的商品在保税区内也不准开展加工贸易。在保税区内设立的企业应当向海关办理注册登记手续，并按照国家有关法律、行政法规的规定设置账簿，编制报表，凭合法有效的凭证记账，并进行核算，海关在保税区内实行稽查制度。区内企业必须与海关实行电子计算机联网，进行电子数据交换。

保税区货物通关分为进出境通关和进出区通关两种。

保税区的通关同时采用报关制和备案制相结合的通关运行机制。保税区与境外之间进出货物，属自用的采取报关制，填写进出口货物报关单；属非自用的，包括加工出口、转口、仓储和展示等货物，采取备案制，填写进出境货物备案清单。对保税区与非保税区之间进出货物的通关，采取报关制。

（二）保税区进出货物的通关管理

1. 保税区与境外之间进出货物的通关管理

（1）对于进境区内自用物资、设备以及货样、广告品等，由收货人或其代理人填制录入进口货物报关单,将数据传送到海关;对于保税区企业开展出口加工、国际转口贸易、仓储等业务的货物,由收货人或其代理人填制录入"保税区进境货物备案清单",将数据传送到海关。

对于出境货物由发货人或其代理人填制录入"保税区出境货物备案清单",将数据传送到海关。

(2)对于与境外之间进出的货物,除易制毒化学品、监控化学品、消耗臭氧层物资等国家规定的特殊货物外,不实行进出口许可证管理,免予交验许可证件。

(3)税收管理。

①从境外进入保税区的以下货物可以免税:

A. 区内生产性的基础设施建设项目所需的机器、设备和其他基建物资;

B. 区内企业自用的生产、管理设备和自用合理数量的办公用品及其所需的维修零配件、生产用燃料、建设生产厂房和仓储设施所需的物资和设备;

C. 保税区行政管理机构自用合理数量的管理设备和办公用品及其所需的维修零配件。

免税进入保税区的进口货物,海关按照特定减免税货物进行监管。

②从境外进入保税区内的以下货物全额保税:

A. 保税加工进口料件;

B. 保税仓储货物;

C. 国际转口贸易货物;

D. 商品展示货物。

2. 保税区与境内区外之间进出货物的通关管理

保税区与境内区外之间进出货物的通关,采取报关制,货物进出须按照进出口报关手续办理。从保税区进入境内区外,视同进口,按照进口货物办理手续;从境内区外进入保税区的货物,视同出口,按照出口货物办理手续。

(1)货物从保税区运到境内区外(视同进口)

由收货人或其代理人按保税区货物进入境内区外的实际流向填制录入进口货物报关单,将数据传送到海关。

一般实际流向有以下3种情况:

①出区进入境内市场的,按一般进口货物报关程序,填制进口货物报关单并向海关提交报关委托书、合同、发票、装箱单及海关监管条件中所列的相关单证,如进口许可证件等,办理进口申报手续;

②出区用于加工贸易的，按加工贸易货物报关程序，除填制加工贸易进口货物报关单，向海关提交基本单证外，还应提供加工贸易电子账册或者电子化手册，办理加工贸易进口申报手续；

③出区用于科研等享受特定减免税的，按特定减免税货物报关程序，并提供"进出口货物征免税证明"和相应的许可证件，免缴进口税，办理特定减免税货物进口申报手续。

（2）货物从境内区外运进保税区内（视同出口）

①境内区外保税加工货物进区，由发货人或其代理人填制录入出口货物报关单将数据传送到海关，并向海关提供加工贸易电子账册、电子化手册及有关许可证件（出口应征收出口关税的商品还须缴纳出口关税）。海关不签发出口货物报关单退税证明联。

②无论是施工设备还是投资设备，进区均须向保税区海关备案，设备进区不填制报关单，不缴纳出口税，海关不签发出口货物报关单退税证明联。设备若从境外进口已征进口税，不退还进口税。

设备退出区外也不必填制报关单进行申报，但应向保税区海关销案。

3. 进出保税区外发加工货物的通关管理

（1）保税区内企业外发加工出区的货物报关

保税区内企业外发加工出区的货物，须由区外加工贸易经营企业在加工企业所在地海关办理加工贸易合同备案手续，建立电子账册、电子化手册，需要开立银行保证金台账的，还应建立银行保证金台账。加工期限最长6个月，情况特殊经海关批准，可以延长，延长的最长期限是6个月。备案后，按保税加工货物出区办理报关手续。

（2）保税区外企业外发加工进区的货物报关

境内区外加工企业外发到保税区内加工进区的货物，凭外发加工合同向保税区海关备案，加工出区后核销。进出区时不填制进出口货物报关单，不缴税费。

（三）保税区进出货物监管要点

1. 加工贸易管理

（1）保税区内企业开展加工贸易，不实行银行保证金台账制度，实行电子账册管理，办理进口料件备案手续，实施全额保税。

（2）保税区与境外之间进出货物，除易制毒化学品、监控化学品、消耗臭氧层物资等国家规定的特殊货物外，不实行进出口许可证件管理，免予交验许可证件。

（3）保税区内加工企业使用保税料件加工的制成品复运境外的，免征税费；销往境内市场的，海关按下列原则征税：

①区内加工企业全部用进口保税料件生产的制成品销往境内市场时，海关按照制成品征税；

②区内加工企业用部分进口保税料件生产的制成品销往境内市场时，海关按照制成品中所含进口料件征税。

（4）区内企业在加工过程中产生的边角料运往境外的，免征出口关税。加工过程中产生的副产品、残次品、边角料运往境内区外的，按海关确认的完税价格依法纳税，免交缓税利息。

（5）保税区内加工企业委托境内区外企业加工，由区外企业在加工企业所在地海关办理加工合同备案手续，需设立银行保证金台账的，还须设立银行保证金台账。加工期限为6个月，有特殊情况，需要延长期限的，应向海关申请延长期，最长延长期为6个月。

2. 贸易管理

（1）保税区内可以设立外商独资、中外合资或中资贸易公司，可直接与境外开展国际贸易，与境内有进出口经营资格的企业开展进出口贸易。

（2）保税区内企业货物在区内可以自由流通，区内企业货物从区内到境外可自由流通，只需向保税区海关办理备案手续。

（3）对保税区与境外之间进出的货物，除实行出口被动配额管理的外，不实行进出口配额许可证管理（除易制毒化学品、监控化学品、消耗臭氧层物资等国家另有规定的外）。

（4）从保税区进入境内区外的货物，按照进口货物办理手续；从境内区外进入保税区内的货物，按照出口货物办理手续。企业在办结海关手续后，可办理结汇、外汇核销、加工贸易核销。出口退税必须在货物实际离境后才能办理。

3. 仓储展示管理

（1）区外企业以一般贸易进口的货物经海关审核准许后，可以委托区内企业在区内保税仓储或展示。

（2）区内仓储货物无保税期限规定要求，企业可以自主分批办理正式出区或直接运往境外的手续。

（3）区内仓库可以储存除国家禁止进出口外的所有货物，保税区内的货物可以在区内转让、转移，区内企业应就货物转让、转移事项向海关备案。

（4）保税区内的转口货物可以在区内仓库或者区内其他场所进行分级、分类、挑选、刷贴标志、改换包装等流通性简单加工和增值服务。

（5）区内企业可以在保税区内举办境外商品和非保税区商品的展示活动。

二、出口加工区

出口加工区是经国务院批准在中华人民共和国境内设立的由海关对保税加工货物进行封闭式监管的特殊区域。海关在出口加工区内设立机构，并依照规定对进出加工区的货物及区内相关场所实行 24 小时监管。

出口加工区与中华人民共和国境内的其他地区之间须设置符合海关监管要求的隔离设施及闭路电视监控系统。

出口加工区具有从事保税加工、保税物流及研发、检测、维修等业务的功能。

出口加工区内设置出口加工企业、仓储物流企业，以及经海关核准专门从事加工区内货物进出的运输企业。

出口加工区内不得经营商业零售业务，区内不得建立经营性生活消费设施。区内除安全人员及企业值班人员外，其他人员不得在区内居住。

出口加工区内企业应建立符合海关监管要求的电子计算机管理数据库，并与海关实行电子计算机联网，进行电子数据交换。

从境外进入出口加工区的加工贸易货物全额保税，区内企业开展加工贸易业务不实行加工贸易银行保证金台账制度，适用电子账册管理。

出口加工区与境外之间进出货物，除国家另有规定外，不实行进出口许可证件管理。国家禁止出口的货物，不得进出出口加工区。因境内技术无法达到产品要求，须将国家禁止出口的商品运至出口加工区内进行某项工序加工的，应报经商务主管部门批准，海关比照出料加工管理办法进行监管，运入出口加工区的货物，不签发出口退税货物报关单。

出口加工区内企业在进出口货物前，应向出口加工区主管海关申请建立电子账册。出口加工区企业电子账册包括加工贸易电子账册（H 账册）和企业设备电子账册。

出口加工区进出货物报关分为出口加工区与境外之间进出境货物的报关和出口加工区与境内区外之间进出货物的报关。出口加工区进出境货物和进出区货物通过电子账册办理报关手续。

三、保税物流园区

（一）保税物流园区概述

保税物流园区是经国务院批准，在保税区规划面积内或者毗邻保税区的特定港区内设立的，专门发展现代国际物流的海关特殊监管区域。

保税物流园区设置的区位特殊性，使保税区的政策优势借助港口物流优势，经保税物流园区功能整合，得到最大优化。海关通过区域化、网络化、电子化通关模式，在全封闭监管条件下最大限度地简化通关手续，保证了货物快速流入流出，使港口和保税区的优势得以充分发挥，使多种运输方式有效组合。

1. 国际中转

对境内外进出口货物在园区进行集拼、分拆，开展整箱进出、二次拼箱，中转至境内外目的港。

2. 国际配送

对进口保税货物进行分拣、分配、分销、分拨、配送，或者经过邻港增值加工后，配送至境内外。

3. 国际采购

对采购进区的国际货物和进口保税货物进行出口集运的综合处理及邻港增值后，向境内外分销。

4. 国际转口贸易

保税物流区内从事进出口贸易的企业在区内开展国际转口贸易。

除园区安全人员和相关部门、企业值班人员外，其他人员不得在园区内居住。园区内不得建立生产加工场所和商业性消费设施，不得开展商业零售、加工制造、翻新、拆解及其他与园区无关的业务。国家法律、行政法规禁止进出口的货物、物品不得进出园区。

（二）海关对保税物流园区实行的管理制度和实施的税收政策

海关对园区企业实行电子账册监管和计算机联网管理制度。

海关对园区企业实施以下税收政策。

1. 从境外入园可以保税的货物

（1）园区企业为开展业务所需的货物及其包装物料；

（2）加工贸易进口货物；

（3）国际转口贸易货物；

（4）外商暂存货物；

（5）供应国际航行船舶和航空器的物料、维修用零部件；

（6）进口寄售货物；

（7）进境检测维修货物及其零配件；

（8）看样订货的展览品、样品；

（9）未办结海关手续的一般贸易货物；

（10）经海关批准的其他进境货物。

2. 从境外运入园区享受免税的货物

（1）园区的基础设施建设项目所需的设备、物资等；

（2）园区企业开展业务所需机器、装卸设备、仓储设备、管理设备及其维修用零配件、消耗品及工具；

（3）园区行政机构及其经营主体、园区企业自用合理数量的办公用品。

境外运入园区的园区行政机构及其经营主体、园区企业的自用交通运输工具、生活消费品，按一般进口货物的有关规定办理进口申报手续。

（三）保税物流园区进出货物的通关管理

保税物流园区进出货物通关分为"保税物流园区与境外之间进出货物通关"和"保税物流园区与境内区外之间进出货物通关"两类。

1. 保税物流园区与境外之间进出货物的通关管理

海关对园区与境外之间进出货物，除园区自用的免税进口货物、国际中转货物外，实行备案制管理，适用进出境备案清单。

（1）境外运入园区内的货物

境外货物到港后，区内企业及其代理人可以先提交舱单将货物直接运到园区，再提交进境货物备案清单，向园区主管海关办理申报手续。除法律、行政法规另有规定外，境外进入园区的货物不实行许可证件管理。

（2）园区运往境外的货物

从园区运往境外的货物，除法律、行政法规另有规定外，免征出口关税，不实行许可证件管理。

进境货物未经流通性简单加工，需原状退运出境的，园区企业可以向园区主管海关申请办理退运手续。

2. 保税物流园区与境内区外之间进出货物的通关管理

（1）园区货物运往境内区外

园区货物运往境内区外视同进口，由区内企业或者区外收货人或其代理人按照货物出园时的实际监管方式向园区主管海关办理相关申报手续。

①进入境内市场的，按一般进口货物报关程序，提供相关许可证件，照章缴纳进口关税和进口环节的增值税、消费税。

②用于加工贸易的，按保税加工货物报关程序报关，提供加工贸易手册（包括电子化手册或电子账册），继续保税。

③用于可以享受特定减免税的特定企业、特定地区、特定用途的，按特定减免税货物报关程序，提供"进出口货物征免税证明"和相应许可证件，免缴进口关税。按照规定的监管期限接受海关监管。

（2）境内区外货物运入园区

境内区外货物运入园区视同出口，由区内企业或者区外发货人或其代理人按照出口货物的有关规定，向园区主管海关办理出口报关手续。属于出口许可证管理的商品，应当提交有效的出口许可证件。属于出口应税货物，应当照章向园区主管海关缴纳出口关税。

对于需办理出口退税的出口货物报关单，办理签发出口退税的出口货物报关单退税证明联手续。

海关对于保税物流园区与海关其他特殊监管区域或保税监管场所之间的往来货物，继续实行保税监管，不予签发出口货物报关单退税证明联。但货物从未实行境内货物入区、入仓环节出口退税制度的，海关特殊监管区域或保税监管场所转入园区的，按照货物实际离境的有关规定办理申报手续，由转出地海关签发出口货物报关单退税证明联。

保税物流园区与其他特殊监管区域、保税监管场所之间的货物交易、流转，不征收进出口环节和境内流通环节的有关税收。

四、跨境工业区

此处以珠澳跨境工业园区珠海部分（简称"珠海园区"）为例，介绍跨境工业区。珠海园区是经国务院批准设立的，在我国珠海经济特区和澳门特别行政区之间，跨越珠海和澳门关境线，由中国海关和澳门海关共同监管的海关特殊监管区域。

珠海园区具有保税物流、保税加工和国际贸易的功能。为此，珠海园区可以开展以下诸项业务：

一是加工制造；

二是检测、维修、研发；

三是拆解、翻新；

四是储存进出口货物及其他未办结海关手续的货物；

五是进出口贸易，包括国际转口贸易；

六是国际采购、分销和配送；

七是国际中转；

八是商品展示和展销；

九是经海关批准的其他加工和物流业务。

国家对珠海园区实行保税区政策，对珠海园区与中华人民共和国关境内的其他地区之间进出的货物在税收方面实行出口加工区政策。

国家法律、法规规定禁止进出口的货物、物品不得进出珠海园区，园内不得建立商业性生活消费设施，除安全人员和企业值班人员外，其他人员不得在园区内居住。

珠海园区内企业应当具有法人资格，并在区内拥有专门的营业场所，具备向海关缴纳税收及履行其他法定义务的能力。区外法人企业在特殊情况下，需要在珠海园区内设立分支机构的，须经直属海关批准。

区内加工贸易企业自开展业务之日起，每年向珠海园区主管海关办理报核手续。区内企业的有关账册、原始单证，应当自核销结束之日起至少保留3年，即区内实行海关稽查制度。

区内企业开展加工贸易不实行加工贸易银行保证金台账制度。区内加工贸易货物内销不征收缓税利息。海关对区内企业实行电子账册监管制度和计算机联网管理制度。

五、综合保税区

（一）综合保税区概述

综合保税区是经国务院批准，设立在国家对外开放的口岸和与之相连的特定区域内，具有口岸、物流、加工等功能的海关特殊监管区域。

综合保税区具备目前中国海关所有特殊监管区域所具备的全部功能，它具有出口加工区、保税区、保税物流园区功能的叠加，再加上对外开放口岸的国际物流的集散优势,是我国海关监管的特殊综合监管区域。

综合保税区可以开展以下业务:

1. 存储进出口货物和其他未办结海关手续的货物;
2. 对外贸易,包括国际转口贸易;
3. 国际采购、分销和配送;
4. 国际中转;
5. 检测和售后服务维修;
6. 商品展示;
7. 研发、加工、制造;
8. 港口作业;
9. 经海关批准的其他业务。

海关对综合保税区实行封闭管理,与关境内其他地区之间设置符合海关监管要求的卡口、围网、视频监控系统,以及海关监管所需的其他设施。

区内禁止开展与综合保税区无关的业务。禁止事项如下:

1. 综合保税区内不得居住人员;
2. 除保障综合保税区内人员正常工作、生活需要的非营利性设施外,区内不得建立商业性生活消费设施和开展商业零售业务;
3. 国家禁止进出口的货物、物品不得进入综合保税区;
4. 区内企业生产经营活动应当符合国家产业发展要求,不得开展高能耗、高污染和资源性产品,以及列入加工贸易禁止类商品目录的商品的加工贸易业务。

海关对进出综合保税区的运输工具、货物、物品,以及区内企业、场所进行监管。

区内企业需要开展危险化工品和易爆物品生产、经营、运输业务的,应当获得安全监督、交通等相关行政部门许可,并向主管海关备案。

通过储罐装置设备或者管道进出综合保税区的货物,其设备应当符合海关监管要求,并应配置计量检测装置,便于海关监管。

区内开展维修业务的企业,应当具有企业法人资格,并向主管海关登记备案,所开展的维修业务仅限于我国出口的机电产品的售后维修,维修后的产品、更换的零配件及维修过程中产生的物料等应当复运出境。

区内企业经主管海关批准,可以在区综合办公区专用的展示场所举办商品展示活动。展示货物应当向海关备案并接受监管。

区内货物可以自由流转。区内企业之间转让、转移货物的，双方企业应当及时向海关报送转让、转移货物的品名、数量、金额等电子数据信息。

综合保税区货物没有存储期限限制。存储期限超过2年的，区内企业应当每年向海关备案。

区内企业经海关核准，可以办理集中申报手续。

区内开展加工贸易企业，不实行加工贸易银行保证金台账和合同核销制度，区内企业设立电子账册，电子账册的备案、核销等作业按有关规定执行，海关对区内加工贸易货物不实行单耗标准管理。区内企业应当自开展业务之日起定期向海关报送货物进区、出区和储存情况。

综合保税区享受的税收和外汇管理政策为：境外货物入区保税；货物出区进入境内销售的，按货物进口的有关规定办理报关手续，并按货物实际流向征税；区外货物入区视同出口，实行出口退税。

（二）放弃、损毁、灭失货物的处理

区内货物放弃、损毁、灭失的，区内企业应当及时书面报告主管海关，说明情况，经主管海关核实确认后，按照规定处理。

1. 区内企业申请放弃的货物，经海关及有关主管部门核准后，由主管海关依法提取变卖，变卖收入由海关按照有关规定处理，但法律、行政法规和海关规章规定不得放弃的货物除外。

2. 因不可抗力造成综合保税区货物损毁、灭失的，区内企业应当及时书面报告主管海关，说明情况并提供灾害鉴定部门的有关证明，经主管海关核实确认后，按照规定处理。

（1）货物灭失，或者虽未灭失但完全失去使用价值的，海关予以办理核销和免税手续。

（2）进境货物损毁、失去部分使用价值的，区内企业可以向海关办理退运手续，如不退运出境并要求运往区外的，由区内企业提出申请，经主管海关核准后，按照审定的价格进行征税。

（3）区外进入综合保税区的货物损毁，失去部分使用价值且需要出口企业进行退换的，可以退换与损毁货物相同或者类似的货物，并向主管海关办理退运手续。

需退运到区外的，属于尚未办理出口退税手续的，可以向主管海关办理退运手续；属于已办理出口退税手续的，按照进境货物运往区外的规定办理。

3. 因保管不善等非不可抗力因素造成货物损毁、灭失的，区内企业应当及时书面报告主管海关，说明情况。经主管海关核实确认后，按照规定办理。

（1）从境外进入综合保税区的货物以及区内企业的一般贸易进口货物，按照海关审定的货物损毁或灭失前的完税价格，以货物损毁或灭失之日适用的税率、汇率缴纳关税、进口环节海关代征税。

（2）从区外进入综合保税区的货物，区内企业应当重新缴纳因出口而退还的国内环节有关税收，海关据此办理核销手续；已缴出口关税的，不予退还。

（3）从区外进入综合保税区供综合保税区行政管理机构和区内企业使用的生活消费用品和交通运输工具，海关不办理出口货物退税证明手续。

（4）从区外进入综合保税区的原进口货物、包装物料、设备、基建物资等，区外企业应当向海关提供上述货物或物品清单，按照出口货物的有关规定办理申报手续，海关不办理出口货物退税证明手续，原已缴纳的进口关税、进口环节海关代征税不予退还。

（三）综合保税区货物的通关管理

综合保税区货物的通关分为"综合保税区与境外之间进出货物的通关""综合保税区与区外非特殊监管区域或场所之间进出货物的通关""综合保税区与其他特殊监管区域或者保税监管场所之间往来货物的通关"3种情况。

1. 综合保税区与境外之间进出货物的通关管理

海关对综合保税区与境外之间进出的货物实行备案制管理。货物的收发货人或其代理人如实填写进出境备案清单，向主管海关办理报关手续。

进入综合保税区的下列货物，海关免征进口关税和进口环节海关代征税：

（1）区内生产性的基础设施建设项目所需要的机器、设备和建设生产厂房、仓储设施所需的基础物资；

（2）区内企业生产所需的机器、设备、模具及其维修用零配件；

（3）区内企业和行政管理机构自用合理数量的办公用品。

从境外进区供区内企业行政管理机构自用的交通运输工具、生活消费用品，按进口货物的有关规定办理报关手续，海关按照规定照章征收进口关税和进口环节海关代征税。

从综合保税区运往境外的货物免征出口关税。

2. 综合保税区与区外非特殊监管区域或场所之间进出货物的通关管理

综合保税区与境内区外之间进出的货物，区内企业或者区外收发货人按照进出口货物的有关规定向主管海关办理申报手续。

（1）关于税收管理

对属于征税管理的商品，区内企业或者区外收发货人按照货物进出区的实际状态缴纳税款。

（2）关于配额、许可证管理

对属于配额、许可证件管理的商品，区内企业或者区外收发货人向海关出具配额、许可证。海关对有关许可证件电子数据进行系统自动比对验核。对于同一配额、许可证项下的货物，海关在进境环节已经核验配额、许可证的，在出区环节不再要求企业出具配额、许可证原件。

（3）出区货物监管要点

①一般贸易货物出区

一般贸易货物出区视同进口。按照进口货物的有关规定向主管海关申报，海关依照货物出区的实际状态、流向办理海关征税手续。

A. 一般贸易出区直接进入境内生产、消费领域流通的，按一般进口货物的报关程序办理海关手续。属于优惠贸易协定项下的货物，符合海关总署原产地规定的，按协定税率或特惠税办理海关征税手续。

B. 一般贸易出区货物用于加工贸易的，按保税加工贸易报关程序报关，提供加工贸易手册（电子化手册或电子账册）继续保税。

C. 一般贸易出区货物用于享受特定减免税条件的，按特定减免税货物的报关程序办理海关手续。

②加工贸易货物出区

A. 区内企业生产的加工贸易成品及加工生产过程中产生的残次品、副产品出区内销的，按进口货物办理进口报关手续，海关按内销时的实际状态征税。属进口配额、许可证件管理的商品，企业应出具配额、许可证。

B. 区内企业在生产过程中产生的边角料、废品以及存储运输等过程中产生的包装物料，经企业申请、海关批准的可以运往区外。海关按出区时的实际状态征税，免领进口配额或进口许可证。若属列于《进口废物管理目录》的废物及其他危险物，须出区进行处置的，有关企业凭综合保税区行政管理机构及所在地市级环保部门的批文等材料向海关办理出区手续。

C. 区内生产企业的加工贸易成品出区深加工结转的，按出口加工区深加工结转程序办理海关手续。

③出区外发加工

区内企业需要将模具、原材料、半成品等运往区外进行外发加工的，应当在开展外发加工前，凭承揽加工合同或协议、承揽企业营业执照复印件和区内企业签章确认的承揽企业生产能力证明等材料向主管海关办理外发加工手续。

加工完毕后的货物应当按期运回综合保税区。在区外开展外发加工生产过程中产生的边角料、废品、残次品、副产品，不运回区的，海关按照实际状况征税。

区内企业出区时凭委托区外加工申请书及有关单证，向海关办理验放核销手续。

④出区检测、维修

综合保税区内使用的机器、设备、模具、办公用品等海关监管货物，可以比照进境修理货物的有关规定运往区外进行检测、维修。区内企业将模具运往区外进行检测、维修的，应当留存模具所生产的产品样品或者图片资料。

运往区外进行检测、维修的机器、设备、模具、办公用品等，不得在区外用于加工生产使用，并且应当自运出之日起 60 天内运回综合保税区。因特殊情况不能如期运回的，区内企业或者有关当事方应在期限届满前 7 天内以书面形式向海关申请延期，延长期限不得超过 30 天。检测维修完毕运回区的机器、设备、模具、办公用品等，应当为原物。更换新零件、配件或附件的，被更换的原零件、配件或附件应当一并运回综合保税区。

对更换的国产零件、配件或者附件需要退税的，由区内企业或者区外企业提出申请，主管海关按照出口货物的有关规定办理手续，签发出口货物报关单退税证明联。

⑤出区商品展示

区内企业在区外举办商品展示活动的，海关按照暂准进境货物的管理规定，由区内企业办理有关手续。

（4）进区货物监管要点

区外货物进入综合保税区的，视同出口，应按照货物出口的有关规定向海关申报办理纳税手续。

①从区外进入综合保税区供区内企业开展业务的国产货物及其包装物料，海关按照对出口货物的有关规定办理签发出口货物报关单退税证明联。

②货物转关出口的，启运地海关在收到综合保税区主管海关确认转关货物已进入综合保税区的电子回执后，由转关出口货物启运地海关签发出口货物报关单退税证明联。

③从区外进入综合保税区供综合保税区行政管理机构和区内企业使用的国产基建物资、机器装卸设备、管理设备、办公用品等，海关按照对出口货物的有关规定办理，除基建物资取消出口退税外，签发出口货物报关单退税证明联。

④从区外进入综合保税区的原进口货物、包装物料、设备、基建物资等，区外企业应当向海关提供上述货物或物品的清单，按照出口有关规定办理申报手续，海关不予签发出口货物报关单退税证明联且原已缴纳的进口关税、进口环节海关代征税也不予退还。

3. 综合保税区与其他特殊监管区域或者保税监管场所之间往来货物的通关管理

（1）海关对综合保税区与其他特殊监管区域或者保税监管场所之间往来的货物，实行保税监管，不予签发出口货物报关单退税证明联。但货物未实行境内货物入区（仓）环节出口退税制度的，海关特殊监管区域或者保税监管场所转入综合保税区的，视同该货物实际离境，由转出地海关签发出口货物报关单退税证明联。

（2）综合保税区与其他特殊监管区域或者保税监管场所之间的流转货物，不征收进出口环节的有关税收。

（3）承运综合保税区与其他特殊监管区域或者保税监管场所之间往来货物的运输工具，应当符合海关监管要求。

（四）综合保税区政策及制度创新

1. "四自一简"

"四自一简"创新监管制度的含义是综合保税区内企业可自主备案、合理自定核销周期、自主核报、自主补缴税款，海关简化业务核准手续。符合海关认定的企业信用状况要求的企业，可适用"四自一简"创新监管制度。其具体业务规则如下。

（1）企业设立电子账册时，可自主备案商品信息。除系统判别转由人工审核的，系统自动备案。

（2）企业可根据实际经营情况，自主确定核销周期。核销周期原则上不超过1年，企业核销盘点前应当告之海关。

（3）企业可自主核定保税货物耗用情况，并向海关如实申报，自主办理核销手续。企业对自主核报数据负责并承担相应法律责任。

（4）企业可按照"主自申报、自行缴税"（自报自缴）方式对需要缴税、保税货物自主补缴税款。

（5）简化业务核准手续，企业可一次性办理分送集报、设备检测、设备维修、模具外发等备案手续。需要办理海关事务担保的业务，企业按照有关规定办理。

2. 保税研发

（1）企业资质

①经国家有关部门或综合保税区行政管理机构批准开展保税研发业务。

②海关认定的企业信用状况常规管理企业及以上信用状况企业。

③具备开展保税研发业务所需的场所和设备，能够对研发料件和研发成品实行专门管理。

（2）业务规则

①综合保税区内企业以有形料件、试剂、耗材及样品等开展研发业务。

②海关为其设立专用保税研发电子账册。

③不得开展国家禁止进出口货物保税研发业务。区内企业开展保税研发业务，海关不按照加工贸易禁止类目录实施监管。

④研发料件、研发成品及研发料件产生的边角料、坏件、废品等保税研发货物的区内企业，应当按照海关规定的方式申报。

⑤保税研发货物销往境内区外的，海关要求区外企业按照实际监管方式申报，运输方式按照"综合保税区"（代码Y）申报。海关以实际报验状态征税。

⑥研发料件产生的边角料、坏件、废品运往境内区外的，海关按照综合保税区关于边角料、废品、残次品的有关规定为企业办理相关手续。属于固体废物的，按照固体废物进口管理有关规定办理。

⑦研发成品可运往境内区外进行检测，研发成品出区检测期间不得挪作他用，不得改变物理、化学形态，并应当自运出之日起60日内运回综合保税区，因特殊情况不能如期运回的，区内企业应当在期限届满前7日内向海关申请，海关准予延期，延长期限不得超过30日。

⑧保税研发电子账册核销周期最长不超过1年，海关根据企业实际研发耗用予以核销。

3. 优化信用管理

对综合保税区新设立的区内研发制造企业，经海关认证，符合海关高级认证标准的，直接赋予高级认证企业资质。

4. 简化进出区管理

简化进出区管理是指允许对境内入区的不涉及出口关税、不进行贸易管制证件、不需要退税且不纳入海关统计的货物、物品，实施便捷进出区管理模式。其涉及货物、物品的范围为：

（1）区内基础设施、生产厂房、仓储设施建设过程中所需的机器、设备、基建物资；

（2）区内企业和行政管理机构自用办公用品；

（3）区内企业所需的劳保用品；

（4）区内企业用于生产加工及设备维护的少量、急需物料；

（5）区内企业使用的包装物料；

（6）区内企业使用的样品；

（7）区内企业生产经营使用的仪器、工具、机器、设备；

（8）区内人员所需的生活消费品。

上述货物、物品不采用报关单、备案清单方式办理进区手续；如需出区，实行与进区相同的便捷进出区管理模式。区内企业要做好便捷进出区的日常记录，相关情况可追溯。

5. 汽车保税存储

具有整车进口口岸的地级市行政区划内（含直辖市）的综合保税区可以开展进口汽车（平行进口汽车除外）保税存储、展示业务。

6. 简化综合保税区艺术品进出口管理

开展艺术品保税存储的，在综合保税区与境外之间进出货物的申报环节，文化和旅游行政部门不再核发批准文件，海关不再验核相关批准文件。

在综合保税区内外开展艺术品展览、展示及艺术品进出口等经营活动的，凭文化和旅游行政部门核发文件办理海关监管手续。对同一批艺术品，文化和旅游行政部门核发文件可以多次使用。

7. "先入区、后检测"

"先入区、后检测"是指对境外进入综合保税区的动植物产品的检验项目实行"先入区、后检测"的监管模式。其中，动植物产品是指从境外进入综合保税区后再运往境内区外，以及加工后再运往境内区外或出境，依据我国法律、法规规定应当实施检验检疫的动植物产品（不包括食品）；检验项目包括动植物产品涉及的农（兽）药残留、环境污染物、生物毒素、重金属等安全卫生项目。

动植物产品在进境口岸完成动植物检疫程序后，对需要实施检验的项目，可先行进入综合保税区内的监管仓库，海关再进行有关检验项目的抽样检测和综合评定，并根据检测结果进行后续处置。

（五）洋山特殊综合保税区

1. 洋山特殊综合保税区概述

洋山特殊综合保税区是国务院批准设立，位于中国（上海）自由贸易试验区临港新片区内，具有物流、加工、制造、贸易等功能的海关特殊监管区域。洋山特殊综合保税区作为对标自由贸易试验区的临港新片区，有着打造更具国际市场影响力和竞争力的重要载体作用，因而海关对洋山特殊综合保税区的管理规定仅适用于洋山特殊综合保税区，不适用于其他综合保税区，而综合保税区政策及制度创新措施均适用于洋山特殊综合保税区。

2. 洋山特殊综合保税区的管理

洋山特殊综合保税区实行物理围网管理，与中华人民共和国关境内的其他地区（下称"区外"）之间，设置符合海关监管要求的卡口、围网、视频监控系统，以及其他设置。

洋山特殊综合保税区内不得居住人员。除保障洋山特殊综合保税区内人员正常工作、生活所需要的配套设施外，洋山特殊综合保税区内不得建立营利性商业、生活消费设施。

洋山特殊综合保税区的基础和监管设施等应当符合海关特殊监管区域相关验收标准，海关监管作业场所（场地）应当符合海关监管作业场所（场地）设置规范。

除法律、法规和现行政策另有规定外，境外货物入区的，实行保税或免税；货物出区进入境内区外销售的，按货物进口的有关规定办理报关手续，并按货物实际状态征税；境内区外货物入区的，视同出口，实行退税。

国家禁止进出境的货物、物品不得进出洋山特殊综合保税区。海关对涉及国家进出境限制性管理、口岸公共卫生安全、生物安全、食品安全、商品质量安全、知识产权等的安全准入实施风险管理。依据风险情况，对进出境货物及物品、进出口货物及物品和国际中转货物，实施必要的监管和查验。

境外与洋山特殊综合保税区之间进出的货物，列入海关贸易统计。区外与洋山特殊综合保税区之间进出的货物及其他相关货物，根据海关管理需要实施单项统计。区内企业之间转让、转移的货物，以及洋山特殊综合保税区与其他海关特殊监管区域或者保税监管场所之间往来的货物，不统计。

区内企业可以依法开展中转、集拼、存储、加工、制造、交易、展示、研发、再制造、检测维修、分销和配送等业务。

海关不要求区内企业单独设立海关账册，但区内企业所设置、编制的会计账簿、会计凭证、会计报表和其他会计资料，应当真实、准确、完整地记录和反映有关业务情况，能够通过计算机正确、完整地记账、核算的，对其计算机储存和输出的会计记录视同会计资料。

3. 洋山特殊综合保税区的货物进出

（1）洋山特殊综合保税区与境外之间进出货物

洋山特殊综合保税区与境外之间进出货物，除下列规定范围内的货物应向海关申报外，海关径予放行。

①依法需要检疫的进出境货物。原则上在口岸监管区内监管作业场所（场地）实施检疫，经海关批准，可在洋山特殊综合保税区内实施检疫。对属于法定检验的大宗资源性商品、可用作原料的固体废物等的进境检验，需在口岸监管区内监管作业场所（场地）实施。

②对法律、法规等有明确规定的，涉及我国缔结或参加的国际条约、协定的，以及涉及安全准入管理的进出境货物，除必须在进出境环节验核相关监管证件外，其他的在进出区环节验核。

③区内企业以一般贸易方式申报的进境货物，海关按现行规定进行监管。

（2）洋山特殊综合保税区与区外之间进出货物

洋山特殊综合保税区与区外之间进出货物，实行进出口申报管理。货物从洋山特殊综合保税区进入境内区外的，由进口企业向海关办理进口申报手续。货物从境内区外进入洋山特殊综合保税区的，由出口企业向海关办理出口申报手续。

（3）洋山特殊综合保税区与其他海关特殊监管区域或保税监管场所之间往来的货物

除另有规定外，对其他海关特殊监管区域、保税监管场所与洋山特殊综合保税区之间进出的货物，由其他海关特殊监管区域、保税监管场所内企业申报进出境备案清单（报关单）。

(4) 洋山特殊综合保税区国际中转货物

除国家禁止进出境货物外,其他货物均可在洋山特殊综合保税区内开展国际中转(包括中转集拼,下同)。洋山特殊综合保税区国际中转业务应在符合海关要求的专用作业场所内开展。

相关物流企业应当按照相关管理规定,向海关舱单管理系统传输中转集拼货物的原始舱单、预配舱单、装载舱单、分拨申请、国际转运准单等电子数据。

国际中转货物应当在 3 个月内复运出境,特殊情况下经海关批准,可以延期 3 个月复运出境。

第七节 自由贸易试验区管理

一、自由贸易试验区概述

自由贸易试验区简称自贸试验区。

依据世界海关组织《京都公约》,自由贸易区(FTZ)是缔约方境内的一部分,进入这部分的任何货物,就进口关税而言,通常视为关境之外。自贸试验区是单个国家或地区的行为,对境外入区货物的关税实施免税或保税,而不是降低关税。例如,德国汉堡自由港、巴拿马科隆自由贸易区等。设置自由贸易区的作用体现为以下 3 个方面:

一是商品集散中心,扩大出口贸易和国际转口贸易;

二是国际投资中心,引进国外资金、先进技术和管理经验;

三是国际物流中心。

我国自贸试验区,是指我国自主在境内设立的特殊经济区域,其主要目的是以制度创新为核心,以可总结经验、可复制、可推广为基本要求,在加快政府职能转变、探索体制机制创新、促进投资贸易便利化等方面进行先行先试,先行试验国际经贸新规则、新标准,营造市场化、国际化、法治化的营商环境,全面实施准入前国民待遇和负面清单管理;实施金融国际化、监管精简化,自贸试验区创新实行"一线放开、二线安全高效管住、区内货物自由流动"的监管服务新模式;构建以贸易便利化为重点的贸易监管制度,以负面清单为核心的投资管理制度,以资本项目可兑换和金融服务业开放为目标的金融创新制度,以政府职能转变为核心的事中事后监管制度等。自贸试验区战略目标是开放政策先行先试的示范田。

二、自贸试验区制度创新复制推广

几年来自贸试验区已形成多项创新监管制度，其中部分制度已在全国范围内进行复制推广。

（一）"先进区、后报关"

1. 含义

"先进区、后报关"，是指在海关特殊监管区域境外入区环节，允许经海关注册登记的区内企业凭进境货物的舱单等信息先向海关简要申报，并办理口岸提货和货物进区手续，再在规定的时限内向海关办理进境货物正式申报手续，海关依托"海关特殊监管区域信息化辅助管理系统"，通过风险分析进行有效监管的一种作业模式。这种制度适用于经审核批准的海关特殊监管区域内符合海关信用认定状况要求的企业。

2. 运作规则

（1）货物须在提货后 24 小时内运入海关特殊监管区域，承运货物的运输工具应符合海关监管要求；

（2）进区货物须在 14 天内办理报关手续；

（3）先入区货物在未办理报关（报备）手续前不得出区，但可以在区内使用；

（4）舱单布控货物暂不采取该形式通关；

（5）进境入区货物属于国家禁止或者限制进境货物的，不得开展"先进区、后报关"业务。

（二）区内自行运输

1. 含义

区内自行运输是指经海关注册登记的海关特殊监管区域内企业，可以使用非海关监管车辆在不同海关特殊监管区域、保税物流中心之间自行运输货物的作业模式。这种制度适用于经审核批准的海关特殊监管区域内符合海关信用认定状况要求的企业。

2. 业务规则

未经转出地海关同意，车辆不得在"自行运输"途中擅自停留、装卸或者拼载其他货物。

（三）保税展示交易

1. 含义

保税展示交易是指经海关注册登记的海关特殊监管区域内企业将海关特殊监管区域及保税物流中心（B 型）内的保税货物凭保后运至区域外进行展示和销售的经营活动。

2. 运作规则

（1）开展保税展示交易的场所，为海关特殊监管区域规划面积以内、围网以外综合办公区专用的展示场所，或者海关特殊监管区域以外其他固定场所。具有固定的经营场地，符合海关监管要求。展示期间，展示经营企业需变更展示地点的，应当经主管海关同意。

保税展示交易业务原则上应在展示经营企业所在直属海关关区范围内开展。

（2）展示经营企业应对保税展示交易货物实施账册管理，详细记录保税展示交易货物在展示期间的进、出、存、销情况。

（3）保税展示交易涉及许可证件的，展示经营企业须在货物销售前向主管海关提供许可证件。未经海关批准，展示经营企业不得将保税展示交易货物用于展示、交易以外的其他用途。

（4）保税展示交易销售时，海关应按照《中华人民共和国海关审定内销保税货物完税价格办法》的有关规定审定完税价格。

货物在出区展示期间发生内销的，区内企业应当在规定日期向主管海关集中办理进口征税手续，集中申报不得跨年度办理，主管海关征税放行后，辅助系统自动退还区内企业的担保额度。

（5）货物出区展示完毕，区内企业应当通过辅助系统办理货物回区手续，最长不得超过货物出区之日起 6 个月；因特殊情况需要延长期限的，区内企业应当向主管海关办理延期手续，延期最多不超过 3 次，每次延长期不超过 6 个月。

（四）境内外维修

1. 含义

（1）企业以保税方式将存在部件损坏、功能失效、质量缺陷等问题的货物（以下简称"待维修货物"）从境外运入区域内进行检测、维修后复运出境。

（2）企业将待维修货物从境内（区域外）运入区域内进行检测、维修后复运回境内（区域外）。

2. 企业资质

对符合以下条件的企业，主管海关在为其设立保税维修电子账册后实施监管。

（1）建立符合海关监管要求的管理制度和计算机管理系统，能够实现对维修耗用等信息的全程跟踪。

（2）与海关之间实行计算机联网并能够按照海关监管要求进行数据交换。

（3）能够对待维修货物、已维修货物（包括经检测维修不能修复的货物）、维修用料件在维修过程中产生的边角料（以下简称"维修边角料"）进行专门管理。按照法律、法规和规章的规定须由区域管理部门批准的，企业应当提供有关批准文件。

3. 业务范围

海关特殊监管区域内企业可开展以下保税维修业务：

（1）法律、法规和规章允许的；

（2）国务院批准和国家有关部门批准同意开展的；

（3）区域内企业内销产品包括区域内企业自产或本集团内其他境内企业生产的在境内（区域外）销售的产品的返区维修。

4. 运作规则

（1）主管海关为企业设立保税维修 H 账册，账册表头的保税方式字段为"保税维修"，建立待维修货物、已维修货物、维修用料件的电子底账。

（2）企业应如实申报保税维修货物的进、出、转、存和耗用情况，海关按照规定办理核销手续。

（3）维修货物从境外运入区域内进行检测、维修（包括经检测维修不能修复的）后应当复运出境。待维修货物从境外进入区域和已维修货物复运出境，主管海关应当审核区域内企业填报的进（出）境货物备案清单，监管方式为"保税维修"（监管代码1371）。

（4）待维修货物从境内（区域外）进入区域，主管海关应当审核区域外企业或区域内企业填报的出口货物报关单，监管方式为"修理物品"（监管代码1300），同时审核区域内企业填报的进境货物备案清单，监管方式为"保税维修"（监管代码1371）。

（5）已维修货物复运回境内（区域外），主管海关应当审核区域外企业或区域内企业填报的进口货物报关单，监管方式为"修理物品"（监管代码1300），已维修货物和维修费用分列商品项填报。已维修货物商品项数量为实际出区数量，征减免税方式为"全免"；维修费用商品项数量为0.1，征减免税方式为"照章纳税"，商品编号栏按已维修货物的编码填报。同时，应当审核区域内企业填报的出境货物备案清单，监管方式为"保税维修"（监管代码1371），商品名称按已维修货物的名称填报。

已维修货物复运回境内（区域外），主管海关应当根据企业提交的维修合同（或含有保修条款的内销合同）、维修发票等单证，以保税维修业务耗用的保税料件费和修理费为基础审核确定维修费用完税价格，按照已维修货物申报复运回境内（区域外）之日适用的税率、汇率计征进口税。对外发至区域外进行部分工序维修时发生的维修费用，如能单独列明的，可以从完税价格中予以扣除。

（6）维修用料件按照保税货物实施管理，主管海关应当根据海关特殊监管区域进出口货物报关单、进出境货物备案清单填制规范和《进出口货物报关单填制规范》对监管方式等有关栏目的规定审核维修用料件进出境、进出区域、结转等的申报。

（7）对从境外进入区域的待维修货物产生的维修坏件和维修边角料，原则上应复运出境，监管方式为"进料边角料复出"（监管代码0864）或"来料边角料复出"（监管代码0865）。

对从境内（区域外）进入区域的待维修货物产生的维修坏件和维修边角料，可通过辅助管理系统登记后运至境内（区域外）。维修坏件和维修边角料属于固体废物的，应符合国家对固体货物的相关管理规定。

（8）在进出境申报时，主管海关应当按进出境实际运输方式审核进出境货物备案清单的运输方式栏目。在自境内进出区申报时，主管海关应当按填制规范审核进出口货物报关单、进出境货物备案清单的运输方式栏目。

在维修业务开展过程中，由于部分工艺受限等原因，区域内企业可以将维修货物外发至区域外进行部分工序的维修。

（五）批次进出、集中申报

1. 含义

批次进出、集中申报是指允许海关特殊监管区域内已建立符合海关监管要求的计算机管理系统且企业信用管理为常规管理及以上信用状况的企业，与境内区外企业分批次进出货物的，可以先凭核放单办理货物的实际进出区手续，再在规定期限内以备案清单或者报关单集中办理报关手续，海关依托辅助系统进行监管的一种通关模式。

2. 运作规则

（1）区内企业应当将自卡口确认放行之日起在规定时间内的核放单，集中向海关办理申报手续。集中申报不得跨年度办理。

（2）区内企业通过辅助系统汇总相关核放单生成报关单，向主管海关办理集中申报手续，并应当在备案清单或者报关单的"运输工具"栏内填制"分送集报"字样。

（六）简化无纸通关随附单证

1. 含义

简化无纸通关随附单证是指对"一线"进出境备案清单及"二线"进出区报关单取消部分随附单证，简化进出区通关手续。

2. 运作规则

（1）对海关特殊监管区域和境外之间进出境备案清单的随附单证，如合同、发票、提单、装箱清单等，企业在申报时可以不向海关提交，海关审核时如需要再提交。

（2）企业应有专人负责报关单、备案清单随附单证的归档、保管、接待查阅和安全防范工作，确保单证的真实性、完整性和安全性。

（七）简化统一进出境备案清单

1. 含义

简化统一进出境备案清单是指将现有海关特殊监管区域备案清单格式中的申报项简化统一为30项。

2. 运作规则

按照备案清单填制规范的有关要求填报。

（八）内销选择性征税

1. 含义

内销选择性征税是指对区内企业生产、加工并经"二线"销往境内市场的货物，企业可根据其对应进口料件或实际报验状态，选择缴进口税。目前，该项制度适用于上海等18个自贸试验区所在省（市）的海关特殊监管区域（保税区、保税物流园区除外）内的生产加工企业。

2. 运作规则

（1）海关特殊监管区域区内企业生产、加工并经"二线"内销的货物，根据企业申请，按其对应进口料件或其实际报验状态征收进口关税，进口环节税、消费税照章征税。

（2）企业选择按进口料件征收进口关税时，应一并补征关税款的缓税利息。

（九）集中汇总纳税

1. 含义

集中汇总纳税是指经审核符合条件的进出口纳税义务人，海关可以对其在一段时间内多次进出口产生的税款集中进行汇总计征的一种税收征管模式。采取这种税收征管模式的企业应符合下列要求：

（1）除海关企业信用管理中"失信企业"外，所有在海关登记的企业；

（2）经海关批准并向纳税地海关提交税款总担保；

（3）必须是实行税费电子支付企业。

2. 运作规则

（1）在提供担保的情况下，先放行货物，后集中办理报关征税手续。汇总征税的期限暂定为1个月，在次月第5个工作日前缴纳上个月税款。

（2）汇总征税未缴纳的税款原则上不允许跨年缴纳。

（十）仓储企业联网监管

1. 含义

仓储企业联网监管是指海关对计算机仓储管理系统（WMS系统）中的仓储企业实施"系统联网、库位管理、实时核注"，对出、转、存情况进行实时掌控和动态核查的一种监管模式。适用这种制度的企业应符合下列要求：

（1）海关企业信用管理中常规管理及以上信用状况的企业；

（2）企业应建立符合海关监管要求的计算机管理系统并具有符合海关监管要求的相关仓库位标志、货物标志。

2. 运作规则

海关应当明确固定的周期，要求联网企业定期在 WMS 系统上生成指定格式数据，并通过辅助系统向海关申报当前所存实际货物（应当区别不同状态货物）的库存、库位信息。

（十一）智能化卡口验放

1. 含义

智能化卡口验放是指升级改造海关特殊监管区域、保税监管场所卡口设施，实现车辆过卡自动比对、自动判别、自动验放等智能化管理。

2. 运作规则

海关根据辅助系统卡口核放单，运用智能化设备自动读取电子车牌号码、集装箱号、车载重量（电子地磅数据）等监管数据，进行海关监管信息的自动比对、风险判别，实现卡口验放与区内企业账册联动。

（十二）原产地管理改革

1. 含义

原产地管理改革是指对内地与港澳关于建立更紧密经贸关系的安排（CEPA）、《海峡两岸经济合作框架协议》项下，海关已收到出口方传输的原产地证书电子数据的货物，进口单位申报时免予提交纸质原产地证书。这项制度适用于进口香港和澳门 CEPA、《海峡两岸经济合作框架协议》优惠贸易协定项下货物的企业。

2. 适用货物

符合《中华人民共和国海关进出口货物优惠原产地管理规定》，在香港和澳门 CEPA、《海峡两岸经济合作框架协议》项下进口的货物。

（十三）海关商品归类行政裁定全国适用

1. 含义

海关商品归类行政裁定全国适用是指海关总署及其授权的相关机构根据注册登记的上海 18 个自贸试验区内企业的申请，就《进出口税则》、《进出口税则商品及品目注释》、《中华人民共和国进出口税则本国子目注释》和商品归类行政裁定、商品归类决定等未明确规定的商品归类事项，做出归类行政裁定，由海关总署统一对外公布，并自公布之日起在中华人民共和国关境统一适用的海关监管模式。

2. 运作规则

（1）除特殊情况外，申请人应当在货物拟作进口或出口的3个月前向海关提交"中华人民共和国海关行政裁定申请书（商品归类）"及相关商品资料。

（2）一份归类行政裁定申请书只能包含一项归类事项。申请人对多项归类事项申请归类行政裁定的，应当逐项提出。

（3）应在金关工程（二期）商品归类系统中开发归类行政裁定子模块。

（十四）出境加工

1. 含义

出境加工是指我国境内海关企业信用管理中常规管理及以上信用状况的企业开展出境加工业务的，且不涉嫌走私、违规已被海关立案调查、侦查的，或到期未按规定向海关核报出境加工账册的企业，将自有的原辅料、零部件、元器件或半成品等货物委托境外企业制造或加工后，在规定期限内复运进境并支付加工费和境外料件费等相关费用的经营活动。

2. 运作规则

（1）开展出境加工不得涉及国家禁止、限制进出境的货物和国家应征出口关税的货物。

（2）开展出境加工业务的企业所在地海关为出境加工业务的主管海关，采用账册方式对出境加工货物实施监管。出境加工货物出口和复进口应在同一口岸。账册编码规则暂定为："出（1位）+关区代码（4位）+年（4位）+顺序号（5位）"。

（3）办理出境加工账册设立（变更）手续时，海关要求企业如实申报进出口口岸、商品名称、商品编码、数量、规格型号、价格和境外料件使用情况等，并收取相关单证，企业提交单证齐全有效的，主管海关应自接受企业账册设立申请之日起5个工作日内完成出境加工账册设立（变更）手续。账册核销期为1年。

（4）加工货物按照海关规定方式进行申报："出料加工"（监管代码1427），征减免税方式为"全免"，备注栏填写账册编码，其他项目据实填报。

出境加工货物从境外加工后复运进口，进口报关单进行如下填报：监管方式栏填写"出料加工"（监管代码1427），商品编码按实际报验填报，每一项复进口货物分列两个商品项填报（其中一项申报所含原出口货物价值，商品数量填写复进口货物实际数量，征减免税方式为"全免"；另一项申报境外加工费、料件费、复运进境的运费及相关费用和保险费等，商品数量为0.1，征减免税方式为"照章征税"），备注栏填写账册编码，其他项目据实填报。

出境加工货物在规定期限内复运进境的，海关按加工费、料件费、复运进境的运费及相关费用和保险费等为基础审查核定完税价格。

（5）出境加工货物因品质或规格等原因需退运的，按"退运货物"（监管代码4561）的有关规定，在账册核销周期内办理。出境加工货物超过退运期限或账册核销周期再复运进境的，海关对进口货物按一般贸易管理规定办理进口手续。

（6）出境加工账册按照海关规定方式进行核销：

①出境加工账册采取企业自主核报、自动核销模式，企业应于出境加工账册核销期结束之日起30日内向主管海关报核出境加工账册。

②出境加工货物因故无法按期复运进境的，企业应及时向主管海关书面说明情况，海关据此核扣复运进境商品数量。

③对逾期不向海关核报的出境加工账册，海关可以通过电子公告牌等方式联系企业进行催核。催核后仍不核报的，海关可以直接对出境加工账册核销。

④对账册不平衡等异常情况，企业应做出说明并按具体情况办结相应海关手续后于以核销。

（十五）仓储货物按状态分类监管

1. 含义

仓储货物按状态分类监管是指允许非保税货物以非报关方式进入海关特殊监管区域，与保税货物集拼、分拨后，实际离境出口或出区返回境内。这种制度适用于海关特殊监管区域内，能按照规定的认证方式与辅助系统联网，向海关报送满足海关监管要求的相关数据的企业。

2. 运作规则

对具备海关特殊监管区域信息化辅助系统，并且与仓储企业实现联网监管的企业，海关对非保税货物在海关特殊监管区域信息化辅助系统中设立账册。非保税货物凭辅助系统审结的核放单从卡口进出海关特殊监管区域，货物过卡口系统核增、核减辅助系统底账。海关对进出区非保税货物进行抽查。

（十六）引入中介机构辅助开展保税核查、保税核销和企业稽查工作

1. 含义

引入中介机构辅助开展保税核查、保税核销和企业稽查工作是指具备资质的中介机构接受企业或海关委托，在企业开展主动披露和认证申请，以及在海关实施保税监管和企业稽核查等过程中，通过审计、评估、鉴定、认证等活动，提供相关辅助依据的工作。这项创新制度适用于海关注册登记企业。

2. 运作规则

（1）采用企业委托模式的，企业可根据需要自行选定具备相关资质的中介机构开展辅助工作，企业向海关提交相关书面材料并随附中介机构出具的工作报告，海关结合风险研判决定是否采纳。

（2）采用海关委托模式的，海关设立辅助开展保税监管和企业稽查工作的中介机构备选库，并采取招标、综合排名、随机抽取等方式从备选库中选定中介机构开展辅助工作。

（十七）"一次备案，多次使用"

1. 含义

"一次备案，多次使用"是指海关特殊监管区域内企业，能按照规定的认证方式与辅助系统联网，向海关报送能够满足海关监管要求的相关数据，企业在账册备案环节向海关一次性备案企业、进出货物等信息，经海关核准后，可以在海关特殊监管区域内多次、重复使用的监管模式。

2. 运作规则

（1）区域内企业将企业和进出货物等信息在账册中事先进行备案。

（2）区域内企业在开展"批次进出、集中申报""保税展示交易""保税维修""期货保税交割""融资租赁"等经海关核准的业务中，可以在信息化系统中直接调用已备案的企业和进出货物等信息，无须再向海关重复备案。

（十八）大宗商品现货市场保税交易

1. 含义

大宗商品现货市场保税交易是指海关特殊监管区域内企业，能按照规定的认证方式与辅助系统联网，向海关报送能够满足海关监管要求的相关数据，

区域内处于保税监管状态的大宗基本工业原料、农产品和能源产品等，在经政府有关部门批准建立的大宗商品现货市场交易平台上进行交易的制度。

2. 运作规则

（1）海关对保税大宗商品实施电子账册管理。

（2）开展现货交易的货物种类应由现货市场经营人或由其委托的第三方仓单公示机构事先向海关备案。

（3）从境外或者境内进入交收仓库的保税大宗商品，应当按现有货物进出口规定办理海关手续。

（4）保税仓单持有人应当通过公示机构对所持有的仓单进行公示，并由公示机构将仓单等信息传送至海关。

（5）交易平台应当将大宗商品交割结算价等相关信息传送至海关。

（6）以保税方式销售的进口大宗商品，以交割结算价为基础审核确定完税价格。

（7）保税仓单不得质押。

3. 系统要求

交易平台、公示机构和区内经营指定交收仓库的海关注册企业应当建立符合海关监管要求的计算机管理系统，能够通过数据交换平台或者其他计算机网络，按照海关规定的认证方式与海关监管信息化系统联网，向海关报送能够满足海关监管要求的相关数据。

（十九）企业协调员

1. 含义

针对符合相应信用等级要求的企业，海关建立企业协调员制度，组建海关企业协调员队伍，搭建关企合作平台，利用多种手段，畅通海关与企业联系沟通和问题反映渠道，构建新型关企合作伙伴关系。在全国海关实施企业协调员制度，可以让更多高级认证企业和地方政府重点扶持的企业受益。

2. 运作规则

（1）海关不定期向企业推送最新的政策规定。

（2）建立企业问题提交和海关对问题的汇总处理反馈的快速响应机制。

（3）信用培育。

（4）规范改进和辅导。

（二十）国际海关 AEO 互认合作

1. 含义

国际海关 AEO 互认合作是指建立海关总署、直属海关和口岸海关 AEO 联络员制度和 AEO 联络员队伍，建立各海关与海关总署 AEO 联络员的直通式联系管道，协调解决 AEO 互认企业出口货物在与我国签署 AEO 互认安排的国家或者地区的海关通关过程中遇到的疑难问题，将国际海关 AEO 互认便利措施落到实处，让 AEO 企业切实享受国际海关 AEO 互认合作带来的通关便利，从而提高企业进出口货物通关效率，降低物流成本，提升企业的国际竞争力。

国际海关 AEO 互认合作适用于符合信用等级要求的海关注册登记企业。

2. 运作规则

符合信用等级要求的海关注册登记企业，其出口货物在与我国签署 AEO 互认安排的国家或者地区海关，享受互认国家或者地区海关给予的通关便利措施。

（二十一）先出区后报关

1. 含义

先出区后报关是指海关特殊区域及保税物流中心（B 型）内企业对出境货物，可通过信息化系统凭核放单先行办理出特殊监管区域及中心手续，再向海关报关的业务办理模式。

2. 运作规则

先出区后报关企业应使用金关工程（二期）特殊区域管理系统、保税物流管理系统，采用全国通关一体化方式通关。

（二十二）保税混矿

1. 含义

保税混矿是指海关特殊区域内企业对以保税方式进境的铁矿砂进行简单物理加工混合后再复运出区或离境的业务。简单物理加工，是指铁矿砂除平均粒度、成分含量等发生变化外，未发生实质性改变。开展"保税混矿"的企业应建立符合海关监管要求的信息化管理系统，并设立电子账册，记录货物的进、出、转、存等情况。

2. 运作规则

（1）铁矿砂入区前应接受海关检验和监测，符合国家强制性标准的要求方可入区，如不符合则应按海关要求做退运或检疫处理。

（2）企业应设置专用区域存放"保税混矿"铁矿砂，不得与其他货物混放。

（3）铁矿砂从特殊区域进入境内（特殊区域外）应接受海关检验。

（二十三）进境粮食检疫全流程监管

1. 完善初筛实验室

在进境粮食指定监管场地完善检验检疫初筛实验室。将初筛工作前移到锚地检疫、卸粮作业等环节，排查粮食水湿、霉变、种衣剂等重大质量、安全问题，筛查活虫、菌瘿等重大植物疫情，达到边卸边检、快检快放的目的。

2. 完善无害化处理设施

在进境粮食指定监管场地或其附近完善粮食撒漏物及下脚料无害化处理设施，集中收集卸粮流程中产生的粉尘等废弃物，进行无害化处理，避免粉尘回送，严控疫情疫病和生物安全风险。

3. 完善视频监控网络

推行"互联网＋监管"，利用进境粮食指定监管场地视频监控系统，实现对进境粮食接卸区、暂存区、过磅区、查验区、下脚料堆存场所、处理区等关键区域远程实时监管。

（二十四）江海联运检疫监管

1. 对江海联运进境粮食船舶开展适载性风险管理

监管运输船舶达到进境粮食适载条件，清洁卫生，无虫害、鼠害等危害因素；货舱舱体光滑平整无裂痕、无毒无锈、无异味，货舱有盖板能密闭防水；船舶航行轨迹全程定位，防范调运环节存在货物非法转移、撒漏，以及疫情扩散风险。

2. 落实进境粮食装卸、运输防疫主体责任

督促港口经营企业提升粮食装卸自动化水平，逐步配置自动取样系统，减少装卸过程撒漏，提升撒漏物清理自动化水平。督促进口粮食江海联运物流企业依法承担防疫责任和义务，指导和督促承运船舶落实防疫措施，及时反馈运输过程中的突发、异常情况，确保进境粮食装卸和运输过程的防疫安全。

第八节 保税监管场所管理

保税监管场所是指经海关批准设立的，准予在保税状态下存储货物的仓库、场所。保税监管场所管理规则是根据我国海关加入的《京都公约》专项附约"海关仓库"条款制定的，准许货物存放在特定仓库、场所期间予以免纳进口税费，其目的是最大限度实施贸易便利化。

保税监管场所属于海关保税物流监管的基本形式之一，目前包括保税仓库、出口监管仓库、保税物流中心（B型）、保税物流中心（A型）4种形式。

一、保税仓库

（一）保税仓库概述

保税仓库是指经海关批准而设立的，专门存放保税货物及其他未办结进口海关手续货物的仓库。

1. 保税仓库的类型

目前，我国保税仓库可分为以下3种类型。

（1）公用型保税仓库

这是专门向社会提供保税仓储服务，由我国境内独立企业法人经营的特殊仓库。这种类型的保税仓库的面积最低不得少于2000平方米。

（2）自用型保税仓库

这是专门供存储本企业自用的保税货物，由特定的我国境内独立企业法人经营的仓库。

（3）专用型保税仓库

这是专门用来存储具有特定用途或特殊种类的商品的保税仓库。这类保税仓库是从以上公用型和自用型保税仓库衍生出来的，依据所存储的商品的不同性质，在最低面积、容积上具有不同的要求。例如，存储液体、危险品的保税仓库，其容积最低为5000平方米；寄售维修零配件的保税仓库的面积最低为2000平方米等。

2. 保税仓库的设立

保税仓库应当设立在设有海关机构、便于海关监管的区域。申请设立保税仓库的企业，应当是已在海关办理进出口货物收发货人注册登记的，不同时拥有报关企业身份的企业。

保税仓库设立申请人向仓库所在地主管海关提交书面申请，由主管海关受理并由直属海关审批，报海关总署备案。

3. 保税仓库存放货物的范围

经海关批准，可以存入保税仓库的进境货物有：

（1）加工贸易进口货物；

（2）转口货物；

（3）供应国际航行船舶和航空器的油料、物料、维修使用的零部件；

（4）供维修境外产品所进口寄售的零配件；

（5）外商进境暂时存放的货物；

（6）未办结海关手续的一般贸易进口货物；

（7）经海关批准的其他未办结海关手续的进口货物。

国家规定，保税仓库不得存放国家禁止进境的货物，不得存放未经海关批准的影响公共安全、公共卫生健康、公共道德或秩序的国家限制进境货物及其他不得存入保税仓库的货物。

（二）保税仓库货物报关

保税仓库货物报关分为进仓报关、出仓报关和流转报关。

1. 进仓报关

保税仓库储存的货物进口时，由收货人或其代理人向主管海关办理报关手续，经海关验放后，收货人或其代理人应将海关签发注明"存入××保税仓库"的两份报关单随货带交保税仓库。保税仓库经理人应在核对报关单上申报的进口货物与实际入库货物无误后，在报关单上签收。其中一份报关单连同保税仓库入库单据交回海关留存。

保税仓库货物进境入仓，除易制毒化学品、监控化学品、消耗臭氧层物资外，免领进口许可证。

若保税仓库主管海关与进境口岸不在同一直属海关关区内，收货人或其代理人可以按照"提前报关转关"方式办理有关海关手续。

若保税仓库主管海关与进境口岸在同一直属海关关区内，经直属海关批准，可不按照转关运输方式办理，由收货人或其代理人直接在口岸海关办理报关手续。口岸海关放行后，企业自行提取货物入仓。

2. 出仓报关

保税仓库货物出仓，可能有两种流向：一种是出仓货物复运出境，应当申报出口；另一种是出仓货物运往境内其他地方，转为正式进口，应当申报进口。也就是说，仓库货物出仓，可能出现出口报关和进口报关两种情况。

（1）出口报关

保税仓库货物出仓复运出境，应当向主管海关办理出口报关手续。

若保税仓库主管海关与出境口岸海关不在同一直属海关关区内，应当按照转关运输方式办理出仓手续。

若保税仓库主管海关与出境口岸海关在同一直属海关关区内，经直属海关批准，可以不按照转关运输方式办理，由企业自行提取货物出仓，到口岸海关办理出口报关手续。

（2）进口报关

保税仓库货物出仓运往境内其他地方转为正式进口的，必须经主管海关保税监管部门审核同意。

转为正式进口的同一票货物要填制两张报关单，一张办结出仓报关手续，填制出口货物报关单，其贸易方式栏填写"保税间货物"（监管代码1200）；另一张办理进口申报手续，应按照出仓货物实际用途和实际监管方式填制进口报关单。一般有以下几种流向。

①保税仓库货物出仓用于加工贸易的，由加工贸易企业或其代理人按保税加工货物的报关程序办理进口报关手续。

②保税仓库货物出仓用于可以享受特定减免税的特定地区、特定企业、特定用途的，由享受特定减免税的企业或其代理人按照特定减免税货物的报关程序办理进口报关手续。

③保税仓库货物出仓进入境内市场或使用于境内其他方面（包括用于保修期外维修），则应由保税仓库经营企业按一般进口货物的报关程序办理进口手续。

④保税仓库内寄售维修零配件，申请人以保修期内免税出仓的，应由保税仓库经营企业办理进口报关手续，填制进口货物报关单，贸易方式栏填"无代价抵偿货物"（监管代码3100），并确认免税出仓的维修件，在保修期限内且不超过原设备进口之日起3年，维修件由外商免费提供，更换下的零配件依法处理。

3. 流转报关

（1）保税仓库与海关特殊监管区域或其他海关保税监管场所往来流转的货物，按转关运输的有关规定办理相关手续。

（2）保税仓库与海关特殊监管区域或其他海关保税监管场所在同一直属海关关区内的，经直属海关批准，也可不按转关运输方式办理。

（3）保税仓库货物转往其他保税仓库的，应在各自主管海关报关。报关时，应先办理进口报关，再办理出口报关。

（三）保税仓库监管要点

1. 保税仓库所有货物的储存期限为1年。需要延长储存期限应向主管海关申请延期。经海关批准，可以延长。延长的期限最长不超过1年。特殊情况延期后，货物存储期超过2年的，由直属海关审批。

保税仓库货物超出规定的存储期限未申请延期或海关不批准延期的经营企业应当办理超期货物的退运、纳税、放弃、销毁等手续。

2. 保税仓库所存储的货物是海关监管货物，未经海关批准并按规定办理有关手续，任何人不得出售、转让、抵押、质押、留置、移作他用或做其他处置。

3. 保税仓库货物在储存期间发生损毁或灭失，除不可抗力的原因外，保税仓库经营人应当依法向海关缴纳损毁、灭失货物的税款，并承担相应的法律责任。

4. 保税仓库货物经向海关书面申请批准后，可以进行分级、分类、分装、分拣、计量、组合包装、打膜、加刷或刷贴运输标志、改换包装、拼装等辅助性的简单作业。

5. 保税仓库经营企业应于每月前5个工作日内向海关提交月报关单报表、库存总额报表及其他海关认为必要的月报单证，将上月仓库货物入、出、转、存、退等情况以计算机数据和书面形式报送保税仓库主管海关。

二、出口监管仓库

（一）出口监管仓库概述

出口监管仓库是指经海关批准设立，对已办结海关出口手续的货物进行储存、保税货物配送，提供流通性增值服务的海关专用监管仓库。

出口监管仓库分为出口配送型仓库和国内结转型仓库两类。

出口配送型仓库是指存储以实际离境为目的的出口货物的仓库。出口配送型仓库符合上一年度入仓货物的实际出仓离境率不低于99%等条件的，可以申请国内货物入仓退税政策。

国内结转型仓库是指存储用于国内结转的出口货物的仓库。

出口监管仓库的功能是仓储，而且主要用于存储办结海关出口手续的出口货物。经海关批准，以下货物可以存放入出口监管仓库：

1. 一般贸易出口货物；
2. 加工贸易出口货物；
3. 从其他海关监管场所、特殊监管区域转入的出口货物；
4. 其他已办结海关出口手续的货物。

出口配送型仓库还可以存放为拼装出口货物而进口的货物。

其中，出口配送型仓库的面积不得低于2000平方米，国内结转型仓库不得低于1000平方米。

企业申请设立出口监管仓库，应当向仓库所在地主管海关提交书面申请。经海关受理审查，对符合条件的出具批准文件。

(二) 出口监管仓库货物报关

出口监管仓库货物报关，大体可分为进仓报关、出仓报关、结转报关、更换货物报关4种情况。

1. 进仓报关

（1）出口货物存入出口监管仓库时，发货人或其代理人应当向主管海关办理出口报关手续，填制出口货物报关单。属于出口许可证管理的、出口应税货物的，发货人或其代理人必须提交许可证件，缴纳出口关税。

（2）发货人或其代理人按照规定向海关提交报关必须单证和出口监管仓库经营企业填制的"出口监管仓库货物入库清单"。

对于批准享受入仓即退税政策的出口监管仓库，海关在货物入仓办结出口海关手续后，可签发出口货物报关单退税证明联。

对于不享受入仓即退税政策的出口监管仓库，海关在货物实际离境后签发出口货物报关单退税证明联。

出口监管仓库经主管海关批准对批量少、批次频繁的入仓货物，可以申请办理集中报关手续。

2. 出仓报关

出口监管仓库货物出仓可能出现出仓出口和出仓转进口，需要按实际流向向主管海关办理出口报关或进口报关手续。

（1）出口报关

出口监管仓库货物出仓出口时，仓库经营企业或其代理人应当向主管海关申报。仓库经营企业或其代理人按照规定向海关提交报关所需单证并提交仓库经营企业填制的"出口监管仓库货物出仓清单"。

出仓货物出境口岸不在仓库所在地的主管海关的，经海关批准，可以在口岸所在地海关办理出口相关手续，也可以在仓库所在地的主管海关办理相关手续。

入库没有签发出口货物报关单退税证明联的，出仓离境后，海关按规定签发出口货物报关单退税证明联。

（2）进口报关

出口监管仓库货物出仓转进口的，应经海关批准，按照货物实际流向的有关规定办理报关手续。

①出仓货物用于加工贸易的，由加工贸易企业或其代理人按保税加工货物的报关程序办理进口报关手续。

②出仓货物用于可以享受特定减免税的特定地区、特定企业、特定用途的，由享受特定减免税的企业或其代理人按特定减免税货物报关程序办理进口报关手续。

③出仓货物进入境内市场或用于境内其他方面，由收货人或其代理人按照一般进口货物的报关程序办理进口报关手续。

3. 结转报关

经转入、转出方所在地主管海关批准，并按照转关运输的规定办理相关手续后，出口监管仓库之间，出口监管仓库与保税区、出口加工区、珠海园区、保税物流园区、保税港区、保税物流中心等海关特殊监管区域和监管场所之间，可以进行货物流转。

4. 更换货物报关

更换货物报关是指已经存入出口监管仓库的货物，因质量等原因要求出仓更换的货物，经仓库主管海关批准，可以进行更换，但必须按以下规定办理：

（1）被更换货物出仓前，更换货物应当先入仓；

（2）更换货物应当与原货物的商品编码、品名、规格型号、数量和价格相同。

（三）出口监管仓库监管要点

1. 出口监管仓库必须专库专用，不得转租、转借给他人经营，不得下设分库。

2. 出口监管仓库经营企业应当如实填写有关单证、仓库账册，真实记录并全面反映其业务活动和财务状况，编制仓库月度进、出、转、存情况表和年度财务会计报告，并定期报送主管海关。

3. 出口监管仓库所存货物的存储期限为 6 个月，如因特殊情况，储存期限需要延期，应在到期之前向主管海关申请延期。经海关批准，可以延长的期限最长不超过 6 个月。货物存储期满前，仓库经营企业应当通知发货人或其代理人办理货物的出口或者进口手续。

4. 出口监管仓库所存货物是海关监管货物，未经海关批准并按规定办理有关手续，任何人不得出售、转让、抵押、质押、留置、移作他用或者进行其他处置。

5. 货物在仓库储存期间发生损毁或者灭失，除不可抗力外，出口监管仓库经营人应当依法向海关缴纳损毁、灭失货物的税款并承担相应的法律责任。

6. 经主管海关同意，可以在出口监管仓库进行品质检验、分级、分类、分拣、分装、印刷运输标志、改换包装等流通性增值服务。

三、保税物流中心

（一）保税物流中心概述

保税物流中心是经海关总署批准，由中国境内一家企业法人经营，多家企业进入，专门从事保税仓储物流业务的海关集中监管场所。保税物流中心有 A 型和 B 型两类，本节中的保税物流中心特指保税物流中心（B 型）。

保税物流中心的功能是保税仓库和出口监管仓库功能的叠加，也就是说它既可以存放进口货物，也可以存放出口货物，还可以开展增值服务。保税物流中心被赋予进口保税政策、出口退税政策及灵活的外汇政策，拥有较强的政策功能。

1. 可存放货物的范围

(1) 境内出口货物；

(2) 转口货物和国际中转货物；

(3) 外商暂时存放货物；

(4) 供应国际航行船舶和航空器的物料、维修用零部件；

(5) 供维修境外产品所进口寄售的零配件；

(6) 加工贸易进出口货物；

(7) 未办结海关手续的一般贸易进口货物；

(8) 经海关批准的其他未办结海关手续的货物。

2. 可以开展的业务范围

(1) 保税存储进出口货物及其他未办结海关手续的货物；

(2) 对所存储货物开展流通性简单加工和增值服务；

(3) 全球采购和国际分拨、配送；

(4) 国际转口贸易和国际中转业务；

(5) 经海关批准的其他国际物流业务。

保税物流中心不得开展以下业务：商业零售业务；生产和加工制品；维修、翻新和拆解；存储国家禁止进出口货物，以及危害公共安全、公共卫生或健康、公共道德或秩序的国家限制进出口货物；存储法律、法规明确规定不能享受保税政策的货物；其他与物流中心无关的业务。

保税物流中心的设置申请由直属海关受理，报海关总署出具批准申请企业筹建保税物流中心的文件。申请企业筹建完工后，须向海关总署申请验收。由海关总署会同国家税务总局、国家外汇管理局等部门或者委托授权的机构，按照规定进行验收审核。保税物流中心验收合格后，由海关总署向企业核发"保税物流中心验收合格证书"和"保税物流中心注册证书"，并颁发保税物流中心标牌。保税物流中心经验收合格后才能开展保税物流业务。

在保税物流中心内设立企业，应当向所在地海关提交书面申请，由主管海关受理后，报直属海关审批。直属海关对经批准的企业核发"中华人民共和国海关保税物流中心企业注册登记证书"。

中心内企业需要变更有关注册事项的，由主管海关受理后报直属海关审批。

（二）保税物流中心进出货物报关管理

保税物流中心进出货物报关可分为保税物流中心与境外之间进出货物的报关、保税物流中心与境内之间进出货物的报关两种。

1. 保税物流中心与境外之间进出货物的报关管理

（1）贸易管制的规定

除实行出口被动配额管理和中华人民共和国参加或缔结的国际条约以及国家另有规定的以外，不实行进出口配额和许可证管理。

（2）关于税收的规定

①凡属于规定存放范围内的货物予以保税。

②属于保税物流中心企业进口自用的办公用品、交通运输工具、生活消费品等，以及物流中心开展综合物流服务所需进口机器、装卸设备、管理设备等，按照进口货物的有关规定和税收政策办理相关手续。

从境外进入保税物流中心内的货物，填制进口货物报关单，按上述政策、规定向海关办理进口报关手续。

从物流中心运往境外的货物，填制出口货物报关单，向海关办理出口报关手续。具体手续同前述保税仓库和出口监管仓库运往境外货物的报关手续一样。

2. 保税物流中心与境内之间进出货物的报关管理

保税物流中心内货物运往所在关区外，或者跨关区提取保税物流中心内货物，可以在保税物流中心的主管海关办理报关手续，也可以按境内监管货物的转关运输方式办理相关手续。

保税物流中心与境内之间的进出货物报关，分为货物出保税物流中心进入关境内的其他地区报关、货物从境内进入保税物流中心报关两种情况。

（1）货物出保税物流中心进入关境内的其他地区报关

保税物流中心的货物出中心进入关境内的其他地区视同进口，按照其实际的流向和实际状态，填制进口货物报关单，按实际的监管方式办理相关的进口报关手续。

①用于加工贸易的，按保税加工货物的报关程序办理进口报关手续。

②用于享受特定减免税政策的，按特定减免税货物的报关程序办理进口报关手续。

③进入境内市场或用于境内其他方面的,按一般进口货物的报关程序办理进口报关手续。

④用于在保修期限内免费维修有关境外产品,符合无代价抵偿货物有关规定的零配件,免征进口关税和进口环节海关代征税。

⑤用于国际航行船舶和航空器的物料或属于国家规定免税的货物,免征进口关税和进口环节海关代征税。

总之,进口申报手续同保税仓库出仓进入境内货物的报关手续一样。具体参见本节"保税仓库"的有关内容。

(2) 货物从境内进入保税物流中心报关

货物从境内进入保税物流中心视同出口。

①货物从境内进入保税物流中心,应办理出口报关手续。需缴纳出口关税的,应当缴纳出口关税。属出口许可证管理的商品,还应当向海关提交有效的出口许可证件。

②对于从境内进入保税物流中心的原进口货物,境内发货人应当向海关办理出口报关手续,经海关核准后验放。已经缴纳的进口关税和进口环节海关代征税不予退还。

③对于从境内进入保税物流中心已办结报关手续的货物,或者从境内运入保税物流中心,供中心企业自用的国产机器设备、装卸设备、管理设备、检测设备等设备,以及转关出口货物(启运地海关在收到保税物流中心主管海关确认转关货物进入保税物流中心回执后),由启运地海关签发出口货物报关单退税证明联。

④从境内进入保税物流中心的下列货物,海关不签发出口货物报关单退税证明联:

A. 供保税物流中心企业自用的生活消费品、交通运输工具;

B. 供保税物流中心企业自用的进口的机器设备、装卸设备、管理设备、检测检验设备等;

C. 保税物流中心之间,保税物流中心与出口加工区、保税物流园区和已实行境内货物入仓环节出口退税政策的出口监管仓库等海关特殊监管区域或者海关监管场所之间往来的货物。

(三) 保税物流中心监管要点

1. 保税物流中心经营企业应当设立管理机构,负责保税物流中心的日常工作，制定完善的保税物流中心管理制度，协助海关实施对进出保税物流中心的货物及保税物流中心内企业经营行为的监管。

2. 保税物流中心经营企业不得在本中心内直接从事保税仓储物流的经营活动。

3. 保税物流中心内的货物保税存储期限为 2 年。确有正当理由的，经主管海关同意，可以予以延期。除特殊情况外，延期不得超过 1 年。

4. 保税物流中心内存储货物属海关监管货物，未经海关批准，保税物流中心不得擅自将所存货物抵押、质押、留置、移作他用或者进行其他处置。

5. 保税物流中心内存储货物在存储期间内发生损毁或者灭失的，除不可抗力外，物流中心经营企业应当依法向海关缴纳损毁、灭失货物的税款，并承担相应的法律责任。

6. 保税物流中心内货物可以在中心内企业之间进行转让、转移，但必须办理相关的海关手续。

7. 保税物流中心企业需要经海关批准，可分批进出货物、月度集中报关，但集中申报不得跨年度办理。实行集中申报的进出口货物应当适用每次货物进出口时，海关接受申报之日实施的税率、汇率。

8. 从境外进入保税物流中心内的货物，凡属于规定存放范围内的货物予以保税。属于保税物流中心企业进口的公用物品以及保税物流中心开展综合物流服务所需进口的机器设备等，按进口货物的有关规定和税收政策办理相关手续。

9. 保税物流中心与境外之间进出货物，除实行出口被动配额管理和我国参加或缔结的国际条约及国家另有规定的外，不实行进出许可证件、进出口配额管理。

第九节 保税物流货物监管要点比较

上述海关监管场所和特殊监管区域的功能、存储货物范围、开展业务范围，以及报关程序、许可证件管理、税收管理诸项管理要点见表 8 – 3、表 8 – 4。这两个表可作为本节对保税物流货物监管及通关要点的小结。

表8-3 各种监管形式下的保税物流货物管理要点比较（一）

项目		保税仓库	出口监管仓库	保税物流中心	保税物流园区	保税区	保税港区
存储货物规定范围		进口	出口①	进、出口	进、出口	进、出口	进、出口
存储期限规定		1年+1年	6个月+6个月	2年+1年	无期限	无期限	无期限
服务功能规定		储存	储存/出口配送/境内结转	储存/全球采购/配送/境内结转/转口/中转②	储存/贸易/全球采购/配送/中转/展示	物流园区功能+维修/加工	保税区功能+港口功能
最低注册资金（万元）		300万元	300万元	5000万元	—	—	—
最低面积（平方米）	东部	公用/维修2000平方米液体5000立方米	配送型2000平方米结转型1000平方米	10万平方米			
	中西部			5万平方米			
审批权限		直属海关	直属海关	海关总署	国务院	国务院	国务院
入区退税规定		否	否③	是	是	否	是
备注		按月报核	退换货物先入后出	—	按年报核	实际离境退税	—

注：1. 出口配送型仓库可以存放为拼装出口货物而进口的货物。
2. 保税物流中心的经营者不得在本中心开展保税物流业务。
3. 经批准享受入仓即退税政策的除外。

表8-4 各种监管形式下的保税物流货物管理要点比较（二）

监管形式	存储货物范围	开展业务范围	报关程序	许可证件管理	税收管理
保税仓库	表注1	储存进口货物	（1）进仓报关 （2）出仓报关（出仓复出口、出仓转进口） （3）流转报关	除易制毒化学品、监控化学品、消耗臭氧层物资外，免领进口许可证件	（1）凡属于规定存放范围内的货物予以准入、保税 （2）出仓复运出境免征出口关税 （3）出仓转进口按实际流向征税
出口监管仓库	表注2	储存出口货物	（1）进仓报关 （2）出仓报关（出仓复出口、出仓转进口） （3）结转报关 （4）更换报关	按规定提交出口许可证件	（1）缴纳出口关税 （2）出仓转进口按实际流向办理征税手续
保税物流中心	表注1+表注2	表注3	（1）中心与境外之间的进出货物报关 （2）中心与境内之间的进出货物报关（出中心进入境内视同进口，境内进入中心视同出口）	（1）中心与境外：除实行被动配额、国家另有规定外，不实行进出口配额、许可证件管理 （2）中心进入境内按进口规定办理 （3）境内进入中心按出口规定办理	（1）凡属于规定存放范围内的货物予以准入、保税 （2）中心企业自用开展综合服务所需进口货物按进口货物的有关规定和税收政策办理相关手续 （3）境内运入中心供企业自用的国产机器、设备等除生活消费品、运输工具外，可退税
保税物流园区	表注1+表注2	表注4	（1）物流园区与境外进出货物报关（除区内自用免税进口货物、国际中转货物外）实行备案制 （2）物流园区与境内进出货物报关（园区出区视同进口，境内进入园区视同出口）	（1）除法律、法规另有规定外，境外运入园区货物不实行许可证件管理 （2）园区进入境内货物按实际流向的监管要求提供许可证件	对表注5予以保税 对表注6予以免税

续表

监管形式	存储货物范围	开展业务范围	报关程序	许可证件管理	税收管理
保税港区	表注1＋表注2	表注7	(1) 港区与境外之间报关（实行备案管理） (2) 港区与区外非特殊监管区域或场所之间报关 (3) 港区与其他特殊监管区域或保税监管场所之间报关	(1) 除法律、法规另有规定外，境外运入港区的货物不实行许可证件管理 (2) 境内进入港区按出口规定要求对同一配额许可证项下货物进境环节交验，出境环节不需出具原件	(1) 境外货物进入港区保税 (2) 货物出港区按实际状况征税 (3) 港区内企业之间的货物交易不征增值税 (4) 境内货物进入港区视同出口实行退税 (5) 对表注8免进口税

注：1. 包括：加工贸易进口货物，转口货物，供应国际航行船舶和航空器的油料、物料和维修用零件，供维修境外产品所进口寄售的零配件，外商进境暂存货物，未办结海关手续的一般贸易进口货物，经海关批准的其他未办结海关手续的进境货物。

2. 包括：一般贸易出口货物，加工贸易出口货物，从其他海关特殊监管区域、场所转入的出口货物，其他已办结海关手续的出口货物。

3. 包括：保税存储进出口货物及其他未办结海关手续的货物，对所存货物开展流通性简单加工和增值服务，全球采购和国际分拨配送，国际转口贸易和国际中转业务，经海关批准的其他国际物流业务。

4. 包括：存储进出口货物及其他未办结海关手续的货物，对所存货物开展流通性简单加工和增值服务，进出口贸易（包括国际转口贸易），国际采购、分配和配送，国际中转，商品展示，经海关批准的其他国际物流服务。

5. 包括：园区企业开展业务所需的货物及其包装物料，加工贸易进口货物，国际转口贸易货物，外商暂存货物，供应国际航行船舶和航空器的物料、维修用零件，进口寄售货物，进境检测、维修货物及其零配件，看样订货的展品样品，未办结海关手续的一般贸易货物。

6. 包括：园区基础设施建设项目所需的设备、物资等，园区企业开展业务所需机器、装卸设备、仓储设备、管理设备及其维修用消费品、零配件及工具，园区行政管理机构及其经营主体、园区企业自用合理数量的办公用品。

7. 包括：存储进出口货物和其他未办结海关手续的货物，对外贸易包括国际转口贸易，国际采购、分销和配送，国际中转，检测和售后服务维修，商品展示、研发、加工、制造、港口作业，经海关批准的其他业务。

8. 包括：区内生产性基础建设项目所需的机器、设备，建设生产厂房、仓储设施所需的基建物资，区内企业生产所需的机器、设备、模具及其维修用零配件，区内企业和行政管理机构自用合理数量的办公用品。

第九章 特定减免税货物通关管理

本章知识点

本章主要介绍特定减免税货物、特定减免税货物通关程序和特定减免税货物管理。

第一节 特定减免税货物概述

一、特定减免税货物

特定减免税属于我国关税优惠政策中的一种优惠关税。根据《海关法》第五十七条"特定地区、特定企业或者有特定用途的进出口货物,可以减征或者免征关税"的规定,特定减免税货物是指海关根据国家政策规定,准予特定地区、特定企业、特定用途的货物可以减征或者免除关税。

可见,特定地区、特定企业、特定用途是享受特定减免税政策的前提条件。

特定地区是指我国关境内由行政法规规定的某一特别限定区域,包括前面所介绍的经国务院批准的海关特殊监管区域。享受减免税优惠的进口货物只能在这一特定区域内使用。

特定企业是指由国家专门规定的企业,如外商投资企业、从事勘探和开发海洋或陆地石油的企业等。享受减免税优惠的进口货物只能由这些专门规定的企业使用。

特定用途是指根据规定可以享受减免税优惠的进口货物只能用于国家专门规定的用途。如科学研究机构和学校进口的专用科教用品,残疾人专用用品及残疾人组织和单位进口的货物,用于国家重点项目的进口货物,用于通信、港口、铁路、公路、机场建设的进口设备等。

特定减免税是国家给予特定范围内的进口货物的关税优惠待遇,这种优惠待遇的给予是一次性的，属于政策性减免税范围。只要符合政策规定的资格条件且指定的货物在特定的范围内使用，就可以按照有关规定享受减免税待遇。海关对特定减免税进口货物依法实行时效管理。

二、特定减免税进口货物通关特点

（一）特定条件下减免进口关税

特定减免税是我国关税优惠政策的重要组成部分，是国家对符合条件进口货物的使用企业提供的关税优惠，其目的是优先发展特定地区的经济，鼓励外商在我国的直接投资，促进国有大中型企业和科学、教育、文化、卫生事业的发展。因而这种关税优惠具有鲜明的特定性，只能在国家规定的特定条件下使用。

（二）进口申报应当提交进口许可证件

特定减免税货物是实际进口货物。由于其货物流向十分确定，因而对于特定减免税货物的进口申报，应按一般进口货物的有关规定办理。在进境时，凡属于进口需要交验进口许可证件的货物，收货人或其代理人应当在进口申报时向海关提交进口许可证件。

（三）在监管期限内接受海关监管

我国特定减免税进口货物经海关监管现场放行后，在监管期限内接受海关监管，海关监管期限见表9-1。

表9-1 我国特定减免税进口货物海关监管期限

货物名称	船舶	飞机	机动车辆	其他货物
海关监管年限	8	8	6	5
备注	监管期限自货物进口海关放行之日起计算			

第二节 特定减免税货物通关程序

特定减免税进口货物的通关程序由前期阶段（减免税备案和审批）、进境阶段（进口申报）、后续阶段（后续处置和解除监管）3个阶段组成，具体通关办理手续见图9-1。

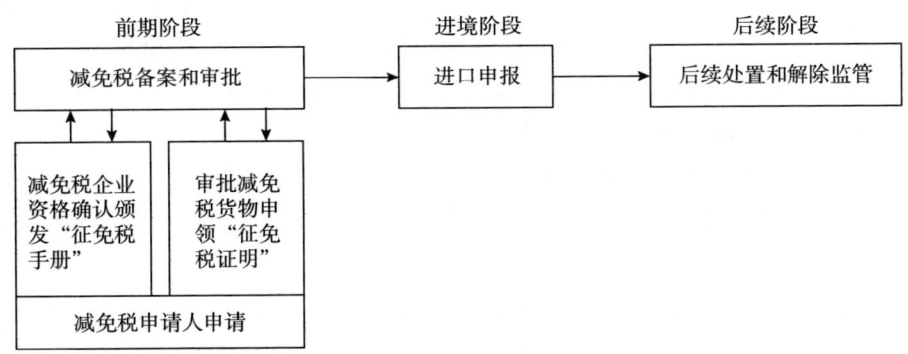

图9-1 特定减免税进口货物通关手续示意图

一、减免税备案和审批

（一）减免税申请备案地规定

减免税申请人应当向其所在地海关申请办理减免税备案、审批手续。特殊情况按下述规定办理：

1. 投资项目所在地海关与减免税申请人所在海关不是同一海关的，减免税申请人应向投资项目所在地海关申请办理减免税备案、审批手续。

2. 投资项目所在地涉及多个海关的，减免税申请人可以向所在地海关或有关海关的共同上级海关申请办理减免税备案、审批手续。有关海关的共同上级海关可以指定相关海关办理减免税备案、审批手续。

3. 投资项目由投资项目单位所属非法人分支机构具体实施的，在获得投资项目单位的授权并经投资项目所在地海关审核同意后，该非法人分支机构可以向投资项目所在地海关申请办理减免税备案、审批手续。

（二）减免税备案

减免税申请人到规定主管海关办理减免税备案手续，海关需事先对申请享受减免税优惠政策的减免税申请人的资格进行确认或者对投资项目是否符合减免税政策的要求进行审核，确定项目的减免税额度等事项。因此，减免税申请人应当在申请办理减免税审批手续前，向主管海关申请办理减免税备案手续。

（三）减免税审批

减免税申请人经向主管海关申请办理减免税备案手续后，在货物进口前，减免税申请人持规定的单证向主管海关申请办理进口货物减免税审批手续，海关确定所申请货物的减免税方式是否符合减免税政策的要求。

提交减免税审批所规定的材料：

1. 进出口货物征免税申请表。

2. 符合《海关法》第五十七条规定的特定地区、特定企业及相关特定用途的证明材料，如：

（1）保税区、出口加工区等特定地区内的企业，提交企业营业执照复印件；

（2）外商投资企业提交商务主管部门的批准文件、营业执照复印件；

（3）境内投资项目和利用外资项目减免税申请的企业，应当持国务院有关部门或省市人民政府签发的"国家鼓励发展的内外资项目确认书"；

（4）科教单位办理科教用品减免税申请的，应当持有关主管部门的批准文件；

（5）残疾人专用品减免税申请的，提交民政部门的批准文件。

3. 进出口合同、发票及相关货物的产品情况资料。

4. 相关政策规定的享受进出口税收优惠政策资格的证明材料。如是保税区、出口加工区等特定地区内的企业，提交管委会批准文件。

5. 海关认为需要提供的其他材料。

主管海关进行审核，确定其所申请货物的减免税方式，依据其是否符合减免税政策要求决定签发"进出口货物征免税证明"。

"进出口货物征免税证明"有效期为6个月，如情况特殊，可以申请延期，延长期最长为6个月。

"进出口货物征免税证明"实行"一批一证"和"一证一关"管理，使用一次有效，即一份征免证明上的货物只能在一个进口口岸进行一次性进口。如果同一合项下货物分口岸进口或者分批进口的，申请人应当事先向审批海关声明，并按到货口岸和到货时间分别申请"进出口货物征免税证明"。

减免税申请人可以自行向海关申请办理减免税备案、审批、税款担保和后续管理业务等相关手续，也可以委托他人办理上述手续。

进口货物减免税申请人，是指根据有关进口税收优惠政策和有关法律法规的规定，可以享受进口税收优惠，并依法向海关申请办理减免税相关手续的具有独立法人资格的企事业单位、社会团体、国家机关，以及符合规定的非法人分支机构，经海关总署审查确认的其他组织。

已经在海关办理备案登记的报关企业或者进出口货物收发货人可以接受减免税申请人委托，代为办理减免税相关事宜。

二、进口申报

特定减免税货物进口时，在进境阶段与本书前面所讲述的一般进口货物的报关内容基本相同。但是，特定减免税货物进口报关的具体要求与一般进口货物的报关还是有所不同的，具体表现在以下几个方面：

（一）特定减免税货物进口报关，收货人或其代理人除了向海关提交报关单及随附单证以外，还应向海关提交"进出口货物征免税证明"。海关在审单时，从计算机系统中查阅征免税证明数据，核对纸质"进出口货物征免税证明"。

（二）特定减免税货物属于实际进口货物的，一般都应该提交进口许可证件。

（三）特定减免税货物进口填制报关单时，应特别注意报关单上"备案号"栏目的填写。此处应填写"进出口货物征免税证明"上的编号，编号共12位数，切不可填错，否则将无法通过计算机逻辑审核，无法通过海关审单。

三、后续监管

特定减免税货物海关监管现场放行不等于结关，在海关规定的监管期限内，减免税货物应当在主管海关核准的企业按用途使用，并进行保管。但在市场经济环境下享受特定减免税货物的企业，在长达5~8年的监管期限内企业主体或者使用用途可能会发生各种变化，这都将会涉及对特定减免税货物的后续监管。

对于后续监管可分为监管期限内监管和监管期限届满解除监管。

（一）监管期限内监管

特定减免税货物进口后，应当依法在海关监管期限内、在海关核准备案登记的范围内使用，并且接受海关的监管。若出现以下情况，应按照规定办理相关海关手续：

1. 变更监管地点

减免税货物在海关监管期限内应当在主管海关核准的地点使用；需要变

更使用地点的，应当由减免税申请人向主管海关提出申请，说明理由，经海关批准后方可变更使用地点。减免税货物需要移出主管海关管辖地使用的，减免税申请人应当事先持有关单证及需要异地使用的说明材料，向主管海关申请办理异地监管手续。经主管海关审核同意并通知转入地海关后，减免税申请人可以将减免税货物运至转入地海关管辖地，转入地海关确认减免税货物情况后进行异地监管。

减免税货物在异地使用结束后，减免税申请人应当及时向转入地海关申请办结异地监管手续。经转入地海关审核同意，并通知主管海关后，减免税申请人应当将减免税货物运回主管海关管辖地，手续流程见图9-2和图9-3。

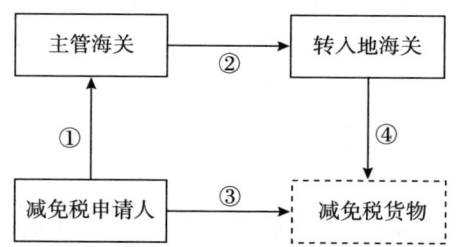

图9-2　申请办理异地海关监管手续流程示意图

图9-2中步骤①减免税申请人向主管海关申请办理异地监管手续；
步骤②主管海关审核同意并通知转入地海关对减免税货物实行异地监管；
步骤③减免税申请人将需要异地使用的减免税货物运至转入地海关；
步骤④转入地海关确认减免税货物后实施异地监管。

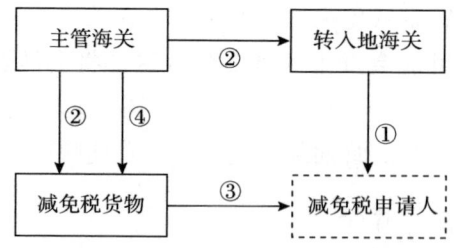

图9-3　申请办结异地海关监管手续流程示意图

图9-3中步骤①减免税货物结束异地使用后，减免税申请人向转入地（异地）监管海关申请结束异地监管手续；
步骤②异地（转入地）监管海关审核同意后通知有关主管海关；
步骤③减免税申请人将减免税货物运回主管海关管辖地；

步骤④主管海关继续对减免税货物实施监管。

2. 结转

结转在这里是指在海关监管期限内,减免税申请人将进口减免税货物出让给进口同一货物并享受同等减免税优惠待遇的其他单位的行为。应该按照以下规定办理减免税货物的结转手续,手续流程见图9-4:

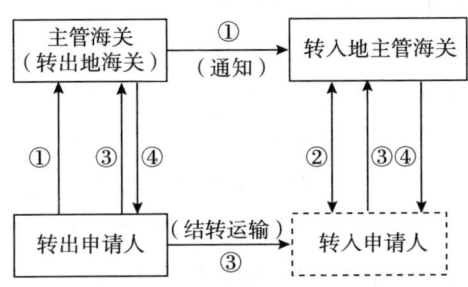

图9-4 结转手续流程示意图

图9-4中步骤①减免税货物的转出申请人持有关单证向转出地主管海关提出申请,转出地主管海关审核同意后通知转入地主管海关;

步骤②减免税货物转入申请人向转入地主管海关申请办理减免税审批手续,转入地主管海关审核无误后签发"进出口货物征免税证明";

步骤③转出、转入减免税货物申请人应当分别向各自的主管海关申请办理减免税货物的出口、进口报关手续;

步骤④转出地海关办理结转减免税货物的解除监管手续。结转减免税货物的监管年限应当连续计算。转入地主管海关在剩余的监管年限内,对结转减免税货物继续实施后续监管。

3. 转让

转让是指在海关监管期限内,减免税申请人将进口减免税货物转让给不享受进口税收优惠政策,或者同一货物不享受同等减免税优惠待遇的其他单位的行为。在转让之前,减免税申请人应当事先向主管海关申请办理减免税货物补交税款和结束监管手续。

4. 移作他用

移作他用是指在海关监管期限内,减免税申请人需要将减免税货物交给减免税申请人以外的其他单位(企业),或者未按原定的用途、地区等使用减免税货物的行为。移作他用应当事先向主管海关提出申请,经海关批准,减免税申请人按照海关批准的使用地区、用途,将减免税货物移作他用。

将减免税货物移作他用，减免税申请人应当按照移作他用的时间补缴税款。移作他用时间不能确定的，应当提交相应的税款担保，税款担保不得低于剩余监管年限应补缴税款的总额。

5. 变更、终止

（1）变更

变更是指在海关监管期限内，减免税申请人发生分立、合并、股东变更、改制等情形。其权利义务承接人应当自营业执照颁发之日起30日内，向原减免税申请人的主管海关报告主体变更情况及原减免税申请人进口减免税货物的情况。经海关审核，权利义务承接人仍符合享受减免税优惠条件的，应当按照规定申请办理减免税备案变更，或者减免税货物的结转手续。权利义务承接人不符合继续享受减免税货物资格的，需要补缴税款，由承接人向原减免税申请人主管海关办理补税手续和解除监管手续。

（2）终止

终止是指在海关监管的期限内，因破产、改制或者其他情形导致减免税申请人中途停止享受剩余监管年限的减免税进口货物优惠政策待遇的情形。没有权利义务承接人的，减免税申请人或者其他依法应当承担关税及进口环节海关代征税缴纳义务的主体，应当自资产清算之日起30日内向主管海关申请办理减免税货物补交税款和解除监管的手续。

6. 退运、出口

在海关监管期限内，减免税申请人要求将进口减免税货物退运出境或者出口的，应当报主管海关核准。减免税货物退运出境或者出口后，减免税申请人应当持出口报关单向主管海关办理原进口减免税货物的解除监管手续。

减免税货物退运出境或者出口的，海关不对退运出境或者出口的减免税货物补征相关的税款。

7. 贷款抵押

在海关监管期限内，减免税申请人要求以减免税货物向金融机构办理贷款抵押的，应当向主管海关提出书面申请。经审核符合有关规定的，主管海关可以批准其办理贷款抵押手续。

关于减免税申请人办理贷款抵押的国家规定如下。

（1）减免税申请人不得以减免税货物向金融机构以外的公民、法人或者其他组织办理贷款抵押。

（2）减免税申请人以减免税货物向金融机构办理贷款抵押的，应当向海关提供以下形式的担保：

①与货物应缴税额等值的保证金，或境内金融机构提供的相当于货物应缴税款的保函；

②减免税申请人、境内金融机构共同向海关提交"进口减免税货物抵押承诺保证书"，书面承诺当减免税申请人无法清偿抵押贷款，需要以抵押物抵偿时，抵押人或者抵押权人应先补缴海关税款，或者从抵押物的折（变）价款中优先偿付海关的税款。

若减免税申请人以减免税进口货物向境外金融机构办理抵押贷款的，应向海关提交与货物应缴税款等值的保证金，或者由境内金融机构提供的相当于应缴税款的保函。

（二）解除监管

解除监管是海关对特定减免税货物监管的重要业务环节，是这类货物办结海关手续的重要标志。解除监管分为监管期限届满解除监管和监管期限内因故提前解除监管。

1. 监管期限届满解除监管

（1）自动解除监管

特定减免税进口货物的监管期限届满时，减免税申请人不必向海关申请领取"减免税进口货物解除监管证明"，有关减免税货物自动解除监管。对于该货物可自行处置，海关不再监管。

（2）期满申请解除监管

特定减免税进口货物监管期限届满时，减免税申请人需要"减免税进口货物解除监管证明"的，可以自监管年限届满之日起 1 年内，持有关单证向海关申请领取"减免税进口货物解除监管证明"。海关应当自接到特定减免税申请人的申请之日起 20 日内核实情况，并填发"减免税进口货物解除监管证明"。

2. 监管期限内因故提前解除监管

特定减免税进口货物在海关监管期限内，因特殊原因需要出售、转让、放弃的，或者企业要破产清算的，原"进出口货物征免税证明"申请人在办理有关进口货物的结关手续后，应当向原签发进出口货物征免税证明的海关提出解除监管申请。主管海关经审核批准后，签发"减免税进口货物解除监管证明"。

第三节　特定减免税货物管理

特定减免税进口货物海关监管现场放行后，应在海关审核备案的特定地区、特定企业、特定用途范围内使用，并且在监管期限内接受主管海关监管。

进口货物享受特定减免税的条件之一，就是在规定的期限内用于规定的地区、规定的企业和规定的用途，并且接受海关监管。特定减免税进口货物的海关监管期限，按照货物的种类各有不同，具体见前文表9-1。

减免税备案、审批、税款担保和后续管理业务等相关手续，减免税申请人可以自行办理，也可以由经海关备案登记的报关企业代理，还可以由进口货物收货人代理。

有下列情形之一的，减免税申请人可以向海关申请凭税款担保先予办理货物放行手续：

一是主管海关按照规定已经受理减免税备案或者审批申请，尚未办理完毕的；

二是有关进口税收政策已经国务院批准，具体实施措施尚未明确，海关总署已确认申请人属于享受该政策范围的；

三是其他经海关总署核准的情况。

国家对进出口货物有限制性规定，应当提供许可证件而不能提供的，以及法律、行政法规规定不得担保的其他情形，不得办理减免税货物凭税款担保放行手续。

在海关监管期限内，减免税申请人应当自进口减免税货物放行之日起，在每年的第一季度向主管海关递交减免税货物使用状况报告书，向主管海关报告减免税货物的使用状况。海关在监管年限内及其后3年内，依照《海关法》和《中华人民共和国海关稽查条例》的有关规定，对减免税申请人进口和使用减免税货物情况实施稽查。

减免税货物转让给进口同一货物，享受同等减免税优惠待遇的其他单位的，不予恢复减免税货物转出申请人的减免税额度。减免税货物转入申请人的减免税额度按照海关审定的货物结转时的价格、数量或者应缴税款予以扣减。

减免税货物因品质或规格原因原状退运出境,减免税申请人以无代价抵偿方式进口同一货物的,不予恢复其减免税额度。未以无代价抵偿方式进口同一类型货物的,减免税申请人在原减免税货物退运出境之日起 3 个月内向海关提出申请,经海关批准,可以恢复其减免税额度。

对于其他提前解除监管的情形不予恢复减免税额度。

第十章 暂准进出境货物通关管理

本章知识点

本章主要介绍暂准进出境货物、使用 ATA 单证册的暂准进出境货物的通关管理，不使用 ATA 单证册的进出境展览品的通关管理，集装箱箱体的通关管理，以及其他暂时进出境货物的通关管理等。

第一节 暂准进出境货物概述

一、暂准进出境货物

暂准进出境货物是暂准进境货物和暂准出境货物的合称。暂准进境货物是指为了特定的目的，经海关批准暂时进境，并在规定的期限内原状复运出境的货物。暂准出境货物是指为了特定的目的，经海关批准暂时出境，并在规定的期限内原状复运进境的货物。

改革开放以来，特别是我国加入世界贸易组织后，对外贸易快速发展，我国的国际交流活动范围更加广泛，涵盖经济、文化、体育、艺术、科研、教育、医疗、新闻等各个领域，为了配合这些活动，货物需要暂时进境或出境。对暂时进出境货物的监管是我国海关对进出境货物监管的重要内容。根据《中华人民共和国进出口关税条例》（以下简称《关税条例》）第四十二条的规定，一是经海关批准暂时进境或者暂时出境的货物，在进境或者出境时纳税义务人应向海关缴纳相当于应纳税款的保证金或提供其他担保的，可以暂不缴纳关税，并在规定的期限内原状复运进境或出境；二是除该条第一款所列以外的暂准进出境货物，应当按照该货物的完税价格和在境内的滞留时间与折旧时间的比例计算，征收进口关税。

本章在此仅介绍《关税条例》第四十二条第一款所列的暂准进出境货物，该部分暂准进出境货物的范围包括以下：

一是在展览会、交易会、会议及类似活动中展示或者使用的货物；
二是文化、体育交流活动中使用的表演、比赛用品；
三是进行新闻报道或者摄制电影、电视节目使用的仪器、设备及用品；
四是开展科研、教学、医疗活动使用的仪器、设备及用品；
五是上述 4 项活动中使用的交通工具及特种车辆；
六是货样；
七是供安装、调试、检测设备时使用的仪器、工具；
八是盛装货物的容器；
九是其他用于非商业目的的货物。

二、暂准进出境货物通关的基本特点

（一）有条件暂时免予缴纳税费

暂准进出境货物在向海关申报进出境时，不必缴纳进出口税费，但暂准进出境货物的收发货人须向海关提供担保。向海关办理担保手续是暂准进出境货物进出境时暂时免予缴纳税费的前提条件。

（二）免予提交进出口许可证件

暂准进出境货物不是实际进出口货物，只要按照暂准进出境货物的有关法律、行政法规办理进出境手续，可免予交验进出口许可证件。在这里所说的"免予交验进出口许可证件"的含义是指经济贸易性的管制证件。但是，涉及公共道德、公共安全、公共卫生的，暂准进出境货物应当凭许可证件进出境。如展览品中的动、植物，须经我国海关检验检疫部门进行检疫和验放。

（三）规定期限内按原状复运进出境

暂准进出境货物应当自进境或者出境之日起 6 个月内，原状复运出境或者复运进境。原状复运出境或者复运进境是对暂准进出境货物的基本要求。经暂准进出境货物的收发货人申请，海关可以根据规定延长复运出境或复运进境的期限。

对暂时进出境货物而言，在境内（外）为特定目的而使用，除因正常使用造成的自然损耗外，不得改变其原状。

（四）按货物实际使用情况办结海关手续

暂准进出境货物根据规定必须在规定的期限内，由货物的收发货人根据货物不同的情况向海关办理核销结关手续。

三、暂准进出境货物的监管方式

从上述活动所涉及的暂准进出境货物的范围来看，为完成特定的目的需要暂时进境、暂时出境的货物所涉及的范围十分广泛，所从事活动的主体也不尽相同，为促进国际经济、科技、文化的交流，简化暂准进出境货物的通关手续，并根据我国国情，我国海关对暂准进出境货物的监管，可以归纳为以下几种方式：

一是使用 ATA 单证册的暂准进出境货物；

二是不使用 ATA 单证册的进出境展览品；

三是集装箱箱体；

四是其他暂时进出境货物。

上述每种监管方式都有其确定的范围，如使用 ATA 单证册的暂准进出境货物，目前仅指在展览会、交易会、会议及类似活动中展示或者使用的货物；不使用 ATA 单证册的进出境展览品仅指暂时进境或暂时出境不用 ATA 单证册直接按展览品填制进出口货物报关单申报的货物；集装箱箱体仅指集装箱箱体本身的报关。

除上述确定范围内的暂准进出境货物，按其确定的监管方式申报进出境外，余下的几种暂准进出境货物都适用暂时进出境货物的监管方式。这里需要强调的是，暂时进出境货物在这里是一种监管方式的概念，而不是单指某种活动需要暂时进出境的货物。

第二节 使用 ATA 单证册的暂准进出境货物通关管理

一、ATA 单证册概述

（一）ATA 单证册及国际联保

"ATA"由法文 Admission Temporaire 与英文 Temporary Admission 的首字母组成，其意思为"暂准进口"。从其字面可知，使用 ATA 单证册的货物有别于普通进口货物,这类货物在国际流转时,其所有权不发生转移。

"ATA 单证册"是"暂准进口单证册"的简称,它是世界海关组织《货物暂准进口公约》及其附约 A 和《关于货物暂准进口的 ATA 报关单证册海关公约》(以下简称《ATA 公约》)中规定使用的,用以替代各缔约方海关暂准进出口货物报关单、税费担保的国际性通关文件。也就是说,ATA 单证册具有进出境货物报关单和税费担保的功能。它是如何实现这项功能的呢?海关对暂准进出境货物的监管要求是暂准进出境货物的收发货人在申报进出境时,应向海关提供税费担保,而 ATA 单证册管理的核心内容是实行暂准进出境国际联保。这种国际联保形式的运行是通过世界海关组织核准确认的国际商会国际局(IBCC)组织管理的国际担保连环系统(又称"ATA/IBCC 连环担保系统")实现的。这个系统是经各缔约方海关当局核准确认的,由作为该缔约方担保机构的国际商会和类似组织共同组成。各缔约方的担保机构负责签发本国申请的 ATA 单证册工作,并对 ATA 单证册项下的货物在活动中发生的关税及其他税费向 IBCC 履行全面的担保义务。ATA 单证册的持证人在货物出境前向本国(地区)ATA 单证册担保机构申请签发 ATA 单证册后,凭此向海关办理暂准出境货物出境(海关在 ATA 单证册出境联签注),货物运至进境国(地区),进境国(地区)海关签注 ATA 单证册进境联进境。货物实现暂准进境国(地区)的特定使用目的后,从进境国(地区)复运出境,又复运进境到原出境国(地区)。持证人将使用过的经各国(地区)海关签注的 ATA 单证册,交还原出证担保机构核销。ATA 单证册的整个使用过程到此结束。

如果 ATA 单证册持证人未正常使用而出现下述情况:

1. ATA 单证册项下的货物未在规定的期限内复运出境,发生了在暂准进境国(地区)海关对该货物征税的情况;

2. ATA 单证册持证人未遵守暂准进境国(地区)海关的有关规定,发生了在暂准进境国(地区)海关对 ATA 单证册持证人处以罚款的情况。

出现上述两种情况时,暂准进境国(地区)海关依据《ATA 公约》可以向本国(地区)出证担保协会提出索赔,由本国(地区)出证担保协会代替持证人垫付上述税款、罚款等款项后,再通过 IBCC 向持证人的所在国(地区)的 ATA 单证册出证担保协会进行追索。该担保协会应当如数履行担保义务,垫付款项后再向持证人追偿。持证人偿付款项后,ATA 单证册的持证人向本国(地区)出证担保协会核销 ATA 单证册。

(二) ATA 单证册格式

一本 ATA 单证册一般由 8 页组成，并用绿、黄、白、蓝颜色区分，每页代表不同的通关作用。其中，1 页绿色封面单证、1 页绿色封底单证、1 页黄色出口单证、1 页黄色复进口单证、2 页蓝色过境单证、1 页白色进口单证、1 页白色复出口单证。

ATA 单证册每页由存根联和正联组成，在进出境环节，海关签注后将正联留存，并将存根联和 ATA 单证册退还给货物的收发货人或其代理人。

(三) ATA 单证册国际联保运行流程

ATA 单证册国际联保运行流程见图 10-1。

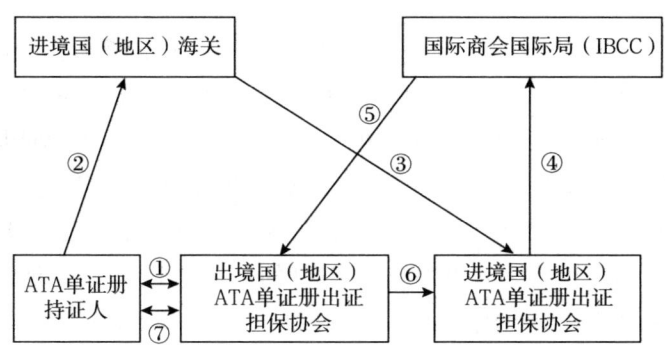

图 10-1　国际联保运行示意图

图 10-1 中步骤①持证申请人向出境国（地区）出证担保协会申请 ATA 单证册；

步骤②ATA 单证册持证人向进境国（地区）申报进境；

步骤③ATA 单证册持证人发生上述两种情况，进境国（地区）海关向本国（地区）出证担保协会追索款项；

步骤④和⑤进境国（地区）出证担保协会通过 IBCC 向持证人所在国（地区）出证担保协会追索垫付款项；

步骤⑥持证人所在国（地区）ATA 单证册出证担保协会支付持证人所发生的款项；

步骤⑦持证人偿付款项后，ATA 单证册的持证人向本国（地区）出证担保协会核销 ATA 单证册。

二、我国海关对 ATA 单证册的管理

（一）基本要求

1. 我国海关只接受用中文或者英文填写的 ATA 单证册的申报。用英文填写的 ATA 单证册，海关可以要求其提供中文译本。

2. 在我国适用 ATA 单证册的范围仅限于展览会、交易会、会议及类似活动项下的货物。除此以外的货物，我国海关不接受持 ATA 单证册办理进出口申报手续。在我国加入的有关公约及附约中，仅规定展览会、交易会、会议及类似活动项下的货物适用 ATA 单证册。

展览会、交易会、会议及类似活动包含以下几种：
（1）贸易、工业、农业、工艺展览会及交易会、博览会；
（2）因慈善目的而组织的展览会或会议；
（3）国际组织或者国际团体组织的代表会议；
（4）为促进科技、教育、文化、体育、交流开展旅游活动或者民间友谊而组织的展览会或会议；
（5）政府举办的纪念性代表大会。

若在商店或其他营业场所以销售国外货物为目的而组织的非公共展览会不属于上述含义的展览会、交易会、会议及类似活动。

我国海关不接受邮运渠道的货物使用 ATA 单证册。

3. 使用 ATA 单证册报关的暂准进出境货物的期限为自货物进出境之日起 6 个月，超过 6 个月的 ATA 单证册持证人可以向海关申请延期，延期次数最多不超过 3 次，每次延长期限不超过 6 个月。

参加展期在 24 个月以上的展览会的展品，在 18 个月延长期届满后仍需要延期的，由主管地直属海关批准。

ATA 单证册持证人应当在规定期限届满 30 个工作日前向货物暂准进出境申请核准地海关提出延期申请，并提交"货物暂时进/出境延期申请书"及相关申请材料。直属海关受理延期申请的，应当于受理申请之日起 20 个工作日内做出行政决定并制发"中华人民共和国海关货物暂时进/出境延期申请批准决定书"或者"中华人民共和国海关货物暂时进/出境延期申请不予批准决定书"。

根据国际公约规定，ATA 单证册的有效期最长是 1 年。ATA 单证册项下

的货物延长期超过 ATA 单证册有效期的，持证人应当向原出证机构申请续签 ATA 单证册。续签的 ATA 单证册只能变更单证册有效期，其他各项与原单证册一致。续签的 ATA 单证册经主管地直属海关确认后，可以替代原 ATA 单证册。

（二）我国的出证担保机构

中国国际商会是我国 ATA 单证册的出证担保机构，承担着以下相关工作：

1. 负责签发出境 ATA 单证册，并向海关报送所签发单证册的中文电子文本；
2. 协助海关确认进境、过境 ATA 单证册的真伪；
3. 向我国海关承担 ATA 单证册持证人因违反暂准进出境货物监管规定而产生的相关税费和罚款；
4. 接受我国海关 ATA 单证册核销中心提出的追索。

（三）我国 ATA 单证册核销中心

海关总署在北京海关设立 ATA 单证册核销中心，该中心承担以下相关工作：

1. 对 ATA 单证册的进出境凭证进行核销、统计、追索；
2. 应成员方担保人的要求，依据有关原始凭证，提供 ATA 单证册项下暂准进境货物已经进境或者从我国复运出境的证明；
3. 对全国海关 ATA 单证册的有关核销业务进行协调和管理。

ATA 单证册项下的货物进境未能按照规定复运出境或者过境的，ATA 单证册核销中心向中国国际商会提出追索。自追索提出之日起 9 个月内，中国国际商会应向海关提供该货物已经在规定期限内复运出境或者已经办理正式进口手续的证明，ATA 单证册核销中心可以撤销追索。如果 9 个月期满后未能提供上述证明，中国国际商会应当向海关支付税款和罚款。

三、使用 ATA 单证册的暂准进出境货物通关

（一）进出境申报

持 ATA 单证册向海关申报进出境货物，不需要向海关提交进出口许可证件，也不需要另外办理担保手续。但是，如果进出境展览品及相关货物属于受公共道德、公共安全、公共卫生、动植物检疫或者濒危野生动植物保护、

知识产权保护等限制的,展览品的收发货人或其代理人应当向海关提交相关进出口许可证件。

1. **进境申报**

进境货物的收货人或其代理人持ATA单证册向海关申报进境时,将ATA单证册上的内容预录入海关与中国国际商会联网的ATA单证册电子核销系统,然后向海关提交纸质ATA单证册、提货单等单证。

海关在白色进口单证联上签注,并留存白色进口单证正联,将存根联和ATA单证册其他各联退还给货物收货人或其代理人。

2. **出境申报**

出境货物的收发货人或其代理人持ATA单证册向海关申报出境时,向出境地海关提交国家主管部门的批准文件、纸质ATA单证册和装箱单等单证。

海关在绿色封面单证和黄色出口单证上签注,并留存黄色出口单证正联,将存根联ATA单证册其他各联退还给发货人或其代理人。

3. **异地复运出境、进境申报**

使用ATA单证册进出境货物异地复运出境、进境申报,ATA单证册持证人应当持主管地海关签章的海关单证向复运出境或复运进境地海关办理手续。货物复运出境或复运进境后,主管地海关凭复运出境或复运进境地海关签章的海关单证办理核销结案手续。

4. **过境申报**

过境货物的承运人或其代理人,持ATA单证册向海关申报,将货物通过我国境内转运至第三国(地区)参加展览会的,不必填制过境货物报关单。海关在两份蓝色过境单证联上分别签注后并留存蓝色过境单证正联,将存根联和ATA单证册其他各联退还给承运人或其代理人。

(二)转关

ATA单证册项下暂准进出境货物办理转关的,指运地、启运地海关为主管海关。

使用ATA单证册暂准进境的汽车不受国家汽车产业政策规定的整车进口指定口岸的限制,允许转关监管至指运地海关办理暂准进境手续。

经海关同意在境内留购的暂准进境的汽车,必须转关至整车进口指定口岸办理进口手续。

（三）结关

1. 正常结关

正常结关是指 ATA 单证册持证人在规定的期限内将暂准进境货物和暂准出境货物复运进出境，海关在白色复运出口联单证或黄色复运进口联单证上签注，留存单证正联，将存根联和 ATA 单证册其他各联退还给持证人正式核销结关。

2. 非正常结关

非正常结关是指 ATA 单证册项下的货物暂时进境、复运出境时，因故未经我国海关核销签注的，我国 ATA 单证册核销中心凭另一缔约方海关在 ATA 单证册上签注的该批货物从该国（地区）过境或者复运进境的证明，或者我国海关认可的、能够证明该货物已经实际离开我国境内的其他文件，作为已经从我国复运出境的证明对 ATA 单证册予以核销。

发生上述情形的 ATA 单证册持证人应当按照规定向海关缴纳调整费。若我国海关尚未发出"ATA 单证册追索通知"，持证人凭其他国家（地区）海关出具的货物已经运离我国海关关境的证明，要求予以核销单证册的，免予收取调整费。

使用 ATA 单证册暂准进出境的货物，因不可抗力的原因受损，无法原状复运出境、复运进境的，ATA 单证册持证人应当及时向主管海关报告，可以凭有关部门出具的证明材料办理复运出境或复运进境手续。因不可抗力原因灭失或者失去使用价值的，经海关核实后，可以视该货物已经复运出境或复运进境。

使用 ATA 单证册暂准进出境的货物因不可抗力以外的原因灭失或者损毁的，ATA 单证册持证人应当按照货物进出口的有关规定办理海关手续。

第三节 不使用 ATA 单证册的暂准
进出境展览品通关管理

进出境展览品从海关监管方式来看，有使用 ATA 单证册的，也有不使用 ATA 单证册的。笔者在这里介绍的是不使用 ATA 单证册的进出境展览品通关，也就是直接按展览品填制进出口货物报关单的通关。

一、进出境展览品的范围

以暂准进出境货物监管方式申报的货物——进出境展览品，其进出境展览品范围的确定十分重要，只有属于展览品范围的货物才适用暂准进出境货物监管方式。

(一) 进境展览品的范围

进境展览品是指境外企业在我国关境内举办经济、文化、科技等方面的展览会、博览会上所展示的有关货物或物品，具体如下：

1. 在展览会中展示或示范的货物、物品；
2. 为示范展出的机器或器具所需的物品；
3. 展览者设置临时展台的建筑材料及装饰材料；
4. 供展览品做示范宣传用的电影片、幻灯片、录像带、录音带、说明书、广告、光盘、显示器材等。

对于在境内举办展览会期间供消耗、散发的展览用品，由海关根据展览会的性质、参展商的规模、观众人数等情况，对其数量和总值进行核定，在合理范围内的，按照有关规定免征进口关税和进口环节税。

展览用品是指：

1. 在展览活动中的小件样品，包括原装进口的或者在展览期间进口散装原料制成食品或者饮料的样品；
2. 为展出的机器或者器具进行操作示范被消耗或者损坏的物料；
3. 布置、装饰临时展台、消耗的低值货物；
4. 展览期间向观众免费散发的有关宣传品；
5. 供展览会使用的档案、表格及其他文件。

上述展览用品应当符合以下条件：

1. 由参展人员免费提供并在展览期间专供分送给观众使用或者消费的；
2. 单价较低，做广告样品用的；
3. 不适用于商业用途，并且单位容量明显小于最小零售包装容量的；
4. 食品及饮料的样品虽未包装分发，但确实是在活动中消耗掉的。

展览用品中的含酒精饮料、烟草制品及燃料不适用有关免税规定。

对于展览会期间出售的小卖品，属于一般进口货物的，应当在进口时缴纳进口关税和进口环节税；属于许可证件管理的，应当交验许可证件。

(二) 出境展览品的范围

出境展览品包括境内单位赴境外举办展览会或者参加境外博览会、展览会而运出境的展览品（包括与展览活动有关的宣传品、布置品、招待品及公用物品）以及与展览活动有关的小卖品、展卖品，这些可以按展览品报关出境。如若不按规定期限复运进境，须按一般出口货物补办海关手续。属于许可证件管理的商品，应交验出口许可证件，其属于出口应税商品应缴纳出口关税。

二、进出境展览品报关程序

（一）进境展览品报关程序

进境展览品报关程序由展览品备案→进境申报→核销结关组成。

1. 展览品备案

境内展览会的举办单位或其代理人应当在展览品进境20个工作日前，向展出地主管海关有关部门提交备案证明或者批准文件及展览品清单等相关单证办理备案手续。如果展览会不属于有关部门行政许可项目的，办展人、参展人可以凭展览会邀请函、展位确认书等其他证明文件以及展览品清单等有关单证向主管海关办理备案手续。

2. 进境申报

（1）申报地

展览品的进境申报手续可以在展出地海关办理。从非展出地海关进境的，可以申请在进境地海关办理转关运输手续，将展览品在海关监管下从进境口岸转运至展览会举办地海关办理申报手续。

（2）进境申报及担保

展览会举办单位或其代理人应当向海关提交进口货物报关单、展览品清单、提货单、发票、装箱单等。展览品涉及检验检疫等管制的，还应当向海关提交相关许可证件。

展览会举办单位或其代理人应向海关提供担保。如在海关指定场所或者海关派员监管场所举办的展览会，经主管地直属海关批准参展的展品，可以免予向海关提供担保。

（3）进境查验

①海关一般在展览会举办地对展品进行开箱查验。展览品开箱前，举办方或其代理人应当通知海关。海关查验时，展览品所有人或其代理人应当到场，并负责搬移、开拆、封装货物等。

②展览会展出或使用的印刷品、音像制品及其他需要审查的物品，须经

海关审查后才能展出或使用。

对我国政治、经济、文化、道德有害的以及侵犯知识产权的印刷品、音像制品不得展出，由海关没收退运出境或责令更改后使用。

3. 核销结关

进境展览品应自进境之日起 6 个月内复运出境。超过 6 个月的，进境展览会举办方或代理人可以向海关申请延期。延期最多不超过 3 次，每次延期最长不超过 6 个月。延长期届满后，应当复运出境或办理正式进口手续。

参加展期在 24 个月以上的展览会的展览品，在 18 个月延长期届满后，仍需要延期的，由主管地直属海关批准。

（1）复运出境

进境展览品按规定期限复运出境，海关签发出口货物报关单证明联，展览品所有人或其代理人凭此向主管海关办理核销结关手续。正常核销结关的，海关退还担保金或担保函。

（2）转为正式进口

进境展览品在展览期间被人购买的，由展览会举办单位或其代理人向海关办理进口申报，缴纳进口税费。属于进口许可证件管理的商品，还应提交进口许可证件。

（3）展览品放弃、赠送

展览会结束后，进境展览品的所有人决定将展览品放弃，交由海关处理的，海关依法变卖后将款项上缴国库。

展览品的所有人决定将展览品赠送他人的，受赠人应当向海关办理进口手续，海关按进口礼品或经贸往来赠送品的规定办理。

（4）展览品毁坏、丢失、被窃

进境展览品因损坏、丢失、被窃等原因不能复运出境的，展览会举办单位或其代理人应当向海关报告。对于毁坏的展览品，海关根据毁坏程度估价征税。对于丢失或被盗窃的展览品，海关按进口同类货物的价格征收进口税。

进境展览品因不可抗力原因受损，无法原状复运出境的，展览品所有人或其代理人应当及时向海关报告，凭有关部门出具的证明材料办理复运出境手续。因不可抗力原因灭失或者失去使用价值的，经海关核实后，可以视为该货物已经复运出境。因不可抗力以外原因灭失或者失去使用价值的，由进境展览品的收货人按照进口的有关规定办理海关手续。

（二）出境展览品报关程序

出境展览品报关程序由展览品出境备案→出境申报→核销结关组成。

1. 展览品出境备案

境内出境举办展会的办展人或者参展人应当在展览品出境 20 个工作日前向主管海关提交有关部门的备案证明或批准文件及展品清单等相关单证，办理备案手续。

展览会不属于行政许可项目的，办展人、参展人凭展览会的邀请函、展位确认书等其他证明文件及展览品清单向主管地海关办理备案手续。

2. 出境申报

（1）展览品出境申报手续应当在出境地海关办理。

（2）展览会举办单位参展的企业应当向海关提交国家主管部门的批准文件、报关单、展览品清单（一式两份）等单证。

（3）展览品属于应税商品的，应当向海关缴纳相当于税款的担保金。属于核用品、核两用品及相关技术出口管制商品的，应当提交相关出口许可证。

（4）海关对展览品进行开箱查验，核对展览品清单。查验完毕，海关留存一份清单，另一份清单封入关封，交给发货人或其代理人，待展览品复运进境时凭此办理展览品复运进境的申报手续。

3. 核销结关

出境展览品应自出境之日起 6 个月内复运进境，超过 6 个月的，出境展览会举办方或其代理人可以向海关申请延期。延期最多不超过 3 次，每次延长期最长不超过 6 个月。延长期届满，应当复运进境或办理正式出口手续。

参加展期在 24 个月以上的展览会的展览品，在 18 个月延长期届满后仍需要延长期的，由主管地直属海关批准。

（1）复运进境

出境展览品按规定期限复运进境的，海关签发进口货物报关单证明联。展览品的所有人或其代理人凭此向主管海关办理核销结关手续。正常核销结关办理担保的，海关退还担保金或者担保函。

（2）转为正式出口

出境展览品在境外参加展览会后被销售的，由海关核对展览品清单后，要求企业补办正式出口手续。

(3) 展览品毁坏、丢失、被窃

出境展览品因不可抗力原因受损，无法原状复运进境的，出境展览品的发货人或其代理人应当及时向主管地海关报告。海关凭有关部门出具的证明材料办理复运进境手续。因为不可抗力原因灭失或者失去使用价值的，经海关核实后，可以视为该货物已经复运进境。

出境展览品因不可抗力以外的原因灭失或者失去使用价值的，出境展览品发货人应当按照出口货物的有关规定办理海关手续。

第四节 集装箱箱体的通关管理

一、集装箱箱体简介

集装箱箱体属于前述暂准进出境货物范围中的盛装货物的容器。

集装箱又称为货柜，是一种用金属板材或木材、塑料、纤维板制成的长方体大箱。在每个集装箱箱体两侧都标示着全球唯一的编号。其组成规则是：箱主代号（3位字母）+设备识别号"U"+顺序号（6位数字）+校验码（1位数字）。例如：CBHU018771-6。通常有20英尺、40英尺的开顶箱、框架箱等规格箱供选用。

集装箱箱体既是一种运输设备，又是一种货物。当货物用集装箱装载进出境时，集装箱箱体就是一种运输设备；但当一个企业购买进口或销售出口集装箱时，集装箱箱体就与普通的进出口货物一样了。集装箱箱体作为货物进出口是一次性的，而在通常情况下，它们是作为运输设备暂时进出境的。

二、进出境集装箱检疫查验与处置

对被海关风险控制系统防控的进出境集装箱，须进行现场检疫查验，包括放射性监测、箱体表面及箱体内的检疫查验，并根据需要实施卫生处理。

（一）放射性监测报警处置

对放射性超标报警集装箱按规范进行检测、排查和处置。

（二）发现病媒生物处置

逐箱进行卫生除害处理，病媒生物样本送实验室进行种属鉴定及病原体检测。

（三）传染病污染处置

逐箱进行卫生除害处理。

（四）发现其他不合格处理

对发现国家禁止入境的其他物品，对发现物作销毁处理并对发现部位作除害处理；难以作销毁处理的，连同集装箱作退回处理。

三、暂准进出境集装箱箱体的报关管理

暂准进出境的集装箱箱体的报关有以下 2 种情况：

第一种情况是境内生产的集装箱以及我国营运人从境外购买进口的集装箱，在投入国际运输之前，营运人应当向其所在地海关办理登记手续。海关准予登记并符合规定的集装箱箱体，无论是否装载货物，海关准予暂时进境和暂时异地出境。营运人或其代理人无须对集装箱箱体单独向海关办理报关手续，进出境时也不受规定的期限限制。

第二种情况是境外集装箱箱体暂准进出境，无论是否装载货物，承运人或其代理人应当对箱体单独向海关申报，并应当从进境之日起 6 个月内复运出境。如因特殊情况不能按期复运出境的，营运人应当向暂准进境地海关申请延期。经海关核准后可以延期，但最长不得超过 3 个月，逾期应按规定向海关办理进口报关的纳税手续。

第五节 其他暂时进出境货物通关管理

一、暂时进出境货物的管理

（一）暂时进出境货物的范围

《关税条例》规定，可以暂不缴纳税款的暂准进出境货物，除使用 ATA 单证册报关的货物、不使用 ATA 单证册报关的进出境展览品、集装箱箱体按照各自的监管方式向海关办理报关手续外，其余的均按《中华人民共和国海关暂时进出境货物管理办法》进行监管。因此，它们均属于暂时进出境货物的范围。

（二）暂时进出境货物的期限

暂时进境货物应当自进境之日起 6 个月内复运出境，暂时出境货物应当自出境之日起 6 个月内复运进境。

超过 6 个月的，进出口货物收发货人可以向海关申请延期，延期最多不超过 3 次，每次延期最长不超过 6 个月。延长期届满应当复运出境，或复运进境，或办理正式的进出口手续。

国家重点工程、国家科研项目使用的暂时进出境货物在 18 个月延长期届满后仍需要延期的，由主管地直属海关批准。

（三）暂时进出境货物的行政许可

暂时进出境货物进出境核准属于海关行政许可事项，应当按照海关行政许可程序办理。

1. 暂时进出境申请和审批

暂时进出境货物收发货人向海关提出货物暂时进出境申请时，应当按照海关要求提交"货物暂时进/出境申请书"、暂时进出境货物清单、发票、合同或者协议及其他相关单据。

海关就暂时进出境货物的暂准进出境申请做出是否批准的决定后，应当颁发"中华人民共和国海关货物暂时进/出境申请批准决定书"或者"中华人民共和国海关货物暂时进/出境申请不予批准决定书"。

2. 暂时进出境货物延期申请与审批

暂时进出境货物申请延长复运出境或复运进境期限的，暂时进出境货物的收发货人应当在规定期限届满 30 个工作日前，向暂时进出境货物核准地海关提出延期申请，并提交"货物暂时进/出境延期申请书"及相关申请材料。直属海关做出决定并颁发相应的决定书。申请延长期超过 18 个月的，由海关总署做出决定。

二、暂时进出境货物通关

（一）进出境申报

1. 进境申报

暂时进境货物进境时，由该货物的收货人或其代理人向海关申报，提交主管部门允许货物为特定目的而暂时进境的批准文件、进口货物报关单、商业及货运单据等向海关办理暂时进境申报手续。

暂时进境货物进境时，不必提交进口货物许可证件，但对国家需要实施检验检疫的，或者属于公共安全、公共卫生等管制措施的，仍然需要提交有关许可证件。

暂时进境货物进境时，该货物的收货人或其代理人免予缴纳进口税，但必须向海关提供担保。

2. 出境申报

暂时出境货物出境时由该货物的发货人或其代理人向海关申报，提交主管部门允许货物为特定目的而暂时出境的批准文件、出口货物报关单、货运和商业单据等，向海关办理出境申报手续。

暂时出境货物，除易制毒化学品、监控化学品、消耗臭氧层物资，有关核出口、核两用品及相关技术出口管制条例的商品及国际公约管制的商品外，不需要提交出口货物许可证件。

3. 异地复运出境、复运进境申报

暂时进出境货物由于特殊情况需要异地复运出境、复运进境的，收发货人应当持主管地海关签章的海关单证向复运出境或复运进境地海关办理手续。货物复运出境、复运进境后，主管地海关凭复运出境、复运进境地海关签章的海关单证办理核销结案手续。

（二）结关

1. 复运进出境

暂时进出境货物按照规定期限复运出境、复运进境，进出境货物收发货人或其代理人必须留存由海关签章的复运进境、复运出境的报关单准备报核。

2. 转为正式进出口

暂时进出境货物因特殊情况改变特定的暂准进出境目的转为正式进口或出口的，收发货人应当在货物复运出境或复运进境期限届满 30 个工作日前向主管地海关申请，经主管地直属海关批准后，按照规定提交有关许可证件，办理货物正式进口或者出口的报关纳税手续。

3. 放弃

暂时进境货物在境内实现暂时进境的特定目的后，如果货物所有人不准备将货物复运出境的，可以向海关声明放弃，海关按放弃货物的有关规定处理。

4. 因不可抗力受损

暂时进出境货物因不可抗力的原因受损，无法原状复运出境、复运进境的，收发货人应当及时向主管地海关报告，可以凭有关部门出具的证明材料办理复运出境、复运进境手续。因为不可抗力原因灭失或者失去使用价值的，经海关核实后，可以视为该货物已经复运出境、复运进境。

5. 非不可抗力灭失或损坏

暂时进出境货物因不可抗力以外的原因造成暂时进出境货物灭失或损坏的，收发货人应当按照货物进出口的有关规定办理海关手续。

暂时进出境货物复运出境或复运进境，或者转为正式进口、出口，或者放弃后，收发货人向海关提交经海关签注的进、出口货物报关单或者处理放弃货物的有关单据以及其他单证申请报核。经海关审核，情况正常的，退还保证金或办理其他担保销案手续，海关予以结关。

第十一章　其他海关监管货物通关管理

📖 本章知识点

本章介绍过境、转运和通运货物，无代价抵偿货物，租赁货物，退运、退关、放弃货物，进出境快件，进出境货样和广告品，进出境修理货物，出料加工货物，加工贸易不作价设备，市场采购商品，跨境电子商务零售商品等的通关管理。

第一节　过境、转运和通运货物通关管理

一、过境、转运和通运货物概述

在国际贸易中，出口国（生产国）要完成向进口国（消费国）履行交货，由于出口国地理位置的原因或因运输线路的需要，货物出口国的货物要经过第三国境内的运输，才能实现对进口国的履约交货，这种过程，对第三国海关而言，货物在第三国发生了进境、出境的海关监督管理。我国海关根据这类货物进出境行为的不同情况以及不同风险，将这类货物分为过境货物、转运货物和通运货物，并按照不同的监管要求实施有效的监管。

过境、转运和通运货物的区别见表11-1。

表11-1　过境、转运和通运货物的区别一览表

货物类别	运输形式	在我国境内是否换装运输工具	启运地	目的地
过境货物	通过我国境内陆路运输出境	均可	境外	境外
转运货物	不通过我国境内陆路运输出境	是	境外	境外
通运货物	由原装载航空器、船舶载运出境	否	境外	境外

二、过境、转运和通运的货物管理

(一) 过境货物的管理

1. 对过境货物经营人的要求

(1) 过境货物经营人应是经国家商务主管部门批准,具有国际货物运输代理业务经营资质,并拥有从事过境货物运输代理业务经营范围的企业。过境货物经营人持主管部门的批准文件和工商行政部门颁发的营业执照,向海关主管部门申请办理注册登记手续。

(2) 装载过境货物的运输工具应当具有海关认可的施封条件和装置。海关认为必要时,可以对过境货物及其装载装置进行施封,任何人不得擅自开启或损毁海关封志。

2. 过境货物的范围

(1) 准予过境的货物范围

①与我国签有过境货物协定的国家和地区的过境货物;

②在与我国签有铁路联运协定的国家和地区的收、发货的过境货物;

③未与我国签订过境货物协定,但经国家商务、运输主管部门批准,并向入境地海关备案后准予过境的货物。

(2) 禁止过境的货物范围

①来自或运往我国停止或禁止贸易的国家和地区的货物;

②各种武器、弹药、爆炸品及军需品(通过军事途径运输的除外);

③各种烈性毒药、麻醉品和鸦片、吗啡、海洛因、可卡因等毒品;

④我国法律、法规禁止过境的其他货物和物品。

3. 过境动植物及其产品检疫查验与处置

进口口岸海关对过境动植物、动植物产品和其他检疫物实施查验。

(1) 动物临床检疫

过境动物运达进口口岸时,由口岸海关对运输工具、容器的外表进行消毒并对动物进行临床检疫。

①经检疫合格的,准予过境。进口口岸海关可以派检疫人员监运过境动物至出口口岸。出口口岸海关不再检疫。

②发现有《中华人民共和国进出境动植物检疫法》规定的一、二类传染病和寄生虫病的,全群动物不准过境。

③过境动物的饲料受病虫害污染的，作除害、不准过境或者销毁处理。

④过境动物的尸体、排泄物、铺垫材料及其他废弃物，必须按照相关规定处理，不得擅自抛弃。

（2）运输工具或包装检疫

①经检疫合格的，准予过境。

②发现运输工具或包装物、装载容器有可能造成途中散漏的，当事人应按口岸海关的要求，采取密封措施；无法采取密封措施的，不准过境。

③发现有一、二类传染病和寄生虫病及植物危险性有害生物的，作除害处理或者不准过境。

4. 过境货物的监管要点

海关对过境货物的监管是为了防止过境货物在我国境内的运输过程中滞留在境内，或者将我国境内货物混入过境货物随运出境，同时防止禁止过境的货物以伪报货名、国名（地区名），借以运输我国禁止的过境货物。为此，根据《海关法》的规定，我国海关对过境货物有以下监管要求。

（1）过境货物自进境起到出境止，都属于海关监管货物，都应当接受海关的监管。未经海关许可，任何单位和个人均不得开拆、提取、交付、发运、调换、改装、抵押、转让或者更换标记。

（2）过境货物应当按照运输主管部门规定的路线运输，运输主管部门没有规定的，由海关指定。海关认为必要时，也可以派员押运。

（3）过境货物进境后，因换装运输工具等原因需要卸地储存时，应当经海关批准，并在海关监管下存入海关指定的仓库或场所。

（4）民用爆炸品、医用麻醉品等过境运输，应经海关总署会商有关部门批准后方可过境。

（5）以伪报货名和国名（地区名），借以运输我国禁止过境货物的，以及其他违反我国法律、法规情事的，海关可依法将货物作扣留处理。

（6）海关可以依法对过境货物实施查验。海关在查验过境货物时，经营人或者承运人应当到场负责货物开拆、封装货物。

（7）过境货物在我国境内发生损毁或者灭失的（除不可抗力原因外），经营人应当负责向出境地海关补办进口纳税手续。

（二）转运货物的管理

1. 转运货物的条件

转运货物应具备下列条件，方可向海关申请办理转运手续：

（1）持有转运或联运提单的；

（2）进口载货清单上注明为转运货物的；

（3）持有普通提单，但在卸货前向海关申明转运货物的；

（4）误卸下的进口货物经运输工具经理人提供确实证明的；

（5）因特殊原因申请转运且经海关批准的。

2. 转运货物的监管要点

海关对转运货物实施监管的要点是防止转运货物在口岸换装过程中误进口或误出口。误进口是指转运货物因错误操作未能转运出境，而将境内货物误运出境。为此，海关对转运货物有以下监管要求：

（1）境外转运货物在我国口岸存放期间，不得开拆、改换包装或进行加工。

（2）转运货物必须在 3 个月之内办理海关有关手续，并转运出境。超过规定期限 3 个月仍未转运出境或办理其他海关手续的，海关将依法提取变卖处理。

（3）海关对转运的境外货物有权进行查验。

（三）通运货物的管理

海关对通运货物的监管主要是防止通运货物与其他货物发生混卸或误卸，保证通运货物继续运往境外。为此，海关对通运货物有以下监管要求：

1. 海关对运输工具抵境、离境时，对申报的货物予以核查，并监管货物实际离境；

2. 通运货物在境内停留期间，未经海关许可不得从运输工具上卸下。如因装卸需要卸下通运货物的，应向海关提出申请，并在海关监管下进行，并且必须如数装回原运输工具。

三、过境、转运和通运货物的通关

（一）过境货物的通关

过境货物应当自进境之日起 6 个月内运输出境，在特殊情况下经海关同意，可以最长延期 3 个月。过境货物超过规定期限 3 个月仍未过境的，海关按规定依法提取变卖，变卖后的价款按规定处理。

1. 进境报关

过境货物的进境报关，经营人应当向进境地海关如实申报并递交下列单证：

（1）"中华人民共和国海关过境货物报关单"（一式四份）；
（2）过境货物的商业、运输单据（发票、装箱单、运单、装载清单、载货清单等）。

海关认为必要时，可以查验货物。过境货物经海关审核无误后，海关在运单上加盖"海关监管货物"戳记，并将两份过境货物报关单和过境货物清单制作关封后，加盖"海关监管货物"专用章，连同上述运单一起交给经营人。

经营人或承运人应当负责将进境地海关签发的关封完整、及时地交给出境地海关。

2. 出境报关

过境货物出境时，经营人应当向出境地海关申报、递交进境地海关签发的关封和需要的其他单证。过境货物经出境地海关审核有关单证、关封或货物无误后，由海关在运单上加盖放行章，在海关监管下出境。

（二）转运货物的通关

载运转运货物的运输工具进境后，运输工具负责人应填写境外货物转运准单向海关申报，提供列明转运货物的名称、数量、启运地和到达地等项内容的"进口载货清单"，经海关核实后，转运货物在海关监管下换装运输工具，并在规定的时间内转运出境。

（三）通运货物的通关

运输工具进境时，运输工具的负责人应凭注明通运货物名称和数量的"船舶进口报告书"或国际民航机使用的"进口载货舱单"向进境地海关申报。进境地海关在接受申报后，在运输工具抵、离境时对申报的货物予以核查，并监管货物实际离境。

第二节 无代价抵偿货物通关管理

一、无代价抵偿货物概述

无代价抵偿货物是指进出口货物在海关放行后，因残损、短少、品质不良或者规格不符等原因，由进出口货物发货人、承运人或者保险公司免费补偿或更换的与原货物相同或与合同规定相符的货物。

无代价抵偿货物抵偿事宜的形成通常是由于卖方（发货人）发运的货物与合同不符，或者是由国际运输承运人运输、装卸行为不当等造成的货物损失，或者是在保险公司承保范围内发生的保险责任。为此，对已经发生的损失，进口方（收货人）无须支付价款而可获得有关责任方（发货人、承运人、保险公司）的补偿。补偿方式根据双方已经签订的合同规定的索赔条款或者事后双方达成的赔偿协议进行，对品质不良的货物，可以进行更换；对数量短少的货物，可以进行补足数量；对残损的货物进行赔偿等。

这样在有关责任方对进口方进行补偿时，就必然发生补偿货物的进出境行为。收发货人向海关申报进出口无代价抵偿货物时，必须符合海关对无代价抵偿货物的认定规定。海关规定由进出口货物收发货人、承运人或保险公司免费补偿或更换的应当是与原货物相同或与合同规定相符的货物。也就是说，其税则号列未发生改变（收发货人申报的进出口无代价抵偿货物与原货物不完全相同或与合同规定不完全相符的，经收发货人说明理由，海关核定理由正当且税则号列不变的，仍然属于无代价抵偿货物），收发货人向海关申报进出口免费补偿或者更换的货物。其税则号列与原进出口货物的税则号列不一致的，不属于无代价抵偿货物的范围，而属于一般进出口货物的范围，海关按一般进出口货物的管理规定办理，需要提交进出口许可证件，缴纳进出口税费。在此必须强调，不能简单地把国际贸易中履行索赔条款的货物都理解为无代价抵偿货物。

无代价抵偿货物海关监管的基本特点如下：

一是进出口无代价抵偿货物免予交验进出口许可证件。

二是进口无代价抵偿货物不征收进口关税和进口环节海关代征税，出口无代价抵偿货物不征收出口关税。但是，进出口与原货物或合同规定不完全相符的无代价抵偿货物，应当按规定计算与原进出口货物的税款差额，高出原征收税款数额的，应当征收超出部分的税款；低于原征收税款，原进出口货物收发货人、承运人或保险公司同时补偿货款的，应当返还补偿货款部分的税款；低于原征收税款，原进出口货物收发货人、承运人或保险公司未补偿货款的，海关不予退还其税款差额。

三是现场放行后，海关不再进行监管。海关规定，因残损、品质不良或规格不符而引发的无代价抵偿货物，在进出口前应当先按海关规定的方式办理更换的原进出口货物中残损、品质不良或规格不符货物的有关海关手续。

海关规定的方式有：原进口货物退运出境，原出口货物中残损、品质不良或规格不符货物退运进境；原进口货物若不退运出境的，放弃交由海关处理；原进口货物不退运、不放弃以及原出口货物不退运进境的，需重新对原进出口货物中残损、品质不良或规格不符的部分进行估价并征收进出口税。

二、无代价抵偿货物报关程序

无代价抵偿货物的报关，大体可分为两种：一种是数量短少抵偿货物的进出口报关；另一种是残损、品质不良或规格不符抵偿货物的进出口报关。

（一）数量短少抵偿货物的进出口报关

1. 原进口货物数量短少

原进口货物海关放行后，收货人发现数量短少，由发货人抵偿与原货物相同或者与合同规定相符的短少部分的货物进口报关，并向海关提交有关部门证明材料和相关单证。经海关审核后，办理无代价抵偿货物进口报关手续。

2. 原出口货物数量短少

原出口货物海关放行后，收货人发现数量短少，由发货人抵偿与原货物相同或者与合同规定相符的短少部分的货物出口报关，并向海关提交有关部门证明材料和相关单证。经海关审核后，办理无代价抵偿货物出口报关手续。

（二）因残损、品质不良或规格不符抵偿货物的进出口报关

因残损、品质不良或规格不符而引起的无代价抵偿货物进出境海关手续分为两步：第一步，必须按海关规定的方式将被更换的原进出口货物中的残损、品质不良或规格不符的货物办理相应的海关手续；第二步，更换的无代价抵偿货物向海关申报进出口海关手续。

1. 办理第一步海关手续

（1）原进口货物退运出境，以及原出口货物退运进境

原进口货物的收货人或者其代理人应当办理被更换的原进口货物中残损、品质不良、规格不符货物退运出境的报关手续。被更换的原进口货物退运出境时不征收出口关税，不提交出口许可证件。

原出口货物的发货人或者其代理人应当办理被更换的原出口货物中残损、品质不良或规格不符货物的退运进境的报关手续。被更换的原出口货物退运进境时不征收进口关税和进口环节海关代征税，不提交进口许可证件。

（2）原进口货物不退运出境，放弃交由海关处理

被更换的原进口货物中残损、品质不良或规格不符的货物不退运出境，但原进口货物的收货人愿意放弃交由海关处理的，海关应当依法处理并向收货人提供依据，凭此申报进口无代价抵偿货物。

（3）原进口货物不退运出境，也不放弃，以及原出口货物不退运进境

被更换的原进口货物中残损、品质不良或规格不符的货物不退运出境，且又不放弃交由海关处理的，原进口货物的收货人应当按照海关接受无代价抵偿货物申报进口之日适用的有关规定申报进口，并按照海关对原进口货物的重新估价计算的税额缴纳进口关税和进口环节海关代征税。属于进口许可证件管理的商品，还应当交验相应的进口许可证件。

被更换的原出口货物中残损、品质不良或规格不符的货物不退运进境，原出口货物的发货人应当按照海关接受无代价抵偿货物申报出口之日适用的有关规定申报出口，并按海关对原出口货物重新估定的价格计算的税额缴纳出口关税。属于出口许可证件管理的商品应当交验出口许可证件。

2. 办理第二步海关手续

向海关申报无代价抵偿货物进出口。

（1）办理无代价抵偿货物进出口手续的期限

向海关申报进出口无代价抵偿货物的期限应当在原进出口合同规定的索赔期内，而且不得超过原货物进出口之日起3年。

（2）无代价抵偿货物报关应当提交的单证

收发货人向海关申报无代价抵偿货物进出口时，除应当按规定填制报关单和提供基本单证外，还应当提供其符合无代价抵偿货物的特殊单证。

进口申报需要提交的特殊单证包括：

①原进口货物报关单；

②原进口货物退运出境的出口报关单，或者原进口货物交由海关处理的货物放弃处理证明，或者已经办理纳税手续的单证；

③原进口货物缴纳税款书或者"进出口货物免征税证明"；

④买卖双方签订的索赔协议。

另外，海关认为需要时，收货人还应提交具有资质的商品检验机构出具的原进口货物残损、短少、品质不良或者规格不符的检验证明书或者其他有关证明文件。

出口申报需要提交的特殊单证包括：

①原出口货物报关单；
②原出口货物退运进境的进口报关单，或者已经办理纳税手续的单证；
③原出口货物税款缴纳书；
④买卖双方签订的索赔协议。

另外，海关认为需要时，发货人还应当提交具有资质的商品检验机构出具的原出口货物残损、短少、品质不良或者规格不符的检验证书或者其他有关证明文件。

第三节　租赁货物通关管理

一、租赁货物概述

关于租赁，广义的理解，是指货物所有权和使用权之间的一种借贷关系，即由资产所有人（出租人）按契约规定，将租赁对象租给使用人（承租人），使用人在规定的期限内支付租金，并享有对象的使用权的一种经济行为。笔者在这里所讲的"租赁"，是跨越国家（地区）的租赁，是"国际租赁"。它是指租赁的物件（租赁货物）是以国际租赁方式进出境的货物，即租赁进出境货物。

国际租赁大体上有两种：一种是金融性租赁，这种租赁有融资的性质；另一种是经营性租赁，带有服务的性质。因此，租赁进境的货物，包括金融租赁进境货物和经营租赁进境货物两类。金融租赁进境货物一般是不复运出境的，租赁期满后，一般会以很低的名义价格转让给承租人。这是因为承租人按合同规定分期支付的租金总额一般都大于该租赁货物的货价。经营租赁进境的货物一般是暂时性的，在合同规定的期限届满后复运出境，承租人按合同规定支付租金，而租金总额小于货价。

二、租赁货物的通关管理

根据《关税条例》的规定，租赁进境货物的纳税义务人对租赁进境货物，应当按海关审核确定的租金作为完税价格缴纳进口税款。租金分期支付的，可以选择一次性缴纳税款或者分期缴纳税款。选择一次性缴纳税款的，可以按照海关审查确定的货物的价格作为完税价格，也可以按照海关审查确定的租金总额作为完税价格。

可见，租赁进境货物的报关程序与纳税义务人对缴纳税款的完税价格的选择有关。

（一）金融性租赁进境货物的报关程序

金融性租赁进境货物由于其租金总额大于货物价格，纳税义务人会选择一次性按货价缴纳税款或者会选择按租金分期缴纳税款，不可能选择按租金的总额缴纳税款。这样，金融租赁进境货物的报关就可能出现以下两种情况。

1. 按货物的完税价格缴纳税款

金融性租赁货物的收货人或其代理人在租赁货物进境时，应当向海关提供租赁合同，按进境货物的实际价格向海关申报，提供应当交验的进口许可证件和其他单证；按海关审查确定的货物完税价格计算税款数额，缴纳进口关税和进口环节海关代征税。

海关现场放行货物后，不再对货物进行监管。

2. 按租金分期缴纳税款

金融性租赁进境货物的收货人或其代理人在租赁货物进境时，应当向海关提供租赁合同，按照第一期应当支付的租金和货物的实际价格分别填制报关单向海关申报；提供应当交验的进口许可证件和其他单证；按海关审查确定的第一期租金的完税价格计算税款数额，缴纳进口关税和进口环节海关代征税，海关按货物实际的价格统计。

海关现场放行后，对该货物仍须继续监管。纳税义务人应在每次支付租金后的15日内（包括第15天），按支付租金金额向海关申报并缴纳相应的进口关税和进口环节海关代征税，直至最后一期租金支付。

需要后续监管的金融性租赁进境货物租赁期满之日起30日内，纳税义务人应当申请办结海关手续，将租赁进境货物退运出境。如不退运出境以残值转让，则应当按照转让的价格审查确定完税价格，计征进口关税和进口环节海关代征税。

（二）经营性租赁进境货物的报关程序

经营性租赁进境货物由于租金总额小于货物价格，货物在租赁期满后会退运出境，纳税义务人只会选择按租金缴纳税款，不会选择按货物的实际价格缴纳税款。因此，经营性租赁进境货物的报关只有一种，就是收货人或其代理人在租赁货物进境时，应当向海关提供租赁合同，按照第一期应当支付的租金或租金总额和货物的实际价格，分别填制报关单向海关申报，并提供应当交验的进口许可证和其他报关单证，按海关审查确定的第一期租金或租金总额的完税价格计算税款数额缴纳进口关税和进口环节海关代征税。海关按照货物的实际价格统计。

海关现场放行后，对货物继续进行监管。

分期缴纳税款的，纳税义务人在每次支付租金后的 15 日内（包括第 15 日），按支付租金额向海关申报，提供报关单证，并缴纳相应的进口关税和进口环节海关代征税，直至最后一期租金支付。

经营性租赁进境货物租期届满之日起 30 日内，纳税义务人应当申请办结海关手续，将租赁货物退运出境，或者办理留购、续租的申报手续。

租赁货物海关监管比较详情见表 11 - 2。

表 11 - 2 租赁货物海关监管比较详情表

项目	金融性租赁	按租金分期缴纳税款	经营性租赁
报关程序	按货物的完税价格缴纳税款	按租金分期缴纳税款	按租金分期缴纳税款或按总租金缴纳税款
放行后管理	放行后海关不再监管	放行后海关仍须继续监管	放行后海关仍须继续监管
租赁期满后的管理	30 日内办结海关手续		30 日内办结海关手续
期满后的处理方式	退运出境或以残值转让价格计征进口税		退运出境或留购、续租的申报纳税

第四节 退运、退关、放弃货物通关管理

一、退运货物

退运货物是指进出口货物因故经海关核准退运出境或退运进境的货物。从海关监管角度看，退运货物可分为一般退运货物和直接退运货物，而直接退运货物又分为当事人申请直接退运货物和海关责令直接退运货物两种。

（一）一般退运货物

一般退运货物是指已经办理申报手续且海关已经放行的进出口货物，因

质量不良或者交货时间延误等原因，被境内外收货人（买方）拒收退运，或因错发、误运造成的溢装、漏卸而退运的货物。一般退运货物从报关程序的角度看，可分为因上述原因将原进口货物退运出境和原出口货物退运进境的报关。原出口货物退运进境的报关又因是否已经收汇、核销，在申报进境时，海关对申报单证也有不同的要求。

1. 退运出境报关

因故退运出境的原进口货物，原收货人或其代理人应填写出口货物报关单申报出境，并提供该批货物进口时的原进口货物报关单、保险公司证明或者承运人溢装、漏卸等有关资料，经海关核实无误后，验放有关货物出境。

因品质不良或规格不符的原因退运出境，在进口货物进口之日起1年内原状退货退运出境的，经海关核实后，可以免征出口税。已征收的进口关税和进口环节海关代征税，于缴纳进口税款之日起1年内准予退还。

2. 退运进境报关

（1）原出口货物已收汇退运进境

原出口货物退运进境时，若该批货物已收汇、已核销，原发货人或其代理人应填写进口货物报关单，向进境地海关申报，并提供原货物出口时的原出口货物报关单，现场海关凭加盖了已核销专用章的"外汇核销单出口退税专用联"（正本）或税务部门出具的"出口商品退运已补税证明"、保险公司证明或承运人溢装、漏卸的证明等有关资料办理退运进境手续，同时海关签发一份进口货物报关单。

（2）原出口货物未收汇退运进境

原出口货物退运进境时，若该批货物未收汇，原发货人或其代理人在办理退运手续时，应该提交原出口货物报关单、出口收汇核销单、报关单退税证明联，向进境地海关申报退运进境，同时填写一份进口货物报关单。若出口货物部分退运进口，海关应在原出口货物报关单上批注退运货物的实际数量、金额后，退回发货人并留存复印件，海关核实无误后验放有关货物进境。

因品质或规格的原因，出口货物自出口之日起1年内原状退运进境的，经海关核实后不予征收进口税。原出口时已经征收出口关税的，只要重新缴纳因出口而退还的国内环节税，自缴纳出口税款之日起1年内准予退还。

（二）直接退运货物

直接退运货物是指在进境后办结海关手续前，进口货物的收货人、原运输工具负责人或其代理人（统称"当事人"）申请直接退运境外，或者海关根据国家法律、法规的有关规定，责令直接退运境外的全部或者部分货物。

若转关进口货物在进境地海关放行后，当事人申请办理退运手续，不属于直接退运货物，应当按一般退运货物规定办理手续。

1. 当事人申请直接退运的货物

（1）当事人申请直接退运的范围

在货物进境后办结海关手续前，有下列情形之一的，当事人可以向海关申请办理直接退运手续：

①因国家贸易管理政策调整，收货人无法提供有关证件的；

②属于错发、误卸或者溢卸货物，能够提供发货人或者承运人书面证明文书的；

③收发货人协商一致同意退运的，能够提供双方同意退运的书面文书的；

④有关贸易发生纠纷，能够提供法院判决书、仲裁机构的仲裁裁决书或者无争议的有效货物所有权凭证的；

⑤货物残损，或者国家检验检疫不合格，能够提供国家检验检疫机构根据收货人申请而出具的相关检验证明文书的。

需要说明的是对当事人申请直接退运前，海关已确定查验或者认为有走私、违规嫌疑的货物，不予办理直接退运。待查验或者案件处理完毕后，按照海关有关规定处理。

（2）报关程序

当事人向海关申请直接退运，应当按照海关要求提交"进口货物直接退运申请书"以及证明进口货物实际情况的合同、发票、装箱单、已报关货物的原报关单、提运单，或者载货清单、符合申请条件的相关单证证明文书及海关要求当事人提供的其他文件。海关按行政许可程序受理或者不予受理。受理并批准直接退运的，海关签发"准予直接退运决定书"。

办理进口货物直接退运手续，应当分别填制进出口货物报关单，并按以下要求填写相关栏目：

①标记唛码及备注栏填写"准予直接退运决定书"编号；

②贸易方式栏填写"直接退运"（监管代码4500）。

当事人办理进口货物直接退运的申报手续时，应当先填写出口货物报关单，向海关申报，再填写进口货物报关单，并在进口货物报关单的标记唛码及备注栏填报关联报关单（出口货物报关单）号。

因进口货物发货人或承运人的责任造成货物错发、误卸或溢卸,经海关批准直接退运的,当事人免予填制报关单,凭"准予直接退运决定书"向海关办理直接退运手续。

经海关批准直接退运的货物不需要提交进出口许可证件,或者其他监管证件,免予征收各种税费及滞报金,不列入海关统计。

对货物进境申报后,经海关批准直接退运的,在办理进口货物直接退运出境申报手续前,海关应当将原进口货物报关单或者转关单数据予以撤销。

进口货物直接退运应当从原进境地口岸退运出境。因运输原因需改变运输方式,或者另一口岸退运出境的,应当经原进境地海关批准后,以转关运输方式出境。

2. 海关责令直接退运的货物

(1) 海关责令直接退运的范围

在货物进境后,办结海关放行手续前,有下列情形之一,依法应当退运出境的,由海关责令当事人将进口货物直接退运出境外:

①国家禁止进口的货物,经海关依法处理的;

②违反国家检验检疫政策法规,经国家检验检疫部门处理后出具"检验检疫处理通知书"或其他证明文书的;

③违反国家有关法律、行政法规,应当责令直接退运的其他情形。

对需要责令进口货物直接退运的,由海关根据相关政府行政主管部门出具的证明文书,向当事人签发"中华人民共和国海关责令进口货物直接退运通知书"(以下简称"责令直接退运通知书")。

(2) 报关程序

办理进口货物直接退运手续,应当按照《进出口货物报关单填制规范》填制进出口货物报关单,有关栏目按下列要求填制:

①标记唛码及备注栏填写"责令直接退运通知书"编号;

②贸易方式栏填写"直接退运"(监管代码4500)。

当事人办理进口货物直接退运申报手续时,应当先填写出口货物报关单,向海关申报,再填写一份进口货物报关单,并且在进口货物报关单的标记唛码及备注栏填写报关联报关单(出口货物报关单)号。

因进口货物发货人或承运人的责任造成货物错发、误卸或溢卸,经海关批准直接退运的,当事人免予填制报关单,凭"责令直接退运通知书"向海关办理直接退运手续。

经海关批准，责令直接退运的货物不需要提交进出口许可证件或其他监管证件，免予征收各种税费及滞报金，不列入海关统计。

进口货物直接退运应当从原进境地口岸退运出境。因运输原因需要改变运输方式或者另一口岸退运出境的，应当经原进境地海关批准后，以转关运输方式出境。

二、退关货物

退关货物准确地说，应该称之为出口退关货物，是指向海关申报出口并获准放行，但由于配载等原因未装上运输工具，经发货单位（发货人）申请退运出海关监管区域，不再出口的货物。

退关货物的海关管理如下：

一是出口货物的发货人及其代理人应当在得知出口货物未装上运输工具并决定不再出口之日起3日内向海关申请退关；

二是经海关核准且撤销出口申报后，方能将货物搬运出海关的监管场所；

三是已缴纳出口关税的退关货物可以在缴纳税款之日起1年内提出书面申请，向海关申请退税；

四是出口货物的发货人及其代理人办理出口货物退关手续后，海关对所有单证予以注销，并删除有关报关电子数据。

三、放弃货物

放弃货物准确地说，应该称之为放弃进口货物，是指进口货物的所有权人或收货人向海关声明放弃，交由海关处理的货物，海关通常依法提取并予变卖处理。海关接受放弃的货物，必须符合放弃交由海关处理的货物范围，否则不得声明放弃。

（一）放弃货物的范围

放弃交由海关处理的货物范围包括：
1. 没有办结海关手续的一般进口货物；
2. 保税货物；
3. 在监管期内的特定减免税货物；
4. 暂准进境货物；
5. 其他没有办结海关手续的进境货物。

对于国家禁止或限制进口的废物，或对环境造成污染的货物，不得声明放弃。

（二）放弃货物的海关处理

放弃进口货物由海关依法变卖处理。

由海关提取并依法变卖处理的放弃进口货物的所得价款，优先拨付变卖处理实际支出的费用后，再扣除运输、装卸、储存等费用。所得价款不足以支付运输、装卸、储存等费用的，按比例支付。

变卖价款扣除相关费用后尚有余款的，上缴国库。

第五节　进出境快件通关管理

一、进出境快件概述

随着国际贸易的快速发展，特别是计算机信息技术广泛地应用于国际贸易，传统的交货（特别是货样）方式面临着挑战。商品的快速流通对实现商品价值的最大化显得越来越迫切、越来越需要。在这种背景下，一种顺应时代需求的快速流通形式应势而生，以快件方式运输的货物、物品往往能够在特定的时间内送达指定的目的地，极大地满足收货人先于他人占领市场的需求，同时也能满足商业文件、单证资料的快速传递和个人物品的交流。

进出境快件就是指快件经营人向客户承诺以快速商业运作方式承揽承运的进出境的货物或物品。

为规范对进出境快件通关及运营的管理，我国海关制定了《中华人民共和国海关对进出境快件监管办法》，规定进出境快件运营人是指在我国境内依法注册，在海关登记备案的从事进出境快件运营业务的国际货物运输代理企业。

海关依法将进出境快件分为文件类、个人物品类和货物类3类。

文件类进出境快件是指法律、行政法规规定予以免税的文件、单证、单据及资料。

个人物品类进出境快件是指法律、行政法规规定自用、合理数量范围内的进出境的旅客分离运输的行李物品、亲友间相互馈赠的物品和其他个人物品。

货物类进出境快件是指文件类、个人物品类快件以外的进出境快件。

二、进出境快件的通关管理

(一)关于进出境快件申报的规定

1. 申报时间的规定

进出境快件通关应当在海关正常办公时间内进行,如需在海关正常办公时间以外进行,需事先征得所在地海关同意。

2. 申报方式的规定

进出境快件运营人应当按照海关的要求采用纸质文件方式或电子数据交换方式向海关办理进出境快件的报关手续。

3. 申报期限的规定

(1) 进境快件应当自运输工具申报进境之日起 14 日内向海关申报进境。

(2) 出境快件应在运输工具离境 3 小时之前向海关申报出境。

4. 申报单证的规定

不同的进出境快件申报时需要提供不同的单证。

(1) 文件类进出境快件报关时,进出境快件运营人应当向海关提交"中华人民共和国海关进出境快件 KJ1 报关单"(以下简称"KJ1 报关单")、总运单(副本)和海关需要的其他单证。

(2) 个人物品类进出境快件报关时,进出境快件运营人应当向海关提交"中华人民共和国海关进出境快件个人物品报关单",每一进出境快件的分运单、进境快件收件人或出境快件发件人身份证件影印件和海关需要的其他单证。

(3) 进境的货物类快件报关时,进出境快件运营人应当按下列情形分别向海关提交申报单证:

①对关税税额在人民币 50 元以下的货物和海关规定准予免税的货样、广告品,应当提交"中华人民共和国海关进出境快件 KJ2 报关单"(以下简称"KJ2 报关单"),每一进境快件的分运单、发票和海关需要的其他单证。

②对应征税的货样、广告品(法律、行政法规规定实行许可证件管理的需进口付汇的除外),应提交"中华人民共和国海关进出境快件 KJ3 报关单"(以下简称"KJ3 报关单"),每一进境快件的分运单、发票和海关需要的其他单证。

③其他进境的货物类快件，一律按进口货物相应的报关程序提交申报单证。

（4）出境的货物类快件报关时，进出境快件运营人应当按下列情形分别向海关提交申报单证：

①对货样、广告品（法律、行政法规规定实行许可证管理的，应征收出口关税的，需出口收汇和需出口退税的除外），应提交 KJ2 报关单、每一出境快件的分运单、发票和海关需要的其他单证；

②其他出境的货物类快件一律按出口货物相应的报关程序提交申报单证。

（二）关于进出境快件查验的规定

1. 海关查验进出境快件时，进出境快件运营人应派员到场，并负责进出境快件的搬移、开拆和封装。

2. 海关对进出境快件中的个人物品实施开拆查验时，进出境快件运营人应通知进境快件的收件人或出境快件的发件人到场。收件人或发件人不能到场的，进出境快件运营人向海关提交其委托书、代理其履行义务，并承担相应的法律责任。

3. 海关认为必要时，可以对进出境快件径行开验、复验或者提取货样。

第六节　进出境货样和广告品通关管理

一、货样、广告品概述

货样是指专门供订货参考的进出口货物样品。广告品是指用于宣传有关商品的进出口广告宣传品。在这里要特别指出的是，本节所指的货样与暂准进出境货物的范围中所列的"货样"，从海关监管制度出发，它们是完全不同的两类货物。暂准进出境货物所列的货样是暂时进出境性质的，它在规定的期限内需原状复运出境或复运进境。而本节所指的货样却是实际进出口货物，它在办结海关手续后，海关不再监管。因此，虽然同属货样，但二者适用的海关监管制度是完全不同的。

本节所述的货样、广告品属于实际进出口货物，从海关监管的角度出发，将货样和广告品分为两类：第一类是有进出口经营权的企业购买或出售的货样、广告品，称为货样、广告品 A；第二类是没有进出口经营权的企业（单

位）进出口及免费提供进出口的货样、广告品，称为货样、广告品 B。

二、货样、广告品的报关

进出口货样、广告品的报关管理（暂准进出境货样、广告品除外）与一般进出口货物一样，只有进出境阶段。即：进出口申报→配合查验→缴纳税费→提取或装运货物这 4 个环节即可满足海关监管要求。具体监管要求如下。

（一）关于贸易管制证件的管理规定

1. 有进出口经营权的企业，在其经营范围内，进口非许可证件管理的货样、广告品（不论价购、价售或免费提供），凭经营权向海关申报。

没有进出口经营权的单位，进口数量合理且价值在人民币 1000 元以下的非许可证件管理的货样、广告品，凭其主管司局级以上单位证明向海关申报。数量不合理或价值在人民币 1000 元以上的，凭省级商务主管部门的审批证件向海关申报。

2. 进口属于许可证件管理的货样、广告品，凭进口许可证件向海关申报。

3. 进口货样、广告品属自动许可证管理的机电产品和一般商品，每批次价值人民币 5000 元以下的免领自动进口许可证。进口的货样、广告品属旧机电产品，需按程序审批，并按有关旧机电产品进口规定申报。

4. 出口货样每批次货价在人民币 3 万元以下的，免领出口许可证。出境的两用物项和技术的货样或实验样品，按规定办理两用物项和技术出口许可证；凭两用物项和技术出口许可证，向海关申报。

5. 列入《法检目录》范围的进出口货样、广告品，须经海关检验合格。

（二）关于税收管理的规定

进出口货样、广告品经海关审核确定，除法定减免税外，一律照章纳税。

我们已经学了两类不同监管性质货物的货样，即暂准进出境货物货样和实际进出口货物货样。不同监管性质的货物货样虽同属货样，但从海关监管制度出发，在许可证件和税收管理上的要求是不同的，具体见表 11-3。

表 11-3　两类货样监管重点比较表

项目	许可证件	税收管理	后续管理	进出境性质
暂时进出境货样	免予提交进出口许可证件	向海关提供担保	规定期限复运进出境并报核	暂时进出境
进出口货物货样	进口：凭进口许可证申报；进口每次价值人民币5000元以下的，免交验进口许可证。出口：出口每批3万元以下的，免交验出口许可证	除法定减免税外，一律照章征税	放行后不再监管	实际进出口

第七节　进出境修理货物通关管理

一、进出境修理货物概述

进出境修理货物是进境修理货物和出境修理货物的合称。

进境修理货物是指运进境进行维护修理后复运出境的机械、器具、运输工具或者其他货物，以及为维修这些货物所需要进口的原材料、零部件。

出境修理货物是指运出境进行维护修理后复运进境的机械、器具、运输工具或者其他货物，以及为维修这些货物所需要出口的原材料、零部件。

进境修理包括原出口货物运进境修理和其他货物运进境修理。出境修理包括原进口货物运出境修理和其他货物运出境修理。原进口货物出境修理包括原进口货物在保修期内运出境修理和原进口货物在保修期外运出境修理。

二、进出境修理货物海关监管要点

进境维修货物免予缴纳进口关税和进口环节海关代征税，但收货人要向海关提供担保，并接受海关的后续监管（对于一些进境维修的货物，也可以向海关申请按照保税货物办理进境手续）。

出境修理货物进境时，在保修期内并由境外免费维修的，可以免征进口关税和进口环节海关代征税；在保修期外或者在保修期内、境外收取维修费用的，复运进境时，海关以境外修理费和材料费审定完税价格计征进口关税和进口环节海关代征税。

进出境修理货物免予交验进出口许可证件。

三、进出境修理货物报关程序

（一）进境修理货物

原出口货物进境修理，收货人或其代理人持维修合同或者含有保修条款的原出口合同及申报进口需要的所要单证办理货物进口申报手续，并向海关提供进口税款担保。

货物进境后，在境内维修的期限为自进境之日起6个月。情况特殊的，可以申请延长，延长期限最长不超过6个月。在境内维修期间，接受海关监管。

修理货物复运出境申报时，应当提供原修理货物进口申报时的报关单（留存联或复印件）。

修理货物复运出境后应当向海关申请销案。正常销案的，海关应当退还保证金或撤销担保。未复运出境的部分货物，应当办理进口申报纳税手续。

（二）出境修理货物

原进口货物出境修理，发货人在货物出境时向海关提交维修合同或者含有保修条款的原进口合同，以及申报出口需要的所要单证，办理出境申报手续。

货物出境后，在境外维修的期限为自出境之日起6个月。情况特殊的，可以申请延长，延长期限最长不超过6个月。

货物复运进境时，应当向海关申报在境外实际支付的修理费和材料费，由海关审查确定完税价格，计征进口关税和进口环节海关代征税。

若超过规定期限复运进境的，海关按一般进口货物计征进口关税和进口环节海关代征税。

第八节 出料加工货物通关管理

一、出料加工货物概述

出料加工货物是指我国境内企业运到境外进行技术加工后复运进境的货

物。出料加工源于借助境外先进的加工技术，提高产品的质量和档次，因此只有在境内现有的技术手段无法或难以达到产品质量要求而必须运到境外进行某项工序加工的情况下，才可开展出料加工业务。海关要求出料加工原则上不能改变原出料加工货物的物理形态。对完全改变原出料加工货物的物理形态的出料加工货物应视为一般出口货物，这是海关对出料加工货物的监管原则。

出料加工货物自出境之日起6个月内应当复运进境。因为正当理由不能在规定期限内将出料加工货物复运进境的，应当在到期之前书面向海关说明情况，申请延期。经海关批准可以延期的，延长期限最长不超过3个月。

二、出料加工货物报关程序

出料加工货物的报关程序由前期阶段的申请出料加工合同备案、进出境阶段的进出口报关和后续管理阶段的申请核销3个阶段组成。

（一）出料加工合同备案

开展出料加工经营企业应当到主管海关办理出料加工合同备案申请手续，海关根据出料加工的规定审核决定是否接受备案。对受理备案的出料加工合同，应当签发"出料加工手册"。

（二）进出口报关

1. 出境申报

出料加工货物出境，发货人或其代理人应当向海关提交出料加工手册、出口货物报关单、货运单据及海关所需要的其他单证申报出口。属于许可证件管理的商品，免予交验出口许可证件；属于出口应征出口关税的，应向海关提供担保。

海关为实现有效监管，可以对出料加工货物附加标志、标记或留存货样。

2. 进境申报

出料加工货物复运进境，收货人或其代理人应当向海关提交出料加工手册、进口货物报关单、货运单据及海关所需要的其他单证申报进口。海关对出料加工货物以境外加工费、材料费、复运进境的运费及相关费用、保险费审查确定完税价格，征收进口关税和进口环节海关代征税。

(三) 申请核销

出料加工货物全部复运进境后，经营人应当向海关申请报核，海关进行核销。对提供担保的退还保证金或者撤销担保。

出料加工货物未按海关允许期限复运进境的，海关按照一般进出口货物的规定办理，将货物出境时收取的税款保证金转为税款，货物进境时按一般进口货物征收进口关税和进口环节海关代征税。

第九节　加工贸易不作价设备通关管理

一、加工贸易不作价设备概述

(一) 加工贸易不作价设备的含义

加工贸易不作价设备，是指与加工贸易经营企业开展加工贸易的境外厂商，免费向经营单位提供的加工生产所需的设备。这里有两点必须说明：

1. 加工贸易是指来料加工形式、进料加工形式和外商投资企业履行出口合同的加工贸易形式。

2. 免费提供是指不需境内加工贸易经营企业支付外汇，同时也不应以明的或暗的方式偿还设备款或租金，也就是说，对于来料加工形式的，不得以加工费偿还设备价款或租金；对于进料加工及外商投资企业履行出口合同形式的，不得以降低生产成品价格偿还设备价款或租金。以上述不良方式逃避海关监管、偷逃税款的走私行为，要承担法律责任。

(二) 加工贸易不作价设备的认定条件

作为加工贸易不作价设备进口的，海关规定必须同时满足以下条件：

1. 加工贸易不作价设备应当是加工贸易合同（协议）中约定的一部分，也就是说属于加工贸易合同（协议）订明的条款之一；

2. 加工贸易不作价设备应不属于我国《禁止进口货物目录》中的商品；

3. 加工贸易不作价设备应不属于我国《外商投资项目不予免税的进口商品目录》中所列的商品；

4. 含有加工贸易不作价设备条款的加工贸易合同（协议）经商务主管部门审批，并经海关准予备案。

作为接受加工贸易不作价设备的加工贸易经营企业，还应当符合下列条件之一：

1. 设立独立专门从事加工贸易（不从事内销产品的加工生产）的工厂或车间，并且不作价设备仅限在该工厂或该车间使用。

2. 对未设立独立专门从事加工贸易的工厂或车间，以现有加工生产能力为基础开展加工贸易的项目，使用不作价设备的加工生产企业，在加工贸易合同（协议）期限内，其每年加工生产的产品必须有70%以上属于出口产品。

（三）加工贸易不作价设备的监管特点

加工贸易不作价设备虽然同属于加工贸易进境货物，用于加工贸易生产的设备与加工贸易进口料件，但在海关监管上，却具有明显的区别。具体如下：

1. 加工贸易不作价设备是生产设备，进境后使用时一般不改变其形态，国家政策不强调复运出境；

2. 加工贸易进口料件是加工贸易生产料件，进境后使用时一般都改变其形态，国家政策要求复运出境。

加工贸易不作价设备与特定减免税货物同为免税进境生产设备，但在海关管理上有明显的区别。具体如下：

1. 对于加工贸易不作价设备，海关按保税货物监管制度实施监管；对于特定减免税生产设备，海关按特定减免税货物监管制度实施监管。

2. 加工贸易不作价设备进境申报时，应向海关提交"加工贸易不作价设备登记手册"；而特定减免税生产设备进境申报时，应向海关提交"进出口货物征免税证明"。

但是，加工贸易不作价设备与特定减免税生产设备有一点是相同的，即加工贸易不作价设备与特定减免税货物一样，进口海关放行后，在规定的监管期限内，企业应按海关规定保管和使用，经海关解除监管后核销结关。

二、加工贸易不作价设备的报关程序

加工贸易不作价设备的报关程序由"加工贸易合同（含加工贸易不作价设备条款）备案→进口申报→核销结关"组成，具体如下。

（一）合同备案

1. 商务审批

加工贸易业务须经商务主管部门审批才能进入海关备案程序。含有加工贸易不作价设备条款的加工贸易合同经商务主管部门前置审批后，凭商务主管部门批准的加工贸易合同（协议）和批准文件及"加工贸易不作价设备申请备案清单"到加工贸易合同备案地主管海关办理合同备案申请。

2. 海关审核

主管海关根据加工贸易合同（协议）批准文件、"加工贸易不作价设备申请备案清单"及其他有关单证审核是否符合国家关于加工贸易不作价设备的规定范围，审核准予备案后核发登记手册。

海关核发的"加工贸易不作价设备登记手册"的有效期一般为1年。期满前，加工贸易经营企业可向海关提出延期申请，延长期一般也为1年，一份"加工贸易不作价设备登记手册"最多可以申请延期4次。

加工贸易不作价设备不纳入加工贸易银行保证金台账管理，因此不需要设立银行台账。海关可以依据情况对加工贸易不作价设备收取相当于进口设备应纳税款金额的保证金或者银行或非银行金融机构的保证函。

对于单独进口设备合同或未在加工贸易合同（协议）里订明的单独进口的不作价设备及其零配件或零部件，海关不予备案。

（二）进口申报

加工贸易不作价设备进境，加工贸易经营企业凭登记手册向口岸海关办理进口报关手续，口岸海关凭登记手册审核验放。

除国家另有规定外，加工贸易不作价设备进境时免征进口关税，但海关要依法征收进口环节增值税。如属进口许可证管理的，免予交验进口许可证件。

加工贸易不作价设备进口申报时，进口货物报关单的贸易方式一栏应填写"不作价设备"（监管代码0320）。

对临时进口,期限在 6 个月以内的加工贸易生产所需不作价模具或单台设备,海关规定按暂准进境货物办理进口报关手续。

(三) 核销结关

海关规定,加工贸易不作价设备自进口之日起至海关解除监管止,属于海关监管货物。企业应按海关设定的监管期保管和使用。加工贸易不作价设备的海关监管期限是根据特定减免税货物的海关监管期限来规定的,一般定为 5 年。加工贸易不作价设备经海关解除监管后,加工贸易经营企业办理海关核销结关,解除监管是该类货物核销结关的前提条件。

申请解除海关监管,通常有两种情况:一是监管期内申请解除监管;二是监管期满申请解除监管。

1. 监管期内申请解除监管

监管期内申请解除监管是指加工贸易经营企业对加工贸易不作价设备,因下述原因向海关申请提前解除监管。

(1) 结转

加工贸易不作价设备在享受优惠待遇的不同企业之间结转,加工贸易不作价设备转为减免税设备时,转入和转出企业应分别填制进、出口货物报关单。报关单贸易方式栏,根据报关单位所持"加工贸易不作价设备登记手册"或"进出口货物征免税证明",分别选择填报"加工贸易设备结转"或"减免税设备结转"。报关单备案号栏分别选择填报加工贸易登记手册编号、进出口货物征免税证明编号或者空着不填。报关单其他栏目按现行《进出口货物报关单填制规范》关于结转货物的要求填报。

(2) 转让

转让给不享受减免税优惠或者不能进口加工贸易不作价设备的企业,必须由原备案加工贸易合同(协议)的商务主管部门审批,按规定办理进口海关手续,填制进口货物报关单,提供相关的许可证件,并按照以下公式计算确定完税价格缴纳进口关税:

转让设备进口完税价格(CIF) × {1 - [按加工贸易不作价设备规定的使用条件、使用月数 ÷ (5×12)]}

不足 15 天的不计月数,超过 15 天又不足 1 个月的按 1 个月计算。

(3) 留用

监管期限未满本企业移作他用,或者监管期限虽未满但加工贸易合同已经履行完毕本企业留用的，必须由原备案加工贸易合同（协议）的商务主管部门审批，按照规定办理进口报关手续，填制进口货物报关单，提供相关许可证件，并按上述公式确定完税价格，缴纳进口关税。

（4）修理、更换

进境加工贸易不作价设备需要出境修理或者由于质量或规格不符合等原因需要出境更换的，可以使用加工贸易不作价设备登记手册申报出境和进境，也可以按照出境修理货物或者无代价抵偿货物办理海关进出境手续。

（5）退运

监管期限内退运，应当由原备案加工贸易合同（协议）商务部门审核批准，凭批准文件和加工贸易不作价设备登记手册到海关办理退运出境的海关手续。

2. 监管期满申请解除监管

加工贸易不作价设备5年监管期届满，企业如不退运，可以留用，也可以向海关申请放弃。

（1）留用

监管期限届满的加工贸易不作价设备，企业要求留在境内继续使用的，可以向海关申请解除监管，也可以自动解除海关监管。

（2）放弃

监管期限届满的加工贸易不作价设备，企业不留用也不退运的，可以向海关申请放弃。海关比照放弃货物办理海关手续，放弃货物要填制进口货物报关单。

第十节　市场采购商品通关管理

一、市场采购商品概述

市场采购贸易方式，是指在经认定的市场集聚区采购商品，由符合条件的经营者办理出口通关手续的贸易方式。市场采购海关监管代码为"1039"，全（简）称"市场采购"。

市场采购贸易方式单票报关单的货值最高限额为15万美元。

以下出口商品不适用市场采购贸易方式：

一是国家禁止或限制出口的商品；

二是未经市场采购商品认定体系确认的商品；

三是贸易管制主管部门确定的其他不适用市场采购贸易方式的商品。

二、市场采购商品的管理规定

从事市场采购的对外贸易经营者，应当向市场集聚区所在地商务主管部门办理市场采购贸易经营者备案登记，并按照海关相关规定在海关办理进出口货物收发货人备案。

对外贸易经营者对其代理出口商品的真实性、合法性承担责任。经市场采购商品认定体系确认的商品信息应当通过市场综合管理系统与海关实现数据联网共享。对市场综合管理系统确认的商品，海关按照市场采购贸易方式实施监管。

三、市场采购商品的海关监管

（一）申报方式

每票报关单所对应的商品清单所列品种在 5 种以上的，可以按以下方式实行简化申报：

1. 货值最大的前 5 种商品，按货值从高到低在出口报关单上逐项申报；

2. 其余商品以《进出口税则》中的"章"为单位进行归并，每"章"按价值最大商品的税则号列作为归并后的税则号列，货值、数量等也相应归并。

有下列情形之一的商品不适用简化申报：

1. 需征收出口关税的；

2. 实施检验检疫的；

3. 海关另有规定不适用简化申报的。

（二）申报地点

市场采购贸易出口商品应当在采购地海关申报，对于转关运输的市场采购贸易出口商品，由出境地海关负责转关运输的途中监管。

(三) 检验检疫

需在采购地实施检验检疫的市场采购贸易出口商品，其对外贸易经营者应建立合格供方、商品质量检查验收、商品溯源等管理制度，提供经营场所、仓储场所等相关信息，并在出口申报前向采购地海关提出检验检疫申请。

对外贸易经营者应履行产品质量主体责任，对出口市场在生产、加工、存放过程等方面有监管或官方证书要求的农产品、食品、化妆品，应符合相关法律法规规定或双边协议要求。

采购地海关是指市场集聚区地的主管海关。

市场集聚区是指国家商务主管等部门认定各类从事专业经营的商品城、专业市场和专业街。

第十一节 跨境电子商务零售商品通关管理

一、跨境电子商务的概念

电子商务（EIectrohic Commerce，EC），从狭义概念出发，是指利用计算机技术、网络技术和远程通信技术实现电子化、数字化和网络化的整个商务过程。也就是说，电子商务是以商务活动为主体，以计算机技术、网络技术为基础，以电子化方式为手段，在法律许可的范围内所进行的商务活动过程。

国际上一般认为，跨境电子商务是指分属不同关境的交易主体，通过电子商务平台达成交易、进行支付结算，并通过跨境物流运送商品、完成跨境电子商务交易活动的一种新兴的国际商业活动。跨境电子商务零售进口商品需要在《关于调整跨境电子商务零售进口商品清单的公告》（简称"正面清单"）所列的范畴之内，单次交易限值人民币5000元，年度交易限值人民币26000元，海关以订购人身份证号为单元进行限额管理。

运用电子商务方式交易的进出境货物属于海关监管货物，应依法接受海关监管，通过跨境电子商务交易平台实现零售进出口商品交易，进出境时应按照海关的要求传输相关交易电子数据，接受海关监管。

跨境电子商务进出口主要有网购保税进口、直购进口、一般出口、特殊区域出口 4 种方式。

二、跨境电子商务企业链名称的含义及管理

（一）含义

1. 跨境电子商务企业，是指自境外向境内消费者销售跨境电子商务零售进口商品的境外注册企业（不包括在海关特殊监管区域或保税物流中心内注册的企业），或者境内向境外消费者销售跨境电子商务零售出口商品的企业，为商品的货权所有人。

2. 跨境电子商务企业境内代理人，是指开展跨境电子商务零售进口业务的境外注册企业所委托的境内代理企业，由其在海关办理注册登记，承担如实申报责任，依法接受相关部门监管，并承担相应民事责任。

3. 跨境电子商务平台企业，是指在境内办理工商登记，为交易双方（消费者和跨境电子商务企业）提供网页空间、虚拟经营场所、交易规则、信息发布等服务，设立供交易双方独立开展交易活动的信息网络系统的经营者。

4. 支付企业，是指在境内办理工商登记，接受跨境电子商务平台企业或跨境电子商务企业境内代理人委托为其提供跨境电子商务零售进口支付服务的银行、非银行支付机构及银联等。

5. 物流企业，是指在境内办理工商登记，接受跨境电子商务平台企业、跨境电子商务企业或其代理人委托为其提供跨境电子商务零售进出口物流服务的企业。

（二）管理

跨境电子商务平台企业、物流企业、支付企业，以及从事跨境电子商务零售进口业务的企业，向所在地海关办理备案登记；境外跨境电子商务企业应委托境内代理人向该代理人所在地海关办理注册登记。

跨境电子商务企业、物流企业等参与跨境电子商务零售出口业务的企业，向所在地海关办理信息登记；需办理报关业务的，向所在地海关办理备案登记。

跨境电子商务物流企业应取得邮政管理部门颁发的"快递业务经营许可证"。在直购进口模式下，物流企业应为邮政企业或者向海关办理代理报关登记手续的进出境快件运营人。

跨境电子商务支付企业，应具备有关资质证书。支付企业为银行机构的，应具备国家金融监督管理总局颁发的"中华人民共和国金融许可证"；支付企业为非银行机构的，应具备中国人民银行颁发的"中华人民共和国支付业务许可证"，支付业务范围应当包括"互联网支付"。

参与跨境电子商务零售进出口业务并在海关办理备案登记的企业，纳入海关信用管理，海关根据信用管理级别实施差异化的通关管理措施。

三、跨境电子商务进出境货物、物品通关管理

（一）对跨境电子商务直购进口商品及适用"网购保税进口"（监管代码1210）政策的商品，按照个人自用进境物品监管，不执行有关商品首次进口许可批件、注册或备案要求，但对相关部门明令暂停进口的疫区商品和对出现重大质量安全风险的商品启动风险应急处置时除外。

（二）适用"网购保税进口A"（监管代码1239）政策的商品，按《跨境电子商务零售进口商品清单（2022版）》中监管要求执行。

（三）海关对跨境电子商务零售进出口商品及其装载容器、包装物按照相关法律法规实施检疫，并根据相关规定实施必要的监管措施。

（四）跨境电子商务零售进口商品申报前，跨境电子商务相关方应分别通过"中国国际贸易单一窗口"或跨境电子商务通关服务平台向海关传输交易、支付、物流等电子信息，并对数据真实性承担相应责任。

在直购进口模式下，邮政企业、进出境快件运营人可以接受跨境电子商务平台企业或跨境电子商务企业境内代理人、支付企业的委托，在承诺承担相应法律责任的前提下，向海关传输交易、支付等电子信息。

（五）跨境电子商务零售出口商品申报前，跨境电子商务相关方应分别通过"中国国际贸易单一窗口"或跨境电子商务通关服务平台向海关传输交易、支付、物流等电子信息，并对数据的真实性承担相应责任。

（六）跨境电子商务零售商品进口时，跨境电子商务企业的境内代理人应提交"中华人民共和国跨境电子商务零售进出口商品申报清单"（以下简称"申报清单"），采取"清单核放"方式办理报关手续。

跨境电子商务零售商品出口时，跨境电子商务企业应提交"申报清单"，采取"清单核放、汇总申报"方式办理报关手续；跨境电子商务综合试验区内符合条件的跨境电子商务零售商品出口，可采取"清单核放、汇总统计"方式办理报关手续。

"申报清单"与"进出口报关单"具有同等法律效力。

按照上述第(四)至(六)条的要求传输、提交的电子信息应施加电子签名。

(七)跨境电子商务平台企业、跨境电子商务企业境内代理人应对交易的真实性和消费者(订购人)身份信息的真实性进行审核,并承担相应责任;身份信息未经国家主管部门或其授权机构认证的,订购人与支付人应当为同一人。

(八)跨境电子商务零售商品出口后,跨境电子商务企业或其代理人应当于每月15日前(当月15日是法定节假日或者法定休息日的,顺延至其后的第一个工作日),将上月结关的"申报清单"依据清单表头的同一收发货人、同一运输方式、同一生产销售单位、同一运抵国(地区)、同一出境关别,以及清单表体同一最终目的国(地区)、同一10位海关商品编码、同一币制的规则进行归并,汇总形成出口货物报关单向海关申报。

允许以"清单核放、汇总统计"方式办理报关手续的,不再汇总形成出口货物报关单。

"申报清单"的修改或者撤销,参照海关报关单修改或者撤销有关规定办理。除特殊情况外,"申报清单"与进出口报关单采取通关无纸化作业方式进行申报。

跨境电子商务零售商品进口,海关按照国家关于跨境电子商务零售商品进口税收政策征收关税和进口环节增值税、消费税,完税价格为实际交易价格,包括商品零售价格、运费和保险费。

跨境电子商务零售进口商品消费者(订购人)为纳税义务人。在海关备案的跨境电子商务平台企业、物流企业、申报企业作为税款的代收代缴义务人,代为履行纳税义务,并承担相应的补税义务及相关法律责任。海关放行后30日内未发生退货或修撤单的,代收代缴义务人在放行后第31日至第45日内向海关办理纳税手续。

第十二节 各类进出境货物税收征管及报关程序

依据货物进出境目的的不同,进境、出境后是否复运出境或复运进境,海关在报关程序、税收征管、监管要求也会有所不同。为帮助读者学习,笔者总结了各类进出境货物税收征管及报关程序,具体见表11-4。

表11-4 各类进出境货物税收征管及报关程序表

进出境性质		税收监管	货物类别	报关程序
实际进出境（实际进出口货物）		法定征税	一般进出口货物（不享受特定减免税的实际进出口）	无
		特定减免税	特定减免税货物（享受特定减免税的实际进口）	后续阶段
非实际进出境（临时进出境货物）	加工	暂予免税	保税进出境货物（以加工为目的的临时进出口）	前期阶段
	储存			无
	使用		暂准进出境货物（以展示为目的的临时进出口）	前期阶段（展览品）
通过关境进出（过境性进出境货物）	通过境内陆路运输	不征税	过境货物	根据货物进出境性质选择相应的报关程序
	在境内换装运输工具，不通过境内陆路运输		转运货物	
	通过原飞机、船舶运输		通运货物	
其他状态下进出（特殊性进出）		确定货物趋向决定征、减免税	其他需要办结海关手续的进出境货物	

第十二章　报关操作技能

本章知识点

本章主要介绍进出口商品归类、进出口税费的计算等报关操作技能。

第一节　进出口商品归类

一、进出口商品归类概述

由世界海关组织主持制定的国际上通用的进出口商品分类体系是《协调制度》（英文全称为 Harmonized Commodity Description and Coding System）。《协调制度》的分类目录，是《商品名称及编码协调制度的国际公约》缔约方制定本国（地区）进出口税则和海关统计目录的基础。该分类目录将国际贸易商品分为21类、97章（其中第七十七章是空章，保留为《协调制度》将来增加所用）。整个分类体系由归类总规则、注释（类注、章注、子目注释）和商品名称及编码表三部分组成，广泛应用于海关税则、国际贸易统计、原产地规则、贸易管制、国际贸易谈判、运输费用及统计、风险管理等多个领域，所以被称为"国际贸易的通用语言"。

我国的海关进出口商品归类，是指在《商品名称及编码协调制度的国际公约》商品分类目录体系下，以《进出口税则》为基础，按照《进出口税则商品及品目注释》《中华人民共和国进出口税则本国子目注释》以及海关总署发布的关于商品归类行政裁定、商品归类决定的要求，确定进出口货物商品编码的实践过程。《关税条例》第三十条规定："纳税义务人应当依法如实向海关申报，并按照海关的规定提供有关确定完税价格、进行商品归类、确定原产地以及采取反倾销、反补贴或者保障措施等所需的资料；必要时，海关可以要求纳税义务人补充申报。"第三十一条规定："纳税义务人应当按照《税则》规定的目录条文和归类总规则、类注、章注、子目注释以及其他归类注释,对其申报的进出口货物进行商品归类,并归入相应的税则号列;海关应当依法审核确定该货物的商品归类。"可见,进出口商品归类是海关监管、海关征税及海关统计的基础,正确申报商品的归类是进出口货物收发货人或其代理人应尽的法律义务,同时进出口商品归类的正确与否与报关单位的切身利益密切相关,将直接影响到进出口货物的通关效率、物流周期、物流成本,甚至影响对外贸易合同的安全履行。

海关对进出口商品名称和税则号列申报不实的行为将依据《海关行政处罚实施条例》第十五条规定,对影响国家税款征收的申报不实行为,处以漏缴税款30%以上2倍以下罚款。因此,无论是对报关单位还是对海关管理来说,进出口商品归类都是十分重要的专业技能。

二、进出口商品分类目录的基本结构

我国《进出口税则》和《中华人民共和国海关统计商品目录》(以下简称《统计商品目录》)采用了《协调制度》分类目录,并在《协调制度》的结构基础上从我国国情和海关及贸易管理的需要出发增加了第二十二类,即"特殊交易商品及未分类商品",内分第九十八章和第九十九章。《协调制度》中的编码只有6位数,而我国《进出口税则》《统计商品目录》中的编码为8位数,其中前6位数与《协调制度》保持完全一致,第7位数、第8位数是根据我国实际情况的需要,遵守《商品名称及编码协调制度的国际公约》规定——缔约方可在《协调制度》的子目项下加列更加具体的细目——加入的,其称为"本国子目",即第三级子目和第四级子目。为了适应国际贸易及科学技术的发展,世界海关组织每4～6年对《协调制度》进行修订,我国作为缔约方,需要根据修订的《协调制度》以及我国对外贸易发展的要求和海关监管需要,适时地对我国的《进出口税则》在商品的税率、分类编码等方面进行调整。

进出口商品编码的排列是有一定规律和含义的,以"冻的鸡爪"为例说明,见图12-1。

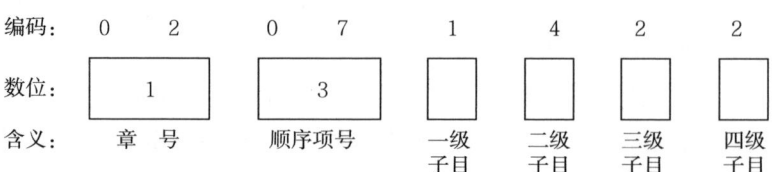

图12-1 商品编码的编排规律及含义举例图

就上例"冻的鸡爪"而言，其中前6位编码"020714"与《协调制度》保持完全一致，其后两位"22"为我国子目。

数位的第1、2位数是"02"，它表明该商品所在的章号是"第二章"。

数位的第3、4位数是"07"，它表明该商品在所在章的项号是"第7个品目"。

数位的前4位数是"0207"，它表明商品"冻的鸡爪"的品目。

数位的第5位数的"1"，代表一级子目，它表示它所在品目项下所含商品一级子目的顺序号"-鸡："。

数位的第6位数的"4"，代表二级子目，它表示它在一级子目项下所含商品二级子目的顺序号"- -块及杂碎，冻的："。

数位的第7位数的"2"，代表三级子目，它表示它在二级子目项下所含商品三级子目的顺序号"- - -杂碎："。

数位的第8位数的"2"，代表四级子目，它表示它在三级子目项下所含商品四级子目的顺序号"- - - -鸡爪"。

需要指出的是，如果商品编码第5~8位数上出现数字"9"，则它并不一定代表在该级子目的实际顺序号，而在通常情况下代表没有具体列明的商品，即在"9"的前面保留有空余序号，以便以后用于修订时增添新商品。例如，商品编码0407.2900中第6位数上"9"并不代表实际顺序号（不用"2"），而是表明除"-孵化用受精禽蛋"以外，归入"-其他鲜蛋"项下，除"- -鸡的"以外带壳的"- -其他"鲜禽蛋。也就是说，其中1~9之间的空序号，可用于将来增添新的具体列名的带壳鲜禽蛋（例如，鸭蛋、鹅蛋，等等）。类似这样的标示在《进出口商品编码查询手册》中经常出现，这都是从未来发展的需要出发而预先保留的序号。在该编码目录中，商品名称前面分别用"-""- -""- - -""- - - -"标明的内容，分别代表"一级子目""二级子目""三级子目""四级子目"。其中，"一级子目""二级子目""三级子目""四级子目"又分别俗称为"一杠子目""二杠子目""三杠子目""四杠子目"。

三、我国进出口商品归类依据

进出口商品归类应遵循客观、准确、统一的原则。具体归类依据如下：

一是我国《进出口税则》归类总原则、类注、章注、子目注释、品目条文；

二是海关总署下发的关于商品归类的有关规定，即海关总署的文件、归类问答书、预归类决定、归类技术委员会决议及海关总署转发的世界海关组织归类决定等；

三是《进出口税则商品及品目注释》；

四是《中华人民共和国进出口税则本国子目注释》。

（一）《协调制度》中的注释

《协调制度》中的注释是为了解释说明有关各类、章、品目和子目所属货品的准确范围、商品释义，如商品的性能、属性、特征及有关查找的特殊规定，简化品目和子目条文文字，防止商品交叉分类，保证商品归类的唯一正确性而设立的。位于类标题下的注释为类注释，位于章标题下的注释为章注释，位于类注释、章注释或章标题下的还有子目注释。

注释在《协调制度》中通常有以下 5 种表述方式。

1. 列举法

详列货品名称、加工方式等采用此种方式限定品目及子目货品范围或避免归类错误等作用。如第七章章注释二详细列举了品目 07.09、07.10、07.11 及 07.12 包括的容易发生归类错误的蔬菜名称，从而避免发生错误归类。

2. 排他法

用排他条款详列或列举不得归入本类、本章、品目及子目的货品名称，或不允许采用的加工方法等，从而杜绝商品错误归类的发生。如第十五章章注释一详列了不得归入该章的货品。

3. 定义法

采用定义法的商品的定义通常与传统的商品定义不完全相同，采用定义法来确定子目的货品范围。如第二十七章子目 2701.11 所称"无烟煤"，是指含挥发物（以干燥、无矿物质计）不超过 14% 的煤。

4. 解释法

解释类、章、品目和子目条文中货品名称的含义及规格、加工方式等。如第十一类子目注释解释了该类子目所使用的货品名称，如未漂白纱线、漂白纱线、着色（染色或印色）纱线的区别。

5. 规定法

规定法，即阐述某些货品归类的规定。如第十一类子目注释二（一）规定了"含有两种或两种以上纺织材料的第五十六章至第六十三章的产品，应根据本类注释二对第五十章至第五十五章或品目 58.09 的此类纺织材料产品归类的规定来确定归类"。

因此，进出口货物申报时，一般必须提供满足商品归类所需要的申报货物品名、规格、型号等，在此基础上，还要提供详细的商品归类所需要的货物形态、性质、成分、加工程度、结构、原理、功能、用途等技术指标或技术参数。为了规范进出口报关单位的申报行为，提高进出口商品申报质量，促进贸易便利化，海关总署制定了《中华人民共和国海关进出口商品规范申报目录》。该规范申报目录按我国海关进出口商品分类目录的品目顺序编写，并根据需要在品目级或子目级列出了需要申报的要素。

(二) 归类总规则解析

1. 归类总规则一

类、章及分章的标题，仅为查找方便而设；具有法律效力的归类，应按品目条文和有关类注或章注确定，如品目、类注或章注无其他规定，按以下规则确定。

归类总规则一从3个层面做出了规定。

(1) "类、章及分章的标题，仅为查找方便而设"。

这句话应该从以下两个方面去理解：

一方面，类、章及分章的标题，仅仅是为了方便查找待归类商品而设立的，除此之外并没有其他的作用，因此不能作为商品归类的依据。这是因为人们要将数以万计的商品分别准确地归入目录某标题内，确实是一件很难的事情，即根本不可能做到。但为了尽可能为查找提供方便，将某类或某章商品加以概括，并作为该类或该章所含商品的标题设立，倘若仅仅凭标题的表述，是很难做到对该类或该章所包含的所有商品精确地归类于该类该章的。

另一方面，由于"类、章及分章的标题，仅为查找方便而设"，它不能作为待归类商品的归类依据，因而初学者往往会忽略"查找方便"的作用，使自己陷入数以万计的商品"海洋"之中，不知如何寻求下手的方向。规则一"类、章及分章的标题，仅为查找方便而设"是具有实实在在的"查找方便"的作用。例如：某待归类商品为"铜纽扣"，接触这个商品我们就会很自然地在目录标题的第十五类"贱金属及其制品"中去查找。虽然在该类标题内无法确定"铜纽扣"的归类，但我们很方便地找到了正确归类的方向。在第十五类"贱金属及其制品"该类注释一（十二）中指明：本类不包括"手用筛子、纽扣、钢笔、铅笔套、钢笔尖、独脚架、双脚架、三脚架及类似品或第九十六章的其他物品（杂项制品）"。也就是说，该待归类的商品"铜纽扣"

应在第九十六章"96.06"。再如,待归类商品"甜玉米",依据我们对商品知识的认知会很自然地在目录中第二类第十章谷物中去查找,但该章注释二却指明了方向:"品目10.05不包括甜玉米(第七章)"。也就是说"甜玉米"应归类入第七章"0710.4000"。由此可见,拟归类目录的类注、章注会方便地为我们指明查找的方向,《协调制度》的编制中提供类似的方便绝不仅仅只有以上几个个别例子,而是进行商品归类时应当遵从的正确步骤。

(2)"具有法律效力的归类,应按品目条文和有关类注或章注确定"。

这句话也具有以下两层含义。

一方面,归类总规则一明确规定,具有法律效力的商品归类要按品目条文、类注或章注确定归类。

另一方面,许多商品通常可以直接按目录规定进行归类,但有些商品却不行。如上述的"铜纽扣""甜玉米"等,必须认真阅读该类、该章的品目条文和类注、章注的表述。《协调制度》的编制者为了避免发生商品交叉归类、重复分类,在每一类、每一章首部都加上了注释,其作用就是将本类、本章所包括的商品范围,限定在品目、类、章商品的准确范围内,通常一般会采用以下方法去限定品目、类、章商品的范围。

①定义法。就是以定义的形式来划分品目范围,如第七十二章章注一(五)对不锈钢的定义为:"按重量计含碳量在1.2%及以下,含铬量在10.5%及以上的合金钢,不论是否含有其他元素。"这个定义规定与《机械工程手册》中规定的"不锈钢含铬量不小于12%"的规定显然不一样。但对于不锈钢商品归类,应以《协调制度》的规定为准,这就是"具有法律效力的归类"的含义。

②列举典型例子法。例如,根据第五章章注四的规定,《协调制度》所称"马毛",是指马科、牛科动物的鬃毛和尾毛。

③详列具体商品名称法。如第三十章章注四"品目30.06仅适用于下列物品(这些物品只能归入品目30.06,而不得归入本协调制度其他品目"的声明)。

④排他法。我们常常会发现运用排他法,往往会具体列举若干不能归入某一编码、某一章及类似的货品。

有时某些注释会同时采用上述几种注释方法,综合运用,表达该类、该章商品的准确范围含义,如有的注释既作了定义,又列举了一系列货品包括在内,或者列出除外的货品,这样能使含义更加明确,以便对归类商品有准确完整的了解。例如，第四十章章注四关于"合成橡胶"的定义。

（3）"如品目、类注或章注无其他规定，按以下规则确定"。

这句话具有以下两方面含义。

一方面是进一步强调品目条文、类注、章注在确定具有法律效力的商品归类中的最重要地位。

另一方面是只有在品目条文、类注、章注都无其他规定的前提下才能按以下规则确定。"以下规则"就是指归类总规则二（一）、（二）和规则三（一）、（二）、（三），规则四，规则五和规则六。而在商品归类实践中归类总规则二（一）、（二）和规则三（一）、（二）、（三）是解决"如品目、类注或章注无其他规定"的商品归类问题运用最多的规则。

从以上讲述可知，归类总规则一规定了正确使用《协调制度》完成商品归类操作的程序，如图12-2、图12-3所示。

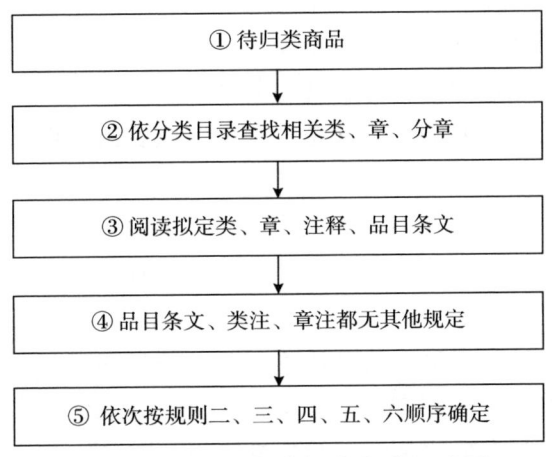

图12-2 商品归类操作程序示意图

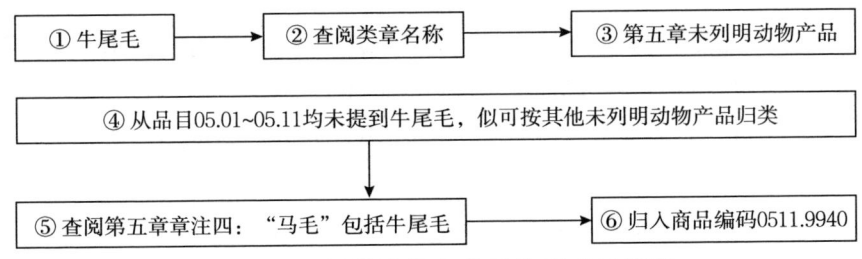

图12-3 具体商品归类操作程序示意图

2. 归类总规则二

（一）品目所列货品，应视为包括该项货品的不完整品或未制成品，只要在进口或出口时该项不完整品或未制成品具有完整品或制成品的基本特征；还应视为包括该项货品的完整品或制成品（或按本款可作为完整品或制成品归类的货品）在进口或出口时的未组装件或拆散件。

（二）品目所列材料或物质，应视为包括该种材料或物质与其他材料或物质混合或组合的物品。品目所列某种材料或物质构成的货品，应视为包括全部或部分由该种材料或物质构成的货品。由一种以上材料或物质构成的货品，应按规则三归类。

（1）归类总规则二（一）规定，实质上是关于扩大品目号所含商品范围的规定。它表达了两方面含义：

一方面是品目号所列商品包括其不完整品或未制成品，以及因运输、包装等原因，该项货品的未组装件或拆散件。

另一方面是对于上述不完整或未制成品，以及因运输、包装等原因，该项货品的未组装件或拆散件，可以视为其完整品或制成品归类。但视为其完整品或制成品归类的首要前提条件是，在进口或者出口报验时必须具有其完整品或制成品的基本特征。

为了正确使用规则二（一）的规定，有必要对不完整品、未制成品，因运输、包装等原因的未组装件或拆散件，对其具有完整品或制成品的基本特征予以确认。

①所称不完整品是指这个货品还不完整，缺少一点东西。请注意这里所说的"缺少一点东西"是指缺少非关键性部件，如一台汽车未装轮胎或者方向盘，进口或出口时表现的是汽车的基本特征，依据归类总规则二（一）的规定仍按汽车归类。不完整品是具有完整品的基本特征，只是缺少非关键性部件的货品。

②所称未制成品是指具有成品的形状特征，但尚不能直接使用，还需要进一步加工才能使用的货物。例如，一件衬衣尚未钉纽扣或者没有上衣领。再如，一个齿轮的毛坯件，需要进一步加工完善才能作为制成品使用。但是，它们已经具有制成品的基本特征，依据归类总规则二（一）的规定仍可按制成品归类。

③所称因运输、包装等原因进口或出口时为未组装件、拆散件的，是指以完整品、制成品归类，具有其基本特征的不完整品、未制成品。只是仅仅为了便于运输安全或包装的需要未组装或拆散的货品，那么依据归类总规则

二（一）的规定仍应以完整品、制成品归类，归入其相应的品目。

对于运用归类总规则二（一）规定，完成对商品的正确归类，其难点在于判定是否具有其完整品、制成品的基本特征。对于基本特征的判断有些商品确实很困难，究竟缺少了多少零件仍判断具有其基本特征，确实很难规定量化的标准供实际操作用，同时这种希望和要求也不现实，所以对于具体的某一不完整品或未制成品，需要从结构、性能、价值、用途等诸方面综合地进行具体分析确定。作为一般的认知原则可以这样判断：

①对于不完整品而言，主要看其关键部件是否存在，比如电冰箱，压缩机、蒸发器、冷凝器、箱体这些关键部件如果存在，则可以判断其具有电冰箱的基本特征。

②对于未制成品而言，主要看其是否具有其制成品的特征，比如齿轮的毛坯件，如果从其外形上能看出是齿轮的待加工件，则可以判断其具有齿轮的基本特征。

除此之外，各国海关可根据本国的实际情况，制定具体规定来解决某些货品的基本特征的确定问题。

综上分析，归类总规则二（一）规定适用的范围应该是除去第一类至第六类的货品，即第三十八章及以前各章以外的货品。

（2）归类总规则二（二）规定表述的意思应有两层含义：

一方面是品目中所列某种材料包括了该材料的混合物和组合物。从这个意义上讲，也是对品目号项下商品范围扩大的规定。

另一方面是归类总规则二（二）规定适用的前提条件是，必须满足加入、添加进去的东西（物质或材料）或组合起来的东西（物质或材料）都不能失去原商品的基本特征。也就是说，不存在看起来可以归入两个或两个以上品目的问题。例如，我们常见的加钙奶粉或加糖牛奶，虽然添加了钙或糖，但未影响其奶粉或牛奶的基本特征，按归类总规则二（二）规定仍按奶粉、牛奶归类。掌握这一规则的核心要点是添加的材料（物质）未使该货品丧失与原品目所列货品的基本特性。如果添加的材料（物质）导致该货品丧失了原货品的基本特征，如用米饭拌加了杀灭老鼠的药，此时米饭的基本特征完全改变了，成了诱杀老鼠的毒饵，就不能再按米饭归类了。

运用归类总规则二时应注意两点：

一是只有在归类总规则一无法解决归类时，依顺序规定才可能运用归类总规则二；

二是如果由一种以上材料或物质构成的货品看起来可以归入两个或两个以上品目时，应按规则三归类。

3. 归类总规则三

当货品按规则二（二）或由于其他原因看起来可归入两个或两个以上品目时，应按以下规则归类：

（一）列名比较具体的品目，优先于列名一般的品目。但是，如果两个或两个以上品目都仅述及混合或组合货品所含的某部分材料或物质，或零售的成套货品中的某些货品，即使其中某个品目对该货品描述得更为全面、详细，这些货品在有关品目的列名应视为同样具体。

（二）混合物、不同材料构成或不同部件组成的组合物以及零售的成套货品，如果不能按规则三（一）归类时，在本款可适用的条件下，应按构成货品基本特征的材料或部件归类。

（三）货品不能按照规则三（一）或（二）归类时，应按号列顺序归入其可归入的最末一个品目。

归类总规则三的条文内容清楚地表明，运用归类总规则三是有条件的，必须同时满足以下两个前提条件，才可以运用归类总规则三进行商品归类：

一是当货品按规则二（二）规定不适用；

二是货品看起来可归入两个或两个以上的品目时。

归类总规则三，根据对于当货品按规则二（二）规定或其他原因看起来可归入两个或两个以上品目的货品归类，规定了3条归类原则，即具体列名原则、基本特征原则、从后归类原则。

也就是说，用这3个原则来解决看起来可归入两个或两个以上品目的商品归类问题。运用上述原则进行商品归类时必须注意，应按照该规则所规定的先后次序运用。据此，只有在不能按归类总规则三（一）归类时，才能运用归类总规则三（二）；在不能按归类总规则三（一）和（二）归类时，才能运用归类总规则三（三）。具体而言，3个原则的运用优先权次序为：第一，具体列名；第二，基本特征；第三，从后归类。绝不可跳跃违反顺序运用。

（1）具体列名原则

归类总规则三（一）是归类总规则三的第一条归类原则，它规定列名比较具体的品目应优先于列名比较一般的品目。我们说的列名具体与一般只是一个相对的概念，比较而言，如果想通过制定标准来规定确定具体列名或一般列名，那是十分困难的事情，就一般认知来而言：

①商品的具体名称比商品类别名称具体。例如,女士们穿的紧身胸衣属于一种女士内衣,看起来可归入两个品目编码,一个是品目 62.08 中的"女内衣",另一个是品目 62.12 中的"女士紧身胸衣"。比较这两个品目编码,哪个列名更具体一些?前一个品目 62.08 是类别名称列名,后一个品目 62.12 是具体商品名称列名,依据子目规则三(一)具体列名原则,故女士们穿的紧身胸衣应归入子目 6212.30 项下。

②如果某一品目所列名称更为明确地表述了某一货品,则该品目要比所列名称不那么明确表述该货品的其他品目更加具体。例如,用于小汽车的液压千斤顶,该商品属于提升小汽车的专用附件,看起来可以归入两个品目编码,一个是品目 87.08 "机动车辆的零件、附件",另一个是品目 84.25 "滑车及提升机,但倒卸式提升机除外;卷扬机及绞盘;千斤顶"。这两个品目哪个列名更明确地表述了货品用途?显然,后者品目 84.25 更明确地表述了货品,因为品目 84.25 所列的千斤顶更为具体。

在运用具体列名原则时,应该注意:"如果两个或两个以上品目都仅述及混合或组合货品所含的某部分材料或物质,或零售的成套货品中的某些货品,即使其中某个品目对该货品描述得更为全面、详细,这些货品在有关品目的列名应视为同样具体"。在这种情况下,就不能简单确定谁列名具体,谁列名不具体,货品就应按归类总规则三(二)或(三)的规定进行归类。也就是说,不能按归类总规则三(一)归类的混合物、组合物以及零售的成套货品的归类,它们应按构成货品基本特征的材料或部件归类。

(2)基本特征原则

确定混合物、组合物以及零售的成套货品的基本特征也不是很容易的,因为不同货品,其基本特征确定的因素等都会有所不同。例如,可根据其所含材料或者部件的性质、数量、体积、重量、价值等因素来确定该货品的基本特征,也可根据其所含材料对该货品用途的作用来确定该货品的基本特征。例如,我们接触、食用较多的快餐方便面,该货品为一块面饼、一包调味包和一支小塑料餐叉所组成的零售成套货品。对于该货品的归类,确定其基本特征的是面饼,还是调味包?或者是塑料餐叉呢?从用途而言,快餐方便面主要是供人食用的,应该是快餐面饼,其中的调味包、塑料餐叉是从属于该用途的。因此其中的快餐面饼构成了该货品的基本特征,该货品应该按面食归入品目 19.02。

在这里对该款所称"零售的成套货品"的确定是有条件要求的,不要错误地认为只要是将几种商品组合在一起就是"零售的成套货品"。现在我们常看见市场里有这样的促销活动，如一桶食用油和一瓶饮料一起销售。归类总规则三（二）中所指的"零售的成套货品"必须同时满足以下 3 个条件的货品才能按照归类总规则三（二）归类。

一是至少由两种看起来可归入不同品目的不同物品构成；

二是为了某项需求或适应某一项活动的特别需要，而将几件产品或物品包装在一起；

三是其包装形式适于直接销售给用户而货物无须重新包装。

例如：由一把电动理发推子、一把梳子、一把剪子、一把刷子及一条围裙所组成的装于一个塑料匣子内的成套理发工具，虽然有几件商品（电动理发推子、梳子、剪子、刷子及围裙），按照归类总规则三（二），其成套货品中具有主要特征的货品应是"电动理发推子"，其他货品都从属于"理发"这一项活动，是与主要用途"理发"行为相互补充配合使用的，因此，该货品应以电动理发推子归入编码 8510.2000。

在应用归类总规则三（二）时，由于国情、文化的差异，往往会出现从不同的角度出发，对混合物、组合物或成套货品的主要特征具有不同的认同的情况。如果发生这种情况，各国通常的做法是由各国海关最高当局予以统一。此外，还需特别说明的是，如果类或章注有特别规定或某一品目已有列名的，则不适用归类总规则三（二）。例如：品目 96.05 列名"个人梳妆、缝纫或清洁鞋靴、衣服用的成套旅行用具"，在出差住旅店时常有的这些成套旅行用具，如针线包（内装纽扣、顶针、线、针），应归入品目 96.05 已有列名的品目，而不能运用归类总规则三（二），按构成该成套货品的主要特征"针线"归类。

归类总规则三（三）的运用，其前提条件是只适用于不能按归类总规则三（一）和（二）归类的货品。它规定该货品的归类应按号列顺序归入其可归入的最后一个品目内，也就是"从后归类原则"。

（3）从后归类原则

例 1：由 50% 的牛肉和 50% 的鱼肉混合而成的饺子馅。

该商品为肉类的混合食品。归类时应按肉制食品归入第十六章，其中，牛肉属于品目 16.02 的商品，鱼肉属于品目 16.04 的商品。由于两者的含量相等，各占 50%，无法按照归类总规则三（二）确定其基本特征，因此，根据归类总规则三（三）"应按号列顺序归入其可归入的最末一个品目"，该商品应按从后归类原则归入品目 16.04 的鱼肉，归入商品编码 1604.2099。

例 2：由 50% 小麦细粉和 50% 的玉米细粉混合成的混合粉。

该混合粉由于其中小麦细粉与玉米细粉含量均为 50%，含量相等，按"基本特征"无法确定归类，所以应按归类总规则三（三）"从后归类原则"，小麦细粉归入品目 11.01，而玉米细粉归入品目 11.02，其中玉米细粉品目居小麦细粉品目之后，该商品归入商品编码 1102.2000。

例 3：绘于 1908 年超过 100 年的油画。

该油画看起来似乎既可归于品目 97.01 "油画、粉画及其他手绘画……"，又可以归入品目 97.06 "超过 100 年的古物"，也就是说该油画可以归入两个品目，这时是否可以运用归类总规则三（三）"从后归类原则"而归于品目 97.06 呢？不行。根据第九十七章章注五（二）规定"品目 97.06 不适用于可以归入本章其他各品目的物品"。也就是说，应该首先运用归类总规则一"应按品目条文和有关类注或章注确定……"，既可归入品目 97.01～97.05 中的货品，又可归入品目 97.06 的货品，应归入品目 97.01～97.05，因此本例中的油画应归入品目 97.01。

4. 归类总规则四

根据上述规则无法归类的货品，应归入与其最相类似的货品的品目。

这条规则规定归类总规则二（一）、（二）以及归类总规则三（一）、（二）、（三）都无法归类的货品，应归入与其最相类似的货品的品目。对于这条规则的实际应用，比较难以掌握。因此，这条规则目前基本上不常使用。好在《协调制度》制定中一般情况下设有"其他"品目来安排未列名的商品，甚至不少章还列有"本章其他品目未列名的"或"本章其他品目未列名的具有独立功能的电气设备或装置"的品目（如品目 84.38、84.79、85.43 等）来收容或解决"与其最相类似"的货品归类的问题。因此，能很好地解决上述问题。虽然目前对归类总规则（四）很少单独使用，但是从发展需要来看，随着时代的发展，科学技术不断进步、创新，必然会出现一些《协调制度》在制定时无法预见的情况。对于按以上归类总规则一至规则三仍无法归类的货品，《协调制度》设定了归类总规则四，用"最相类似的货品"的品目来替代解决发展中出现的问题，即将申报货品与类似货品加以比较，以确定其是与哪些货品最相类似，然后将申报货品归入与其"最相类似"的货品的品目。运用归类总规则四必须注意以下两点：

一是对于货品的归类无法按归类总规则一，归类总规则二（一）、（二）

以及归类总规则三（一）、（二）、（三）归类；

二是"最相类似"指需从货品名称、基本特征、功能、用途、结构（成分）等因素来综合全面比较考虑。

5. 归类总规则五

除上述规则外，本规则适用于下列货品的归类：

（一）制成特殊形状仅适用于盛装某个或某套物品并适合长期适用的照相机套、乐器盒、枪套、绘图仪器盒、项链盒及类似容器，如果与所装物品同时进口或出口，并通常与所装物品一同出售的，应与所装物品一并归类。但本款不适合于本身构成整个货品基本特征的容器。

（二）除规则五（一）规定的以外，与所装货品同时进口或出口的包装材料或包装容器，如果通常是用来包装这类货品的，应与所装货品一并归类。但明显可重复使用的包装材料和包装容器可不受本款的限制。

归类总规则五由两款组成，它是对关于包装物归类的专门条款。

（1）归类总规则五（一）的使用，必须是同时符合以下 5 条规定的包装容器：

①制成特定形状或形式，专门用于盛装某一物品或某套物品的，专门进行设计，有些容器还制成所装物品的特殊形状；

②适合长期使用的，容器的使用期限与盛装某一物品的使用期限要求相称，在物品不使用期间，容器起到保护作用；

③与所装物品一同进口或出口，不论是否为了运输方便而与所装物品分开包装的（若是单独进口或出口的容器应归入其相应归入的品目）；

④与所装物品一同出售；

⑤包装物本身并不构成整个货品的基本特征，即包装物本身无独立使用价值。

由上述可以看出，归类总规则五（一）不适用于本身构成整个货品的基本特征的容器。

例如，装有茶叶的银制茶叶罐，该茶叶罐相对于所盛装的茶叶而言价值远远高于盛物茶叶本身，比较贵重，构成了整个货品的基本特征，因而不能与茶叶一并归类。

例如，与手风琴一同进口或出口、一同报验的手风琴皮革盒。由于符合以上条件，因此应与手风琴一并归入商品编码 9205.9020。

运用归类总规则五（一）时，要注意，如果包装容器本身已经构成整个货品的基本特征的容器，或其价值远高于盛装的物品，例如，用贵金属制成的装有绿茶的银质茶叶罐，应分别归入其相应品目，绿茶归入品目 09.02，银质茶叶罐归入品目 71.14。

（2）归类总规则五（二）的使用为同时符合以下条件规定的包装材料及包装容器：

①归类总规则五（一）以外的；

②通常用于与包装有关的货品；

③与包装物品一同报验进口或出口的（单独报验的包装材料及其包装容器应归入其所应归入的品目）；

④不属于明显可重复使用的。

例如，装有电脑或电视机的瓦楞纸箱，由于符合以上条件，因此在与电脑或电视机一同进口或出口报验时，应与电脑或电视机一并归入子目 8471.41 或 8528.72。

但是，运用归类总规则五（二）时，如果包装容器为明显可重复使用的包装材料和容器，该款规定不适用。例如，我们常见的煤气罐（装有煤气），液化煤气使用完了，煤气罐仍可以再灌煤气重复使用。所以，煤气罐不能与液化煤气一并归类，而应与盛装物品分开归入其应该归入的品目。

归类总规则五用来解决包装材料或包装容器在何种情况下单独归类，在何种情况下可与所盛装的物品一并归类的问题。大家在学习运用时，应该重点注意包装材料或包装容器与所盛装的物品一并归类的条件。

6. 归类总规则六

货品在某一品目项下各子目的法定归类，应按子目条文或有关的子目注释以及以上各规则来确定，但子目的比较只能在同一数级上进行。除本税则目录条文另有规定的以外，有关的类注、章注也适用于本规则。

归类总规则六是关于子目确定的规则，规则条文表述了以下 4 层意思。

（1）子目归类首先按子目条文和子目注释确定。

（2）如果出现按子目条文和子目注释无法确定归类的情况，上述各规则的原则同样适用于子目的确定。例如，"具体列名""基本特征""从后归类"原则等。

（3）子目注释并不多，因为有些子目涉及的问题，类注、章注中已有解释。为了不至于重复，有关类注、章注也适用于确定子目。但对于同一问题，既有子目注释又有类注、章注时，子目注释优先于类注、章注。例如：第七十一章章注四（二）所规定的"铂"的范围就与子目注释二中的"子目

7110.11及7110.19所称'铂',可不受本章注释四(二)的规定约束,不包括铱、锇、钯、铑及钌"所涉及的范围不同。出现这种情况时,子目注释优先于类注、章注。在涉及子目7110.11及7110.19的范围时,应优先采用子目注释二,而不受该章的章注四(二)的规定约束。

(4)在确定子目时,应遵循同级比较的原则。所谓同级比较原则,即一级子目与一级子目比较,二级子目与二级子目比较,依次类推,不可越级比较。6位数级子目的货品范围不得超出其所属的5位数级子目的范围。同样,5位数级子目的范围也不得超出其所属货品的品目范围。

例如,"中华绒螯蟹种苗",应归入品目03.06项下,在确定子目时,应按归类总规则六,子目的比较只能在同一数级上进行,其操作步骤如下。

第一步,先确定一级子目,将3个一级子目"-冻的""-活、鲜或冷的""-其他"进行同级比较,本商品一级子目应归入"活、鲜或冷的"。

第二步,再确定二级子目,该"活、鲜或冷的"一级子目项下有7个二级子目,即"- - 岩礁虾及其他龙虾(真龙虾属、龙虾属、岩龙虾属)""- - 鳌龙虾(鳌龙虾属)""- - 蟹""- - 挪威海鳌虾""- - 冷水小虾及对虾(长额虾属、褐虾)""- - 其他小虾及对虾""- - 其他"。进行同级比较,本商品二级子目应归入"- - 蟹"(子目0306.33);

第三步,然后再确定三级子目,该"- - 蟹"二级子目项下有2个三级子目,即"- - - 种苗"(0306.3310)"- - - 其他"(0306.339)。进行同级比较,该商品三级子目应归入"- - - 种苗"(0306.3310)。

因此,本题商品应归入商品编码0306.3310。

总之,归类总规则六表明只有在货品归入适当的4位数级品目后,才可以考虑将其归入合适的5位数级子目或6位数级子目,以至7位数级子目、8位数级子目,并且,无论在什么情况下,应该按顺序优先考虑5位数级子目,然后再考虑6位数级子目,以至7位数级子目、8位数级子目。比较方法为同级比较、层层比较。

例如,待归类货品为每平方米重150克的纯棉漂白平纹布,归类步骤如下。

第一步:先确定4位数级品目为52.08"棉机织物,按重量计含棉量在85%及以上,每平方米重量不超过200克"。

第二步:比较其所属的5位数级子目所列名称,应归入更为具体的5位数级5208.2"-漂白"。

第三步:再比较其所属6位数级子目"平纹机织物,每平方米重量超过

100 克"，确定该货品应归入商品编码 5208.2200。

四、进出口商品归类的基本方法

(一) 确定待归类商品品目（前 4 位数级编码）

进出口商品归类是一项专业性很强、技能要求很高的进出口货物报关业务。进出口商品品种数以万计，商品归类依据要求错综复杂，但是，遇事总有一定的基本规律、方法可循。对于进出口商品归类应该按照先确定待归类商品的品目，再确定其在该商品品目项下的子目。

需先对该商品的特性进行分析，初步判定该商品大概在分类目录中的位置，再查阅该类、该章的注释，如果注释没有规定的，进而逐一查找品目条文或运用归类总规则二、三的原则确定品目（前 4 位数）。具体按以下步骤进行：

第一步，根据待归类商品所提供的有关资料、信息，对待归类商品的特性进行商品分析，如组成成分、结构、加工程度、功能、用途等。

第二步，根据上述对商品的分析再结合商品编码的分类规律，初步判断该商品可能涉及的类、章和有关品目（有时可能有几个）。

第三步，阅读可能涉及的类、章的类注释、章注释，对照阅读相关类注释、章注释是否有特别的规定。

第四步，查找所涉及的（有时可能涉及几个）有关品目的品目条文。

第五步，如果有几个品目可归入但不能确定时，则运用归类总规则二（一）、（二）或归类总规则三（一）、（二）、（三），仔细、耐心按步骤进行确定，就可以确定该商品的品目归类。

举例说明如下：

例 4：洗手液 400 ml 塑料瓶，含有机表面活性剂、杀菌剂、香精等成分，零售包装。

根据提供的资料信息，该商品是用于清洁手部卫生用的洗手液，是含有机表面活性剂、杀菌剂、香精等成分制成的液体形状，并且是零售包装。该商品可能属于"第三十四章 肥皂、有机表面活性剂、洗涤剂、润滑剂、人造蜡、调制蜡、光洁剂、蜡烛及类似品、塑型用膏、'牙科用蜡'及牙科用熟石膏制剂"的章目录的范围内。查阅该章注对本商品无规定，查阅该章品目条文，34.01 品目条文符合该题所提供的信息资料，为此，该商品品目归类，应归入品目 34.01 项下。

例5：按重量计含涤纶短纤维50%、醋酸短纤维25%、粘胶短纤维25%，每平方米重量170克的四线斜纹色织机织物（幅宽110 cm）。

该机织物属纺织品。查阅类、章标题，并根据提供的资料信息，该商品应归入第十一类"纺织原料及纺织制品"中的第五十五章"化学纤维短纤"。从查阅第十一类类注二（一）得知："可归入第五十章至第五十五章及品目58.09或59.02的由两种或两种以上的纺织材料混合制成的货品，应按其中的重量最大的那种纺织材料归类。当没有一种纺织材料重量较大时，应按可归入的有关品目中最后一个品目所列的纺织材料归类"。

本题所述的纺织材料中的醋酸短纤维和粘胶短纤维都属于人造纤维，同属于同一品目55.16所列的不同纺织物材料，按第十一类类注二（二）4"同一章或同一品目所列各种不同的纺织材料应作为单一的纺织材料对待"，经合并重量与从属品目55.15的涤纶短纤维纺织的机织物重量相同。按照归类总规则三（三）的"从后归类原则"，该题商品应归入品目55.16"人造纤维短纤纺制的机织物"。

硫化汞应属于无机化合物的硫化物，是否应归入品目28.30"硫化物；多硫化物，不论是否已有化学定义"项下呢？查阅第六类类注，根据第六类类注一（二）的规定："……凡符合品目28.43、28.46或28.52规定的货品，应分别归入以上品目而不归入本类的其他品目"。因此，尽管硫化汞属于无机化合物中的硫化物，依据第六类类类注一（二）的规定，不能归入品目28.30，而应优先归入品目28.52"汞的无机或有机化合物，不论是否已有化学定义，汞齐除外"。因此该商品应归入品目28.52"汞的无机或有机化合物"。

（二）确定待归类商品子目（5至8位数级编码）

待归类商品品目确定之后，就要确定该商品的子目。相对而言，品目归类是在一个较大的商品范围以内确定，而且还要经过仔细查找和对比很多有关的类注、章注，然而子目只需要在确定的品目项下确定。其查找范围要小得多，只要品目归类正确，一般情况下子目的确定应该比较容易。但是，有时子目的确定也有一定的难度，特别是品目项下子目比较多的时候，掌握正确的方法尤为重要。容易犯错的地方就在于看见有具体列名的子目就迫不及待地越级归类，而没有按照子目的比较只能在同一数级上进行的原则。即按照先确定一级子目，再确定二级子目，然后确定三级子目，最后确定四级子目的步骤，同级比较进行。下面，我们仍以前面的例题加以说明。

例6：洗手液 400 ml 塑料瓶，含有机表面活性剂、杀毒剂、香精等成分，零售包装。

该商品应归入品目 34.01，品目 34.01 项下有 3 个一级子目，即"-肥皂及有机表面活性产品及制品，条状、块状或模制形状的，以及用肥皂或洗涤剂浸渍、涂面或包覆的纸、絮胎、毡呢及无纺织物"（3401.1000）, "-其他形状的肥皂"（3401.2000），"-洁肤用的有机表面活性产品及制剂，液状或膏状并制成零售包装的，不论是否含有肥皂"（3401.3000）。这 3 个一级子目进行同级比较，哪个更符合待归类商品所提供的资料信息呢？依据归类总规则（六）"……子目的比较只能在同一数级上进行……"的原则，从其子目条文规定判断，该商品一级子目应归于第 3 个一级子目"3401.3000"，由于该一级子目条文更符合本题商品的表述特征，该一级子目项下没有细分二级子目，因此该商品正确的商品编码为 3401.3000。

例7：按重量计含涤纶短纤维 50%、醋酸短纤维 25%、粘胶短纤维 25%，每平方米中 170 克的四线斜纹色织机织物（幅宽 110 cm）。

该商品应归入品目 55.16，品目 55.16 项下有 5 个一级子目，即"-按重量计人造纤维短纤含量在 85% 及以上"（5516.1），"-按重量计人造纤维短纤含量在 85% 以下，主要或仅与化学纤维长丝混纺"（5516.2）；"-按重量计人造纤维短纤含量在 85% 以下，主要或仅与羊毛或动物细毛混纺"（5516.3），"-按重量计人造纤维短纤含量在 85% 以下，主要或仅与棉混纺"（5516.4），"-其他"（5516.9）。在这 5 个一级子目中，依据归类总规则六"……子目的比较只能在同一数级上进行……"的原则，从其子目条文规定判断，该商品一级子目应归于第 5 个一级子目"5516.9"，而该一级子目项下细分有 4 个二级子目，即"- -未漂白或漂白"（5516.9100），"- -染色"（5516.9200），"- -色织"（5516.9300），"- -印花"（5516.9400）。这 4 个二级子目同级比较，从其子目条文的规定判断，该商品二级子目应归入第 3 个二级子目"- -色织"（5516.9300），该子目更符合本题商品表述，由于该商品二级子目项下没有细分三级子目，因此，该商品的正确商品编码为 5516.9300。

五、进出口商品预归类制度

基于进出口商品归类的工作技术性强，当涉及某些专业性知识的商品时，甚至需要化验、检测才能确定其商品的性能或成分，这些检验作业需要一定的时间。为了加速进出口货物通关的效率，提高商品归类的准确性，方便报关单位办理海关手续，我国海关对进出口商品实行约束性预归类制度。

（一）预归类申请人资格

对进出口商品预归类，其申请人应该是具有对外贸易经营权并依法经海关备案登记的进出口货物收发货人或其代理人，可以在货物实际进出口的45天前向备案地直属海关提出申请，就其拟进出口的货物预先进行申请、进行商品归类（以下简称"预归类"）。

（二）预归类申请

申请拟进出口商品预先归类，申请人应当填写并且向拟实际进出口货物所在地的直属海关提交"中华人民共和国海关商品预归类申请表"（格式文本见表12-1），按照该申请表所列内容如实填报，在填写之前认真阅读《中华人

表12-1 中华人民共和国海关商品预归类申请表

（　　）关预归类申请_____号

申请人：	
企业代码：	
通信地址：	
联系电话：	
商品名称（中、英文）：	
其他名称：	
商品描述（规格、型号、结构原理、性能指标、功能、用途、成分、加工方法、分析方法等）：	
进出口计划（进出口日期、口岸、数量等）：	
随附资料清单（有关资料请附后）：	
此前如就相同商品持有海关商品预归类决定书的，请注明决定书编号：	
申请人（章） 年　月　日	海关（章）： 签收人： 接收日期：年　月　日

注：1. 填写此申请表前应阅读《中华人民共和国海关进出口货物商品归类管理规定》；

2. 本申请表一式两份，申请人和海关各一份；

3. 本申请表加盖申请人和海关印章后方为有效。

民共和国海关进出口货物商品归类管理规定》。该申请表一式两份，申请人和海关各执一份。该申请表必须加盖申请人印章，对所提供的资料与申请书必须加盖骑缝章。申请人不得就同一种商品向两个或以上海关提出预归类申请，一份预归类申请书只应包含一项商品。申请人对多项商品申请预归类的应分别提出。预归类申请人应对其所提供资料的真实性负责，不得向海关隐瞒或向海关提供影响预归类准确性的倾向性资料。同时，申请人可在海关做出预归类决定前，向海关提供资料，并对原提供资料进行说明，申请人可向海关申请对其进出口货物所涉及的商业机密进行保密。

（三）预归类受理和预归类决定

申请预归类的进出口商品归类事项，如果经直属海关审核认定为我国《进出口税则》《进出口税则商品及品目注释》《中华人民共和国进出口税则本国子目注释》，以及海关总署发布的关于商品归类的行政裁定、商品归类决定中已有明确规定的，受理海关应该在接受申请之日起15个工作日内制发"中华人民共和国海关商品预归类决定书"（以下简称"预归类决定书"），并且通知申请人。如果属于没有明确规定的，受理海关应当在接受申请之日起7个工作日内告知申请人，按照规定申请行政裁定。

（四）对预归类决定书使用的规定

1. 申请人从制发预归类决定书的直属海关所辖关区进出口预归类决定书所述商品时，应当主动向海关提交预归类决定书。

2. 申请人实际进出口预归类决定书所述商品，按照预归类决定书申报的，海关按照预归类决定书所确定的商品编码审核、放行。

3. 海关做出预归类决定书所依据的有关规定发生变化，导致相关预归类决定不再适用的，做出预归类决定的直属海关应当制发通知单，或者发布申请人停止使用有关预归类决定书的通知。

第二节　进出口税费的计算

一、进出口税费概述

进出口税费是指在进出口环节中，由海关依据《海关法》《关税条例》，以及其他有关法律、行政法规依法征收的关税、消费税、增值税、船舶吨税等税费。海关依法征收税费是海关 4 项基本任务之一，而依法缴纳税费是有关纳税义务人的基本法定义务。

（一）关税（Customs Duties）

关税是由海关代表国家，按照国家制定的关税政策和公布实施的税法及《进出口税则》，对进出境的货物和物品征收的一种流转税。

1. 关税的征收主体是国家，由海关代表国家向纳税义务人征收。
2. 关税的征收对象是进出境的货物和物品。
3. 关税纳税义务人，亦称关税纳税主体，是指依法负有直接向国家缴纳关税义务的法人或自然人。我国关税的纳税义务人是进出口货物收发货人、进出境物品的所有人。
4. 关税的分类。
（1）以货物流向分，可分为进口关税、出口关税、过境关税。
（2）以计税方法分，可分为从价税、从量税、复合税、滑准税。
（3）以是否施惠分，可分为普通关税、优惠关税。
（4）以是否依《进出口税则》征收分，可分为正税和附加税。

（二）进口环节代征税

进口环节代征税是指进口货物、物品在办理海关手续放行后，进入境内流通领域，依据世界贸易组织货物贸易领域的国民待遇原则，《关税及贸易总协定》第 3 条规定，进口货物应与境内货物同等对待，需缴纳应征的国内税。进口货物、物品的国内税依法由海关在进口环节征收。

1. 增值税

增值税是以商品生产、流通和劳务各个环节所创造的新增价值为课税对象的一种流转税。进口环节增值税是货物、物品进口时，由海关依法向进口货物的法人或自然人征收的一种增值税。进口环节增值税以组成价格作为计税价格，征税时不得抵扣任何税额。进口环节增值税的起征点为人民币 50 元，低于 50 元的免征。

其组成价格由关税完税价格加上关税税额组成，应征消费税的品种的增值税组成价格要另加上消费税税额。即：

$$增值税计税价格 = 关税完税价格 + 关税税额$$

或者：

增值税计税价格 = 关税完税价格 + 关税税额 + 消费税税额

我国增值税的征收原则是中性、简便、规范，采取基本税率再加一档低税率的征收模式。适用基本税率（17%）的范围包括：纳税人销售或者进口除适用低税率的货物以外的货物，以及提供加工、修理修配劳务。适用低税率（13%）的范围是指纳税人销售或者进口下列货物：

（1）粮食、食用植物油；

（2）自来水、暖气、冷气、热水、煤气、石油液化气、天然气、沼气、居民用煤碳制品；

（3）图书、报纸、杂志；

（4）饲料、化肥、农药、农机、农膜；

（5）国务院规定的其他货物。

2. 消费税

消费税是以消费品或消费行为的流转额作为课税对象而征收的一种流转税。我国开征消费税的目的是调节我国的消费结构，引导消费方向，确保国家财政收入。它是在对货物普遍征收增值税的基础上选择少数消费品再予征收的税。

我国的消费税由税务机关征收，在报关进口时向报关地海关申报纳税。进口的应税消费品消费税采用从价、从量和复合计税的方法计征。消费税的税目、税率依照《中华人民共和国消费税暂行条例》所附的"消费税税目税率表"执行，消费税税目、税率的调整由国务院决定。进口环节消费税的起征点为人民币50元，低于50元的免征。

消费税的征收范围，仅限少数消费品，具体如下：

（1）一些过度消费会对人的身体健康、社会秩序、生态环境等方面造成危害的特殊消费品，如烟、酒、酒精、鞭炮、焰火等；

（2）奢侈品、非生活必需品，如贵重首饰及珠宝玉石、化妆品等；

（3）高能耗的高档消费品，如小轿车、摩托车、汽车轮胎等；

（4）不可再生和替代的资源类消费品，如汽油、柴油等。

3. 船舶吨位税

船舶吨位税是由海关在设关口岸对自中华人民共和国境外港口进入境内港口的船舶（简称"应税船舶"）征收的一种使用税，是对船舶使用港口助航设施征收的税款，征收船舶吨位税的目的是用于航道设施建设。

船舶吨位税设置优惠税率和普通税率。中华人民共和国籍的应税船舶，船籍国（地区）与中华人民共和国签订含有相互给予船舶税费最惠国待遇条款的条约或协定的应税船舶，适用优惠税率。其他应税船舶，适用普通税率。船舶吨位税按照船舶净吨位和船舶吨位税执照期限征收。船舶吨位税税目税率表见表12-2。

表12-2 吨位税税目税率表

税目	税率（元/净吨）						备注
（按船舶净吨位划分）	普通税率（按执照期限划分）			优惠税率（按执照期限划分）			
	1年	90日	30日	1年	90日	30日	
不超过2000净吨	12.6	4.2	2.1	9.0	3.0	1.5	1. 拖船按照发动机功率每千瓦折合净吨位0.67吨。2. 无法提供净吨位证明文件的游艇，按照发动机功率每千瓦折合净吨位0.05吨。3. 拖船和非机动驳船分别按相同净吨位船舶税率的50%计征税款
超过2000净吨，但不超过10000净吨	24.0	8.0	4.0	17.4	5.8	2.9	
超过10000净吨，但不超过50000净吨	27.6	9.2	4.6	19.8	6.6	3.3	
超过50000净吨	31.8	10.6	5.3	22.8	7.6	3.8	

吨位税分1年期缴纳、90天期缴纳和30天期缴纳。3种缴纳期限由应税船舶负责人或其代理人自行选择。船舶吨位税起征日为应税船舶进入港口当日。进境后驶达锚地的，以船舶抵达锚地之日起计算；进境后直接靠泊的，以靠泊之日起计算。应税船舶在吨位税执照期满后尚未离开港口的，应当申领新的吨位税执照，自上一次执照期满的次日起续缴吨位税。

吨位税的缴款期限为自海关填发海关船舶吨位税专用缴款书之日起15日。缴款期限届满日如果遇到星期六、星期日等休息日或法定节假日的，顺延至休息日或法定节假日之后的第一个工作日。逾期从滞纳税款之日起计算，按日加收滞纳税款千分之零点五的滞纳金。

以下船舶免征船舶吨位税：

（1）应纳税额在人民币 50 元以下的船舶；

（2）自境外以购买、受赠、继承等方式取得船舶所有权的初次进口到港的空载船舶；

（3）吨位税执照期满后 24 小时内不下客货的船舶；

（4）非机动船舶（不包括非机动驳船）；

（5）捕捞、养殖渔船；

（6）避难、防疫隔离、修理、终止运营或者拆解，并不上下客货的船舶；

（7）军队、武装警察部队专用或者征用的船舶；

（8）依照法律规定应当予以免税的外国驻华使领馆、国际组织驻华代表机构及其有关人员的船舶；

（9）国务院规定的其他船舶。

船舶吨位税按船舶吨位证明中净吨位计征。计税公式为：

$$船舶吨税额 = 船舶净吨位 \times 适用税率（元/净吨）$$

对申报为拖船的，按照发动机功率每 1 千瓦折合净吨位 0.67 吨进行折算。

二、进出口货物完税价格的确定

我国海关税收征管主要使用的为从价税，即以货物的价格为基础确定纳税义务人需向海关缴纳的税款。审定完税价格的依据是《海关法》《关税条例》《WTO 估价协定》，以及与我国国情相适应的海关总署颁布施行的《审价办法》。审定完税价格是海关根据有关法律规范和判定标准，确定进出口货物海关计税价格的过程。准确认定进出口货物完税价格是贯彻关税政策的重要环节，也是海关依法行政的重要体现。

（一）进口货物完税价格的确定

《审价办法》规定："进口货物的完税价格，由海关以该货物的成交价格为基础审查确定，并且应当包括货物运抵中华人民共和国境内输入地点起卸前的运输及相关费用、保险费。"其中"相关费用"主要是指与运输有关的费用，如装卸费、搬运费等。

海关确定一般进口货物完税价格共有 6 种估价方法：进口货物成交价格法、相同货物成交价格法、类似货物成交价格法、倒扣价格法、计算价格法、合理方法。上述 6 种估价方法在实际运用时，必须依次采用，不得颠倒顺序，只有在进口货物纳税义务人提出要求,并提供相关资料,且经海关同意,才可以颠倒倒扣价格法和计算价格法的采用次序。

1. 进口货物成交价格法

进口货物成交价格法,是指卖方向中华人民共和国境内销售货物时买方为进口该货物向卖方实付、应付的,并按有关规定调整后的价款总额,包括直接支付的价款和间接支付的价款,审查确定进口货物完税价格的方法。在这里需要注意的是,成交价格不完全等同于贸易中实际发生的发票或合同价格。贸易中的发票或合同价格取决于买卖双方的约定,但成交价格需要按有关规定进行调整。上述"实付或应付"是指必须由买方支付,支付的目的是获得进口货物,而支付的对象既包括卖方,也包括为履行卖方义务由买方向卖方有联系的第三方已经支付或者将要支付的全部款项。

2. 相同或类似货物成交价格法

相同或类似进口货物成交价格法,即以与被估货物同时或大约同时向中华人民共和国境内销售的相同货物或类似货物的成交价格为基础,审查确定进口货物完税价格的方法。"相同货物",是指与进口货物在同一国家或者地区生产的,在物理性质、质量和信誉等所有方面都相同的货物,但允许其表面的微小差异存在。"类似货物",是指与进口货物在同一国家或者地区生产的,虽然不是在所有方面都相同,但是却具有相似的特征、相似的组成材料、相同的功能,并且在商业中可以互换的货物。在时间要求上,相同或类似货物必须与进口货物同时或大约同时进口,其中的"同时或大约同时"指在海关接受申报之日的前后各 45 天以内。

在运用这两种估价方法时,首先应使用和进口货物处于相同商业水平,大致相同数量的相同或类似货物的成交价格,只有在上述条件不满足时,才可采用以不同商业水平和不同数量销售的相同或类似进口货物的价格,但不能将上述价格直接作为进口货物价格,还须对由此而产生的价格方面的差异做出调整。

此外,对进口货物与相同或类似货物之间由于运输距离和运输方式不同而在成本和其他费用方面产生的差异应进行调整。调整必须建立在客观量化的数据资料的基础上。

3. 倒扣价格法

倒扣价格法,即以进口货物、相同或类似进口货物在境内第一环节的销售价格为基础,扣除境内发生的有关费用来估定完税价格。上述"第一环节"

是指有关货物进口后进行的第一次转售,且转售者与境内买方之间不能有特殊关系。

用以倒扣的上述销售价格应同时符合以下条件:

(1) 在被估货物进口时或大约同时,将该货物、相同或类似进口货物在境内销售的价格;

(2) 按照该货物进口时的状态销售的价格;

(3) 在境内第一环节销售的价格;

(4) 在境内无特殊关系方销售的价格;

(5) 按照该价格销售的货物合计销售总量最大。

4. 计算价格法

计算价格法,是以发生在生产国或地区的生产成本作为基础的价格。所以,它既不是以成交价格,也不是以在境内的转售价格为基础。采用计算价格法时,进口货物的完税价格由下列各项目的总和构成:

(1) 生产该货物所使用的料件成本和加工费用;

(2) 向境内销售同等级或同种类货物通常的利润和一般费用(包括直接费用和间接费用);

(3) 货物运抵中华人民共和国境内输入地点起卸前的运输及相关费用、保险费。

计算价格法按顺序为第5种估价方法,如进口货物纳税义务人提出要求,并经海关同意,可以与倒扣价格法颠倒顺序使用。此外,海关在征得境外生产商同意并提前通知有关国家或者地区政府后,可以在境外核实企业提供的有关资料。

5. 合理方法

合理方法本身不是一种具体的估价方法,合理方法是指当海关不能根据上述几种估价方法确定完税价格时,根据公平、统一、客观的估价原则,以客观量化的数据资料为基础审查确定进口货物完税价格的估价方法。实际运用时,应按顺序合理、灵活地使用进口货物成交价格法、相同货物成交价格法、类似货物成交价格法、倒扣价格法和计算价格法。

海关在运用合理方法估价时,禁止使用以下6种价格:

(1) 境内生产的货物在境内销售价格;

(2) 在两种价格中较高的价格;

(3) 依据货物在出口市场的销售价格;

(4) 以计算价格法规定之外的价值或者费用计算的相同或者类似货物的价格;

(5) 依据货物出口到第三国或地区货物的销售价格;

(6) 依据最低限价构成垄断、虚构的价格。

(二) 出口货物完税价格的确定

1. 出口货物的完税价格

出口货物的完税价格由海关以该货物的成交价格为基础审查确定,包括货物运至中华人民共和国境内输出地点装载前的运输及其相关费用、保险费。

2. 出口货物的成交价格

出口货物的成交价格,是指该货物出口销售时,卖方为出口该货物向买方直接收取和间接收取的价款总额。

3. 不计入出口货物完税价格的税收、费用

(1) 出口关税;

(2) 在货物价款中单独列明货物至中华人民共和国境内输出地点装载前的运输及其相关费用、保险费;

(3) 在货物价款中单独列明申卖方承担的佣金。

4. 出口货物的其他估价方法

出口货物成交价格不能确定的,海关经了解有关情况,并与纳税义务人进行价格磋商后,依次以下列价格审查确定该货物的完税价格:

(1) 同时或大约同时向同一国家或地区出口的相同货物的成交价格;

(2) 同时或大约同时向同一国家或地区出口的类似货物的成交价格;

(3) 根据境内生产相同或类似货物的成本、利润和一般费用(包括直接费用和间接费用),境内发生的运输及其相关费用、保险费计算所得的价格;

(4) 按照合理方法估定的价格。

如果出口货物的销售价格中包含了出口关税,则出口货物完税价格的计算公式如下:

$$出口货物完税价格 = FOB(中国境内口岸) - 出口关税$$

因为,出口关税 = 出口货物完税价格 × 出口关税税率,由此推导出:

$$出口货物完税价格 = \frac{FOB(中国境内口岸)}{1 + 出口关税税率}$$

三、进口货物原产地的确定与适用税率

(一) 进口货物原产地的确定

在国际贸易中,原产地是指货物生产的国家(地区),也就是货物的"国籍"。准确认定进口货物的"国籍"可以确定该进口货物依照进口国(地区)的贸易政策所适用的关税和非关税待遇。原产地的不同决定了进口商品所享的关税待遇的不同,所以随着世界经济一体化和生产国际化的发展,准确认定进口货物的"国籍"就变得更为重要。

1. 原产地规则的含义

为了适应国际贸易的需要,并为执行本国(地区)关税以及非关税方面的贸易措施,进口国(地区)必须对进出口商品的原产地进行认定。但是,货物原产地的认定需要以科学的、公正的、普遍适用的标准为依据。为此,各国(地区)以本国(地区)立法的形式制定出鉴别货物"国籍"的标准,这就是原产地规则。

世界贸易组织《原产地规则协议》将原产地规则定义为:一国(地区)为确定货物的原产地而实施的普遍适用的法律、法规和行政决定。也就是说,各国(地区)通过本国(地区)制定的"原产地规则"来确定进口货物原产地。

2. 原产地规则的类别

原产地规则从其适用目的划分,可以分为优惠原产地规则和非优惠原产地规则。

(1) 优惠原产地规则

优惠原产地规则,是指一国(地区)为了实施国别(地区)优惠政策而制定的原产地规则,优惠范围以原产地为受惠国(地区)的进口产品为限。它是出于某些优惠措施规定的需要,根据受惠国(地区)的情况和限定的优惠范围,制定的一些特殊原产地认定标准,而这些标准是给惠国(地区)和受惠国(地区)之间通过多边或双边协定形式制定的,所以又称为"协定原产地规则"。

优惠原产地规则具有很强的排他性,其目的是促进协议方之间的贸易发展。优惠原产地规则主要有以下两种实施方式:一是通过自主方式授予,如欧盟普惠制(GSP),中国对最不发达国家的特别优惠关税待遇;二是通过协

定互惠性方式授予,如《亚洲及太平洋经济和社会理事会发展中国家成员国关于贸易谈判的第一协定》(也称《曼谷协定》,2005年更名为《亚太贸易协定》)、《中华人民共和国与东南亚国家联盟全面经济合作框架协议》(也称《中国—东盟自由贸易协定》)、内地与香港CEPA、内地与澳门CEPA,《中华人民共和国政府和巴基斯坦伊斯兰共和国政府自由贸易协定》(也称《中国—巴基斯坦自由贸易协定》)、《中华人民共和国政府和智利共和国政府自由贸易协定》(也称《中国—智利自由贸易协定》)、《中华人民共和国政府和新西兰政府自由贸易协定》(也称《中国—新西兰自由贸易协定》)、《中华人民共和国政府和新加坡共和国政府自由贸易协定》(也称《中国—新加坡自由贸易协定》)、《中华人民共和国政府和秘鲁共和国政府自由贸易协定》(也称《中国—秘鲁自由贸易协定》)、《中华人民共和国政府和哥斯达黎加共和国政府自由贸易协定》(也称《中国—哥斯达黎加自由贸易协定》)、《海峡两岸经济合作框架协议》(也称ECFA),对埃塞俄比亚等最不发达国家给予的特别优惠关税待遇(也称"最不发达国家特别优惠关税待遇"),以及《中国向柬埔寨提供特殊优惠关税待遇的换文》《中国向缅甸提供特殊优惠关税待遇的换文》《中国向老挝提供特殊优惠关税待遇的换文》等区域优惠贸易协定。上述优惠贸易协定中均包含有相应的优惠原产地规则。

(2)非优惠原产地规则

非优惠原产地规则,是指一国根据实施其海关税则和其他贸易措施需要,由本国立法自主制定的原产地规则,其实施必须遵守最惠国待遇原则,即必须将所有原产地普遍地、无差别地认定为最惠国。

3. 原产地认定标准

在认定货物的原产地时,会出现以下两种情况:一种是货物完全在一个国家(地区)获得或生产制造,称之为"完全获得标准(Wholly Obtained Standard)";另一种是货物由两个或两个以上国家(地区)生产或制造,称之为"实质性改变标准(Substantial Transformation Standard)"。目前,世界各国(地区)原产地规则,无论是优惠原产地规则还是非优惠原产地规则,都包含这两种货物的原产地认定标准。

(1)完全获得标准(Wholly Obtained Standard)

世界海关组织《京都公约》规定可作为完全获得产品的情况是:

①在该国(地区)领土、领水或海床开采的矿产品;

②在该国(地区)领土收获或采集的植物产品;

③在该国（地区）领土出生和饲养的活动物；

④在该国（地区）从活动物所得的产品；

⑤在该国（地区）领土或领海狩猎或捕捞所得的产品；

⑥在海洋上的捕捞物，以及由该国（地区）船只在海上取得的其他产品；

⑦由该国（地区）加工船完全使用上述第⑥项的产品加工制得的产品；

⑧在该国（地区）领水以外的海洋积土或底土开采的产品，只要该国（地区）对这些海洋积土或底土拥有单独开发权；

⑨在该国（地区）收集并只适用原材料回收的，在制造或加工过程中得到废碎料及废旧物品；

⑩在该国（地区）完全使用上述第①项至第⑨项的产品生产而制得的货物。

在确定货物是否在一个国家（地区）完全获得时，为在运输、储存期间保存货物而进行的加工或者处理，为货物便于装卸而进行的加工或者处理，为货物销售而进行的包装等加工或者处理，不予考虑。

（2）实质性改变标准（Substantial Transformation Standard）

对于经过几个国家（地区）加工、制造的产品，各国（地区）多以最后完成实质性加工的国家（地区）为原产国（地区），这一标准通常称为"实质性改变标准"。

实质性改变标准包括：税则归类改变标准、从价百分比标准（或称增值百分比标准、区域价值成分标准）、加工工序标准、混合标准等。

①税则归类改变标准，是指在某一国家（地区）对非该国（地区）原产材料进行加工、制造后，所得货物在《协调制度》中的某位数级品目归类发生了变化。

②从价百分比标准，是指在某一国家（地区）对非该国（地区）原产材料进行加工、制造后的增值部分超过了所得货物价值的一定比例，即用于加工制造的非原产于受惠国（地区）及产地不明的原材料、零部件等成分的价值占进口货物 FOB 的比例。如《曼谷协定》成员方适用 50% 的增值标准，原产于最不发达受惠国（如孟加拉国）的产品时，享受 10 个百分点的特别优惠，即不超过 60%；CEPA 项下香港、澳门产品原产地标准为 30%。

③加工工序标准，是指在某一国家（地区）进行的赋予制造、加工后所得货物基本特征的主要工序。

④混合标准是指将上述两种或两种以上标准结合起来制定货物的原产地标准。

在国际通行的原产地规则中，除了原产地标准外，还包括一些补充或辅助规则，以确保原产地规则的完整性。补充规则或辅助规则主要分为累积规则、微小加工及处理规则、微小含量规则等。其中累积规则主要用于优惠原产地规则。

为保障缔约各方的优惠贸易利益，目前大多数国家（地区）的优惠原产地规则中都设有直接运输规则条款。

海关总署于 2009 年 1 月发布《中华人民共和国海关进出口货物优惠原产地管理规定》，该规定与各项自由贸易协定和优惠贸易安排项下的原产地管理办法，构成我国优惠原产地管理的基本框架。

我国目前实施的各个优惠贸易协定"实质性改变标准"的基本判定标准比较表见表 12 – 3。

表 12 – 3　我国目前实施的各个优惠贸易协定"实质性改变标准"的基本判定标准比较表

优惠贸易协定名称	"实质性改变标准"的基本判定标准
亚太贸易协定	大于 45% 区域价值成分，并制定部分税号商品的清单列出具体标准（包括税则归类改变标准、加工工序标准与混合标准）
中国—东盟自由贸易协定	不小于 40% 区域价值成分，并制定部分税号商品的清单列出具体标准（包括税则归类改变标准、加工工序标准与混合标准）
内地与香港/澳门 CEPA	以清单列出具体标准（包括加工或制造工序、4 位税号归类改变标准、区域价值成分按扣减法计算不小于 40% 或按累加法计算不小于 30% 加工增值标准、其他标准或混合标准）
中国—巴基斯坦自由贸易协定	不小于 40% 区域价值成分，并制定部分税号商品的清单列出具体标准（包括税则归类改变标准、加工工序标准与混合标准）
中国—智利自由贸易协定	不小于 40% 区域价值成分，并制定部分税号商品的清单列出具体标准（包括税则归类改变标准与 50% 的区域价值成分标准）

续表1

优惠贸易协定名称	"实质性改变标准"的基本判定标准
中国—新西兰自由贸易协定	以清单列出具体标准（包括税则归类改变标准、区域价值成分标准、加工工序标准与混合标准）
中国—新加坡自由贸易协定	不小于40%区域价值成分，并制定部分税号商品的清单列出具体标准（包括税则归类改变标准、加工工序标准与混合标准）
中国—秘鲁自由贸易协定	以清单列出具体标准（包括税则归类改变标准、区域价值成分标准、加工工序标准与混合标准）
对最不发达国家特别关税优惠措施	4位税号归类改变或者不小于40%区域价值成分
海峡两岸经济合作框架协议	以清单列出具体标准（包括税则归类改变标准、区域价值成分标准、加工工序标准与混合标准）
中国—哥斯达黎加自由贸易协定	以清单列出具体标准（包括税则归类改变标准、区域价值成分标准、加工工序标准与混合标准）
中国—冰岛自由贸易协定	以清单列出具体标准（包括税则归类改变标准、区域价值成分标准、加工工序标准与混合标准）
中国—瑞士自由贸易协定	以清单列出具体标准（包括税则归类改变标准、区域价值成分标准、加工工序标准与混合标准）
中国—澳大利亚自由贸易协定	以清单列出具体标准（包括税则归类改变标准、区域价值成分标准、加工工序标准与混合标准）
中国—韩国自由贸易协定	以清单列出具体标准（包括税则归类改变标准、区域价值成分标准、加工工序标准与混合标准）
中国—格鲁吉亚自由贸易协定	以清单形式列出特定原产地规则具体标准（包括税则归类改变标准、区域价值成分标准、加工工序标准与其他规定）
中国—毛里求斯自由贸易协定	以清单形式列出特定原产地规则具体标准（包括税则归类改变标准、区域价值成分标准、加工工序标准与其他规定）
区域全面经济伙伴关系协定	以清单形式列出特定原产地规则具体标准（包括税则归类改变标准、区域价值成分标准、加工工序标准与其他规定）

续表2

优惠贸易协定名称	"实质性改变标准"的基本判定标准
中国—柬埔寨自由贸易协定	以清单形式列出特定原产地规则具体标准（包括税则归类改变标准、区域价值成分标准、加工工序标准与其他规定）

（二）适用税率

税率适用是指进出口货物在征税、补税或退税时选择适用的各种税率。

1. 关税税率设置

我国对进口关税设置最惠国税率、协定税率、特惠税率、关税配额税率、普通税率等。

对适用最惠国税率、协定税率、特惠税率、关税配额税率的进口货物及出口货物在一定期限内可以实行暂定税率。

2. 关税税率适用原则

（1）进口税率

对于同时适用多种税率的进口货物，在选择适用的税率时，基本的原则是"从低适用"，特殊情况除外。

①原产于共同适用最惠国待遇条款的世界贸易组织成员的进口货物，原产于与中华人民共和国签订含有相互给予最惠国待遇条款的双边贸易协定的国家或者地区的进口货物，以及原产于中华人民共和国境内的进口货物，适用最惠国税率。

原产于与中华人民共和国签订含有关税优惠条款的贸易协定的国家或者地区的进口货物，适用协定税率。原产于与中华人民共和国签订含有特殊关税优惠条款的贸易协定的国家或者地区的进口货物，或者原产于与中华人民共和国自主给予特别优惠关税待遇的国家或者地区的进口货物，适用特惠税率。

上述之外的国家或者地区的进口货物及原产地不明的进口货物适用普通税率。

②适用最惠国税率的进口货物有暂定税率的，应当适用暂定税率；适用协定税率、特惠税率的进口货物有暂定税率的应当从低适用税率；适用普通税率的进口货物，不适用暂定税率。

③按照国家规定实行关税配额管理的进口货物，在关税配额内的，适用关税配额税率；在关税配额外的，其税率的适用按其所适用的其他相关

规定执行。

④按照有关法律、行政法规的规定对进口货物采取反倾销、反补贴、保障措施的，其税率的适用按照《中华人民共和国反倾销条例》《中华人民共和国反补贴条例》《中华人民共和国保障措施条例》的有关规定执行。

⑤任何国家或者地区违反与中华人民共和国签订或者共同参加的贸易协定及相关协定，对中华人民共和国在贸易方面采取禁止、限制、加征关税或者其他影响正常贸易的措施的，对原产于该国或地区的进口货物可以征收报复性关税，适用报复性关税税率。征收报复性关税的货物、适用国别、税率、期限和征收办法，由国务院关税税则委员会决定并公布。

⑥凡进口原产于与我国达成优惠贸易协定的国家或地区并享受协定税率的商品，同时该商品又属于我国实施反倾销或反补贴措施范围的，应按照优惠贸易协定税率计征进口关税，并同时实施反倾销税、反补贴措施；凡进口原产于与我国达成优惠贸易协定的国家或地区并享受协定税率的商品，同时该商品又属于我国采取保障措施范围内的，应在该商品全部或部分中止、撤销、修改关税减让义务后所确定的适用税率基础上计征进口关税。

⑦执行国家有关进出口关税减征政策时，首先应当在最惠国税率基础上计算有关税目的减征税率，后根据进口货物的原产地及各种税率形式的适用范围，将这一税率与同一税目的特惠税率、协定税率、进口暂定税率进行比较，税率从低执行，但不得在暂定税率基础上再进行减免。

⑧从2002年起我国对部分非全税目信息技术产品的进口按ITA（信息技术协议）税率征税。

同时有两种及以上税率可适用的进口货物最终适用表见表12-4。

表12-4 同时有两种及以上税率可适用的进口货物最终适用表

进口货物的税率	税率适用的规定
同时适用最惠国税率、进口暂定税率	暂定税率
同时适用协定税率、特惠税率、进口暂定税率	从低适用税率
同时适用国家优惠税率、进口暂定税率	按国家优惠政策进口暂定税率商品时，两者取低计征关税，但不得在暂定税率的基础上再进行减免
适用普通税率的进口货物，存在暂定税率	适用普通税率的货物，不适用暂定税率
同时适用ITA税率、其他税率	ITA税率

(2) 出口税率

对于出口货物，在计算出口关税时，出口暂定税率的执行优先于出口税率。

3. 关税税率适用时间

《关税条例》规定，进出口货物应当适用海关接受该货物申报进口或者出口之日实施的税率。

在实施操作中应区分以下不同情况：

(1) 进口货物到达前，经海关核准先行申报的，应当适用装载该货物运输工具申报进境之日实施的税率。

(2) 进口转关运输货物，应当适用指运地海关接受该货物申报进口之日实施的税率；货物运抵指运地前，经海关核准先行申报的，应当适用装载该货物运输工具抵达指运地之日实施的税率。

(3) 出口转关运输货物，应当适用启运地海关接受该货物申报出口之日实施的税率。

(4) 经海关批准，实行集中申报的进出口货物，应当适用每次货物进出口时海关接受该货物申报之日实施的税率。

(5) 因超过规定期限未申报而由海关依法变卖的进口货物，其税款计征应当适用装载该货物的运输工具申报进境之日实施的税率。

(6) 因纳税义务人违反规定需要追征税款的进出口货物，应当适用违反规定的行为发生之日实施的税率；行为发生之日无法确定的，适用海关发现该行为之日实施的税率。

(7) 已申报进境并放行的保税货物、减免税货物、租赁货物或者已申报进出境并放行的暂准进出境货物，有下列情形之一需缴纳税款的，应当适用海关接受纳税义务人再次填写报关单申报办理纳税及有关手续之日实施的税率。

①保税货物经批准不复运出境的；
②保税仓储货物转入境内市场销售的；
③减免税货物经海关批准转让或者移作他用的；
④可暂不缴纳税款的暂准进出境货物，经批准不复运出境或者进境的；
⑤租赁进口货物，分期缴纳税款的。

进出口货物关税的补征和退税，按照上述规定确定适用税率。

4. 汇率的适用

进出口货物的成交价格及有关费用以外币计价的,海关按照该货物适用税率之日所适用的计征汇率折合为人民币计算完税价格。完税价格采用四舍五入法计算至分。

海关每月使用的计征汇率为上一个月第三个星期三(第三个星期三为法定节假日的,顺延采用第四个星期三)中国人民银行公布的外币对人民币的基准汇率;以基准汇率币种以外的外币计价的,采用同一时间中国人民银行公布的现汇买入价和现汇卖出价的中间值(人民币采用四舍五入法保留4位小数)。如果上述汇率发生重大波动,海关总署认为必要时,可另行规定计征汇率,并对外公布。

四、进出口税费计算

(一)进口关税的计算

海关征收的关税、进口环节增值税、进口环节消费税、船舶吨位税、滞纳金等税费一律以人民币计征,起征点为人民币50元,不足人民币50元的免予征收。完税价格、税额采用四舍五入法计算至分。进出口货物的成交价格及有关费用以外币计价的,计算税款前海关按照该货物适用税率之日所适用的计征汇率折合为人民币计算完税价格。

下面,对我国属于进口关税正税的从价关税、从量关税、复合关税、滑准税,以及属于进口关税附加税的反倾销税的计算进行详细介绍。

1. 从价关税

从价关税是以进口货物的完税价格作为计税依据,以应征税额占货物完税价格的百分比作为税率,货物进口时,以此税率和实际完税价格相乘计算应征税额。

(1)计算公式

进口关税税额 = 进口货物完税价格 × 进口从价关税税率

减税征收的进口关税税额 = 进口货物完税价格 × 减按进口从价关税税率

其中:

①进口货物完税价格使用 CIF 贸易术语成交并经海关审定的;

进口关税税额 = CIF × 进口从价关税税率

②进口货物完税价格使用 FOB 贸易术语成交并经海关审定的;

进口关税税额 = （FOB + 运杂费 + 保险费）× 进口从价关税税率

③进口货物完税价格使用 CFR 贸易术语成交并经海关审定的：

进口关税税额 = （CFR + 保险费）× 进口从价关税税率 或 $\dfrac{CFR}{1-保险费率}$ × 进口从价关税税率

（2）计算程序

①按照商品归类原则确定税则归类，将应税货物归入适当的商品编码；

②根据原产地规则和税率适用规定，确定应税货物所适用的税率；

③根据审定完税价格的有关规定，确定应税货物的 CIF 价格；

④根据汇率适用规定，将以外币计价的 CIF 价格折算成人民币（完税价格）；

⑤按照计算公式正确计算应征税款。

（3）实例操作

例8：武汉某船舶集团公司从荷兰进口船用导航设备 3 台，成交价格 FOB 鹿特丹 155000 美元，运费 900 美元，保险费金额 300 元。经批准该船用导航设备进口关税税率减按 1% 计征。已知适用的外汇折算价为 1 美元 = 6.4716 元人民币，计算应征进口关税。

计算步骤与方法：

①确定该货物商品归类，该货物归入商品编码 8526.919090；

②原产地荷兰适用最惠国税率 2%，减按 1% 计征；

③审定 CIF 价格为 155000 美元 + 900 美元 + 300 元；

④审定完税价格为 (155000 美元 + 900 美元) × 6.4716 + 300 元 = 1009222.44 元

⑤计算应征进口关税税款：

$$应征进口关税税额 = 完税价格 × 减按进口关税税率$$
$$= 1009222.44 元 × 1\%$$
$$≈ 10092.22 元$$

例9：武汉沌口经济开发区某公司从韩国购进液压千斤顶 15 台，成交价格合计 FOB 仁川 11000 美元。已知运费 260 美元，保险费率 3‰，适用的外汇折算价为 1 美元 = 6.4716 元人民币，计算应征进口关税。

计算步骤与方法：

①确定税则归类，液压千斤顶归入商品编码 8425.421000；

②原产地韩国适用最惠国税率3%；

③审定CIF价格为（11000美元+260美元）÷（1-3‰）≈11293.88美元；

④审定完税价格为11293.88美元×6.4716≈73089.47元；

⑤计算应征税款：

$$应征进口关税税额 = 完税价格 \times 进口关税税率$$
$$= 73089.47 元 \times 3\%$$
$$\approx 2192.68 元$$

2. 从量关税

从量关税是以进口商品的数量、体积、重量等计量单位计征关税的方法。计算时以货物的计量单位乘每单位应纳税金额得出该货物的关税税额。

（1）计算公式

$$应征税额 = 进口货物数量 \times 单位税额$$

（2）计算程序

①按照归类原则确定税则归类，将应税货物归入适当的商品编码；

②根据原产地规则的税率适用规定，确定应税货物所适用的税率；

③确定实际进口量；

④如需计征进口环节代征税，根据审定完税价格的有关规定，确定应税货物的CIF价格；

⑤根据汇率适用规定，将外币折算成人民币（完税价格）；

⑥按照计算公式正确计算应税款。

（3）实例操作

例10：武汉某食品进出口公司从香港购进美国产冻整鸡80吨，成交价格为CIF武汉6500港币/吨，已知适用的外汇折算价为1港币=0.8353元人民币，计算应征进口关税。

计算步骤与方法：

①确定税则归类，整鸡归商品编码0207.120000；

②整鸡适用从量关税，美国产整鸡适用最惠国税率1.3元/千克；

③确定其实际进口量80吨=80000千克；

④按照计算公式正确计算应征税款。

$$应征进口关税税额 = 货物数量 \times 单位税额$$
$$= 80000 千克 \times 1.3 元/千克$$
$$= 104000 元$$

3. 复合关税

复合关税是指对某种进口商品混合使用从价关税和从量关税计征关税。

（1）计算公式

应征税额 = 进口货物数量 × 单位税额 + 进口货物完税价格 × 进口从价税税率

（2）计算程序

①按照归类原则确定税则归类，将应税货物归入适当的商品编码；

②根据原产地规则税率适用规定，确定应税货物所适用的税率；

③确定其实际进口量；

④根据审定完税价格的有关规定，确定应税货物的 CIF 价格；

⑤根据汇率适用规定，将外币折算成人民币（完税价格）；

⑥按照计算公式正确计算应征税款。

（3）实例操作

例 11：武汉光谷某公司从日本进口磁带放像机 50 台，其中有 30 台成交价格为 CIF 武汉阳逻港 1950 美元/台，其余 20 台成交价格为 CIF 武汉阳逻港 2200 美元/台。已知适用的外汇折算价为 1 美元 = 6.4716 元人民币，计算应征进口关税。

计算步骤与方法：

①确定税则归类，该批磁带放像机归入商品编码 8521.102000。

②货物适用复合税率。原产地为日本，适用最惠国税率，经查完税价格不高于 2000 美元/台的，关税税率为单一从价税率 30%；完税价格高于 2000 美元/台的，关税税率为 3%，每台加 3283 元从量关税。

③审定 CIF 价格分别合计为 58500 美元（1950 美元/台 × 30 台）和 44000 美元（2200 美元/台 × 20 台）。

④审定完税价格分别为 378588.6 元和 284750.4 元。

⑤按照计算公式正确计算应征税款。

$$30 \text{ 台单一从价进口关税税额} = 完税价格 \times 关税税率$$
$$= 378588.6 \text{ 元} \times 30\%$$
$$= 113576.58 \text{ 元}$$

$$20 \text{ 台复合进口关税税额} = 货物数量 \times 单位税额 + 完税价格 \times 关税税率$$
$$= 20 \times 3283 + 284750.4 \times 3\%$$
$$\approx 65660 + 8542.51$$
$$= 74202.51 \text{ 元}$$

50 台合计进口关税税额 = 从价进口关税税额 + 复合进口关税税额
　　　　　　　　　　 = 113576.58 元 + 74202.51 元
　　　　　　　　　　 = 187779.09 元

4. 滑准税

滑准税是在《进出口税则》中预先按产品的价格高低分档制定若干不同的税率，然后根据进口商品价格的变动而增减进口税率的一种关税。当商品价格上涨时采用较低税率，当商品价格下跌时采用较高税率，其目的是使该种商品的境内市场价格保持稳定。

(1) 确定滑准税暂定关税税率的具体方式

①当进口棉花完税价格高于或等于 15 元/千克时，暂定从量税率为 0.3 元/千克。

②当进口棉花完税价格低于 15 元/千克时，暂定关税税率按下述公式计算：

$$Ri = \frac{9.45}{Pi} + 2.6\% \times Pi - 1$$

其中 Ri 为暂定关税税率，对上式计算结果四舍五入保留至小数点后第 3 位。

当按上式计算 Ri 高于 40% 时，则取 40%；Pi 为完税价格，单位为元/千克。

(2) 计算公式

　　从价应征进口关税税额 = 完税价格 × 暂定关税税率
　　从量应征进口关税税额 = 进口货物数量 × 暂定从量税率

(3) 计算程序

①按照归类原则确定税则归类，将应税货物归入适当的商品编码；

②根据审定完税价格的有关规定，确定应税货物的 CIF 价格，根据汇率适用规定，将外币折算成人民币（完税价格）；

③根据原产地规则和税率适用规定，确定应税货物所适用的税率种类；

④根据关税税率计算公式确定关税税率；

⑤按照计算公式正确计算应征税款。

(4) 实例操作

例 12：湖北某棉花进出口公司进口原产于巴西的配额外未梳棉花（已取得"关税配额外优惠关税税率进口棉花配额证"）1000 吨，成交价格为 CIF 武汉 1060.72 美元/吨。已知适用的汇率为 1 美元 = 6.85 元人民币，计算应征进口关税税款。

计算步骤与方法：

①确定税则归类，未梳棉花归入商品编码 5201.000080。

②确定完税价格为 1060.72 美元/吨×1000 吨×6.85＝7265932.00 元，每千克货物完税价格为 7265932.00 元÷1000 吨÷1000 千克≈7.266 元/千克。

③根据税率计算公式确定暂定关税税率。

根据当配额外进口棉花完税价格低于 15 元/千克时，暂定关税税率按公式计算，当公式计算值高于 40% 时取值 40% 的规定，该批棉花完税价格折算后每千克为 7.266 元/千克，按照公式计算该货物的暂定关税税率：

暂定关税税率 ＝9.45÷完税价格（元/千克）
　　　　　　＋2.60%×完税价格（元/千克）－1
　　　　　　＝9.45÷7.266 元/千克＋2.60%×7.266 元/千克－1
　　　　　　≈1.3005＋0.189－1
　　　　　　＝0.490

该滑准关税税率计算后为 49%，大于 40%，按照规定按 40% 的关税税率计征关税。

④计算应征关税税款：

应征进口关税税额 ＝完税价格×暂定关税税率
　　　　　　　　 ＝7265932.00 元×40%
　　　　　　　　 ＝2906372.80 元

5. 反倾销税

（1）计算公式

反倾销税税额 ＝完税价格×反倾销税税率

（2）计算程序

①按照归类原则确定税则归类，将应税货物归入适当的商品编码；
②根据反倾销税有关规定，确定应税货物所适用的反倾销税税率；
③根据审定完税价格的有关规定，确定应税货物的 CIF 价格；
④根据汇率适用规定，将外币折算成人民币（完税价格）；
⑤按照计算公式正确计算应征反倾销税税款。

（3）实例操作

例 13：武汉某公司从德国购进甲苯二异氰酸酯一批，型号为 TD180/20，成交总价为 CIF 武汉 225000 美元。已知对该货物需要征反倾销税，适用的外汇折算价为 1 美元＝6.4716 元人民币，计算应征的反倾销税税款。

计算步骤与方法：

①确定税则归类，该货物归入商品编码 2929.101000；

②该批货物反倾销税税率为 19.2%；

③审定 CIF 价格为 225000 美元；

④审定完税价格为 225000 美元 × 6.4716 = 1456110 元；

⑤按照计算公式计算应征反倾销税税款：

$$反倾销税税额 = 完税价格 \times 反倾销税税率$$
$$= 1456110 \text{元} \times 19.2\% = 279573.12 \text{元}$$

（二）出口关税的计算

1. 计算公式

$$出口关税税额 = 出口货物完税价格 \times 出口关税税率$$

其中：

$$出口货物完税价格 = \frac{FOB（中国境内口岸）}{1 + 出口关税税率}$$

即出口货物是以 FOB 价成交的，应以该价格扣除出口关税后作为完税价格。如果以其他价格成交的，应换算成 FOB 价后再按上述公式计算，具体如下：

（1）以 CIF 方式成交，出口关税计算公式为：

$$出口关税税额 = 出口货物完税价格 \times 出口关税税率$$

其中：

$$出口货物完税价格 = \frac{CIF - 运费 - 保险费}{1 + 出口关税税率}$$

（2）以 CFR 方式成交，出口关税计算公式为：

$$出口关税税额 = 出口货物完税价格 \times 出口关税税率$$

其中：

$$出口货物完税价格 = \frac{CFR - 运费}{1 + 出口关税税率}$$

2. 计算程序

（1）按照归类原则确定税则归类，将应税货物归入适当的商品编码；

（2）根据审定完税价格的有关规定，确定应税货物 FOB 价格；

（3）根据汇率适用规定，将外币折算成人民币；

（4）按照计算公式正确计算应征出口关税税款。

3. 实例操作

例 14：武汉某钢铁公司从武汉出口 100 吨铸铁废碎料，每吨 FOB 武汉成交价格为 140 美元，其适用中国银行的外汇折算价为 1 美元 = 6.4716 元人民币。

计算步骤与方法：

① 确定税则归类，将应税货物归入商品编码 7204.100000，出口税率为 40%；

② 审定 FOB 完税价格 14000 美元；

③ 将外币折算成人民币为 90602.4 元；

④ 计算应征出口关税税款：

$$出口关税税额 = 出口货物完税价格 \times 出口关税税率$$
$$= 90602.4 \text{元} \times 40\%$$
$$= 36240.96 \text{元}$$

例 15：武汉某水产养殖公司向新加坡出口活鳗鱼苗一批，CIF 新加坡。已知成交总价为 13000 美元，其中运费为 1100 美元，保险费用为 50 美元，适用的外汇折算价为 1 美元 = 6.4716 元人民币，请计算出口关税。

计算步骤与方法：

① 确定税则归类，将应税货物归入商品编码 0301.921000，出口税率为 20%；

② 审定 FOB 完税价格 11850 美元（13000 美元 – 1100 美元 – 50 美元）；

③ 将外币折算成人民币为 76688.46 元；

④ 计算应征出口关税税额。

$$出口关税税额 = [成交价格 \div (1 + 出口关税税率)] \times 出口关税税率$$
$$= [76688.46 \text{元} \div (1 + 20\%)] \times 20\%$$
$$= 63907.05 \text{元} \times 20\%$$
$$= 12781.41 \text{元}$$

(三) 进口环节消费税的计算

1. 计算公式

(1) 实行从价定率办法计算纳税额，采用价内税的计税方法，即计税价格的组成中包括了消费税税额。其计算公式为：

$$应纳消费税税额 = 消费税组成计税价格 \times 消费税比例税率$$

其中：

$$消费税组成计税价格 = \frac{关税完税价格 + 关税税额}{1 - 消费税比例税率}$$

(2) 从量征收的消费税的计算公式为：

应纳消费税税额 = 应征消费税进口数量 × 消费税定额税率

(3) 实行从价定率和从量定额复合计税办法计算纳税的组成计税价格，其计算公式为：

应纳消费税税额 = 消费税组成计税价格 × 消费税比例税率 +
应征消费税进口数量 × 消费税定额税率

其中：

$$消费税组成计税价格 = \frac{关税完税价格 + 关税税额 + 应征消费税进口数量 \times 消费税定额税率}{1 - 消费税税率}$$

2. 计算程序

(1) 按照归类原则确定税则归类，将应税货物归入适当的商品编码；
(2) 根据有关规定，确定应税货物所适用的消费税税率/消费税额；
(3) 根据审定完税价格的有关规定，确定应税货物的 CIF 价格；
(4) 根据汇率适用规定，将外币折算成人民币（完税价格）；
(5) 按照计算公式正确计算消费税税款。

3. 实例操作

例 16：武汉某烟草公司进口英国产香烟 10 标准箱（1 标准箱 = 250 标准条；1 标准条 = 200 支），成交价格为 CIF 武汉 2200 英镑/标准箱。已知适用的外汇折算价为 1 英镑 = 8.75 元人民币，关税税率 25%，请计算应征的进口环节消费税税款。

计算步骤与方法：

(1) 确定税则归类，将应税货物归入适当的商品编码 2402.2000；
(2) 香烟征收复合消费税：每标准条进口完税价格 ≥ 70 元人民币时，按 56% 从价税率 + 150 元/标准箱从量税征收；每标准条进口完税价格 < 70 元人民币时，按 36% 从价税率 + 150 元/标准箱从量税征收。

①计算完税价格：2200 英镑 × 10 标准箱 × 8.75 = 192500.00 元；
②每标准条完税价格：192500.00 元 ÷ 10 箱 ÷ 250 条 = 77.00 元/条；
③适用税率为 56% + 150 元/标准箱；
④按照公式计算进口环节消费税：

关税 = 192500.00 元 × 25% = 48125.00 元

从量消费税 = 10 标准箱 × 150 元/标准箱 = 1500 元

消费税组成计税价格 = （关税完税价格 + 关税税额 + 应征消费税进口数量
　　　　　　　　× 消费税定额税率） ÷ （1 – 消费税税率）
　　　　　　　= （192500.00 + 48125.00 + 1500） ÷ （1 – 56%）
　　　　　　　≈ 550284.09 元
应纳消费税税额 = 消费税组成计税价格 × 消费税比例税率
　　　　　　　+ 应征消费税进口数量
　　　　　　　× 消费税定额税率
　　　　　　　= 550284.09 × 56% + 10 × 150
　　　　　　　≈ 309659.09 元

（四）进口环节增值税的计算

1. 计算公式

应纳增值税税额 = 增值税组成计税价格 × 增值税税率
增值税组成计税价格 = 关税完税价格 + 关税税额 + 消费税税额

2. 计算程序

（1）按照归类原则确定税则归类，将应税货物归入适当的商品编码；
（2）根据有关规定，确定应税货物所适用的增值税税率；
（3）根据审定完税价格的有关规定，确定应税货物的 CIF 价格；
（4）根据汇率适用规定，将外币折算成人民币（完税价格）；
（5）计算应征进口关税税额；
（6）按照公式计算进口环节消费税额、增值税税款。

3. 实例操作

例 17：武汉某公司进口法国瓶装葡萄酒一批，经海关审核其成交价格总值为 CIF 武汉 962000 美元。已知该批货物的关税税率为 14%，消费税税率为 10%，增值税税率为 17%，已知适用的外汇折算价为 1 美元 = 6.4716 元人民币，计算应征增值税税额。

计算步骤与方法：

首先计算关税税额，然后计算消费税税额，最后再计算增值税税额。

（1）审定完税价格为 962000 美元 × 6.4716 = 6225679.2 元；
（2）计算关税税额：

应征关税税额 = 关税完税价格 × 关税税率
　　　　　　= 6225679.2 元 × 14%
　　　　　　= 871595.09 元

(3) 计算消费税税额:

应征消费税税额 = [(关税完税价格 + 关税税额)
　　　　　　　÷ (1 − 消费税税率)] × 消费税税率
　　　　　　 = [(6225679.2 元 + 871595.09 元) ÷ (1 − 10%)] × 10%
　　　　　　 = (7097274.3 元 ÷ 0.9) × 10%
　　　　　　 = 7885860.33 元 × 10%
　　　　　　 ≈ 788586.03 元

(4) 计算增值税税额:

应征增值税税额 = (关税完税价格 + 关税税额 + 消费税税额) × 增值税税率
　　　　　　 = (6225679.2 元 + 871595.09 元 + 788586.03 元) × 17%
　　　　　　 = 7885860.33 元 × 17%
　　　　　　 ≈ 1340596.26 元

(五) 滞纳金的计算

滞纳金需按每票货物的关税、进口环节消费税、进口环节增值税分别计算。

1. 计算公式

关税滞纳金 = 滞纳关税税额 × 0.5‰ × 滞纳天数

进口环节消费税滞纳金 = 滞纳消费税税额 × 0.5‰ × 滞纳天数

进口环节增值税滞纳金 = 滞纳增值税税额 × 0.5‰ × 滞纳天数

2. 计算程序

(1) 根据有关规定,确定滞纳关税及代征税税额;

(2) 根据滞纳金管理规定,确定滞纳天数;

(3) 按照公式分别正确计算关税、进口环节消费税、进口环节增值税滞纳金。

3. 实例操作 (以上例为例)

例18:武汉某公司进口法国瓶装葡萄酒一批,已知该批货物应征关税为871595.09 元,应征消费税税额为788586.03 元,应征增值税税额为1340596.26 元。武汉海关于2022 年3 月4 日填发海关专用缴款书,该公司于2022 年3 月25 日缴纳税款。请计算应征的滞纳金。

计算步骤与方法:

首先确定滞纳天数,然后分别计算应缴纳的关税、进口环节消费税和进口环节增值税的滞纳金,对其中滞纳金额没超过起征点为50元人民币的,不予以征收。

税款缴款期限自2022年3月4日(星期五)起,第15天为3月19日(星期六),按规定顺延至3月21日为最后缴款期限,自3月22日计算滞纳金,3月25日缴纳税款,共计滞纳4天。

关税滞纳金 = 滞纳关税税额 × 0.5‰ × 滞纳天数
= 871595.09 元 × 0.5‰ × 4
≈ 1743.19 元

进口环节消费税滞纳金 = 滞纳消费税税额 × 0.5‰ × 滞纳天数
= 788586.03 元 × 0.5‰ × 4
≈ 1577.17 元

进口环节增值税滞纳金 = 滞纳增值税税额 × 0.5‰ × 滞纳天数
= 1340596.26 元 × 0.5‰ × 4
≈ 2681.19 元

(六) 船舶吨位税的计算

1. 计算程序

(1) 确定适用的税率种类;

(2) 确定船舶吨位和申报纳税期所适用的税率额;

(3) 按照计算公式计算应征税额。

2. 实例操作

例19:一艘净吨位为63000净吨,船籍国为希腊的船舶进入我国天津港,该船舶负责人进境申报纳税期为90日。依上述信息计算该船舶应征船舶吨位税税额。

计算步骤与方法:

首先,确定适用的税率种类,船籍国希腊与我国签订了船舶税费最惠国待遇条款的条约或者协定,适用优惠税率;其次,确定船舶吨位和申报纳税期所适用的税率额为7.6元/净吨;最后,按照计算公式计算应征船舶吨位税税额。

应征船舶吨位税税额 = 船舶净吨位 × 适用税率
= 63000 净吨 × 7.6 元/净吨
= 478800 元

参考文献

[1]《中国海关报关专业教材》编写组.2023中国海关报关专业教材.北京：中国海关出版社有限公司，2023.

[2]海关总署令第253号《中华人民共和国海关报关单位备案管理规定》。

[3]海关总署令第251号《中华人民共和国海关注册登记和备案企业信用管理办法》。